U0864901

振兴村志

《振兴村志》编纂委员会◎编

中国出版集团有限公司
研究出版社

图书在版编目(CIP)数据

振兴村志/《振兴村志》编纂委员会编. —北京:研究出版社,2023.5
ISBN 978-7-5199-1463-9

Ⅰ.①振… Ⅱ.①振… Ⅲ.①村史—长治 Ⅳ.①K292.55

中国国家版本馆 CIP 数据核字(2023)第(067963)号

出 品 人:赵卜慧
出版统筹:丁 波
责任编辑:寇颖丹

振兴村志
ZHENXING CUNZHI
《振兴村志》编纂委员会 编
研究出版社 出版发行
(100006 北京市东城区灯市口大街 100 号华腾商务楼)
北京隆昌伟业印刷有限公司 新华书店经销
2023 年 5 月第 1 版 2023 年 5 月第 1 次印刷
开本:787 毫米×1092 毫米 1/16 印张:24
字数:550 千字
ISBN 978-7-5199-1463-9 定价:98.00 元
电话(010)64217619 64217652(发行部)

版权所有·侵权必究
凡购买本社图书,如有印制质量问题,我社负责调换。

《振兴村志》编纂委员会

主　　任：牛扎根

副 主 任：张会军　王晓静

委　　员：韩　鹏　张剑红　荣石平

主　　编：牛扎根

执行主编：荣石平

编　　修：乔惠民

初　　稿：关炳臣

摄影兼全媒体统筹：张旭彪

初　　审：振兴村党支部、村委会

复　　审：中共长治市上党区城乡统筹振兴试验区委员会

上党区地方志研究室

序

因为工作关系，我多次前往振兴村，振兴村的变化让我感触颇深。对于《振兴村志》，我认为其记录的内容很多，也很全面，最值得记录的是以下几个方面。

一是牛扎根同志对村庄的奉献精神。2016年中国村社发展促进会在海南儋州展示出的中国村干部精神——“爱村”“实干”“厚农”“奉献”，这八个字在全国知名村干部身上都有体现，在牛扎根身上体现得更加充分。一个“煤老板”，五十年如一日建设自己的家乡，并把多年经营煤矿的几十亿元收入用于支持家乡的建设，将一个“三晋煤乡”的村庄建设成为全国文明村镇、国家AAAA级旅游景区、国家森林乡村、中国美丽休闲山村、中国全面小康十大示范村镇、全国乡村振兴示范村、全国乡村旅游重点村等，这在三晋地区的确不多见。从1985年当选村党支部书记开始，到转到企业任董事长帮扶农村，再到2010年担任振兴新区党委书记，牛扎根经历了多次角色的转变。他热爱生他、养他的家乡，热爱帮助过他的众乡亲，把彻底改变村里贫穷落后面貌、让乡亲们过上好日子，作为自己的毕生追求。始终保持一股子甘为老黄牛、勤为孺子牛、敢为拓荒牛的“三牛”精神。用一个个平凡而感人的故事，搭起了一座党和人民之间的“连心桥”；用一颗赤诚之心，谱写了一曲活跃在农村基层的共产党人奋斗之歌。

二是振兴村改革开放之后发展变迁。过去的振兴村虽然守着煤矿，但多种原因导致村民收入不高，仍然靠种地过日子，能解决温饱，但富裕起来很难。村“两委”依托振兴集团先后投资近10亿元，实施了新农村改造、新农民教育和乡村旅游，将振兴村打造成了集民俗体验、农艺博览、农业观光、生态采摘、产品营销、会务策划、食品加工、餐饮客栈、精品民宿、健康养生于一体的乡村旅游度假胜地。随着近年来春节嘉年华活动的连续举办，以及拓展训练、夏令营、冬令营、冰雪世界等新项目的落地，振兴小镇游客量不断攀升，年接待游客超过100万人次，年旅游综合收入达到8000万元。与此同时，为纵深发展、全盘推进，振兴村又成立了长治首个乡村振兴人才学院和长治职业技术学院振兴分院，为打造人才培育基地奠定基础。

三是振兴村民生活水平提升过程。振兴村村民原来的居住区是煤矿采空区，随着党中央、国务院一系列改革开放政策的落实，村“两委”带领全体村民填沟修路，拆平房建单元楼，家家户户都住上了新居，总体改善了村民生活环境，提升了村民幸福指数。为了让振兴村村民生活得更有质量、更有保障、更有尊严，振兴村建立了五大社会保障机制：就业均等化、医疗有保障、教育全免费、养老有保障、社会福利全方位。村民过上了“就地入城、就地就业、就地入学、就地就医、就地养老”的现代化农村生活。

值得一提的是，振兴村在2013年建成了全国首个村志收藏馆，目前搜集到2000多本村志，这对一个村而言，实属不易。盛世修志，是中华民族的优良传统。乡村文化，是中华民族光辉灿烂文化的组成部分。我希望，通过《振兴村志》的成书和村志收藏，乡村文化能永久地传承下去。

是为序。

段应碧

2023年4月

凡　　例

1.本志为通志体，坚持以马克思列宁主义、毛泽东思想、邓小平理论、“三个代表”重要思想、科学发展观、习近平新时代中国特色社会主义思想为指导，坚持历史唯物主义，实事求是、客观公正地记载振兴村自然、人文、地理等历史、现状和社会发展变化。

2.本志按章、节、目结构设置，以文字记述为主，辅以图表。

3.纪年方法，原则上统一采用公元纪年。中华人民共和国成立前必要时采用历史纪年；中华人民共和国成立后一律采用公元纪年；上溯不限，下限至2022年底。特殊事类延至2023年搁笔之日，记入限外辑要。

4.关家村与振兴村的不同提法，以2008年10月18日全体村民走出大山，迁入新村，村名变更为振兴村为界。此前还有关家庄、关家乡、关家庄大队、关家村等历史用名，特别是1958—1978年曾称为西掌大队第八、九、十生产小队，本志多以“关家村”称之。其后2008年10月18日，长治县将原关家村、郜则掌村、向阳村三个行政村从西火镇剥离出来，以关家村为中心进行牵头，一村并三村，三个村土地连同西火镇西村土地共22435亩流转到新村，即以“振兴村”称之。

5.2010年，振兴村领办长治县城乡统筹振兴试验区成立，振兴村归振兴新区党委和管委会直接领导。因此，《振兴村志》记述中如界定不清的地方，可简称“振兴村”或“本村”。在城乡统筹、产村融合进程中伴随出现城乡统筹振兴试验区、振兴新区、振兴乡村生态文化旅游区、振兴小镇等称谓，在本志亦包含在“振兴村”统称之内。

6.数字表述，凡使用阿拉伯数字得体的地方，均使用阿拉伯数字，货币面值、土地面积按当时数据入编。计量单位采用国家标准，中华人民共和国成立前仍沿用旧制。

7.本志人物章节以记述本村籍人物为主，分籍里、籍外，里详外略，基本以生卒年月和事件发生时间为序。对本村有贡献和影响的各类人物皆列入本志，并以人物简介、人物名录、事件记录的形式编入。

8.中华人民共和国成立前后担任过村级干部职务的，按任职先后为序记之，所有在外参加工作的经历，多数系其本人当面提供或电话联系提供，也有极少的加以改动。

9.本志在编撰过程中，尊重历史，略古详今，求真务实，秉笔直书，只记不评。

10.本志所用资料来源于上党区、西火镇、振兴村有关资料及档案，有部分口传资料，均经核实后使用。除引自典籍、碑文、档案文献的注明出处外，其他均不另注其出处。

11.本志在坚持传统志书体例的基础上，顺应智慧乡村时代发展，创新融入全媒体志书模式，利用本村既有5G智能系统和当代数字技术手段，既可全面浏览印刷实体文图，又可通过二维码群——数字村史点码导览专页，检索系列数字视频、数字图片、数字文档、电子翻书，强化全媒体深化阅读和内容辅助检索功能。

目　录

第一章　村庄概况

第一节　村名由来

振兴村地处太行山西麓的雄山山脉，位于长治县东南方向，北靠雄山，距长治县城20千米、长治市区32千米；东与西火镇西火村毗邻（西火村耕地、林地、荒山荒沟均流转入振兴村），距著名的天下都城隍景区4千米；西临西掌村，离南宋乡五凤楼景区3千米；南隔大山与高平市建宁乡相邻；地理坐标东经113.086194°，北纬36.02468°，平均海拔1284.5米。总面积6.6平方千米，人口1246。2013年，长治县新建的旅游专线从南宋乡五凤楼途经振兴村，往东直达天下都城隍景区，加之振兴村成功创建的国家AAAA级景区振兴小镇，新建1千米五彩旅游大道连接西火镇西村长治县抗日民主政府旧址，形成了上党区雄山文旅康养融合的金三角。振兴村以上党印象步行街为地标，距上党区高速公路匝口17千米、上党区高铁站口25千米、长治市高铁东站45千米、长治王村机场43千米。

振兴村原名关家村。关家村，顾名思义，为关姓人家所建的村。相传，关家村旧址很早就有人散居，聚落形成则是在明代。当时陵川杨村有一关姓大户，这家的老员外曾在明嘉靖年间做过州府官员，告老还乡后，生意遍及晋、豫、鲁，家财万贯。老员外有三个儿子，老大生性霸道，独断专行，乃老员外的大太太所生，老二、老三性情温和，憨厚老实，乃二姨太所养。老员外去世后，暴戾的老大掌握了全部家产，家里大小事务都是他说了算，老二、老三看在眼里却无计可施，万般无奈之下只得离家出走另立门户。老二来到了现今的高平市陈坭镇的一块地界安家落户，之后此村命名为"关家村"；老三流落到雄山脚下扎下了根，当时也以他的姓取名叫"关家庄"，清光绪年间改名为"关家村"，又称为"小关家"。直到现在高平人都还习惯称振兴村（关家村）为"小关家"。此虽为口耳相传，但老一辈人大多知晓，可信度较高。

另有地名专家分析，关家村地理位置重要，地处长治县南大门，古时属古道关隘之地，这也是"关家"这一地名的由来之一。

关家村的历史巨变，以2008年10月18日行政村法定名称变更为"振兴村"为标志。当时由于村办企业山西上党振兴现代农业集团有限公司（简称振兴集团）兴业发展，积极投资反哺乡亲，造福一方，渐有名声，村民以村里拥有"振兴"字号的实体经济为荣，认为"振兴"二字顺耳顺心，表达了不甘落后、追求美好、必将兴盛的意思，代表了当时新农村建设的美好愿景，大家相信规划和加紧建设中的新居、新村、新社区，将会更好地影响和带动几个友邻村庄集聚生活、融合发展，因此，村"两委"确定在关家村实现下山易地安居的整体乔迁之日(2008 年 10 月 18 日),正式变更村名为“振兴村”。

村名变更之际,为适应统筹实施新农村规划建设的实际,村里确立了“振兴变革,兴企并村,就地进城,兴业富民”的新农村发展思路,并把打造“太行生态宜居地,上党文明小康村”作为奋斗目标,将其雕刻为醒目的对联,高悬于新村大门两侧。这副为“振兴村”定位的对联,从高悬门头起至今一直未换。

2010 年 7 月以来,长治县委、县政府根据山西省实施国家资源型经济转型综合配套改革试验区和振兴村建设、加快城乡统筹步伐的要求,经深入调研先后下发一系列文件,振兴村依托“兴企并村”成立了“振兴新区管理委员会”,相继承担了建设“新农村建设‘中心村’的示范区”“城乡统筹振兴试验区”“长治县振兴乡村生态文化旅游区”的职能。十多年来,振兴村坚定不移以“乡村振兴”为定位,以区域“中心村”示范区、城乡统筹振兴试验区为中轴,以“转型升级”为抓手,以建设富强康美的“太行生态宜居地,上党文明小康村”为目标,在城乡规划、产城规划、投资基础设施、产业转型发展、创新公共服务、确保百姓脱贫奔小康、创造宜居宜业宜学宜康养环境等方面,进行了一系列的探索和改革。

为此,十多年来,“振兴”二字,村里人天天讲,时时念,不但成为村名,而且用作新区名、试验区名、各种公司实体名、旅游小镇名、主题学习日名、各项活动名。振兴村被有关专家誉为乡村振兴的太行发祥地、山西样本地之一。

第二节 隶属变化

关家村聚落历史悠久,相传人类在此的散居历史可追溯到汉代,而作为村庄形成的正式历史地理概念应从明永乐年间算起。

明嘉靖八年(1529 年)潞州被升为潞安府,置长治县,县城郊外设四乡,关家村属雄山乡。清代基本沿袭明制,县内仍设四乡,关家村仍属雄山乡。

1918 年,山西省整理村范,县下设区,区辖村。关家村划归荫城三区。

1945 年,长治解放后,全县下辖 6 个区,荫城此时为四区,关家村仍由荫城四区管辖。

1949 年,中华人民共和国成立,仍沿用区、村制,长治县设 6 个区政府,关家村仍属第四区。

1953 年 5 月,长治县撤区设乡,关家村设乡政府,下辖关家、西掌、北坡、部则掌、底西掌 5 个自然村。

1954 年 7 月,长治县与潞城县合并为潞安县,关家乡政府未变。

1958 年 9 月,撤销潞安县,并入长治市。长治县设苏店、荫城两个人民公社,荫城为红旗人民公社。关家村属荫城红旗人民公社西掌管理区。

1959 年 2 月,长治县设 5 个人民公社,关家村仍属荫城红旗人民公社西掌管理区。

1962 年 8 月,长治县设 17 个人民公社,撤销管理区体制,改为生产大队,关家村为西火人民公社西掌生产大队下设的第八、九、十生产小队。

1978 年 10 月,关家村脱离西掌生产大队,成为西火人民公社关家生产大队。

1984年2月，长治县政社分开，人民公社改称乡(镇)人民政府，生产大队改为村民委员会，关家村属西火镇人民政府关家村村民委员会。

2008年10月，关家村整体搬迁至新社区。

2009年6月，关家村更名为振兴村。

2010年9月，长治县振兴新区成立，振兴村明确属振兴新区管辖。

第三节 地形地貌

振兴村属土石山岭区。

雄山，人们习惯上又称之为老雄山、大雄山，是长治县的风景旅游区，从2014年起连年名列百座“避暑名山”。

雄山主峰张嘴垴，紧临振兴村，海拔1419.5米，堪称雄山之首，也是长治县的南大门，四周山峰蜿蜒起伏，蔚为壮观。山中悬崖峭壁，怪石嶙峋，漫山青松叠翠，绿荫如海，站立顶峰极目远眺，山雾弥漫，霞霓飘移，山山铺锦，岭岭堆秀，美丽壮观的振兴新区尽收眼底，可以感受到这里最浓厚的乡村文化，欣赏这里真正绿色生态的旖旎风光，聆听这里跨越时空的时代绝唱。马刨泉、翠岩古寺将唤醒游者的民俗记忆，带其领略大自然的美妙神奇。

山上的二层岩(从上往下第二层岩石)，俗称“二岩上”。上覆巍峨之嵌石，下临不测之深渊，悬崖边上有一棵千年苍松横生，整个躯干和树冠横直向崖外延伸20余米，其势其状好似一大门门楣，让人顿生探幽欲望和挑战极限的冲动，远远望去又像一尊门神。振兴村村民开门往北一抬头，这棵奇特苍松便清晰可见，因此人们形象地把它叫作“把门松”。

悬崖下的一块开阔地段，三面临沟，只有西侧与二层岩相接，形同关隘，易守难攻，实乃兵家必争之地。相传长平大战时，廉颇途经此地，曾在此扎过营寨，故名“寨坪”。北侧沟内，立一石塔，高约10米，故取名“塔沟”。有史记载，清顺治年间翠岩古寺一方丈圆寂后，葬于石塔内。

振兴村农田主要分布在村南的“十亩沟”和一河两岸。土质以黏性褐土为主，主要成土母质为黄土，沟壑地带有少量的红黄土及流沙淤泥土，土层深厚，土质均匀，潮湿耐旱，不易板结，适宜农耕，是振兴村的黄金地段。

老岭山、西岭山以山坡地为主，成土母质为杏黄、浅黄等多颜色砂页岩风化物和第四系黄土的残积物，黏性强，易板结，农作物春播出苗后生长缓慢，三伏天长势明显，收成一般。

第四节 基础设施

一、住宅

关家村坐落于雄山半腰，坐北朝南，北是山，南是河，东是沟，西是岭。起源于老岭山的一条弯曲小河沟纵贯村中，绕了个弯从村西南汇入大河，把百余户人家的小村庄隔为两个地段，分别称为东头、岸底。两个地段的居住户数基本相等，从前东头地段分别叫东场院、前头口、福堂圪台、窑底、东头、山上，岸底地段分别叫岸上门口、槐树根、楼院、圪廊里、岸底院、井上。村中楼院的四合大院，配有东西厢房和南厅房，建于明永乐年间。清康熙二十九年(1690 年)重修，整体造型气势恢宏，别具一格，属明清建筑风格。岸底院一进两院，设大门、二门。大门前，廊式架构，横悬方木，柱头装饰斗拱，左右青墩石狮。二门内设仪门，出入两侧，建于清道光二十八年(1848 年)。东场院虽说不是很别致，但在如此小村也属不凡，由 20 世纪初一位袁姓财主所建，标准的四合大院，规范、严整。另外，山上的牛家院也是规整的砖瓦房。其余村内所有住宅都是随高就低而建的土坯小屋。

中华人民共和国成立初期，关家村人民生活条件极为艰苦，居住困难的多口之家，只能在自己的“华北土地房产所有证”所划定的范围内搭个小棚、建个小屋，一家老小同居一室。户与户相通的多是只能供单人通行的小圪廊。20 世纪 70 年代，宅基地实行审批制度，那时国家非常重视节约土地，批给住房确实困难的农户的宅基地只能在村内的荒坡沟坎上填补空缺，一般不允许占用耕地。所建房屋多是“围裙腰”(窗台以下砌青砖、以上由土墼垒成)、“小鬼脸”(围裙腰的基础上前墙为青砖)，经济条件好点的为里生外熟(里为墼外是砖)。建房材料质量也不好，有的新房建成不久就开始变形，成为危房。改革开放后，随着人民生活水平的提高和经济的好转，农民建房首先考虑的是出行问题，最起码三轮车要能开到家门口。建筑材料也开始有了讲究，机制红砖，多采用预制板结构，玻璃门窗，整体造型美观大方。但老村不尽如人意的地方是缺乏统一规划和指导，建新宅却不拆旧宅，旧宅成了“空心村”。并且大部分新建住宅都是西不离岭，东不离沟，向东北和西南两个方向延伸，形成了不规则的“广”字形，面积是 20 世纪 70 年代前的 3 倍，曾造成过极严重的土地浪费。

二、交通

关家村内多街多巷，街巷均为土街土路，大多由弯弯曲曲的圪廊七岔八拐连接而成。道路上坡下坎，一条主道是从东头山上通往岸底井上，走势为东北高西南低。出村道路只有两条，一条是从村口“鳖盖上”(地名)下一个石坡往东穿“圪洞墓沟”而出，后改道沟上“红泥坡”(因全是红泥土而得名)，拐个大弯直跨大河通往西火村；另一条是岸底井上的一条羊肠小道，上一个土岭直通西掌村、北坡村、部则掌村。关家村村民世世代代就在这种交通环境下艰难地生活。

1974 年，在村正南开通了一条出行大道，道路宽 5 米，长约 300 米，坡度为 11 度，大道两旁栽了毛白杨树，挖了排水沟，极大地方便了人们的出行。1983 年铺了一层薄薄的柏油，基本告别了出行难的历史。此路一直到 2007 年才规划投入重建，成了振兴村纵贯南北的景观主街道之一——和谐街。

改革开放前，村内的道路，一直没有大的改变。1985 年主要陡坡路段都由红砖铺砌，主要通道实现了硬化，从此改变了下一场雨冲一道沟的状况。

1985 年，煤矿厂正式投产，为了方便煤炭的运销，专门在村西小坟地开通了一条运销煤炭的专用道路。

2001 年，县委启动村村通公路、村道硬化工程，对村内主要街巷的道路进行硬化处理，铺设水泥路面，但是由于质量不达标，短短几年，破损严重。

2008 年 10 月 18 日，村落整体搬迁至新址，旧村不复存在，从此关家村改称振兴村。

三、古槐、古建

（一）古槐

关家村“佛堂圪台”上的古槐树，据传生长了上千年，和洪洞老槐树一样，历来被远走他乡的关家村人“视为家，称为祖，喻为根”。

据老一辈人说，关家村聚合为村庄之前，早有人居住，最初从这里走出的先辈为避免未来难以寻觅回乡之路，特意种下了这棵古槐，以作未来归根时识别故乡的标志。经历漫长岁月，老槐树旁一座很不显眼的佛堂庙，无形中让这棵古槐与佛教文化实现了相互融通。

村里习惯称这棵古槐为千年老槐，专家估计其已有 800～1000 年的生长历史，历经沧桑。它不但见证了关家村的历史，也彰显了关家村世世代代诚信、友善、团结、和谐的民风。

这棵古槐主干只有几米高，树冠却有十几米。树干灰褐色，圆鼓形，整体树皮呈鱼鳞片状，树干遍身多孔，且前面有一道宽 60 厘米的大敞口，形成了一个挤得下四五个人的大树洞，人们自然而然地把它视为敞胸露怀、肚大能容、笑口常开、虚怀若谷的“弥勒树”。主干在 3 米高处，打一个 90 度的急转弯，横直向南延伸 10 米，整个横着的树干上几乎没有分枝，状若蟠龙，春夏秋季绿荫似伞，村里的孩童们经常于其上攀爬玩耍。村里人出门参军、谋生、求学、经商以及迁徙，都会习惯性地向古槐道别。电视连续剧《赵树理和他的乡亲们》户外取景中，这棵老槐树最上镜。

自从佛堂庙被拆除以后，古槐周围更成为村里人交往的地标空间。近年来古槐愈发茂盛。村里不少人家生儿育女，在满月前，都要到槐树前去戴长命锁，认个干爹，祈祷平安吉祥，满 15 周岁时还要在此摘锁，仪式庄严而隆重。春节、元宵节全村男女老幼都要去祭拜老槐。槐树是山西省省树、长治市市树，因此村“两委”一直重视对这棵古槐的管护，村民亦爱树、敬槐，把老槐树当作一种精神寄托。

2007 年，社会主义新农村建设以来，为了把握历史脉搏，留住传统文化，村里更进一步地对这棵古槐采取了很多保护措施，以使之新枝勃发，郁郁葱葱。

（二）古建

1. 戏台

关家村的戏台坐落在村南庙河口的北面，坐北朝南，它和对面的关帝庙同在一条中轴线上，是关家村的一座典型的古建筑。

戏台的基座高 1 米，由 200 余块 2 尺见方的砖、石砌成，基座之上精雕的青石墩上四根方形石柱承托着整个台面。屋顶结构为歇山顶，飞檐下的斗拱错落有致，层层出挑。檐廊下雕梁画栋，翼角高翘。关于“桃园三结义”“千里走单骑”等《三国演义》的故事的木刻更是镂刻精湛，栩栩如生。四扇屏风把台面分为主场、后场。藻井（又叫鸡笼顶）异形拱昂组合极精巧，整体装饰具有很强的艺术效果。戏台结构精巧、装饰华美，带有浓厚的古代建筑及戏剧艺术的气息，在十里八乡算得上是独具特色的建筑。

1955 年 5 月高级农业生产合作社成立后，生活集体化，戏台两边的耳楼都被改成羊房，戏台成了圈养牲畜、储存草料的场所，这也为戏台的安全埋下了隐患。1958 年的清明节，患有精神疾病的村民关富昌趁人们祭祖之际，点燃了戏台堆放的谷草，整座戏台化为灰烬，只留下了空空的石基。

2. 佛堂庙

佛堂庙位于古槐东北 20 米处，建于明万历年间，砖木结构，前有歇廊，三层斗栱出檐，两根方形石柱托起前檐，面积与现在的三间民房相当。虽说规模不是很大，但它完全是古式建筑风格，庙里原来供有释迦牟尼佛像一尊，艺术造型很是别致。中华人民共和国成立初期，佛像被毁。后佛堂庙曾被分给村民居住。因佛堂庙建于一个土台之上，所以关家村人都叫此地为“佛堂圪台”。1970 年被拆除。佛堂庙后来被重修，并扩建为槐荫寺。

3. 奶奶庙

奶奶庙位于村南后河沟的河道上，坐南朝北，基台由砖、石砌筑而成。基座中间是一个宽 5 米、高 3 米的大隧洞，一年四季水流不断。5 米高的基台上有石栏杆围绕。庙宇面阔 3 间，进深 8 米，前檐系明清古建风格，砖木结构，斗栱飞檐深邃，镂空木雕技艺精湛，装饰精美，九脊重檐歇山顶，正脊狮驮宝瓶，鸱吻、嘲风、套兽居高临下，屋顶绿色琉璃瓦熠熠生辉。镂花门窗衔地接梁，角拱悬空，翼角高翘，彩绘图案生动逼真，线条流畅，庄重美观，结构严谨协调，置身其中，庄严肃穆。奶奶庙是关家村古老的大型标志性建筑之一。

殿内的四尊奶奶像造型独特。奶奶像敞胸露怀，金莲高翘，怀抱婴儿，呵护有加。神台前排列三排小泥人，按当地风俗，新婚夫妇都要到庙里朝拜，然后抱个小泥人放在自家炕头，待小孩满月那天，给泥人穿衣戴帽，到庙里进香祭拜，再把小泥人重新放回神台前。塑像后的通墙壁画五彩缤纷，造型都是《封神演义》里的一些仙家、妖僧，形神各异，栩栩如生。

中华人民共和国成立后，破除迷信。虽说大殿没有遭受太大的破坏，但殿内的神像却毁于一旦。人民公社集体化时期被当作库房使用。

“文化大革命”期间，整个大殿被破坏，面目全非。2008 年村庄整体搬迁时被拆除。

4. 关帝庙

关帝庙位于村南部，奶奶庙东侧，坐南朝北，单进院落。正殿面阔 3 间，进深 6 米。庙宇气势宏伟，前廊立柱上斗拱交错，重檐飞叠，黄色琉璃瓦盖顶，装饰精美。东西各有 3 间厢房，一派清朝建筑风格。殿内塑像武圣人左捋长髯，右手捧《春秋》，庄严肃穆，威坐正中，左为关平，右为周仓。关平双拳紧握，神色威严；周仓手握大刀，横眉怒眼。关帝圣君古有“汉封侯，明封王，清封大帝；儒称圣，释称佛，道称天尊”之说，历来是诚信、仁义的象征，交朋会友、买卖客商都要到庙里拜谒，希望诚信友善、生意兴隆。因此关公文化在关家村成一定影响。五月十三关帝君诞辰，当天一大早村民会到庙前祭祀，已成习俗。

高级农业生产合作社时期，关帝庙被拆除，之后关家村小学迁至该地。

5. 老君庙

老君庙位于村南路口“鳖盖上”东北方向的岸沿上，长、宽各约5米，呈正方形，两柱顶立，设前廊，庙内神台上设金字神位一块，没有塑像。20世纪80年代，曾作为纪念革命烈士的场所，村民定期清扫。每年清明节，村干部、关家村小学全体师生均到庙前献花、拜谒。后被拆除。

6. 土地庙

土地庙建在村西“槐树根”地段半坡上，面阔5米，进深3米。庙内设土地神像两尊。门两侧有石刻的“土中生白玉，地内出黄金”对联。农民自古以来都以耕种土地为生，土地庙在北方农村的村村寨寨是不可或缺的。敬土地神，反映出人们对土地的珍惜和依赖。逢年过节，人们祈福烧香，祈求土地神保佑风调雨顺，五谷丰登，一年四季，平平安安。

7. 山神庙

山神庙是位于村西北角半山腰的一座孤独小庙，无院落，造型简易，庙内墙上刻一神像。每年大年初一，村民端上肉去祭拜山神，因为人们认为山神管山间的狼虫虎豹，这天敬山神，为的是一年内不被山间野兽侵扰，造成人、畜伤害。山神庙已在20世纪80年代被拆毁。

8. 龙王庙

龙王庙位于村北后背沟的半山腰，长、宽各2米，呈正方形。庙下一股清泉从古到今从未断流过，庙前有一小池，清澈见底，泉水甘甜。四周的花草灌木婀娜多姿，五彩缤纷。传说庙前不远处曾有一只千年老鳖（老鳖所在处，现叫老鳖头），老鳖修炼成精，祸害百姓，过去村民认为龙王是专门制服老鳖的，因此修建该庙。

第二章　自然环境

第一节　气　候

振兴村属温带大陆性季风气候，年平均气温 9.7 摄氏度，“夏不摇扇，午不淌汗”，素有“天然氧吧”之称。四季分明，冬长夏短，春秋相当，气候温和，雨热同季，春干多风，夏多雨，无酷暑，最热月平均气温近 23.0 摄氏度，秋凉早霜，冬冷干燥。旱灾、冰雹、干热风、霜冻时有发生，气候垂直变化不太明显。

一年之内，1 月份平均气温最低，无霜期 180 天左右。年降水主要集中在夏季的 6、7、8 月份，占总降水量的 60%；春季降水较少，仅占 15%，古有“春雨贵如油”的说法；秋季占 20%，有“夹秋旱、秋连阴，旱涝都是要命根”的古传农谚；冬季降水量最少，仅占 5%，一冬无雪的情况极为平常。若立春后雪花飘飘，可谓“瑞雪兆丰年”，故有“干冬湿年节”之说。

春季：3—5 月，气温上升速度较快，受季风影响，冷空气活动频繁，气温不稳定，多风，干旱概率较大，平均降水量约占全年降水量的 15%。

夏季：6—8 月，气温相对较高，受夏季风控制多刮南风，雨量集中，雷阵雨较多，约占全年降水量的 60%，常有大风、冰雹灾害发生。

秋季：9—11 月，天气多晴，气温冷暖适中，季风开始转换，雨量逐渐减少，日温差大，降水量占全年降水量的 20%，一般在 10 月上旬出现初霜冻。

冬季：12 月至次年 2 月，季风盛行，多刮西北风，冷空气活动频繁，多为晴天，气候寒冷干燥，降水量占全年降水量的 5%。

一、日照、辐射

振兴村坐北朝南，光热资源丰富，日照和太阳总辐射量处于高值区。多年平均日照百分率为 56.5%左右，全年平均实际日照时数在 2445.7 小时左右。其中大秋作物生长的 4—10 月平均日照时数为 1554 小时，约占全年日照时数的 64%。有记录以来，1974 年的日照时数最小，为 2026.3 小时，日照天数为 190 天。

振兴村全年太阳总辐射量平均为 72.1 千卡/厘米^2（1 千卡＝4.19 千焦）。年内分布以 5—6 月最大，平均为 8.6～8.8 千卡/厘米^2。冬季最小，每年 12 月仅约 3.8 千卡/厘米^2。在喜温作物生长期气温大于 10 摄氏度的 4—10 月，辐射总量可达 48.5 千卡/厘米^2。

2000—2015 年各月平均日照时数

月份	1	2	3	4	5	6	7	8	9	10	11	12
日照时数(小时)	1974	2066	2120	2174	2708	2584	2332	2281	2038	1879	1874	1947
日照百分率(%)	59	65	57	56	62	69	52	54	51	59	55	58

二、气温

振兴村多年平均气温为 9.7 摄氏度，年总积温为 3895.0 摄氏度。一年内，最冷为 1 月份；最热为 7 月份，平均气温一般为 22.4～23.1 摄氏度，盛夏均温接近 23 摄氏度。有记录以来，极端最低气温为－22.2 摄氏度，极端最高气温为 38.5 摄氏度。雄山最高点全年均温为 7.5 摄氏度。

2000—2015 年各月平均气温

月份	1	2	3	4	5	6	7	8	9	10	11	12
平均气温(摄氏度)	－5.0	－4.6	3.7	11.8	18.1	21.1	22.4	21.2	16.2	10.5	3.1	－3.0

三、降水

振兴村年平均降水量为 551.3 毫米，年际变化幅度较大。长治县气象局资料显示，有记录以来，降水量最大的年份是 1973 年，为 774.3 毫米；最小的年份是 1997 年，为 320.8 毫米，差值 453.5 毫米。日最大降水量 100.5 毫米，出现在 1976 年 7 月 18 日。降水分布特点为四季降水分配不均，年降水量主要集中在夏季(6、7、8 月份)，占全年降水量的 60%；冬季降水量最少，占全年降水量的 5%；春季降水量占全年降水量的 15%；秋季降水量占全年降水量的 20%。最长连续降水日数 34 天，出现在 1996 年 7 月 8 日至 8 月 10 日，降水量为 149 毫米。振兴村年平均蒸发量为 1659.6 毫米，大于降水量，最大蒸发量为 2011.2 毫米，出现在 1997 年。最小蒸发量为 1443 毫米，出现在 1976 年。一年内 5 月份蒸发量最大，1 月份蒸发量最小，蒸发量大于降水量是振兴村干旱的主要原因。

四、地温

振兴村地温平均值为 11.7 摄氏度，比平均气温 9.7 摄氏度高出 2.0 摄氏度。最高为 6 月份，平均地温为 21.2 摄氏度；最低为 1 月份，平均地温为－5.1 摄氏度。地中 5 厘米、10 厘米、15 厘米深的各地层之间温度相差不大。

五、相对湿度

振兴村年际相对湿度有所区别，一年内各月的相对湿度也有明显的最高点和最低点。有记录以来，相对湿度平均为 63%，一年之内，5 月份最低，为 54%；8 月份最高，为 88%。最大相对湿度为 100%，最小为 0。

2000—2015 年各月平均相对湿度表

月份	1	2	3	4	5	6	7	8	9	10	11	12	平均
相对湿度（%）	52	54	55	50	54	59	75	88	76	67	59	54	61.92
最小相对湿度（%）	0	0	0	2	2	9	17	17	11	5	3	2	5.67

六、无霜期

振兴村平均初霜日为 10 月 11 日，平均终霜日为 4 月 2 日。有记录以来，全村平均无霜期为 180.1 天。

七、冻结期

有记录以来，振兴村土壤冻结期最早在 11 月 17 日左右，最晚在 12 月 24 日左右。最大冻土深度为 63 厘米，出现在 1980 年 2 月 14 日。解冻期，10 厘米地层最早在 2 月 11 日左右，最晚在 3 月 9 日；30 厘米地层最早在 2 月 18 日，最晚在 3 月 15 日。

八、风

振兴村盛行风向一般以 SE 风（东南风）为主，平均频率为 13%，其次为 S 风（南风）、N 风（北风）、NW 风（西北风）。年平均风速为 2.4 米/秒，春季风速较大，一般为 3.3 米/秒。出现 8 级以上大风日数，年平均 8 天左右，最多达 13 天。

九、云

振兴村年平均总云量为 5.2，总云量一般在 12 月份或 1 月份出现最小值，为 3.8 左右；一般在 7 月份出现最大值，为 6.8 左右；其他月份一般在 4.5～6.4 之间。一年内平均晴天（总云量小于 2.0）的日数为 84 天，平均阴天（总云量大于 8.0）的日数为 98 天。

十、雾

振兴村多年平均雾日数为 18.9 天，最多年份为 22 天，最少年份为 10 天。多出现在秋季，其日数占全年总雾日数的 21%左右，其次为冬季，春、夏两季出现较少。

2012 年 3 月，中国国土经济学会、国土经济发展研究中心、全国低碳国土实验区办公室、国土气候旅游经济发展研究课题组牵头，中国村社发展促进会特色村镇工作委员会参与，以振兴村为样本地、基准地启动"'槐荫指数'——今日国土夏季康养之乡暨避暑特色小镇评价体系"课题研究。当年形成课题研究初步成果，利用该体系有关指标进行独立评价，初步确认振兴村为"中国避暑小镇"，并向友好合作的其他研究气候旅游的智库组织推荐。课题组负责人之一、原建设部村镇建设试点办公室副主任、副总建筑师骆中钊赞扬了振兴村对该项科研课题的配合，在评价词中说，振兴村诞生的"槐荫指数"是一个创举，一是催生了能"避暑"的小镇，二是孵化了有"特色"的小镇。

2014—2020 年，振兴村连续七年被其他有关研究机构选入"百佳避暑小镇"名单，

2015年以来多年名列前一二名。2015—2017年进一步形成《振兴村夏季康养气候旅游资源禀赋第三方复合评价报告》。2017年中国国土经济学会副会长兼秘书长柳忠勤、中国国土经济学会常务理事李兵弟(住建部村镇建设司原司长)、中国国土书画研究院常务副院长王殿奎,在振兴村挂牌“中国避暑小镇”。

第二节 物　候

物候,是自然环境中动植物活动的季节性现象。振兴村村民在长期生产和生活实践的基础上,用简洁明了的谚语,准确地概括了多种物候现象,多与农事季节和天气变化有关。(农谚中的时间均为农历)

白露种麦,惊蛰栽蒜。

清明前后,种瓜点豆。

过罢清明节,就把晌午歇。(午休)

早种一把草,晚种颗粒饱。(和积谷晚麻一个意思)

小满前后种积谷。(早谷)

积谷晚麻,不成庄稼。(种谷宜迟不宜早,种麻宜早不宜迟)

芒种不种,强种十天。

栽菜不出五月土。

夏至麦断根。

榆钱黄,种谷忙。

头伏一碗油,二伏半碗油,三伏没有油。(指拢玉米、拢谷子)

三伏不出头,割起来喂了牛。

头伏见谷穗。

夏不摇扇,午不淌汗。

白天不用空调,晚上不离被条。(专指盛夏伏天)

数伏愁寒,数九望暖。

寒露霜降,地里光荡。

秋后划破皮,顶春天犁十犁。(秋后犁地十分重要)

第三节 灾　害

受地理、自然条件等客观因素或人为因素的影响,振兴村历史上曾受旱、涝、冰雹、火灾、地震等灾害的侵害,严重影响了村民的生产和生活。

一、旱灾

明正德十六年(1521年),1—6月大旱。

明嘉靖七年(1528年),全年特大旱。

明嘉靖十年(1531年),全年特大旱。

明万历十四年(1586年),1—5月滴雨未降。

明万历三十七年(1609年),春、秋特大旱,颗粒无收。

明崇祯十三年(1640年),全年特大旱。

清康熙三十年(1691年),全年特大旱,河流干涸。

清康熙五十三年(1714年),全年特大旱。

清康熙六十年(1721年),全年特大旱。

清乾隆二十四年(1759年),春大旱。

清道光七年(1827年),夏大旱。

清咸丰六年(1856年),夏大旱。

清同治八年(1869年),春大旱。

清光绪三年(1877年),春特大旱,一年内降雨量仅为150毫升,几乎无降雨。

清光绪四年(1878年),连续大旱,村内40余人相继因干旱而死。

民国元年(1912年),春大旱。

民国五年(1916年),大旱。

民国十一年(1922年),秋大旱,收成减少一半以上。

民国十三年(1924年),大旱。

民国十八年(1929年),春、秋大旱。

民国二十五年(1936年),大旱。

民国三十年(1941年)至民国三十二年(1943年),连续3年旱灾,20余人因饥饿而死,数户外出逃荒。

1952年,全年大旱。

1957年,全年大旱。

1960年,春、夏大旱。

1983年,春大旱。

1991年,夏大旱。

1997年,伏天大旱,秋粮减半。

二、洪涝

清顺治八年(1651年),大雨伤禾,民舍倾覆。

清咸丰元年(1851年),6月大雨,冲塌民房甚多。

清光绪十六年(1890年),5月暴雨,平地水涨数尺。

清宣统二年(1910年),大雨,沟满河平,财产损失严重。

民国三年(1914年),夏大雨,遭洪涝。

民国六年(1917年),5月大雨。

民国十八年(1929年),山洪暴发,冲毁粮田甚多。

民国二十七年(1938年),遭洪涝。

1962年夏,天降大雨,遭涝灾。

1964 年，整个夏季阴雨连绵，村西后河沟地陷深 1 米左右，10 余户房屋出现裂痕，村民无法居住，被迫冒雨搬离。

1996 年 7 月 7 日，遭暴雨袭击，田地遭冲毁。

三、冰雹

1950 年 4 月 9 日，天降特大冰雹，树叶被砸光，屋顶瓦片受损。

1963 年 8 月，天降冰雹，小麦颗粒无收。

1977 年 8 月，遭受雹灾，吐穗的玉米、谷子受损严重，收成减少四成以上。

1985 年春，天降冰雹，玉米、谷子秧苗受损严重，农田改种 180 亩以上。

四、火灾

1983 年 4 月，邻近村村民焚烧秸秆，引发森林大火，火灾面积 800 余亩，关家村受灾严重。

1989 年，邻近村村民焚烧秸秆引发大火，过火面积 3000 余亩，火势蔓延到雄山张嘴垴，关家村受损严重。

1999 年 3 月，邻近村村民焚烧秸秆，引发森林大火，关家村受轻度损失。

2001 年，南宋乡十八掌村山林起火，火势蔓延到雄山西坡，关家村受损。

2013 年 10 月 10 日，邻近村村民焚烧秸秆引发大火，大火烧了 10 多天，从西蛮掌山烧至南宋乡，时间之长、过火面积之大前所未有，是最为惨重的一次火灾，振兴村受损严重。

2014 年 4 月，邻近村村民焚烧秸秆，引发森林大火，烧了 3 天，关家村西岭山后沟凹损失严重。

五、地震

清康熙十八年（1679 年），7—10 月连续地震，震感强烈。

清道光十年（1830 年），自 4 月连震数月，关家村有震感。

清光绪十八年（1892 年）冬，地震，关家村有震感。

1966 年 3 月 8 日，河北邢台发生 6.8 级地震，关家村有震感。

1976 年 7 月 28 日，河北唐山发生 7.8 级地震，关家村有震感。

2002 年 9 月 3 日，山西太原发生 5.0 级地震，关家村有震感。

2008 年 5 月 12 日，四川汶川发生 8.0 级地震，关家村有震感。

第三章　自然资源

第一节　土　　地

自古以来，土地都是人类最基本的生存资源。振兴村村民一贯珍惜土地，从土地私有制到人民公社时期的土地制度及改革开放后的家庭联产承包责任制，不论什么时期，土地都给这里的人们“长”出了不少的文化，“生”出了许多的辉煌，所以人们热爱这片土地。

中华人民共和国成立前，关家村耕地面积为540亩，人均耕地2.16亩。为了生存，贫苦人家大多在山腰陡坡的地方，开垦了一垛一垛的小荒地。这些地沙石多、土层薄，再加上缺乏水源等多种因素，涝年还多少有点收成，一遇旱年，几乎颗粒无收。在1958年到1961年的人民公社时期，土地进行调整，将关家村的泉则河沟和靠近部则掌村的部则掌沟的50亩河湾地划归北坡村和部则掌村。20世纪70年代，全国掀起了“农业学大寨”运动，里切外垫，对零星垛地进行整合，经过平田整地等一系列改造，垛地、沟坝地面积有所扩大。到1978年全村基本农田为550余亩。1980年，关家村逐渐把距村较远的山坡垛地退耕还林，发展生态，并栽上了刺槐及其他树木，耕地面积减少60余亩。1986年国家二次退耕还林，关家村又把东部上坡及南山顶的50亩坡地种上了山楂树，耕地再次减少。在历年的村民建房和公共设施建设中又占耕地20余亩。就土地资源而言，关家村耕地后备资源极少，未能利用的土地中，宜耕地几乎没有。2007年后，关家村利用新农村建设的有利契机，充分利用集聚效能，拆大建小，除旧更新，腾出的旧居“空心”土地经过改造变成了耕地，增加了30多亩耕地。

第二节　植　　被

振兴村地理位置偏僻，山高林茂，人少地广。因为长期以来农业发展相对缓慢，所以植被没有遭到太大破坏，天然植被面积较大。振兴村西、北雄山两侧松、柏覆盖，中间掺杂槐树及其他树种。沟壑里灌木丛生长茂盛，形成了良好的生态植被。中华人民共和国成立前，村民生活贫困，人们为了生存，村周边及房前屋后的树木滥砍滥伐现象严重，但山岭远离村庄，受影响不大。中华人民共和国成立后，随着人口增长，特别是盲目模仿修建梯田期间，人们开垦荒地，劈山造田，荒山植被受损严重，一河两岸丰茂的杨柳树不见踪影。改革开放后，国家对生态环境保护十分重视，1980—1985年，连续6年，关家村退耕还林110亩，荒山绿化500亩，人造植被大量增加，村内“四旁”绿化成绩显著。

振兴村植被主要分两个区域。一是土石山区，以雄山天然林木为主，植被覆盖面积大，野生植物资源种类较多。二是黄土丘陵区，该区以人造植被为主，包括河滩沟旁的杨树、柳树、刺槐等。

一、乔木

天然林，主要分布在西、北两面的山岭上，面积3000余亩，主要树木为松树、柏树。人工林包括农田林网，主要是“四旁”绿化，品种有国槐、刺槐、杨树、柳树、榆树等。

二、灌木

灌木是指那些没有明显的主干、呈丛生状态、比较矮小的树木，一般可分为观花、观果、观枝干等几类。多年生。主要分布在农田旁、河岸边，深沟、陡坡及荒山，如沙棘、酸枣、榛子、黄花条、对角、荆条、单瓣黄刺玫等，一般呈自然生长态势。

三、草本植物

草本植物主要分布在农田旁、深沟边、荒坡、荒山、河滩、路边，一般为一年生植物，主要品种为白羊草、苍术、野菊花、莲子菜、灰灰菜、蒿草、马齿苋、狗尾草、车前子、牵牛花、蒲公英等。

21世纪前后，村里综合植被覆盖率不足30%。由于村里近十年来护绿与植绿并重，加大山地绿化、植树造林力度，规划并不断推进“五个千亩”种植基地建设——千亩干果经济林种植、千亩道地药材种植、千亩小杂粮生产、千亩花卉培育和千亩有机蔬果种植，既促进山坡绿化，也催生绿色经济，全村综合植被覆盖率显著提高。如今村内主干道路、大街小巷实现全面绿化，并启动牡丹园、芍药园、月季园、道地中药材园、景观苗木园等建设项目，村里及周边集中连片绿化总面积有2000余亩，全村综合植被绿化覆盖率在62%以上，人均绿化面积35平方米，庭院大多实施增绿添彩工程，历年绿化总投资达到6500万元。2020年，国家林业和草原局对振兴村的乡村自然生态风貌保护、山水林田湖草系统治理、森林绿地建设、森林质量效益、乡村绿化管护、乡村生态文化等六个方面的成效进行综合评价，振兴村光荣入选第二批“国家森林乡村”名单。

第三节 生　　物

一、植物

振兴村野生植物资源种类繁多，主要分布在山岭和丘陵地带。

(1)直接食用野生植物有酸枣、榛子、野山楂、山葡萄、山杏、山桃、山樱桃、山李子、杜梨、沙棘、山核桃、野豌豆、苦菜、齿苋菜、苣苣菜、毡毛菜、打碗花、小盆菜等。

(2)间接食用野生植物有白羊草、雀麦、芦草、狗尾草、香蒿、苜蓿、萱草等。

(3)工业用野生植物有荆条、石榆、山皂荚、千层皮、对角、黄花条、尖枝条。利用价值最大的是荆条，广泛用于编织，主要分布在丘陵和沟壑地带。

(4)药用野生植物有黄芩、沙参、雪参、枸杞、连翘、葛根、车前子、蒲公英、柴胡、射干、黄芪、茵陈、艾叶、紫荆、薄荷、青蒿、野菊花、马兜铃、苣麦、白癣皮、白茅根、龙葵、仙鹤草、牵牛花、苍耳、桔梗、蒺藜、半夏、党参、苍术、野生地、地骨皮、野大黄、苦参、芍药、防风、小蓟等。

二、动物

(1)兽类有狐狸、鹿、狼、黄鼠狼、松鼠、野猫、野兔、獾、山猪、山羊、蝙蝠、鼬、老鼠等。

(2)鸟类有斑鸠、野鸽、野鸡、石鸡、猫头鹰、乌鸦、老鹰、雉、啄木鸟、喜鹊、麻雀、小燕子、杜鹃鸟、百灵鸟、秃鹫、白山雀、黄鹂等。

(3)爬行动物有蛇、壁虎、蜥蜴等。

(4)两栖类有青蛙、林蛙、河蛙、蛤蟆等。

(5)水生类有草鱼、鲢鱼、土鳖、泥鳅等。

(6)昆虫类有苍蝇、蚊子、斑蝥、蟑螂、麻蜂、土蜂、蚂蚁、蜜蜂、蚜虫、瓢虫、蝗虫、蚂蚱、蟋蟀、蝈蝈、天牛、黑豆虫、蝼蛄、梨茎蜂、菜青虫、黏虫、梨实蜂、玉米螟、草蜻蛉、象鼻虫、黄蜂、臭虫、蚜蜂、姬蜂、金龟子、食蚜蝇、蝴蝶等。

第四节 水

20世纪70年代以前,关家村的地表水和地下水较为丰富,地边岸壑到处都是小水坑和潺潺的流水声。村西的后河沟一年四季水流不断,清澈见底,水中小鱼、蝌蚪游行,村民们都到河里去洗衣服、洗菜。村民饮用水主要靠后河沟、井上、佛堂庙后的三口水井,不但水源充足而且水质很好。

关家村1985年煤矿厂投产后,地表水位下降明显,村西、村南的两口水井出现了干涸现象,后河沟开始断流,变成了季节性河流,村民吃水开始出现困难。

1989年,在县水利局的推荐下,牛扎根急赴山西和顺县邀请了全国著名水利专家常海明亲临现场,实地勘察定位,在村南“西十亩”地里打机井一口(现在村民袁利兵家院墙外,已废弃不用),深36米,并进行了自来水配套,水源基本能满足全村人的生产、生活用水。2008年,关家村整体搬迁后,村民用水全部使用深层地下水,井深700米左右。

近年来,由于村里重视绿化造林、涵养水土,原夏流冬枯、日渐干涸的后河沟,现冬季不枯,又现潺潺水流。

第五节 煤　矿

振兴村开采煤矿已有30多年的历史,原关家村煤矿井口位于村北部。最初为直井提升,后扩建为斜井。位于低山丘陵区,矿区内第四系较发育,地面上形成了众多的黄沙土陡坡,间隔分布有基岩露头。煤矿区域含煤地层主要为石炭系上统太原组和二叠系下统山西组,含煤地层总厚度一般为110米,含煤8～10层,煤层总厚12.56米。其中3#、15#煤层区域可稳定开采;9#煤层较稳定,可局部开采。该煤田位于沁水煤田东南部,可采煤层为 3#、15#。

原关家村开采的 3# 煤，俗称“香煤”。为二叠系下统山西组地层，山西组为陆相含煤地层，共含煤 3 层，编号为 1#、2#、3#，其中 3# 煤层为可采稳定煤层，其余为不稳定不可开采煤层。地层平均厚 50 米，煤层厚 4.1～5.6 米(平均 4.85 米)，为厚煤层，属低瓦斯矿井。此 3# 煤为黑色、半亮型，呈玻璃光泽，以块状为主，部分粉状为优良的动力用煤和化工用煤。

15# 煤，俗称“臭煤”，为石炭系上统太原组地层，地层平均厚度为 113 米。15# 煤层在 3# 煤层下方 70 余米处，煤层厚 2.7～4.5 米，为可采稳定煤层。15# 煤属中等热值-特高热值贫煤，含硫量较高，可作为动力用煤。

第四章　人　　口

第一节　人口综述

在历史悠久的封建王朝，受战乱及病疫等诸多因素影响，关家村人口变化较大。按历史的必然规律，人口发展趋势大致遵循以下规律，如国家政体稳定，无战事，又没有大的天灾、瘟疫，生产力处于发展阶段，人口就会随着生产力的发展较快增长，否则不但不增长，反而还会下降，甚至会出现空寂萧疏、遍地狼藉的状况。

清光绪三年(1877年)，关家村遭受千年不遇的大旱灾，庄稼颗粒无收，为了生存，人们扶老携幼外出逃荒。冻饿而死、满门灭绝之现象极为平常，关家村那时人口为211。一年内，死亡人口竟高达43，人口减少了20%。

关家村关刚仁老人一生饥寒交迫，贫困潦倒。1944年年关将至，关刚仁在村东小东沟挖了两担黑土煤，希望过年能生个火炉，谁知因一氧化碳中毒，祖孙三代6人一夜之间相继殒命，无一幸存。这是关家村最为惨痛的事件之一，忆起便让人不寒而栗。

民国时期，关家村人民饱受战乱之苦，健康状况很差，70岁高龄极为罕见，60岁的人反倒成了古稀之人。虽然生育不加控制，顺其自然，但生活贫困交加，医疗卫生技术落后，生存条件极差，婴幼儿夭折率极高。“只见娘怀胎，不见儿出门”，生育一世，老来无儿无女的现象极为普遍。人口长期呈现“高出生率，高死亡率，低增长率”的态势。

1946年，关家村人口仅有249。1953年国家进行第一次全国人口普查，普查项目包括年龄、性别、姓名、民族、与户主关系、本户住地等6项，普查人口为467，比1946年增加了218。

1964年，国家进行第二次全国人口普查，普查内容在第一次普查的6个项目的基础上，又增加了本人成分、文化程度和职业3个项目，共9项。普查结果显示，1964年关家村人口为326。

1982年，开展第三次全国人口普查，普查内容增至19项。关家村人口为411，其中男性209人，女性202人。相比1964年第二次全国人口普查，增加了85人。

1990年，开展第四次全国人口普查，为反映人口迁徙和流动状况，普查内容在第三次的基础上又增加了五年前常住地和迁来本地原因2项，共21项。关家村总人口为461。比第三次全国人口普查又增加了50人。

2000 年，为科学制定国民经济计划和社会发展战略，国家组织开展了第五次全国人口普查。普查内容共 49 项，截止日期为 11 月 1 日零时。经过普查，关家村总人口为 533 人。10 年间又增加了 72 人。

2010 年 11 月 1 日零时为第六次全国人口普查标准时间，这次人口普查全村共 596 人，相比 2000 年增加了 63 人。

截至 2018 年底，全村共有 131 户，602 人。其中男性 303 人，女性 299 人。

从总体情况来看，关家村在 1946—2018 年的 70 多年间，净增长 353 人，增长率为 141.8%，人口发展大体经历了两个增长期和一个低谷期。中华人民共和国成立后的 10 年，人民当家做主，社会稳定，生活水平提高，全村增加 50 多人。1958 年后的 3 年，自然灾害频发，粮食大幅度减产，全国面临严重的粮食危机，实行了“公共食堂化”。每人每天五两口粮，一日三餐糠菜糊糊，还要从事繁重的生产劳动，饥困劳疫，疾病缠身，只能听天由命。一个 300 余人的小村庄，三年内竟有 40 多人因饥饿而死，而出生成活的只有 11 人。

1961—1980 年的 20 年内，是关家村人口增长的第二个高峰期，净增长 100 人。这种增长主要是受传统观念的影响，百姓思想中“多子多福，人多为宝”的传统观念根深蒂固，没有认识到人口过快增长会给社会带来的压力和给家庭造成的负担，盲目生育现象一度泛滥。

1978 年以来，国家实行改革开放，以经济建设为中心，人民生活水平明显提高。党和政府对提倡晚婚和计划生育极为重视，“优生优育”和“只生一个好”的生育观念深入人心，逐渐被村民所理解和接受。40 多年来，关家村人口增加一直处于“有计划，可控制”状态，增长率一直保持在 4%左右。

事实证明，关家村人口变化与国家的变化和社会形势紧密相连，社增村增，社减村减。

第二节　人口分布

关家村面积不大，人口居住还算集中，人口分布比较均匀，特别是 2008 年 10 月 18 日整体搬迁以来，分布更趋合理。

1953—2018 年振兴村人口分布情况

时间	街巷名称	户数	人口数	时间	街巷名称	户数	人口数
1953 年	合计	67	467	2000 年	合计	124	533
	东头	16	119		东头	30	132
	前头口	20	121		前头口	18	87
	后河沟	17	122		后河沟	27	78
	井上	14	105		井上	30	138
1964 年	合计	73	326		东场院	14	69
	东头	19	90		小坟则	5	29
	前头口	20	83	2018 年	合计	122	602
	后河沟	17	82		崇文路	18	94
	井上	17	71		崇德路	18	85
1982 年	合计	90	411		崇贤路	17	87
	东头	14	58		崇信路	16	68
	前头口	19	89		崇智路	17	87
	后河沟	28	127		崇礼路	18	88
	井上	19	98		崇义路	18	93
	东场院	10	39				
1990 年	合计	111	461				
	东头	29	120				
	前头口	22	111				
	后河沟	28	118				
	井上	23	66				
	东场院	9	46				

1950—2015 年振兴村出生人数情况

出生时间	人数	出生时间	人数	出生时间	人数
1950 年	3	1972 年	5	1994 年	8
1951 年	2	1973 年	4	1995 年	6
1952 年	2	1974 年	8	1996 年	6
1953 年	4	1975 年	7	1997 年	4
1954 年	3	1976 年	3	1998 年	5
1955 年	2	1977 年	6	1999 年	7
1956 年	4	1978 年	8	2000 年	10
1957 年	4	1979 年	3	2001 年	9
1958 年	5	1980 年	6	2002 年	6
1959 年	3	1981 年	5	2003 年	6
1960 年	2	1982 年	7	2004 年	8
1961 年	2	1983 年	4	2005 年	7
1962 年	6	1984 年	4	2006 年	11
1963 年	4	1985 年	8	2007 年	7
1964 年	3	1986 年	8	2008 年	9
1965 年	5	1987 年	7	2009 年	8
1966 年	4	1988 年	5	2010 年	10
1967 年	5	1989 年	6	2011 年	11
1968 年	6	1990 年	10	2012 年	8
1969 年	5	1991 年	6	2013 年	9
1970 年	7	1992 年	7	2014 年	9
1971 年	6	1993 年	4	2015 年	10

1951—2018 年振兴村村民户数与人数情况

年度	户数	人数	年度	户数	人数	年度	户数	人数
1951	61	244	1974	81	377	1997	119	512
1952	65	262	1975	83	382	1998	120	521
1953	67	467	1976	84	388	1999	122	529
1954	67	270	1977	84	390	2000	124	533
1955	69	297	1978	85	393	2001	124	542
1956	71	282	1979	88	401	2002	124	549
1957	70	283	1980	88	403	2003	125	555
1958	70	291	1981	89	409	2004	125	561
1959	71	300	1982	90	411	2005	136	531
1960	71	304	1983	93	417	2006	128	571
1961	72	309	1984	94	431	2007	129	573
1962	72	326	1985	98	444	2008	129	577
1963	72	321	1986	101	442	2009	122	579
1964	73	326	1987	103	453	2010	122	576
1965	73	322	1988	106	455	2011	122	583
1966	74	328	1989	109	458	2012	122	587
1967	73	331	1990	111	461	2013	122	591
1968	75	342	1991	111	466	2014	122	592
1969	77	357	1992	114	481	2015	122	611
1970	77	361	1993	116	488	2016	122	595
1971	79	366	1994	116	491	2017	122	599
1972	81	369	1995	118	502	2018	131	602
1973	81	371	1996	119	509	—	—	—

第三节　人 口 构 成

振兴村村民均为汉族。其性别、年龄、文化等信息在民国以前没有明确记载，一些资料数据只能靠走访等形式获得。

一、性别

长期以来，人口性别结构男多女少。古有“十七美女，十八罗汉”之说，其原因是，在封建社会里，“养儿防老，传宗接代”传统观念影响极大，甚至有“不孝有三，无后为大”之说。人们重男轻女思想非常严重。生育无节制，多数夫妇往往不生男孩不罢休，出现男多女少现象，男女比例严重失调。中华人民共和国成立后，社会稳定，提倡男女平等，女性不再受歧视，振兴村男女比例逐渐变为女多男少。2015 年全村 611 人中，男性 294 人，女性 317 人，女性比男性多 23 人。

二、年龄

中华人民共和国成立前，由于社会战乱、灾荒、瘟疫、缺吃少穿、缺医少药等多种原因，人的寿命很短。虽然没有计划生育，但儿童夭折现象非常普遍，60 岁及以上老人占比很小。

中华人民共和国成立后，社会安定，生产力有了很大发展，人口出生率和存活率大幅提高。但老年人的占比仍然很小，1982 年第三次全国人口普查资料显示，全村 411 口人中，18 岁及以下有 168 人，占总人口的 41%；19～45 岁有 131 人，占 32%；46～59 岁有 74 人，占 18%；60 岁及以上有 38 人，仅占 9%。

1980 年“925 公开信”发表后，计划生育政策开始实行，但人口增长率仍然偏高。从 1964 年到 1982 年的 18 年中，全村净增 85 人，年龄构成没有大的变化。

20 世纪 90 年代以来，随着生活水平大幅度提升，农村合作医疗、社会福利事业快速发展，有病早治，无病早防，人口寿命大大延长，70 岁以上老人比例大幅度增加。据 2015 年有关统计，全村 611 人中，18 岁及以下 134 人，占 22%；19～45 岁 251 人，占 41%；46～59 岁 110 人，占 18%；60 岁及以上 116 人，占 19%。年龄结构发生根本性变化，18 岁及以下人口减少，老年人数量大幅度增加。

振兴村山清水秀，空气清新。一年四季，冬暖夏凉，属上党宜居之地，故长寿老人众多。由于年代久远，很多长寿老人姓名没能记载。从 1982 年第三次全国人口普查以后，关家村建立起了出生死亡登记簿，对长寿老人有了明确的记录。这些长寿老人一生大多生活简朴，性格开朗，不抽烟，不嗜酒。进入 21 世纪以来，居住条件优越，生态环境改善，生活水平提高，医疗保健到位，长寿老人心情舒畅，身康体健，颐养天年。振兴村也被称为“长寿村”。

三、姓名

姓名，是每个人的标签和社会生活的符号。振兴村主要姓氏有袁、李、关、牛等，而姓名则随着社会的发展和时代的不同，具有不同的意义。中华人民共和国成立前，人们大多数没有文化，连自己的名字都不会写，除少数家户起名有所讲究外，一般起名都很随意，父母随便拈来就是，认为“贱名好养活”。其实这也是村民最原始、最淳朴的温情的体现。

长期以来，长辈和晚辈名字不能带有相同的字，这是必须避讳的。兄弟、姐妹之间只能有一字相同，女性的名字多带花、梅、秀、香、英、翠、萍、丽等。有的干脆就叫牡丹、秋菊、翠萍、桃花等。男性讲究较少，特别是中华人民共和国成立前，有的人家因为孩子生得多，存活的少，生个孩子怕养不住，就起个生病也夺不走的名字，例如拴住、保住、锁住、拴牢，有的干脆就叫狼不吃、狗不理。

有的则是根据孩子的皮肤和身体状况起名，如黑旦、黑狗、白孩、肥则、胖则、瘦孩、铁疙瘩等。

还有的名字与父母的希望有关，如生女孩多的想生个男孩，就给女孩起名招弟、引弟、有弟等。

有些名字反映了父母的心情，如叫称心、合意、贵宝、宝贝、有福、福贵等。

有些是图吉利的名字，有金孩、银珠、金柱、宝山、贵喜等。

还有些名字是根据孩子出生的季节而取的，如春喜、春贵、春梅、秋菊、秋梅、冬来、夏来等。

有些子女多的人家起名较随意，就叫大则、二则、三则、四则、五则等。中华人民共和国成立后，随着村民文化素质不断提高，视野也不断开阔。给孩子起名也紧跟当时形势。如中华人民共和国成立前后出生的孩子叫解放、建国、胜利、保国、建设、国庆等。特别是“文化大革命”期间出生的孩子，那时“红卫兵”“红小兵”盛行，因此起名为红卫、卫兵、文革、文胜等。

改革开放后，文化发展迅猛，很多父母为孩子取名开始讲究文化内涵，要翻好几天字典，选出来的名字让人耳目一新。

2018 年振兴村各姓氏人数统计

姓氏	人数	姓氏	人数	姓氏	人数	姓氏	人数
袁	182	王	12	申	2	卢	3
李	84	赵	9	高	1	丁	1
关	95	郜	5	和	1	琚	1
牛	71	刘	3	平	1	贾	1
张	29	程	3	韩	1	娄	1
秦	29	靳	2	侯	1	武	1
原	13	闫	3	郝	1	宁	1
郭	9	苏	2	马	1	苗	1
杨	6	董	2	梁	1	索	1
陈	5	朱	2	魏	1	景	1
焦	10	宋	2	冯	1	共计	602

四、文化结构

中华人民共和国成立前，农民生活十分艰难，缺吃少穿。除极少数家境较好的人家可以让孩子读书外，大多数农户都是文盲。20 世纪 50 年代国家开展扫盲运动，村里成立夜校办识字班，组织村民学习文化，但只有少数人有点成效，大多数人只是走个过场，收效甚微。随着社会的快速发展，政府不断强化和完善教育工作，村民文化结构逐步改善，儿童升学率逐年提高。据初步统计，振兴村现有人口中，20 世纪 30 年代以前出生的大多数是文盲;40 年代出生的,小学文化程度占 50%;50 年代出生的,小学、初中文化程度占 60%;60 年代出生的,初中及以下文化程度占 70%;90 年代出生的,初中文化程度占 45%、高中文化程度占 50%、大学文化程度占 5%。

当今社会,处于先进文化的大发展时期,国家设立了形式多样的专业学校,经过深造,有一技之长的学子,都能走上与自己特长相适应的工作岗位。

第四节 家庭婚姻

一、家庭结构

封建社会的家庭以自然状态的方式存在,不承担社会责任,不参与社会劳动,养老育幼是其最主要责任。受封建礼教的影响,一般家庭是男主外,女主内。男人为家庭的主要决策者,女人处于附属地位,在家相夫教子,并承担全部家务。社会活动由男人主要参与,客人登门,由男人陪客说话,女人不能参与。中华人民共和国成立前,因为没有实行计划生育,多子多福观念较为普遍,较殷实的家庭一般不分家,因为那时分家会为人所不齿,更多的是为了显耀其家庭之和谐。多数为一对父母和多对已婚子女组成的大家庭,加上子孙,少则七八口,多则十几口,三世、四世同堂的情况非常普遍,一家好几代人生活在一起。这种几世同堂、其乐融融的状况是许多人家所向往的。穷苦人家又是另一番景象,儿子成婚后分灶不分家,待父母去世后兄弟才能分家、分财产,各自另立门户。这种家庭的生活条件极为有限,居住条件也讲究不起,多数为几个子女同盖一床棉被,同宿一个土炕,到夜间两条板凳上铺块木板就成了床。夜深人静,孩子入睡后,母亲要把孩子脱下的衣裤放在煤火上浇水熥焖去除跳蚤、虱子,在煤油灯下纳鞋底,缝补破衣破裤,年龄大的子女照顾年龄小的。做父亲的,白天要经历一天的繁忙劳动,到了晚上还得担水、挑煤、推碾、做家务,根本谈不上合理休息。直到改革开放这种情况才逐渐改变。超大家庭随之减少,一对夫妇上有父母、下有子孙,几辈人一起生活的不多见了。儿子成婚后,两三年即分家,家庭规模由此变小。一般以 3~4 口之家最为常见。进入 21 世纪后,小家庭生活深受年轻人青睐,家中儿女多的,一般情况是谁成家谁就另立门户单独生活,生活不能自理的老人由子女照顾、赡养,能自理的老人一般是另起炉灶,独自生活。父母同子女两代人组成的家庭越来越多,父母身体如有异常,则由子女共同照顾。

中华人民共和国成立后,国家提倡男女平等。妇女解放,地位提高,家庭功能及成员关系开始发生变化。20 世纪 80 年代以来,越来越多的家庭自主产业开始出现,家庭功能也不再是单纯的养老育幼,而是参与到社会经济活动中,要承担一些社会分工和社会责任。随着社会发展和人们观念的变化,儿媳开始掌管家庭经济收支,男、女社会交际圈也都有所扩大。

在财产分割上,中华人民共和国成立前,父母双亡后,家庭财产由兄弟协商分配,分配原则是长子优先,女儿无权继承。中华人民共和国成立后,根据国家有关法律规定和人们思想观念的转变,出嫁的女儿同样有权参与财产继承和分配,但受传统习惯的影响,女儿多仍不参与财产的分配和继承。无儿无女的鳏寡老人,则被列为"五保户",一切生活所需由基层政府组织承担。去世后，其财产，无论多少全归集体所有。近年来，随着计划生育政策的实施，独生子女家庭越来越多，开始出现一对夫妇赡养4位老人的现象，同时也可以继承双方父母的财产。

二、家庭分工

中华人民共和国成立前，一般家庭分工是丈夫负责田间重体力劳动或外出挣钱养家，妻子在家操持家务抚养子女并照顾老人，属传统的“男主外，女主内”型的分工方式。子女的前途就是男孩随父亲学习田间农活或其他技能，女孩则向母亲学习做饭及针线、家务。因男性是支撑家庭生活的主要支柱，一般事情是男性说了算，被尊为“当家人”。

中华人民共和国成立后，国家提倡解放妇女，强调“男女都一样”并实行同工同酬政策。妇女逐渐走出家庭，步入社会，参与社会活动和集体劳动，成为社会力量的半边天，传统的家庭分工逐渐发生变化，相互依赖程度不断减轻，男性的角色悄然发生变化，已不能一人说了算。改革开放后，自主择业的人增多，从业门路拓宽，家庭成员从各自行业和职业取得经济收入，共同支撑家庭生活，家庭的主要经济功能已由生产型逐步转向消费型。

三、婚姻

封建社会时期，人们受乡土观念的影响和封建礼教的制约，婚姻讲究“门当户对”和“亲上加亲”，大多由父母包办和媒人牵线来完成，三服、五服以内的直系和旁系(表兄、表妹)亲属之间的近亲结婚也很常见，婚姻圈非常小，封闭性极强，人际关系变得更为复杂。穷苦人家在娶不起媳妇的情况下，相互换亲便成了唯一选择，也有的因此给两家造成了悲剧。更由于那时“妇女贞节比命还重要”和“从一而终”的思想毒害，女子只要一过门，丧偶后一般不许再改嫁，在婚姻生活很不愉快的情况下，也不能提出离婚，而男方却大不一样，既能纳妾也能离婚。

民国时期，早婚早育盛行，男女双方成婚年龄一般在14～16岁之间。低龄化婚姻给人们的生活带来了诸多不便，给社会造成了很多危害。中华人民共和国成立后，人们的思想观念发生了变化，对近亲结婚的危害也有了不同程度的了解，近亲结婚情况杜绝，婚姻圈越来越大，生育质量也越来越高。婚姻状况有了明显的改变。1950年5月，国家颁布了《中华人民共和国婚姻法》，规定男20周岁、女18周岁为法定婚龄，早婚现象开始消失。1981年新婚姻法实施，重新规定法定结婚年龄为男22周岁，女20周岁，同时国家鼓励晚婚晚育，城市男女青年实际结婚年龄一般为男25周岁，女23周岁。

进入21世纪后，农民的收入接连翻番。2007年以来的新农村建设影响深远，外村的姑娘也愿意嫁入振兴村，振兴村姑娘也能就近选择振兴村小伙组成家庭。几年来，婚姻结合逐步呈现低龄化趋势。为提高人口素质，改变这种状况，村“两委”作出决议，严格要求村民必须执行国家的婚姻政策。男、女青年必须达到法定年龄方可结婚，否则，一律不予办理户口迁移手续。

四、计生政策

关家村计划生育工作始于20世纪70年代初。1953年国家进行第一次全国人口普查，关家村人口为467。人口数量过大，增长过快，对环境、经济和社会都产生了巨大影响。为了解决人口增长过快这一问题，使人口增长与社会、经济发展相适应，与环境、资源相协调，必须实行计划生育政策。在最初开展计划生育工作的近5年时间里，由于中央没有政策文件，所以有关计划生育政策和规定，均由县、公社两级政府制定。包括提倡晚婚，也是一个公社一种政策。1971年到1975年期间，西火人民公社规定男25周岁，女23周岁方可结婚。1979年《山西省计划生育条例》发布后，各种土政策相继被废，统一按《山西省计划生育条例》规定执行。1980年国家的计生政策调整。随着计划生育政策措施不断加强，人们的生育观也在与时俱进。到20世纪80年代末，计划生育工作由“老大难”变成了常态化，成了孕龄妇女的自觉行动。关家村计生工作逐步进入良性循环。20世纪90年代，农村提倡一孩，允许二孩，杜绝三孩。但生育二孩的前提是第一胎是女孩，并且间隔期限必须在4年以上。2000年开始生育二孩的妇女年龄必须在28周岁以上。2008年，符合生育二孩条件的妇女不再有年龄限制。

20世纪90年代后，随着计划生育政策的步步深入，关家村村民从思想上发生了根本性的变化，独生子女家庭越来越多。人们已不认为多生子女是福，反而感觉到子女越多负担越重，对生产、生活都会造成很大影响。为保证计划生育政策长期有效地贯彻执行，关家村采取了多项可行的措施，多年来没有出现非法婚姻和非法生育现象。并优先解决独生子女户和执行计划生育政策的模范家庭成员的就业问题，优先照顾，方方面面都给予关照，从而使计生工作顺利开展。

如今振兴村党支部、村委会始终把“人口发展与计划生育”工作当作大事来抓，坚持以人为本的理念，进一步更新观念，转变服务方式，创新村民自治与人口计生工作机制。勇于创先进、争一流，做好榜样，当好模范，努力建成计划生育群众自治模范村。

现在，山西省计划生育新政策明确了“促进人口长期均衡发展，实现人口与经济、社会、资源、环境协调可持续发展”。调整了生育政策并改革生育服务管理制度：提倡一对夫妻生育两个孩子，并实行了生三孩新政策，不再提倡晚婚、晚育、少生，生育两孩的，实行生育登记服务制度。依据《中华人民共和国人口与计划生育法》，进一步明确规定了育龄夫妻自主选择计划生育避孕、节育措施。修改完善了计划生育奖励和婚嫁制度，以鼓励按政策生育和促进优生优育。有效衔接计划生育家庭的奖励、优待、扶助政策，切实保障计划生育家庭合法权益。

第五节　人口迁徙

一、迁入

关家村世居村民主要为关、牛、李、袁四大姓氏的村民。在历史长河中，发生过怎样的迁徙和流动，已无法考证。20世纪初，人们为了逃避战乱、灾荒，有的举家迁徙，有的卖儿卖女，四处为生。在近300年的历史变迁中，关家村曾有10余人迁入做螟蛉子和童养媳，先后又有王、秦、张、原等姓氏村民举家迁入。中华人民共和国成立后农业生产合作社时期，又有1户杨姓和1户王姓人家迁入。

二、迁出

相传，两三百年前，关家村就有人在河南、山东、河北等地经商落户，由于年代久远，已无据可查，现只一一列举20世纪50年代以来的迁出户。

袁土龙，1928年生，1947年参军，退休后转到河南省参加工作，全家定居于河南省鹤壁市。

李有财，1941年生，1958年参加工作，全家转到四川省，现定居于四川省攀枝花市。

郭荒草，1942年生，1959年参加工作，全家定居于晋城市矿务局古书院煤矿区。

关扎根，1944年生，1971年毕业于山西农学院（县委山西农业大学），后参加工作，全家定居于长治县县城。

李水文，1945年生，1963年参军，退伍后转到长治县政府工作，全家定居于长治县县城。

袁孝则，1946年生，1966年参军，转业后在荫城供销社工作。

关文平，1949年生，1966年10月参加工作，全家定居于长治县县城。

李石头，1953年生，1978年参加工作，长治县锅炉厂职工。

关白苟，1954年生，1977年参加工作，长治洗衣机厂职工。

秦振奎，1958年生，1976年参加教育工作。

牛宝堂，1958年生，1977年参加工作，全家定居于潞安矿务局石圪节煤矿区。

杨正国（曾用名杨振国），1958年生，1980年参加教育工作。

杨振清，1962年生，1979年参军，家属随军，全家定居于北京市。

袁学军，1965年生，1987年参加工作，长治县物资回收公司职工。

牛志川，1978年生，1994年参加工作，全家定居长治市。

袁园，1985年生，2003年参军，全家定居于西藏自治区拉萨市。

关宇，1986年生，2012年毕业后在云南昆明富滇银行股份有限公司信息技术部工作。

袁晓娜，1987年生，2013年北京林业大学毕业后在中国腐植酸工业协会工作。

秦丽，1989年生，从南开大学毕业后在天津市工作。

第五章　党政群团

第一节　党支部的成立

1937年“七七事变”后，抗日战争全面爆发。中国共产党党员宋乃德以牺牲救国同盟会（简称“牺盟会”）特派员的身份到长治县宣传发动群众抗日救国。他首先来到西火镇与时任西火村村长焦福水联系，为扩大武装力量发动群众进行抗日救国斗争，组建“西火村牺牲救国同盟会突击队”（后改为人民武装自卫队）。

1937年11月，长治四区区委书记兼牺盟会特派员岳宗泰，在西火村进行秘密党组织活动。毗邻西火村的关家村袁克义以“牺牲救国同盟会突击队队员”的身份，加入了党组织，成为关家村第一名中国共产党党员。

1938年11月，在长治县委路西办事处主任闫镇的领导下，关家村袁克义参加了在西火村召开的声讨国民党顽固派长治县县长聂士庆亲日反共大会，后由共产党员张一萍担任长治县县长。

当时西火遭受兵匪战乱非常严重。1938年中共长治县委书记李琳，发动群众开展反剥削、反压迫的斗争。这次反剥削、反压迫斗争规模较大，影响较深，一些官商豪绅极为震惊。这次清洗出来的钱、粮及一些物资按照县委指示送往南沟村129师部队驻地，解决了抗日队伍的生活急需。

1939年7月，日、伪、汉奸等频繁发起反动武装活动，为适应当时武装斗争形势，长治县抗日民主政府迁至西火村。何长工、和毓祥、侯国英、张燮堂等主要领导和政府干部曾在关家村开展抗日救国宣传活动，并积极发动群众进行抗日游击斗争。

1943年，西火、东火、荫城一带为八路军游击区，盘踞在关岑山的日军经常抢粮，抓劳工服苦役，为配合八路军的对敌斗争，该区成立“武工队”，各村组织了人民武装委员会（简称“武委会”），共产党员李天富为武委会主任。几年来，他配合区武工队，特别是在与长治、高平等地的反动武装“拨浪队”多次交锋中，做出了贡献。

抗战以来，受长治县抗日民主政府和区武工队直接的影响，关家村涌现出许多热血青年。他们组织民兵，昼夜站岗放哨，打探敌情，筹集粮草，运送物资，为抗日斗争做出了贡献。由袁克义作为党的介绍人，李更生、牛怀锁、李天富光荣加入了中国共产党，并成立了关家村党支部。那时党组织并非公开，一切活动都在保密的前提下进行。

1946年，关家村第一届党支部成立。同时第二届“群英大会”在长治英雄台召开，袁克义以牺盟会突击队的名义，代表关家村党组织参加了这次会议。

1947年，关家村党支部在党的领导下（那时党组织活动已公开），开展了土地改革运动。关家村党支部多次召开群众大会，宣传党的方针及土地改革政策，振奋了民心，鼓舞了士气，使土地改革运动得以顺利进行，并取得了很好的效果。

在解放战争中，为了解放全中国，关家村党支部发动群众人人出力、家家出钱，参军参战、筹集粮草。从 1947 年到 1949 年，关家村曾有牛付山等 13 名优秀青年积极参加中国人民解放军，在前线冲锋陷阵、浴血奋战，为彻底推翻国民党反动统治、解放全中国做出了贡献。在解放长治的战斗中，关家村曾出动民工 20 余人、牲畜 7 头、大小车 10 余辆支前参战，其中牛根绪、袁聚则、关仁发等 4 人光荣牺牲，后被追认为革命烈士。

中华人民共和国成立后，关家村第一届、第二届党支部充分发挥党的先锋队作用，在领导农民从互助组到初级农业生产合作社（简称初级社）再到高级农业生产合作社（简称高级社）的不同历史时期，顺利实现了土地所有制从私有制到集体所有制的转变。党的十一届三中全会后，关家村第三届党支部重新组建，特别是党的十八大、十九大召开以来，关家村暨振兴村党组织结构日益完善，先锋模范作用日益增强，带领全村党员群众致力改革开放、创新发展、奔康致富，勇做实施乡村振兴战略的排头兵。

第二节 党组织的建设与发展

抗日战争以前，关家村有村民接触中共党组织，当时党的活动都是秘密进行的。抗战时期，党的基层组织在关家村组织活动，根据不同形势，或隐蔽或半公开。1946 年的土地改革运动，党组织活动公开化，关家村有 4 名党员，袁克义、李更生、牛怀锁、李天富，后有关仁库加入了党组织。

1951 年，中共中央下发《关于农业生产互助合作的决议（草案）》，号召全国农村成立互助组，走“组织起来，发展生产”的道路，积极交纳“爱国粮”，支援抗美援朝战争。这一年关连则积极参军，奔赴朝鲜战场。

1953 年，全国开展“反贪污、反浪费、反官僚主义”的“三反”运动，村党组织对党员开展“艰苦奋斗、厉行节约、反对浪费”的教育，教育党员在社会主义改造的过渡时期发扬艰苦奋斗的作风和发挥先锋模范带头作用。

1955 年，村党组织以学习党章、党纲为主要内容，对党员进行党性教育。

1956 年，开展整党整风运动，这是新中国成立以来颇为严厉的一次运动。这次整党主要是为了清查党组织内部变节通敌和暗藏的阶级异己分子。这次整风，由于极“左”思潮影响，造成了一定的冤假错案，关家村抗战时期入党的共产党员袁克义也深受其害，直到 1979 年才得以改正。

1958—1978 年，关家村经历了整个人民公社时期的基层组织体制变迁，整整 20 年改隶属西掌管理区、西掌大队行政管理。直至《中华人民共和国村民委员会组织法》修订实施，关家村才重新获得法定行政村身份，村级基层党组织方予重建。

党的十一届三中全会召开，对关家村振兴发展影响至深。1979 年，关家村重新组建第三届村党支部。关家村党组织组织党员和群众积极参与了在全国范围内掀起的真理标准问题大讨论。这次讨论成为撬动改革开放的哲学杠杆，为党的十一届三中全会凝聚了思想共识，成为改革开放的前奏。同时也为实行家庭联产承包责任制，走上以经济建设为中心的改革发展道路奠定了基础。

1979—2007 年，村党支部突出抓好理想信念和党的宗旨教育，社会主义荣辱观教育，政策法规和党纪教育。把反腐倡廉纳入干部培训计划，推进廉政文化建设，宣传廉洁奉公，勤政为民，表彰先进，弘扬正气。并要求每名党员干部，坚持做到“六要六不要”（即要解放思想，与时俱进，不要因循守旧，不思进取；要求真务实，量力而行，不要虚假浮夸，盲目攀比；要尊重民意，依法办事，不要强迫命令，独断专行；要艰苦奋斗，勤俭节约，不要贪图享乐，铺张浪费；要廉洁自律，公道正派，不要以权谋私，与民争利；要崇尚科学，移风易俗，不要封建迷信，大操大办），并以此作为党员干部的具体行为规范。通过坚持不懈地进行党员教育，关家村广大党员在整体上始终保持和发挥了先锋模范作用，在社会主义革命和社会主义建设的各个历史时期严格要求自己，身先士卒，为群众作出表率，带头完成了各个时期的各项任务。

2007 年，党的十七大在北京召开，这次会议全面分析了当时的形势和任务，系统总结了我国农村改革发展的光辉历程和宝贵经验，进一步统一了全党全社会的认识，加快推进社会主义新农村建设，按照省委、市委、县委要求，大力推动城乡统筹发展。振兴村党支部会同振兴集团党委、村域各级党组织，重视加强党的领导，加强农村基层党的组织建设、思想建设、党风廉政建设，带领广大党员干部牢记党的宗旨，把乡村振兴与实现中华民族伟大复兴的梦想结合起来，身先士卒，带头垂范，以一个共产党员的标准严格要求自己，在各项工作中处处努力起到先锋模范作用，做出突出贡献。

特别是党的十八大、十九大召开以来，村域各级党组织自觉维护以习近平同志为核心的党中央权威和集中统一领导，努力学习习近平同志关于管党治党的一系列重要论述，坚持和加强党的全面领导，坚持党要管党、全面从严治党，在党风廉政建设方面做了大量工作，并提出“太行生态宜居地，上党文明小康村”的振兴发展定位，务实追求产业振兴、人才振兴、文化振兴、生态振兴、组织振兴“五个振兴”，努力在党建引领下做好社会主义新农村建设、城乡统筹试验、全面奔小康、实施乡村振兴战略、初步实现富强康美的实践和探索，为农村经济社会发展做出新贡献。

1947—2021 年振兴村历任党支部书记情况表

<table>
<tr><th>姓名</th><th>性别</th><th>出生年月</th><th>文化程度</th><th>入党时间</th><th>任职时间</th><th>包村干部</th><th>备注</th></tr>
<tr><td>袁克义</td><td>男</td><td>1914 年 3 月</td><td>小学</td><td>1937 年 11 月</td><td>1946—1952 年</td><td>—</td><td>土地改革，中华人民共和国成立初期</td></tr>
<tr><td rowspan="2">李更生</td><td rowspan="2">男</td><td rowspan="2">1917 年 10 月</td><td rowspan="2">小学</td><td rowspan="2">1946 年</td><td>1952—1958 年</td><td>—</td><td>农业生产合作社时期</td></tr>
<tr><td>1979—1983 年</td><td>—</td><td rowspan="6">人民公社时期的 20 多年内，因属于西掌管理区、西掌大队行政管理范围，关家村没有党支部书记</td></tr>
<tr><td>李和气</td><td>男</td><td>1947 年 7 月</td><td>小学</td><td>1972 年 3 月</td><td>1984—1985 年</td><td>—</td></tr>
<tr><td>牛扎根</td><td>男</td><td>1955 年 3 月</td><td>大专</td><td>1984 年</td><td>1985—1990 年</td><td>—</td></tr>
<tr><td>袁贵堂</td><td>男</td><td>1960 年 3 月</td><td>初中</td><td>1984 年</td><td>1991—1992 年</td><td>牛扎根</td></tr>
<tr><td>牛扎根</td><td>男</td><td>1955 年 3 月</td><td>大专</td><td>1984 年</td><td>1992—1996 年</td><td>—</td></tr>
<tr><td>张文虎</td><td>男</td><td>1953 年 8 月</td><td>初中</td><td>1974 年 12 月</td><td>1997—2001 年</td><td>牛扎根</td></tr>
</table>

续表

姓名	性别	出生年月	文化程度	入党时间	任职时间	包村干部	备注
袁德平	男	1958 年 7 月	初中	1998 年 7 月	2001—2007 年	牛扎根	人民公社时期的 20 多年内，因属于西掌管理区、西掌大队行政管理范围，关家村没有党支部书记
袁鹏军	男	1977 年 7 月	初中	1995 年 10 月	2008—2017 年	牛扎根	
张剑红	男	1980 年 1 月	初中	2002 年 12 月	2018—2021 年	—	

1946—2021 年振兴村历届党支部委员情况表

届次	任职时间	党支部委员
第一届	1946—1951 年	关仁库　牛怀锁
第二届	1952—1957 年	李更生　牛怀锁　贾黄女
西掌支部	1958—1978 年	李更生　李根有　贾黄女　袁保山　李和气
第三届	1979—1983 年	李更生　李和气　李根有
第四届	1984—1996 年	牛扎根　李和气　张文虎　（袁贵堂）
第五届	1997—2000 年	张文虎　李和气　袁有堂
第六届	2001—2007 年	袁德平　袁有堂　袁文彬
第七届	2008—2011 年	袁鹏军　原河清　张剑红
第八届	2012—2014 年	袁鹏军　关国印　张剑红
第九届	2015—2017 年	袁鹏军　关国印　张剑红
第十届	2018—2021 年	张剑红　关国印　杨卉波

2021 年振兴村党支部成员情况表

姓名	出生年月	文化程度	入党时间
袁鹏军	1977 年 7 月	初中	1995 年 10 月
原河清	1970 年 6 月	大专	2007 年 1 月
张剑红	1980 年 1 月	初中	2002 年 12 月
关国印	1967 年 11 月	初中	2009 年 9 月
李忠孝	1958 年 2 月	初中	2000 年 7 月
牛龙富	1951 年 6 月	初中	1996 年 7 月
李和气	1947 年 7 月	初中	1972 年 3 月
关炳臣	1951 年 3 月	初中	2000 年 7 月
张文虎	1953 年 8 月	初中	1974 年 12 月
李顺堂	1952 年 2 月	初中	1995 年 11 月
袁德平	1958 年 7 月	初中	1998 年 7 月

续表

姓名	出生年月	文化程度	入党时间
杨卉波	1977 年 5 月	大专	1999 年 3 月
张文中	1957 年 1 月	初中	2000 年 7 月
李保兰	1948 年 10 月	初中	1966 年 6 月
李根有	1936 年 11 月	小学	1968 年 10 月
袁超	1989 年 2 月	高中	2008 年 8 月
牛勇杰	1992 年 11 月	初中	2012 年 7 月
袁志鹏	1992 年 6 月	高中	2012 年 7 月
袁鹏伟	1980 年 7 月	初中	2014 年 7 月
关燕伟	1984 年 4 月	初中	2011 年 8 月
牛长陵	1979 年 7 月	初中	2010 年 9 月
张志国	1979 年 7 月	高中	2010 年 10 月
李涛	1993 年 6 月	本科	2015 年 10 月

2021 年非本村支部党员情况表

姓名	出生年月	文化程度	入党时间	所在支部
关忠孝	1960 年 3 月	初中	2003 年 7 月	煤业支部
李忠堂	1966 年 8 月	初中	1987 年 7 月	农业支部
牛有根	1967 年 10 月	初中	1998 年 7 月	农业支部
袁贵堂	1960 年 3 月	初中	1986 年 7 月	农业支部
袁文彬	1964 年 5 月	初中	1985 年 7 月	煤业支部
牛天平	1964 年 5 月	初中	2009 年 9 月	文旅支部
关旭亮	1981 年 5 月	中专	2001 年 7 月	文旅支部
袁伟兵	1979 年 11 月	大专	2009 年 9 月	煤业支部
牛志斌	1974 年 7 月	初中	1997 年 7 月	煤业支部
关中平	1968 年 6 月	中专	2005 年 7 月	煤业支部
秦志明	1975 年 6 月	大专	2011 年 8 月	煤业支部
李学军	1970 年 10 月	大专	2012 年 8 月	煤业支部
原野	1994 年 9 月	大专	2015 年 10 月	煤业支部
秦广旭	1982 年 11 月	大专	2008 年 7 月	机关支部

1968—2021 年振兴村已故党员(部分)名录

姓名	性别	出生年月	入党时间	亡故时间
袁克义	男	1914 年 3 月	1937 年	1968 年 11 月
李更生	男	1917 年 10 月	1946 年	1986 年 9 月
牛怀锁	男	1919 年 6 月	1946 年	1969 年 4 月
关仁库	男	1921 年 10 月	1948 年	1973 年 1 月
李天付	男	1914 年 12 月	1946 年	1986 年 9 月
袁根柱	男	1931 年 5 月	1955 年	2005 年 11 月
关树根	男	1928 年 2 月	1947 年	2004 年 6 月
牛根锁	男	1927 年 3 月	1947 年	2007 年 10 月
袁保堂	男	1957 年 3 月	1978 年	2003 年 7 月
袁保山	男	1932 年 12 月	1965 年	2006 年 7 月
贾黄女	女	1932 年 6 月	1952 年	2011 年 3 月
袁有堂	男	1955 年 12 月	1995 年 11 月	2017 年 11 月

第三节　不同时期党的组织工作和基本职责

一、党的组织工作

土地革命时期，关家村第一届党支部成立，当时只有 4 名党员。新中国成立后的合作化运动中，又有袁根柱、贾黄女两名同志加入，并进行了党组织的第一次整风，纠正了土改中的一些问题，肃清了党的组织。

合作社时期，党领导人民完成了从私有制到公有制的转变，实行粮、棉统购统销，成立夜校和农民识字班，扫除文盲。

1958 年，“大跃进”时期，成立了人民公社，实行政社合一。工、农、商、学、兵五位一体，关家村的党组织成为荫城红旗人民公社西掌管理区下辖的一个党小组。1962 年，公社规模划小，西火人民公社成立。原来的管理区改为生产大队，关家村改由西火人民公社西掌大队党支部管辖。

1978 年，关家村成为独立的生产大队，从此结束了长达 20 年的西掌管理区、西掌生产大队行政管辖历史。

1982 年，改革开放逐步深入。当年秋后，实行了家庭联产承包责任制，结束了中华人民共和国成立后集体化生活的社会体制，农民有了生产经营的自主权，出现了集体经济和私营经济共存的良好局面。

1984 年，人民公社取消，改为乡(镇)人民政府，生产大队改为村民委员会。同年 7 月，村领导班子进行换届，牛扎根在这次选举中当选村民委员会主任。这次的领导班子突出了知识化、年轻化两个特点，从此，关家村走上以经济建设为中心的全面改革之路。

1985年，关家村党支部从调整农业种植结构着手。以群众自愿与统筹安排相结合的方式，以科技为根本，市场为导向，经济为中心，小康为目标，大力发展优质高级农业，彻底改革所有的传统种植方法和管理模式，大打农业翻身仗。当年长治县农林局局长关扎根创新的“玉米免耕”高效种植方法，首先在关家村试点，亩产量大大提高，这种种植方法被沿用至今。

在以经济建设为中心的大政方针指引下，村党支部始终围绕发展经济这个主题，充分利用自然资源，经过3年的不懈努力，1985年，村办煤矿厂正式投产，这不仅带动了运输、建筑、养殖、营销等多个行业发展，而且为个体创业提供了许多优惠条件和致富平台，使集体经济和个体经济日益发展壮大，人民生活水平也提高了。情为民所系，利为民所谋，权为民所用，村党支部首先想到的是村民生产和生活问题，实行了“种子、化肥、加工、电费、农业税”五项全免和发放年终福利等众多措施。1988年10月为全村安装了自来水管，解决了历史上吃水难的问题。

为繁荣农村文化生活，促进两个文明建设和社会全面进步，针对关家村文化设施基础落后，体制不顺，机制不活，文化活动相对贫乏的现状，1989年6月投资8万元为家家户户安装了闭路电视。这个举措，时至今日在全县都是独一无二的，这项工程对促进两个文明建设起到了很大作用。

为全面贯彻党的十七大精神，10年来，在全面建设社会主义新农村的伟大战略指引下，在振兴新区党委的直接领导下，振兴村党支部把走中国特色农业现代化道路作为基本方向，把加快形成城乡经济社会发展一体化作为根本要求，坚持以工促农，以城带乡，按照城乡发展规划一体化的要求，把农村和城市作为一个有机整体，在统一制定土地利用和总体规划的基础上，明确区分居民区、工业园区、商贸区、休闲区、生态涵养区，使城乡一体化发展互相衔接，互相促进。经过10年努力，社会主义新农村建设体制机制基本形成。农村基础设施更加完善，领导管理体制更加健全，生态环境得到改善，可持续发展和环境保护能力不断增强，人民民主权利得到保障，基本形成了产业布局、基础设施、公共服务、劳动就业和社会管理一体化新格局。

二、党支部工作职责

党支部是党在社会基层组织中的战斗堡垒。加强党的建设，发扬党的优良传统，提高党的战斗力，领导全村自力更生、艰苦奋斗，是党在城乡社会经济发展一体化的社会主义新农村建设中和新的历史时期，赋予党支部的光荣任务。

(1)党支部委员是党的基层骨干，是人民公仆，必须认真执行党的方针政策，坚持四项基本原则，坚持改革开放，全心全意为人民服务。

(2)党支部是坚持民主集中制的模范，履行党的各项义务的模范，执行党的路线、方针、政策的模范，遵纪守法、廉洁奉公的模范。

(3)党员是有共产主义信念和觉悟的先锋战士，永远是劳动人民中的普通一员。以为实现共产主义奋斗终身为己任。在改革开放、发展经济，两个文明建设中作表率。为建设社会主义新农村开拓进取，建功立业。

(4)党员必须严格遵守党章规定和党的纪律,开展经常性的马克思主义、列宁主义、毛泽东思想、邓小平理论和“三个代表”重要思想、科学发展观、习近平新时代中国特色社会主义思想教育,在思想和政治上同党中央保持一致,以党风带民风,开精神之花,结文明之果。

(5)发扬党的民主,要求党员做到的,支部必须首先做到,要求群众做到的,党员必须首先做到,绝不允许任何党员谋求超越职权范围的权利和特权。

(6)建立行之有效的学习、生活、工作制度,密切联系群众,学习新知识、适应新形势、研究新问题、总结新经验。带领群众为建设繁荣、文明的社会主义新农村而努力奋斗。

三、党小组工作职责

(1)组织和指导党员努力完成党支部布置的各项任务。

(2)接受党员汇报,了解党员思想,关心党员生产和生活情况,做好党员的思想政治工作。

(3)召开党小组会议,组织党员学习,积极履行党员各项义务。

(4)协助党支部做好党员鉴定、入党积极分子教育、预备党员转正和党费收缴工作。

(5)联系外出务工党员,传达党支部布置的各项任务,并督促其完成。

2021 年振兴村党员联户名录

街道	联户党员	所联户主
崇文路	牛龙富 杨正国	袁玉祥 牛滢璐 袁扎根 关守平 关振平 张剑波 袁来保 关红亮 袁学文 袁学兵 关志明 陈宝兰 袁建明 关中平 关孝虎 牛会军 牛春娥 牛龙富
崇德路	张文中 秦振奎	李有和 秦振奎 卢兴强 秦志明 李旭岗 牛振国 张文中 袁书芳 原何伟 牛艳军 关国印 关春喜 牛志兵 牛玲先 关军伟 袁其堂 袁德平 关国华
崇贤路	袁鹏伟 袁鹏军	牛有根 袁鹏军 秦广伟 袁秋付 袁月永 袁贵兰 原建国 郭学清 李江平 袁海军 袁进军 袁鹏伟 张建兵 袁贵堂 袁艳飞 袁乐堂 李忠孝
崇信路	关炳臣 贾志林	牛平山 关保国 李欢庆 秦伟明 李秀兰 原河清 袁国明 李　鹏 袁丽兵 袁文彬 李忠堂 李文学 袁松文 袁学军 牛红伟
崇智路	李和气 李顺堂	李满堂 袁智慧 关国旗 李　伟 袁庙堂 袁晨旭 袁　飞 袁江平 关晋伟 袁锁红 袁光明 关炳臣 李　明 李和气 李顺堂 牛泽源 袁志刚
崇礼路	张剑红 牛勇杰	关振中 牛文堂 关国屯 牛志勇 秦会明 关燕青 袁鹏燕 王义芳 关国平 关素清 李学军 张剑红 袁中平 牛何中 袁书明 李永军 关旭亮 张　龙
崇义路	袁德平 秦广伟	袁忠堂 袁宇宙 牛先堂 李　静 关雪云 袁志平 李石锁 牛志义 袁　兵 袁三红 袁首德 王　伟 袁陈军 袁会军 袁鹏飞 袁玉堂 关小亮 李顺发

第四节 党员教育

1979 年，关家村重建党支部，按照西火人民公社党委部署，学习党的十一届三中全会文件，纠正“左”倾思想，教育党员全面领会中央文件精神，准确掌握毛泽东思想科学体系和党的实事求是思想路线。

1980 年，以“党内政治生活的若干准则”为主要学习内容，对党员进行党性、党纪、党风教育，促进了党风好转。

1982 年，以学习党的十二大确定的新时期总任务为主要内容，教育党员干部明确社会主义现代化建设的根本目标和根本任务，促进了各项工作的开展。

1985 年，教育党员认真执行党的方针、政策，提高党员素质，增强党性，树立改革观念，结合党内四项任务（统一思想，整顿作风，加强纪律，纯洁组织），对党员进行信仰、理想、纪律和根本宗旨教育。同时，对党员进行十一届三中全会以来的路线、方针、政策教育。部分党员参加了西火人民公社组织的集中培训，同时广泛开展“两优一先”的“为民办实事、为党增光彩”活动，使党员心系群众，遵守党的宗旨意识得到增强。

1988 年，党支部重点对党员进行新时期党的基本路线教育，进一步加深了党员对党在新时期伟大任务的理解，增强了党员维护党的利益的自觉性。

1996 年，党支部开展组织党员学习江泽民总书记“讲学习、讲政治、讲正气”的“三讲”活动，提倡认真学习，开阔眼界，充实自己，提高水平，站在政治的高度观察问题、分析问题、解决问题，效果良好。

2001 年，学习江泽民总书记“七一”重要讲话精神，深刻理解“三个代表”重要思想，深刻领会党在新时期的新理论以及精神实质和党的根本任务。

2004 年，党支部把组织建设、作风建设、党风廉政建设和制度建设当作工作重点，先后开展“三个代表”重要思想教育、保持共产党员先进性教育、科学发展观教育和民主评议党员等活动。有力地推进了全村科技创新、生态建设、社会治安等各项事业的发展，使全村集体经济、村民收入都有了较大提高。

2007 年，认真学习胡锦涛总书记在党的十七大会议上作出的政府工作报告，深刻理解“科学发展观”的要义、核心、基本要求和根本方法，充分认识以人为本，全面发展、协调发展、可持续发展的重要意义，为全面发展打下坚实的基础。为此，关家村新农村建设在这一年拉开了序幕。党员干部提高了认识，统一了思想，在这场前所未有的新农村建设的伟大工程中起到了先锋模范作用。

2012 年，党的十八大胜利召开，选举产生了以习近平同志为核心的中央委员会，提出了“到 2020 年全面建成小康社会”的宏伟目标，把改革开放的伟大事业推向一个新的阶段。党支部组织党员进行了深入认真的专题学习，结合振兴村新农村建设的实际情况，全面提升了广大党员的思想素质和加强了党风廉政建设。

中国共产党第十八次全国代表大会召开后，振兴村党支部按照振兴新区党委的部署，立即组织全体党员认真学习了十八大文件精神。2012 年 12 月，全体党员认真听取了上级专派人员对十八大报告精神的解读，重点学习和深刻领会十八大报告中提出的社会主义现代化建设总体布局的“五位一体”(即经济建设、政治建设、文化建设、社会建设、生态文明建设)目标和党的建设总体布局“五位一体”(即思想建设、组织建设、作风建设、反腐倡廉建设、制度建设)目标。根据新农村整体规划布局的基本要求,围绕家园的净化和肌体的净化这两大目标,重点学习了文化建设和生态文明建设的重大意义。一致认为,破除陋习,提高村民思想素质和道德素质非常重要。面对新的生活环境,如何引导村民自觉履行法定义务、社会责任、家庭责任,培养知荣辱、讲正气、促和谐、做奉献的良好风尚和自尊自信、理性平和、积极向上的社会心态,是全体党员干部长久而坚定的任务。在这深化改革、转型发展的关键时期,广大党员要深刻领会党的十八大文件精神,以高度的责任感和自信心,在各自的岗位上用实际行动发挥模范带头作用。目前,新农村建设工程已转入基础设施建设阶段,作为党员,要紧紧团结在党支部周围,多谋民生之利,多解民生之忧,着力解决好人们最关心、最直接、最现实的利益问题。构建“学有所教,劳有所得,病有所医,老有所养,住有所居”的社会主义新农村建设基本体系。努力带领村民过上更文明、更富足、更幸福、更美好的生活。

2017 年 10 月 18 日,中国共产党第十九次全国代表大会在北京召开。大会高举中国特色社会主义伟大旗帜,以习近平新时代中国特色社会主义思想为指导,回顾总结了十八大以来五年的工作,深刻阐述了新时代中国共产党的历史使命,确立了决胜全面建成小康社会,开启全面建设社会主义现代化国家新征程的目标任务。

党的十九大报告指出,“农业农村优先发展,按照产业兴旺、生态宜居、乡风文明、治理有效、生活富裕的总要求,加快推进农业农村现代化”。

党的十九大以来,振兴村党支部积极宣传并认真贯彻落实大会精神。狠抓机遇,推进科技发展、创新发展,构建现代农业产业体系,培育新型农业经营主体,促进农村“三产”融合发展,加快发展乡村旅游业,为夺取全面建成小康社会的胜利加快了步伐。社会主义新农村建设成绩喜人,乡村旅游业初具规模,村民收入稳步提高,振兴村在方方面面都进入了全国先进村镇的行列。

第五节 制度建设

20 世纪 70 年代以来,关家村党支部建立健全了支部议事规则。党员议事制度和委员分工负责制度进入常态化,做到了党员知情参与,集体分工负责,事事有人管,人人有专责,并实行了支部书记和委员定期向党员大会报告工作,接受党员监督的制度,有效地推动了民主决策进程。

一、“三会一课”制度

这是一项制定早,坚持好,并结合发展形势,不断充实完善的党内制度。支部委员会主要分析研究支部工作和党员思想工作,制订支部工作计划,召开民主生活会和进行廉政廉洁自查。支部党员大会主要讨论支部工作计划、决定村级大事要事、评议党员和支部工作、监督支委会正确执行党的方针政策和党组织的决定。党小组会议,主要组织党员学习,汇报个人思想工作、遵纪守法和任务完成情况,反映群众意见,开展批评与自我批评。党课,始终围绕党的中心工作及党的宗旨开展学习。

二、党内民主生活会制度

党内民主生活会制度,曾在“文化大革命”时期遭到破坏。1977年后,逐步恢复并形成制度。党内民主生活会,每年召开一次,会议主要内容是在党内开展思想教育、纪律作风的批评与自我批评;总结反思党员干部贯彻上级指示,完成各项任务,廉洁从政,遵纪守法等的情况;广泛征求党员在民主决策、带领群众致富等方面的意见。统一思想认识,增进友谊,以求达到改进工作、共同提高的目的。

三、党风廉政建设制度

党风廉政建设,是社会主义民主政治建设的重要内容。关家村党支部牢固树立正确的权力观,增强拒腐防变的意识和能力。严格教育,严格管理,严格监督,廉洁自律,遵守廉政准则,绝不滥用权力、以权谋私,提高了党支部的凝聚力和战斗力。2001年,党支部制定了农村党员廉政建设制度,明确提出,党员干部不准用公款大吃大喝,不准搞赌博活动,不准搞封建迷信活动,不准参与邪教组织,不准大操大办婚丧大事,厉行节约,反对浪费。关家村党支部成立党风廉政建设组织机构,领导组组长由党支部书记袁德平担任,副组长李和气、袁有堂,领导组下设办公室,党小组组长为监督小组成员。在村“两委”干部中制定了“勤廉双选”制度,推动了廉政建设工作。2021年,振兴村在原有孝廉文化广场的基础上,启动“廉园”——廉政文化主题园的规划、设计和建设。

四、民主评议党员制度

从2000年开始,关家村党支部每年采取自我评议、民主评议、投票测评、组织考核等方法,对党员政治思想、工作作风进行民主评议,促进了党员作用的发挥。几年来,全体党员经过评议,优秀党员占40%,合格党员占60%,没有不合格的党员。党员纯洁度大大提高。

五、理论学习制度

每月第一周的星期一为两委班子成员及全体党员学习日,采取集中学习与自学相结合的学习方式,集中学习由支部书记主持,学习内容注重实效性与针对性,理论与实际相结合,严格考勤并做好学习记录,做好个人笔记,以此作为年终评议党员的重要依据之一。在学的基础上结合个人实际,开展多形式的讨论,写心得体会。

2008年,关家村新农村建设步伐加快。3月10日,党支部在支部会议室召开支委会扩大会,特邀新农村整体建设规划的总设计师、振兴煤业集团董事长牛扎根出席了会议。会上,建设工程总负责人对一年来的进展作了汇报。牛扎根作了发言。他说,目前新农村建设已达到高潮,这是支部村委的神圣职责和光荣使命,必须牢牢地把握国家的政策和方向。认真学习和深刻领会《中共中央关于推进农村改革发展若干重大问题的决定》,全面贯彻党的十七大精神,高举中国特色社会主义伟大旗帜,以邓小平理论和“三个代表”重要思想为指导,深入贯彻落实科学发展观,把建设社会主义新农村作为战略任务,把走中国特色农业现代化道路作为基本方向，把加快形成城乡经济社会发展一体化新格局作为第一要务，全面推进农村经济社会发展。

根据新农村建设的重大中心议题，在保持党的纯洁性方面，会议还学习了胡锦涛总书记在十七届中央纪委七次全会上的重要讲话，省第十次党代会和市委十届二次全会精神，坚持党要管党、从严治党。针对如何保持党员干部思想纯洁、队伍纯洁、作风纯洁和清正廉洁，不断增强自我净化、自我完善、自我创新、自我提高的能力，始终保持党的先进性，永葆共产党员的政治本色等方面制定了具体措施和规章。强调每个党员要做到“六查六看”(查思想差距，看信念坚定不坚定；查政治差距，看立场坚定不坚定；查道德差距，看本色保持没保持；查作风差距，看联系群众密切不密切；查廉洁差距，看律己严格不严格；查工作差距，看业绩明显不明显)，最后一致认为，广大党员及各阶层管理干部要珍惜所在的工作岗位，不折不扣地执行岗位制度，完成好各项任务，服从管理，加强学习，坚持解放思想，清正廉洁，无私奉献，为人民服务，立足岗位做贡献，围绕发展上水平，争做改革发展的带头人。

六、“一册六簿”制度

(1)建立党员花名册，登记党员重要信息，实现党员管理制度化、规范化。

(2)建立支委会记录簿，撰写支委会会议纪要，记录决定、决议和执行情况。

(3)建立支部党员大会记录簿，对每次支部党员大会真实记录。

(4)建立民主生活会记录簿，记录党员民主生活会情况。

(5)建立民主议事记录簿，记录党员对支部大事和村政大事的民主议事内容、过程。

(6)建立党员办实事记录簿，记录党员承诺所办的实事和完成情况。

(7)建立年度考评记录簿，记录支部对党员的年度考核评定情况。

七、党员联户责任制度

(1)凡60岁以下的党员，都在联户工作范围内。

(2)党员联户采取就近不就远的原则，以巷(路)为界线，每个党员联系15～18户农户。

(3)联户党员必须对所联系的农户负全部责任。

(4)党员联系工作内容包括勤劳致富、扶贫济困、清理环境卫生、爱护公共设施、爱护绿地花草、构建和谐家庭。

(5)联户党员对农户反映的问题和建议必须及时向支部汇报，以便及时处理和解决。

(6)联户党员必须带头执行党的各项政策，带头完成各项任务，起模范作用。

(7)支部对党员联户责任制度执行不到位的党员，进行批评教育，限期改正。对造成严重影响以及违反制度规定和法律法规的要严肃处理。

(8)本制度从2012年1月起执行。

第六节 党建活动

“五级联包，四推五培”是为全面推进城乡一体化而形成的基层党建新格局。按照长治县委提出的“五链”共建要求和振兴新区委的指示精神，结合村内实际情况，开展了“五级联包，四推五培”等一系列党建活动。

“五级联包”是在创新组织链的基础上，一级包一级，层层包落实(即党委委员包村包街道包企业、支部委员包班组、党小组长包党员、党员包户主、户主包家人)。

“五级联包”的开展，促使党员干部深入基层、了解基层，与群众交朋友，听民声、察民意，倾听群众的呼声和诉求。真正把工作重点延伸到服务链上。切实发挥党组织和基层党员在发展中的政治核心作用和先锋模范作用。同时，在拓展政绩链上下功夫，建立党员考核奖罚制度，优化政绩体制。通过签订“五级联包”责任书，明确承包职责，强化责任意识。使各级党组织和广大党员干部以身作则，率先垂范。公开承包职责，便于群众监督管理。通过召开党员大会和公开“五级联包”版面示意图，大力宣传活动内容，接受群众监督，并定期召开党员民主生活会，听取“五级联包”工作落实情况，对存在的问题及时处理和解决，使“五级联包”更加透明。振兴村党支部实行党员挂牌工作，以增强服务意识。在党员定岗位、定职责、定权力、定利益、定奖罚的基础上，挂牌上岗，亮明党员身份，接受群众监督，建立考核奖罚制度，优化政绩体制，严格按照“五级联包”活动内容和职责要求，实行党员年终考核制。有针对性地将企业支部与安全生产挂钩，村党支部与农业、文化、环境等方面挂钩，依照考核结果给予表彰或处罚，相互监督，共谋发展。

与此同时，振兴村党支部还大力推行“四推五培”评优机制。“四推”即从优秀职工和群众中推选劳动模范、从劳动模范中推选党员、从党员中推选管理人员、从中层管理人员中推选决策层。“五培”即把职工和群众培养成劳动模范、把劳动模范培养成积极分子、把积极分子培养成党员、把党员培养成先锋、把党员中的先锋培养成管理人员。

为进一步强化服务链，同时开展了争做“四优”(政治素质优、岗位技能优、工作业绩优、群众评议优)模范党员活动。广大党员干部积极参与，形成了重要岗位有党员，主要骨干是党员，关键时刻见党员，支部上下创新争优的新格局。特别是形成了争创社会主义新业绩，争建社会主义新农村，争当社会主义新农民的“三争三新”思想。促进了和谐，凝聚了人心，发挥了党支部的战斗堡垒作用和党员的先锋模范作用。

第七节 村　　政

一、村政要略

明弘治年间(1488—1505)实行里甲制。里甲是明朝的基层组织形式，以 110 户为 1 里，每里推荐丁粮多的 10 人为里长，每人轮流担任一年，10 年一周转，余 100 户分 10 甲，每甲 10 户，每甲又以丁粮多少为顺序，每户在 10 年内轮流担任 1 年甲首，甲首的行政管理职责是管理里内人户、检查生产、调解处理本里的民事诉讼和维持治安，按照上级规定催征钱粮。这种里甲制一直实行到辛亥革命前，经历了明清两朝。关家村以关、李、袁、牛四大姓氏村民为族群，族群又分社头，社头负责处理封粮纳社、赋税及民事纠纷。

中华民国成立后，鉴于户籍杂乱、人口不清、行政管理出现混乱的情况，阎锡山推行了一套《国民政治纲领》，其中一项主要内容就是实行“村制”。所谓“村制”，就是以村为行政建制，建立以村为单位的行政统治。1917年10月，山西省署颁布的《各县村制简章》规定，各县所设村庄无论住户多少均需以该简章编制为自治基础。村内居民凡达300户者应设村长1人，村副1人。超过300户者，可增设村副，酌增数最多不能超过4人。300户以下者，设村长1人，不设村副，也可与主村联合设1名村长，但联合村距主村不可太远，必须按照就近原则。请求任村长之职者，必须朴实公正，年龄在30～45岁之间，无不良嗜好，且以必须有价值在3000元以上房地家产为基本条件。

1918年4月，山西省又颁布了《村编制现行条例》，规定村长、村副下可增设闾长，以25家为一闾，多住户者，可按户增加，不满25家者，亦可设闾长1人，凡村内编两闾以上者，可以序数排列。同年11月又颁布了《修正山西各县村制简章》，规定原来的村编制可缩小，300户设村长、村副各1人改为100户可设村长、村副各1人，户数超100者，可按1917年的《各县村制简章》增设村副，但同样不得超过4人；村长、村副任职条件，不动产由原来的3000元以上降为1000元以上，村副在500元以上。

1922年4月，山西省全省各县所属村庄通电，一律试行闾下设邻，5户为一邻，一邻选一邻长。之后又公布了《改进村制条例》，规定村内设村公所、村监察委员会、息讼会等机构，村公所为村中执行村政的行政机关。机关人员以7人为限，由村长、村副、闾长等人组成，村公所设有所长、村副、治安、杂办等职，村副主要负责传达官府文件，管理钱财收支，征缴赋税；治安主要负责维持村内秩序和解决纠纷。

1945年10月，长治解放，共产党领导下的行政机构仍为村公所，设村长、副村长、农会主席、治安主任、民兵队长、财粮等公职，关家村首任村长为袁克义。1952年后即由牛怀锁担任村长一职。当时村公所与农会共同主持工作，主要负责发动群众成立互助组，组织青年参军参战，开展拥军优属工作，组织生产，统筹军粮等。这种政权形式一直持续到1954年。

中华人民共和国成立后至1953年11月，村政由村长及村公所主理，成立初级社。初级社时期变工换工，解决劳动力不均的困难。收益产品归各自所有，土地及生产资料仍为私有制，入社土地要“按亩分红”，实行“按劳按资”（生产资料）相结合的分配方式。初级社设置社长、会计、保管员等职，社长李更生、会计秦其枝、保管员关仁库。这一时期不论是互助组还是初级社，村里都设有财粮一职，专管公粮、农业税征收，此职一直由袁天义担任。

1955年，初级社转为高级社，土地、牲畜、农具全部作价入社，高级社政社合一，既是政权组织，又是经济组织，李更生担任高级社社长，实行了集体所有制，进行统一核算。

1958年，成立人民公社，关家村归荫城红旗人民公社西掌管理区管辖。由主任、副主任若干人组成村级领导班子，李更生主持政务。

1962年8月，人民公社范围划小，西火人民公社成立，原来的管理区撤销，改名为生产大队，村政机构设管理委员会，设主任、副主任、会计、保管员、妇女主任等职。关家村划分为3个生产小队，生产小队设队长、副队长、会计、保管员、妇女队长等职。

1967年7月，西掌大队“革命委员会”成立，取代了党支部，实行“一元化”领导。1977年，

"文化大革命"结束,重新恢复了大队管理委员会的村政机构。

1978 年 12 月,党的十一届三中全会在北京召开,拉开了农村体制改革的序幕,农村土地所有制也发生了根本变化。1979 年初,关家大队管理委员会成立。李和气为第一届管理委员会主任。

1984 年,实行政社分开,西火人民公社被西火镇人民政府所取代,关家大队管理委员会被撤销,改设村民委员会,原来的生产小队改名为村民小组。根据县、乡(镇)工作安排,7 月 28 日,村民委员会主任选举开始,当年的选举方式为间接选举,凡 18 周岁以上的村民皆有选举权。按照年龄核定,关家村共有选民 310 名,牛扎根以 98%的高票当选为第一届村民委员会主任。

2008 年 10 月 18 日,关家村整村迁入新址并改名为振兴村。

2010 年 9 月,长治县振兴新区管理委员会成立,振兴村成立"长治县振兴新区振兴村村民委员会"。

二、村民委员会

(一)村民委员会选举

1984 年,关家村村民委员会首届选举开始,产生主任 1 人,副主任 1 人,委员 3 人。村主任为牛扎根,副主任为李和气,委员为秦德奎、张文虎、袁有堂。

1985 年,根据工作需要,支部、村委内部进行自调,支部书记变为牛扎根,村主任为李和气,其他委员没有变动。

1985 年到 1991 年 3 月,村委班子没有变动。

1991 年 3 月,关家村支部书记牛扎根调任西火镇土地办公室主任,报请镇政府同意,支部、村委班子进行了必要变动。支部书记为袁贵堂,村主任为关忠孝,委员为关国印、袁德平、袁文彬。

1992 年,在关家村党员和群众的要求下,牛扎根回村任党支部书记。最后镇政府决定,牛扎根土地办公室主任职务不变,可兼任关家村党支部书记。10 月,根据党员和群众意见,村主任为李和气,委员没有变动。

1998 年 11 月 4 日,九届全国人大常委会五次会议颁布了《中华人民共和国村民委员会组织法》(简称《村委会组织法》),1999 年山西省统一部署农村选举工作,称为"第五届村民委员会选举工作"。根据《村委会组织法》,这届选举工作由村民选出临时的选举委员会全权主持选举工作。

关家村第五届村民委员会选举方法为,第一次采用"海选"的方法,每个选民发一张白票,没有候选人名单,由选民根据自己的意愿,直接选出村委会主任、副主任、委员。若达到两个过半数(投票选民超总投票半数,同意票超总票半数),选举即为成功。若未成功,则进行第二次投票,第二次投票按第一次得票次序列为候选人,按差额方式选举,选出主任 1 人,副主任 1 人,委员 1 人。

2002 年 11 月,关家村进行第六次村民委员会换届选举,选出主任 1 人,副主任 1 人,委员 2 人,主任关忠孝,副主任袁文彬,委员关振平、袁学兵。

2005 年 12 月进行了第七次村民委员会换届选举,这次选举是按 2005 年 9 月 1 日实施的《山西省村民委员会选举办法》进行操作，换届选举工作进一步得到规范。

2008年12月进行了第八次村民委员会换届选举，因关家村当时正处于新农村建设时期，选举方式与前几次有所不同，采取“直选”方式，就是参加竞选的村民，根据选举委员会（简称“选委会”）的公告，在正式选举前5日内向选委会提出书面报告，表明竞选意愿和参选职务，经选委会审核其任职资格并组织竞选演讲之后，最终确定竞选人。按姓氏笔画分职务进行公告，选举当天，将竞选人姓名和照片安放在各个秘密投票间，由选民根据自己的意愿投票，这次选举选出主任1人，副主任1人，委员1人。主任为原河清，副主任为关国印，委员为牛振国。

第九届、第十届选举时间分别是2011年和2014年，这两次经过选民投票，村委班子全部连任，有所不同的是村委会增加了一名妇女主任，贾志林任村委会委员、妇女主任。

村民委员会与改革前的村级机构相比，产生方式、职能都有所改进，体现了振兴村在改革中的进步。村民委员会由全体村民按法定程序民主选举产生，而以前的村级组织人员多由上级政府任命。

从2008年第八次村民委员会换届选举以来，截至2015年，振兴村处在新农村建设的关键时期，这也是考验每一个村委会成员在新的历史条件下能否胜任的关键阶段，其间两次换届，村委班子基本未动，均得到了村民的认可。

（二）村民委员会职责

（1）宣传党和国家的方针政策，以及各种法律法规；维护村民合法权益；根据本村实际，制定村规民约及各项规定；教育村民认真履行法律规定的各项义务，自觉遵纪守法。

（2）主持处理村内日常事务；认真执行村务公开制度；组织村民落实各项规定；促进生产发展和科学种田，定期召开村民大会汇报工作。

（3）领导村民自主创新，开展村民生产所需的信息、科技、物质等服务工作，促进村集体经济、个体经济、合作经济的巩固发展。

（4）尊重集体经济组织和个体经济组织依照法律规定进行经济活动的自主权；维护村民个体承包权、合法财产权以及其他合法的权益和利益。

（5）按照《中华人民共和国土地管理法》严格管理本村土地及相关财产；教育村民合理利用自然资源，保护生态环境；组织实施村内计划和建设，搞好村容村貌，推进农村两个文明建设。

（6）管理本村农田水利、交通、供电、供水、科技、文化、卫生、社会保障及公益事业。加强计划生育领导工作。

（7）强化社会主义精神文明建设，推行婚丧陋俗改革，反对封建迷信，自觉抵制各种腐朽思想，教育村民成为有理想、有道德、有文化、守纪律的村民。

（8）调解民事纠纷，促进家庭和谐，维护社会治安，保障村内村民安全。

（9）完成上级政府下达的各项工作任务。

（10）及时向上级政府反映村民意见和要求。

（三）村民委员会监督机构

为认真贯彻执行《村委会组织法》，强化组织建设、民主政治建设，充分保证广大村民当家作主的权利，建设一支清正廉洁的干部队伍，促进两个文明健康发展，必须设立村民代表、村民议事会、村民理财小组，强化议事监督作用。

1.村民代表

从1984年的第一届村民委员会选举到1999年连续15年，村民代表一般没有通过正规渠道选举。1999年9月，山西省九届人大常委会十二次会议通过了《山西省实施〈中华人民共和国村民委员会组织法〉办法》，规定“村民委员会主任、副主任和委员由村民直接选举产生，不得由户代表选举和村民代表选举”。按照该办法的规定和长治县人大常委会的工作安排，于2002年第六次村委会换届选举中，村民代表才由民主选举产生，实现了民主选举、民主决策、民主管理和民主监督。在此后的历届选举中，村委会认真贯彻执行《村委会组织法》，努力推进村民自治，定期召开村民代表会议讨论和决定村内重大事情。2008年以前，关家村村民代表是以改革开放前的三个生产小队产生三个村民代表，移居新村后，按新村规划的7条路巷每条路产生一名村民代表，现在共有代表7人，任期与村委会成员相同。根据社会发展和新的历史条件，村级组织由原来的管理型逐渐向服务型转变，村级行政决策权被村民自治的民主决策权所代替。

召开村民代表会议时，村委会主任要汇报各项工作，虚心听取村民代表意见。村民代表要认真监督，密切联系群众，积极反映村民意见和要求，宣传村民代表会议所做的各项决议，协助村委会做好各项工作。村民代表提出的意见和要求，村委会要认真答复，需要解决且能够解决的问题要及时研究解决。

2.村民理财小组

村民理财小组负责审查财务收支情况是否合理，账目是否清楚。非生产性开支经村民理财小组审查签字后方可入账，督促财会人员定期公布账目，财务收支每月公布一次，真正做到给村民一个明白，保干部一个清白。

每月5日为村民理财小组例会召开日。

三、村务公开

关家村党支部、村委会高度重视管理民主、村务公开，以规范的操作程序和公正、公开的运作，实现了村务工作民主决策、民主管理、民主监督，赢得了广大村民的信赖和支持。

1.村务公开步骤

先由党支部委员会提议，后由党支部村委会联席会议讨论研究，达成共识，再由党员大会表决通过后，递交村民代表大会进行表决，最后由村民代表大会决议。决议形成后，付诸实施，决议用公告、公示两种方式告知村民，听取广大村民意见，村民如有异议，及时向村民代表反映，不正确的加以修正，有疑虑的向村民代表说明情况，解释清楚，为最后决策提供参考。

2.村务公开内容

2003年以来，振兴村委实行决策民主化和监督民主化的工作：新农村建设的长远规划和基础设施建设情况；各个项目的投资情况；逐月财务收支情况；村规民约及各项工作制度，大额款项的收支；公益事业建设及筹资筹劳方案；村集体土地的承包、租赁情况；土地征用及补偿办法；集体经济所得收益的使用情况；集体财产的处置情况；计划生育情况；农村低保情况；新型农村合作医疗等政策制度的落实情况；救灾救济款、物的发放情况；困难家庭的救助情况；需要决议的其他村级重大事项。

1946 年以来振兴村历任主要领导名录

单位名称	姓名	性别	职务	任职时间	备注
村公所	袁克义	男	村长	1945—1952 年	土地改革时期
初级社	牛怀锁	男	社长	1953—1954 年	初级社时期
高级社	李更生	男	社长	1955—1957 年	高级社时期
管理区	李更生	男	主任	1958—1961 年	荫城人民公社时期
大队管委会	李更生	男	主任	1962—1966 年	西火人民公社时期
“革命委员会”	李根有	男	主任	1967—1969 年	“文革”时期
“革命委员会”	袁保山	男	主任	1969—1976 年	西火人民公社时期
大队管委会	李和气	男	主任	1976—1983 年	西火人民公社时期
村民委员会	牛扎根	男	主任	1984—1985 年 7 月	西火镇政府时期
村民委员会	李和气	男	主任	1985 年—1991 年 3 月	西火镇政府时期
村民委员会	关忠孝	男	主任	1991 年 3 月—1992 年	西火镇政府时期
村民委员会	李和气	男	主任	1993—1996 年	西火镇政府时期
村民委员会	袁有堂	男	主任	1997—2002 年	西火镇政府时期
村民委员会	关忠孝	男	主任	2002—2005 年	西火镇政府时期
振兴村新农村建设中心村示范领导小组	牛扎根	男	组长 书记	2006—2009 年	振兴集团党委时期
振兴新区党委	牛扎根	男	党委书记	2010—2023 年	振兴新区时期
村民委员会	原河清	男	主任	2008—2017 年	振兴集团、振兴新区时期
村民委员会	张剑红	男	主任	2018—2023 年	振兴新区时期
振兴村新农村建设中心村示范领导小组	张剑红	男	副组长	2012—2021 年	振兴新区时期
国家 AAAA 级旅游景区振兴小镇	牛扎根	男	主任	2018—2021 年	振兴新区时期

1950 年以来振兴村历任村级会计名录

姓名	职务	任职时间	备注
袁天义	财粮	1950—1952 年	土地改革时期
秦其枝	合作社会计	1953—1957 年	合作社时期
关富根	村会计	1958—1961 年	荫城人民公社时期
李聚水	生产小队会计	1961—1965 年	西火人民公社时期
关书文	生产小队会计	1966—1970 年	西火人民公社时期
袁来红	生产小队会计	1971—1974 年	西火人民公社时期
袁来保	副业队会计	1975—1978 年	西火人民公社时期
杨正国	生产小队、村会计	1975—1983 年	西火人民公社时期
李顺堂	煤矿会计	1984—1992 年	西火镇政府时期
秦德魁	村会计	1984—1985 年	西火镇政府时期
关炳臣	村会计	1986—1990 年	西火镇政府时期
张文虎	煤矿会计	1993—2005 年	西火镇政府时期
袁德平	村会计	1991—1997 年	西火镇政府时期
袁小臭	村会计	1998—2005 年	西火镇政府时期
关国印	村会计	2006—	—

第八节 群 团

一、共青团

共青团是党领导的先进青年团体，是广大青年在实践工作中学习马克思列宁主义、毛泽东思想、邓小平理论、“三个代表”重要思想、科学发展观、习近平新时代中国特色社会主义思想，实现共产主义的“学校”，是共产党的助手和后备军。1949 年，关家村成立了新民主主义青年团支部，1957 年，正式更名为中国共产主义青年团支部，由关本则任第一任团支部书记，团支部在党的直接领导下，配合党的中心工作，在不同的历史时期组织青年开展各种活动。不断对青年进行思想教育、集体主义教育和爱国主义教育，长期组织青年开展“比、学、赶、帮”竞赛活动，调动了广大青年的积极性，发挥了主力军和突击队作用。改革开放以来，在全面建成小康社会和新农村建设的伟大实践中，发挥了排头兵的作用。

二、妇女联合会

妇女联合会(简称“妇联”)是共产党领导的为争取妇女解放而联合起来的妇女组织，是党和政府联系妇女群众的桥梁和纽带，是国家政权的重要支柱之一。

1957 年，关家村妇女联合会成立，贾黄女任妇联主任。在党的领导下，妇女联合会积极发动并组织妇女参加生产劳动，宣传贯彻《中华人民共和国婚姻法》，提倡自由恋爱，婚姻自主，反对买卖婚姻，动员广大妇女扫除文盲，参加夜校学习，配合党的中心工作，宣传党的有关政策。在"农业学大寨"运动中，妇女联合会带领广大妇女在深翻土地、改河造地中发挥了"铁姑娘"作用，涌现出了李和巧、牛桂花、牛桂香、袁白果等一批先进人物。改革开放后，妇女联合会在党的领导下履行了维护妇女权益的职能，教育引导妇女自尊、自强、自信、自立，为振兴村妇女走出黄土地、奔向社会大市场开辟了新的就业门路，使妇女成为劳动致富的多面手，发挥了"半边天"的作用。

振兴村历任妇女联合会主任名录

姓名	性别	出生年月	文化程度	任职时间
贾黄女	女	1932 年 7 月	小学	1957—1967 年
李和巧	女	1947 年 3 月	小学	1968—1978 年
李保兰	女	1948 年 10 月	初中	1979—1985 年
陈保兰	女	1959 年 6 月	初中	1987—1999 年
秦静淑	女	1987 年 5 月	高中	2010—2011 年
贾志林	女	1970 年 4 月	高中	2012—

三、拥军优属

村政工作中拥军优属是主要组成部分，人民深知军人肩负着保卫国家安全以及人民生命和财产安全的重要职责，只有做好拥军优属工作，才能使军人放心，家属心情舒畅。在不同的历史时期这项工作都有明确规定和相关措施。

中华人民共和国成立前，经过土地改革和社会主义改造，家家都有了土地，全村现役军属和因保卫祖国英勇作战而献身的烈属共有 11 户，家中没有支柱和劳动力，生活困难，村干部组织劳动力代耕代种，轮流帮他们做一些家务，逢年过节登门慰问，并赠送一些物资，以保障其生产和生活。

集体化时期，军烈属家庭每年补助一定数量的工分、口粮，分配比一般农户要高，且不分摊集体的费用。这也体现了党和人民对他们的爱戴。

改革开放后，随着经济的快速发展，军烈属得到了更多实惠，子女上学、劳动就业等都有特殊照顾，每年还可收到一定数额的生活补贴款。

四、农民组织

1945 年长治解放，1948 年关家村成立了农民协会，其全称为"长治县第四区关家主村农民协会"，袁克义担任农民协会主席，凡年满 18 岁以上的贫雇农、下中农（有重大政治嫌疑者除外），经审查合格并同意加入者皆可为会员，在土地改革运动中，农民协会为主要社会力量。中华人民共和国成立后，农民协会被取消。

1964 年冬，关家村在开展"清工分，清账目，清钱财，清仓库"的"四清"运动中，成立了贫下中农协会（简称"贫协"），关土顺任贫协主任。各生产小队还相应成立了贫协小组，八队贫协小组组长李天富，九队贫协小组组长袁二魁，十队贫协小组组长牛富山。贫协在“小四清”运动和1965年开展的“大四清”运动中，经常组织贫农忆苦思甜，协助“四清”工作队开展工作，对干部群众进行社会主义教育，对阶级成分进行审查复核，并参与监督村政事务。1967年，贫协组织解散。

1967年9月，关家村成立了“真理战斗队”，发展队员80多名，战斗队在“文革”时期参与了一系列的组织活动。

五、民事调解组织

民事调解主任是专门解决和处理邻里纠纷及家庭矛盾的。中华人民共和国成立后的初级社、高级社时期，关家村民事调解主任是关仁库，该组织在合作社时期起到了很大作用。1958—1984年的20多年中，民事调解主任一直由李根有兼任。自1984年以来，民事调解工作一直没有专人负责。2000年自从关家村制定村规民约后，村民素质不断提高，大家和谐相处，不为小事斤斤计较，形成朴实敦厚的民风，基本没有邻里纠纷和家庭矛盾发生。民事调解主任一职一直由村委某一成员担任。

注：振兴村自20世纪80年代以来，获得国家级、全国性、省市区（县）级政府和部门，主流媒体，行业、学术团体和社会组织，各类智库第三方各类命名、嘉奖、排名、赞誉、口碑推介100多项，现按照振兴村村志编纂委员会《村誉管理制度及自我鉴定标准》，坚持社会主义核心价值观，及“真实性、客观性、公允性、专业性、影响性、激励性、价值性、权威性、非营利性、干部群众获得感”十项条件，对其实施自律鉴定、严格遴选、必要淘汰，保留了93项载入村志。荣誉性质分别以★、▲、☆、△、◆符号标注，其类型及意义如下：

★为中央、国家和部委评选命名表彰奖誉项目，以此为核心奖誉记录，共获得15项；

▲为全国性学（协）会、重要专家智库课题、行业机构、专有领域、各种主流媒体评价推介及口碑赞誉项目，以此为社会力量第三方评价重要赋誉记录，共获得36项；

☆为省、市、区政府和部门颁奖命名，属于地方政府评选命名表彰荣誉，以此为行政地域重要奖誉记录，共获得34项；

△属于地方社会组织第三方公众赞许、口碑荣誉，以此为地域性社会力量第三方评价重要赋誉记录，共获得1项；

◆属于国际非营利组织民间口碑点赞，以此为国际社会第三方口碑赋誉参考记录，共获得7项。

振兴村集体荣誉

时间	评选或评价单位	荣誉
1986年5月	长治市、长治县农业部门	☆科技示范村
1987年4月	长治市政府和长治县政府	☆立体高效农业示范基地 ☆农业科技先进单位
2008年	中共长治县委	☆红旗党支部
2009年	中共长治县委	☆红旗党支部
2010年7月	中共长治县委报请中共长治市委决定	☆振兴村成立“振兴新区管理委员会”，职能：建设“中心村”示范区，随即正式批复改称“长治县城乡统筹振兴试验区”，简称“振兴新区”

续表

时间	评选或评价单位	荣誉
2011 年 7 月	中共长治县委	☆红旗党支部
2011 年 10 月	中共长治市委、市政府	☆十佳示范社
2011 年 10 月	亚太环境保护协会	◆在第十一届全国“村长”论坛上，振兴新区获“亚太(国际)低碳乡村环境奖”
2011 年 11 月	山西省农业厅	☆省级示范社
2012 年 2 月	长治市卫生局	☆优秀卫生村
2012 年 9 月	中国村社发展促进会特色村镇工作委员会	▲“中国名村影响力三百佳”第 257 位
2012 年 9 月	中国村社发展促进会特色村镇工作委员会	▲中国特色村
2012 年 10 月	山西省农业厅	☆省级现代农业示范区
2012 年 12 月	中国村社发展促进会特色村镇工作委员会	▲中国幸福村
2013 年 1 月	山西省国家资源型经济转型综合配套改革试验区工作委员会办公室	☆发布长治县城乡统筹振兴试验区为就地城镇化“振兴模式”
2013 年 3 月	世界文化地理研究院	◆振兴村“全国村志收藏馆”开馆当日获“世界乡村记忆遗产保护专项嘉奖”
2013 年 4 月	中共长治县委、县政府	☆2012 人口和计划生育工作先进村
2013 年 5 月	中国国土经济学会、全国低碳国土实验区办公室	▲长治县城乡统筹振兴试验区列入“全国低碳国土实验区”
2013 年 11 月	长治市农村党风廉政建设联席会议办公室	☆党风廉政示范村
2014 年 2 月	中共长治县委、县政府	☆农业集团先进单位
2014 年 4 月	亚太环境保护协会、中国村社发展促进会特色村镇工作委员会、中国城市旅游杂志社等(利用国土气候旅游经济发展课题组有关数据、“恒春指数”等进行评价)	◆入选 2014 中国避暑小镇榜
2014 年 5 月	山西省旅游局、省农业厅	☆山西最美旅游村
2014 年 6 月	中国科学技术协会、财政部	★全国科普惠农新村先进单位
2014 年 7 月 26 日	中国国土经济学会国土气候旅游经济发展研究课题组、《“槐荫指数”——今日国土夏养之乡暨特色避暑小镇试行评价指标》课题组	▲“今日国土夏养之乡名片”数据库首个基准地重点名录
2015 年 2 月	中央精神文明建设指导委员会	★全国文明村镇
2015 年 7 月	亚太环境保护协会、世界文化地理研究院、中国村社发展促进会特色村镇工作委员会等(利用国土气候旅游经济发展研究课题组有关指标与数据、“恒春指数”进行评价)	◆2015 中国十佳避暑小镇第一名
2015 年 10 月	中国生态文化协会	▲全国生态文化村

续表

时间	评选或评价单位	荣誉
2016 年 6 月	亚太环境保护协会、世界文化地理研究院、中国村社发展促进会避暑小镇研究课题组等（利用国土气候旅游经济发展研究课题组标准进行评价）	◆2016 中国十佳避暑小镇榜首
2016 年	农业部	★中国美丽休闲乡村
2016 年 8 月	中国旅游媒体联盟	▲中国最美宜居宜业宜游小城
		▲中国生态休闲乡村旅游胜地
2016 年 9 月	农业部	★全国一村一品示范村镇
2016 年 10 月	中国国土经济学会、国土经济发展研究中心、美丽中国国土名片专家组	▲振兴村“全国村志收藏馆”获“美丽国土村志宝藏”荣誉
2016 年 10 月	农业部	★全国美丽休闲乡村
2016 年	中国全面小康论坛组委会、小康杂志社	▲中国全面小康十大示范村镇
2016 年 12 月	中国村社发展促进会特色村镇工作委员会，亚太农村社区发展促进会（APCRD）中国委员会、中华口碑中心（CPPC）	▲中国名村排行榜（三百佳）第 58 位
2017 年 1 月	中国小康村推介活动组委会	▲中国十佳小康村
2017 年	住房和城乡建设部	★全国改善农村人居环境示范村
2017 年	住房和城乡建设部	★全国美丽乡村示范村
2017 年	中国国土经济学会国土气候旅游经济发展研究课题组、《“槐荫指数”——今日国土夏养之乡暨特色避暑小镇试行评价指标》课题组、国土书画研究院	▲中国避暑小镇（复合评价挂牌）
2017 年 7 月	中国村社发展促进会特色村镇工作委员会、农业公园专业委员会、中国村庄杂志社、中国国土经济学会、国土经济发展研究中心、国土书画研究院	▲2017 百佳避暑小镇榜并列第一
2017 年	农业部主办 2017 全国休闲农业与乡村旅游大会	★全国休闲农业与乡村旅游五星级企业园区
2017 年	山西省旅游发展委员会、山西日报传媒集团	☆年度山西十佳品质旅游休闲娱乐项目
2017 年	人民网	▲精品特色小镇
2017 年 10 月 28 日	中国国土经济学会、国土经济发展研究中心	▲新时代乡村振兴发展范例
2017 年	山西省农业厅	☆山西省新型职业农民培训示范基地
2017 年 11 月	中国（国际）休闲发展论坛组委会、小康杂志社	▲2017 年度中国乡村休闲旅游示范奖
2017 年 12 月	中国互联网新闻中心	▲中国美丽乡村建设示范村

续表

时间	评选或评价单位	荣誉
2017 年	国家发展改革委宏观经济管理编辑部、新华社半月谈杂志社等	▲上党振兴集团荣膺“2017 年中国改革创新年度贡献企业”
2018 年 1 月	长治县机构编制委员会办公室批准	☆长治县城乡统筹振兴试验区增加“长治县振兴乡村生态文化旅游区”功能
2018 年	中国(国际)休闲发展论坛组委会、小康杂志社	▲2018 年度中国田园综合体示范单位
2018 年	中国扶贫开发协会、国家信息中心、小康杂志社	▲上党振兴集团获 2018 年度中国全面小康特别贡献企业
2018 年 7 月	国土气候旅游经济发展研究课题组指导，中国村社发展促进会特色村镇工作委员会、中国村庄杂志社、中商产业研究院发布	▲2018 百佳避暑小镇排名第二
2018 年 12 月	2018 美丽乡村博鳌国际峰会	▲全国百佳乡村旅游目的地、2018 中国最美乡村
2018 年 12 月	公共经济研究会中国乡村文明研究中心、第五届中国乡村文明发展论坛组委会	▲第五届中国乡村文明发展论坛“十个乡村振兴案例”
2018 年 12 月 29 日	山西省旅游资源规划开发质量等级评定委员会	★国家 AAAA 级旅游景区
2018 年 12 月	中共山西省委宣传部、山西省文明办	☆社会主义核心价值观建设示范点
2018 年	首届美丽中国田园博览会、“世界旅游之最”丛书名录库	▲自编自演《归去来兮谜语歌》，获首届美丽中国田园博览会指定开幕式改编演出，原作被列入正式出版物“世界旅游之最”丛书名录库，被评为“天下第一谜——最长的打一字田园谜语歌”
2019 年	人民网、中国小康村创新战略联盟	▲全国乡村振兴示范村
2019 年 2 月	中共长治市上党区委员会、长治市上党区人民政府	☆乡村振兴榜样
2019 年 2 月	中共长治市上党区委员会、长治市上党区人民政府	☆转型先锋
2019 年 3 月	山西省国防教育办公室	☆山西省国防教育示范村
2019 年	国家林业和草原局	★国家森林乡村
2019 年	山西省农业产业化领导小组办公室	☆上党振兴集团荣获山西省农业产业化龙头企业
2019 年	全国“扫黄打非”工作小组办公室	★第三批全国“扫黄打非”进基层示范点
2019 年 4 月	国土气候旅游经济发展研究课题组指导，中国村庄杂志社、中商产业研究院美丽乡村与特色小镇研究所、中国村社发展促进会特色村镇工作委员会、中商情报网、天下口碑网评价发布	▲2019 百佳避暑小镇第二名

续表

时间	评选或评价单位	荣誉
2019 年 6 月	山西省人民政府	☆山西省 AAA 级乡村旅游示范村
2019 年 10 月 1 日	组织部	★根据省、区、市各级组织部门推荐，受组织部邀请，牛扎根同志于 9 月 20 日至 10 月 2 日在北京参加了庆祝新中国成立 70 周年全部活动，乘坐“从严治党”方阵彩车，接受党和人民群众的检阅，并获得中共中央、国务院和中央军委颁发的庆祝新中国成立 70 周年纪念奖章
2019 年 12 月 24 日	中央农村工作领导小组办公室、农业农村部、宣传部、民政部、司法部	★全国乡村治理示范村镇
2019 年	长治市人民政府	☆长治市文化产业示范基地
2019 年	文化和旅游部	★全国乡村旅游重点村
2019 年 12 月 31 日	农业农村部办公厅	★全国农村创新创业孵化实训基地
2020 年	中国贸促会(中国国际商会)商业行业分会丝路工委会、“世界旅游之最”丛书名录库	▲振兴村“全国村志收藏馆”被列入“世界旅游之最”丛书名录库，被评为“唯一办在村庄里的全国村志收藏馆”
2020 年	中国村庄杂志社、名村影响力课题组、中商产业研究院、中商情报网、天下口碑网联合评价	▲2020 名村影响力三百佳第 35 位
2020 年	“走遍全球第一人”桂强芳主持，世界文化地理研究院、亚太环境保护协会等联合研究评价并对外发布	◆2020 中国百佳避暑康养金地标(排名前三)
2020 年	山西省文化和旅游厅	☆山西省文旅产业融合示范区
2020 年	山西省休闲农业协会	△首届“黄土地杯”山西休闲农业和乡村旅游美丽乡村
2020 年	国土气候旅游经济发展研究课题组指导，中商产业研究院美丽乡村与特色小镇研究所、中国村庄杂志社、中商情报网、天下口碑网联合评价	▲2020 百佳避暑小镇第二名
2020 年 6 月 20 日	清凉联盟	▲入选 25℃夏旅行十大避暑胜地榜
2020 年 8 月	中国国土经济学会、国土经济发展研究中心、国土经济名片工作委员会、中商情报网、天下口碑数据库	▲振兴村初心园暨“全国村志收藏馆”新馆，整体被誉为美丽国土乡愁记忆研学库重点项目
2020 年 9 月	长治市农业农村局	☆十佳美丽乡村
2020 年 10 月	中国田径协会	▲上党红色国际马拉松赛铜牌
2020 年 11 月 23 日	山西省文化和旅游厅	☆首批 AAAA 级乡村旅游示范村

续表

时间	评选或评价单位	荣誉
2021 年 2 月 22 日	山西省发改委和省教育厅	☆上党振兴集团入选山西省产教融合试点企业
2021 年 6 月	中共山西省委	☆全省先进基层党组织
2021 年 6 月	山西省人民政府	☆山西省国防教育基地
2021 年 8 月	山西省农业农村厅	☆山西省农业产业化省级示范联合体
2021 年 8 月	国土气候旅游经济发展研究课题组	▲赠予振兴村“今日国土夏养之乡”形象锦言
2021 年 10 月	天下口碑数据库、中商产业研究院、中商情报网等(利用“槐荫指数”进行评价)	▲赠予振兴村年度 001 号“避暑小镇”形象锦言
2021 年 10 月	世界文化地理研究院、亚太环境保护协会等(联合研究评价并对外发布)	◆2021 中国百佳避暑康养金地标(并列第一)
2021 年 12 月	山西省文化和旅游厅	☆省级旅游度假区
2021 年 12 月	中国小康网	▲2021 年度中国乡村振兴十大示范村镇

振兴村(原关家村)旧貌

振兴村全景图

向阳村旧貌

20 世纪 80 年代的关家村一角

20 世纪 90 年代的关家村一角

振兴新村奠基仪式

振兴新村建设

振兴村大门

振兴游客中心

生态振兴

初心广场

振兴寄宿制学校

太行乡村振兴人才学院

振兴新区卫生院

振兴剧院

振兴泰都村镇银行

振兴派出所

上党战役展览室

红色收藏室

孝廉公园

振兴格桑寨

振兴红色文化广场

振兴鹊仙桥

振兴花间堂

振兴槐荫寺

振兴初心园

振兴国防园

南下干部纪念馆

槐荫晚霞

花间堂民宿

火树银花夜振兴

振兴上党婚礼秀

振兴跑驴

振兴小车故事

春节嘉年华

振兴抛绣球招亲

振兴舞龙

振兴舞狮

振兴民俗铁棍表演

振兴上党印象大门

振兴上党印象步行街

振兴矿泉水——马刨泉

振兴五谷杂粮

上党振興村
老 陈 醋
上党振興村
净含量 500ml
MATURE VINEGAR
老 陈 醋

振兴老陈醋

德义坊
酒
定制
上党
振興村
CUN
酒

振兴酒

振兴葵花油

振兴生态园

振兴智慧农业体验园

振兴冰雪世界

第六章　农林牧业

第一节　粮食作物

民以食为天，食以粮为本。一粒入土，万粒归仓。粮食是人们生存的物质基础，振兴村的土地历来以种粮食作物为主，并分夏秋两季，夏粮作物以小麦为主，秋粮作物以玉米、谷子为主，其次是豆类、薯类等。

一、耕地面积

中华人民共和国成立前，关家村共有耕地540亩，人均耕地2.16亩，其中玉米播种面积297亩，占耕地面积的55%；谷子162亩，占30%；豆类、薯类81亩，占15%。中华人民共和国成立后，1958年，社会"共产风"盛行，实行"一大二公""一平二调"政策，关家村泉则河沟和部则掌沟的40亩粮田分别被"平调"给北坡村和部则掌村；同时，邻近关家村的西火村的姬家坟、郑红则地和部则掌白孩地被划归关家村耕种。这次土地调整使关家村的耕地减少了20亩。在"农业学大寨"运动中，在老东湾的河滩上垫滩造地80余亩，耕地总面积又增至600亩。国家实行退耕还林政策后，小圪倒和东部山顶退耕造林30亩，耕地面积有所减少。

1961年，实行"三级所有，队为基础"（三级即人民公社、生产大队、生产小队，生产队为基本核算单位）的经营分配体制。关家村以高级社时期的班、组划分为基础，分为三个生产小队（第八、九、十生产小队），其土地分配为第八队240亩，第九队177亩，第十队153亩。第八队的地质状况较好，黑褐土、土层深厚耐旱，产量高，主要分布在焦家沟、老苇地、地垛的、西圪道等地；第九队地质较差，红黄土易板结，漏沙地不耐旱，产量低，主要分布于老岭山、东头、小东沟、十亩坪等地；第十队地质介于第八队、第九队之间，为红、黄淤泥土，播种后小苗不旺，三伏天长势明显，产量一般，主要分布在十亩沟、月斧上、郎岭湾、东部山。

到2008年，由于新农村建设、道路拓宽等，全村耕地大幅度减少，人均耕地已不足1亩。

二、种植品种

（一）玉米

玉米也叫玉茭，在关家村种植历史悠久，种植面积广。依托关家村特有的自然气候条件，玉米产量高，为关家村主要种植作物。中华人民共和国成立初期，玉米种植品种主要是“金皇后”和“小白玉”(也称土白玉茭)等传统品种。在整个合作社时期,因科技不发达,品种难更新,亩产只有300～400斤。20世纪五六十年代国家引进新品种,亩产提高到500斤。60年代末开始育种,多数干部群众一开始并不相信这种又小又瘪的种子能够丰产,经政府反复做思想工作,硬性推广,在产量大幅增长的事实面前信服了。随后推广引进忻黄单9号、13号和春杂12号双杂交种,70年代又引入长单7号、中单4号、晋单12号,逐步淘汰了传统玉米品种。80年代到90年代,玉米品种逐步得到改良和优种,其中包括农大60、农大3138、晋单25号、晋单29号、长单2号、掖单13号、丹玉12号、丹玉5号等品种,种子全部农药包衣,玉米亩产大幅增加。

(二)小麦

中华人民共和国成立初期,小麦种植以传统品种为主,产量低。1965年,引进华北183、华北187和太谷49号新品种,70年代又推广农大183、北京10号。集体化时期,最高亩产300斤。改革开放后,因种植结构调整,且在历史上小麦一直是粮食低产作物,种植比例很小。2000年后,几乎没有人种植,村民日常所食面粉均由河南、山东等地购进。

(三)谷子

关家村谷子种植历史悠久,谷子是关家村第二大主产粮食作物。农业合作社时期,谷种一直以农家的“大黄袍”“母鸡嘴”为主,产量均为200千克左右。20世纪六七十年代,推广长农1号、旱地1号、长农18号和长农24号,由于合理密植和更新优良品种,最高亩产700斤。

谷子属耐旱农作物,适应山地种植。谷子脱皮后被称为小米,小米香甜可口,营养丰富,维生素含量高。谷子脱下的皮叫糠,含多种营养成分。谷子生产工序较多,包括播种、间苗、锄草、施肥,属于中高产作物。

(四)高粱

高粱不是主产粮食作物,一般不专种,多在田间地头岸边间栽。高粱秆可用来编炕席,籽粒可磨成小粉和用来制作调味醋,是饲养牲畜的好饲料,现几乎无人种植。

(五)豆类

大豆种植历史悠久,大部分是在玉米、谷子地里间作套种,地头岸边广为种植,一般不专种。大豆营养价值高、用途广,能磨成面粉,也可用来发豆芽、磨豆腐、榨豆油、做豆饼,豆饼是养鸡、猪、牛、羊的好饲料。

豆子品种很多,有黄豆、黑豆、红豆、绿豆、小豆等。黄豆、黑豆的优良品种有晋豆1号、晋豆84号。绿豆在集体化时期是5月小麦被收割后麦田的复播品种,绿豆粉制作成凉粉,有消暑败火的功效。

(六)黍

黍属草本植物,籽粒叫黍子,脱皮后叫黍米,味甜、黏性强,是端午节制作粽子的主要材料,碾成粉可做油糕、油饼。因这里的土质好,所产黍子粒大、色黄、黏性强,在十里八乡很有名气,是人们办酒席必不可少的食材,同时也是当地的馈赠佳品。因为其产量低,种植较少。

（七）地瓜

地瓜在当地俗称“芋头”，清明节前后为最佳栽种时期。地瓜水分多、淀粉足，切片晒干后容易储存，加工成淀粉可制作粉丝、粉条、粉皮等。地瓜属草本植物，耐旱怕涝，雨水过多容易生白霉病，产量特别高，亩产一般为1500～2000千克。

第二节 经济作物

一、核桃

1956年高级农业生产合作社时期，关家村在西岭山坡地种植核桃30余亩，数年后开始挂果，因当时缺乏管理技术，草荒、病虫害频频发生，从来没有被正式采收过。20世纪70年代“农业学大寨”运动时期，大搞农田基本建设，残余的核桃树被挖，恢复了农田。

2010年振兴新区成立，农业改革创新、转型发展。2011年，全村的土地都收归鑫源有机农产品专业合作社经营管理。西岭山、后背沟都栽种了优种核桃，由于管理科学到位，核桃现已正式挂果，每到秋季，硕果累累，国际国内市场供不应求，发展前景广阔。

二、党参

党参属草本植物，可入药，医药用途极为广泛，种植3年后方可采收。改革开放初期，为调整产业结构，村集体于1979—1982年有过种植，由于没有掌握一定的科学技术，管理也不到位，效益甚微，现在已不再种植。

三、苦参

苦参可入药，医药用途极广。鑫源有机农产品专业合作社成立后，在核桃园的空当处大面积种植，经过专业人员3年的精心管理，2014年已采收，全部销往医药制造行业，经济效益十分可观。

四、葵花

葵花是油料作物，2012年鑫源有机农产品专业合作社开始种植，面积3000余亩。其中，优良品种“大盘头”，盘头大、产量高，是振兴新区现代高效农业的主要转型项目，并设有专业的场地和现代化的配套榨油设备，几年来共榨高质量的葵花油1000余吨，并且注册了品牌商标，所产葵花油经工商行政部门检验，为绿色食品，经济效益十分可观。

五、花麻

花麻也叫公麻，秋天采收后，打成捆，在水池里浸泡7～8天，然后晒干，剥下麻皮。20世纪70年代前生产队每年都种植，其主要用途是做成麻绳供社员纳鞋底。那时麻皮在市场上很畅销，用途也广，如做麻绳、麻袋、麻包等，现在的麻皮制品制作材料已被纤维、尼龙丝所代替，现已不再种植。

六、山楂

山楂也称红果，既可食用又可入药，20世纪80年代，南北山退耕还林种植山楂50亩。2000年承包给私人经营管理至今。

第三节　蔬　　菜

一、品种

关家村蔬菜品种主要有白萝卜、红萝卜、南瓜、北瓜、豆角、白菜、青菜、韭菜等，调味品有葱、蒜、辣椒。中华人民共和国成立初期，白萝卜专种极少，大多是在粮田中间种，南瓜、北瓜则栽在地头岸边。高级社乃至整个人民公社时期，土地由集体经营，那时粮食收成低，各生产队对种植蔬菜尤为重视，目的是让社员多分到一些蔬菜以作补充。白萝卜、红萝卜一直是专种，且种植面积不断扩大，以菜代粮，解决粮食不足的问题。1975—1980年，一个百余口人的生产小队，红、白萝卜种植面积就高达20余亩（当时5斤红、白萝卜顶1斤口粮），每人秋天分配红、白萝卜各200斤，萝卜吃不完，就挑到村外去卖，那时蔬菜极不值钱，每斤仅0.02元，有时还卖不出去。1980年后，市场繁荣，西红柿、黄瓜、茄子广为销售，也开始进入农家。村民最初看到西红柿，深感稀奇，于是开始购买种子，在自家的房前屋后栽种。21世纪以来，人们日常所需蔬菜主要在市场采购，新鲜蔬菜一年四季都有，但村民在地头岸边种萝卜，玉米地里间种瓜、豆角的习惯被延续了下来。

二、储藏

（一）沤制

浆水菜也叫酸菜，其储藏方式历史悠久。制作大缸浆水菜的原料主要是白萝卜、萝卜苗，一般在收罢秋、初冬之际，家家户户赶制酸菜，也叫“按菜”，以备严寒冬季食用。古语“收罢秋，忙按菜，媳妇走了闺女来”，说明按菜是件大事，必须集中全家力量。一般每户按1～2大缸。其工序是，将萝卜去顶刮须，洗净、擦丝，将萝卜苗用大锅煮熟，淘洗干净，压干水分后切碎，与萝卜丝拌匀，然后入缸，捣实、压紧、加水密封。有的直接把萝卜擦成丝，晒干，蒸馏后称为甜干菜。一日三餐都离不开浆水菜，从入冬一直吃到来年开春。一到春季，天气转暖，浆水菜会开始变质，人们就把缸里剩下的浆水菜捞出来，晒干，这种捞出后晒干的浆水菜俗称“老浆水菜”，其久存不坏，可长久食用。

小缸浆水菜，沤制简单，随季节炮制。主要原料就是野菜，专供春、夏、秋季食用，用水缸、水盆都可沤制。其方法是，把挖回来的野菜，去根除缨，留取精华部分洗净，煮熟切细，放水缸、水盆里用水浸泡1～2天后，菜质变酸，即可食用。这种小缸浆水菜可以边沤边吃，长期不断。

(二)窖藏

人民公社时期,人们储藏芋头、萝卜、白菜的方式主要是土埋,以备来年春天食用和出售,其方法为收罢秋,在自家的院内或院外空地随意挖个土坑,深 1.2～1.5 米,大小依储藏多少而定,把计划储藏的东西放进去,上面盖一层谷草,用土埋实。

改革开放后,这种储藏方式逐步转为窖藏,窖藏就是在自家庭院内挖一个深 2 米左右“凸”字形井筒。用砖石砌碹而成,形成地窖,地面出口用石板或预制板盖住,不盖严实,留些许空间,使空气流通,防腐防变质。地窖储藏的蔬菜能保鲜、保持水分,且食用方便,主要用于存放土豆、萝卜、白菜、红薯等。

随着社会的发展,自 2008 年迁至新址以来,村民依托现代化智能温室蔬菜大棚,采用高科技的无土栽培方法种植蔬菜,品种齐全,既绿色又环保,可随食随摘,又有蔬菜门市部补充,窖藏逐步被淘汰。

第四节 粮食产量

中华人民共和国成立前,关家村传统粮食作物有玉米、谷子、小麦、高粱等大秋作物,小秋作物有黄豆、黑豆、绿豆、红豆、小豆、黍等;蔬菜有北瓜、南瓜、萝卜、葱等;油料作物有蓖麻、小麻、油菜。那时土地及生产资料一直是私有制,粮食产量低,大秋作物亩产只有 200 斤左右,小杂粮作物亩产只有百余斤。

1946 年土地改革后,激发了全村空前的生产热情,在毛主席“组织起来”的号召下,经历了互助组、初级社、高级社时期的发展。1957 年全村耕地面积达到 460 亩,粮食总产量达到 14.5 万斤,亩产 315 斤,连续几年完成了国家征购任务。

1958 年公社化后,社会盛行“共产风”“浮夸风”,不管口号喊得有多响,关家村始终把增产节约与支援社会主义建设紧密相连,年年多缴“爱国粮”。

进入 20 世纪 70 年代,全村掀起“农业学大寨”运动高潮,把多产粮、多售粮当作政治任务来完成。大搞农田水利基本建设和科学种田,粮田面积不断扩大,粮食产量稳步提高。1976 年,全村 510 亩粮田总产量 19.4 万斤,亩产 380 斤。

十一届三中全会以后,我国实行家庭联产承包责任制,将土地按质量划分为三个类型,承包给个人经营种植。优越的政策,充分调动了农民的生产积极性,粮食产量逐年增加。1987 年,借助关家村建设“农业科技示范村”,打造“玉米丰产百亩方”契机,通过检测土壤、科学配方施肥、高科技管理等诸多措施,玉米亩产量大幅增加。当年粮食总产量超 45 万斤,亩产高达 1000 斤。2011 年振兴鑫源有机农产品专业合作社成立,振兴村的 500 多亩土地全部流转到合作社,每年村民每人可获得每亩土地 1000 元的流转费。

第五节　分 配 方 案

1958 年，人民公社成立，同年 7 月，公共食堂诞生。从此粮食、蔬菜不再是分配到户，而是由公共食堂统一储存管理。

1961 年春，公共食堂撤销，粮食分配少，家中无存粮，群众生活仍然艰难。

1961 年，国家推行“三级所有，队为基础”的人民公社制度，每人发放一分自留地，并允许经营家庭副业。1961—1970 年的 10 年内，自留地所产的粮食，除交售征购粮和集体提留外，所剩粮食每天人均不到一斤。许多家庭临近春节就断炊，只得向生产队借粮，寅吃卯粮如此循环。虽说政府每年返还一部分粮食（名为返还粮）给群众，但仍杯水车薪，还是解决不了粮食紧缺问题。

1964 年，党中央号召“全国学大寨”，以“要高山低头、河水让路”之精神建设梯田，增加土地面积，大力开展农田水利基本建设，提倡科学种田，合理密植等都是当时比较先进的措施。粮食产量有所增加，村民收入有所提高。

人民公社时期，粮食分配是人民公社、生产大队、生产小队三者兼顾，原则是“三级所有，队为基础”，它直接关系着广大干部社员一年辛勤劳动的成果，如何正确处理公共积累与社员分配之间的关系至关重要。每年秋后分配，根据各生产小队上报的情况，人民公社都要根据政策制定具体周密的分配指标，下发到生产大队，生产大队根据人民公社下发的分配指标，以细算账的方式再分解到各生产小队，生产小队的分配方案形成后，报人民公社审批，然后具体落实到户。具体程序如下。

（1）根据政策，按照总产量制订分配方案。对储备粮留多少，征购任务是多少，种子每亩留多少，大牲畜、猪、羊饲料标准各是多少，进行周密预算。

（2）核实参加分配的人口。粮食分配截止时间是 9 月 30 日，10 月 1 日及以后出生的人口，不在该年度粮食分配范围内，9 月 30 日前死亡人口不参加分配，10 月 1 日后死亡人员均算在该年度粮食分配人口内。同时按两个年龄段确定分配底分：1～6 岁为 7 分，也就是 70%，7 岁以上为 10 分（按成年人标准分配）。

（3）除按国家政策规定交售国家以及留足集体提留外，逐人逐户核实社员全年劳动力净工分（从劳动总工分内扣除当年摊销的义务工，就是干部补助工，称为烂工），摊烂工标准是劳动力在 55 周岁以下为全劳动力，应摊该摊的全工分；56 周岁以上为半劳动力，应摊全劳动力的 1/2，除此之外才是参加粮食分配方案的净工分。

（4）确定人劳比例。一般情况下，丰收年间口粮水平较高的年度，按全生产小队人口总底分分配的基本口粮占 80%，按总劳动力净工分分配的“劳动日”粮占 15%～18%，所剩的 2%～5%用于人多劳少户，人均吃粮水平达不到基本口粮每天一斤的户补足基本口粮量（当时称为吃照顾粮）。方案形成后，报人民公社审批，然后落实到户。

第六节 粮食分配

中华人民共和国成立前，粮食由各家各户自种自收，无分配之说，没地的农户租种富户人家土地，秋后需按协定和合同，向出租土地的富户缴纳粮食，缴纳后农户所剩无几。

1953 年，初级社成立，实行土地、劳动力、牲畜三者合一的管理机制。土地按评产入股，按股分红，劳动力、牲畜计分，按工分分红。1954 年改为全部由土地股和劳力工按比例分配。

1955 年，初级社转为高级社，土地收归公有，牲畜、农具等生产资料统一作价入社，成为集体财产，秋后在扣除种子、饲料、储备和国家征购任务粮食后，粮食基本按人口粮和劳动粮相结合的方法分配。根据原定生产指标，实行超产奖、减产罚的办法，当年社员基本口粮为 330 斤，国家征购任务为 3.1 万斤。1958 年，关家村办起了公共食堂，社员不再分配粮食，每天统一到公共食堂就餐。1961 年 3 月，公共食堂撤销。直至 1981 年，这 20 年内，关家村分别遭受了不同程度的旱、涝、冰雹等自然灾害，社员分配口粮一直在 320～400 斤，但依然保证了国家征购任务和集体储备、提留。

1969—1976 年，"文化大革命"时期，为了保证分配公正，不徇私舞弊，在秋收时期，西掌大队（关家、西掌、下西掌、北坡、部则掌五个自然村为一个大队）交叉派驻人员到外村队收获场里监督秋收分配工作，所派人员称为"秋收代表"。"秋收代表"专门统计所在队的粮油产量和社员分配情况，其目的就是防止小队内部私分，隐瞒作弊。分配结束后到大队汇总，然后各自返回各村。1977 年，监收制度终结，大队和小队粮食仓库除设置保管员外，还设立一名监库员，实行两把锁管理仓库。那时集体经济薄弱，各生产小队所用仓库几乎都是借用私家楼房，这种制度一直延续到开始实行家庭联产承包责任制。

1982 年，实行家庭联产承包责任制，土地经营管理自主权归各家各户。1983 年，村集体贯彻落实"粮食专业户政策"，村民袁保山承包了村里的 30 余亩土地，成了种粮专业户，该交集体的部分都转为征购粮，从此村民不再缴纳征购粮。

关家村 1960—1982 年部分年度粮食产量情况表

年度	小麦		玉米		谷子		高粱		大豆		黍		薯类		合计	
	数量（斤）	金额（元）	数量（斤）	金额（元）	数量（斤）	金额（元）	数量（斤）	金额（元）	数量（斤）	金额（元）	数量（斤）	金额（元）	数量（斤）	金额（元）	数量（斤）	金额（元）
1960	2500	347.5	70800	6796.8	31500	2961	4000	440	3050	381.25	3933	707.94	4150	622.5	119933	12256.99
1962	3300	458.7	83200	7987.2	39900	3750.6	3150	346.5	4050	506.25	4470	804.6	5180	777	143250	14630.85
1964	4080	567.12	87100	8361.6	40500	3807	2000	220	4500	562.5	4130	743.4	6000	900	148310	15161.62
1966	2700	375.3	79100	7593.6	41000	3854	3300	363	3900	487.5	4800	864	5500	825	140300	14362.4
1968	4350	604.65	81100	7785.6	44000	4136	4100	451	4750	593.75	5330	959.4	4910	736.5	148540	15266.9
1970	5730	796.47	93700	8995.2	43000	4042	2700	297	4900	612.5	4880	878.4	5430	814.5	160340	16436.07
1972	4000	556	103000	9888	40100	3769.4	2180	239.8	4440	555	5070	912.6	4880	732	163670	16652.8
1974	3800	528.2	116000	11136	47000	4418	3000	330	4100	512.5	4810	865.8	5550	832.5	184260	18623
1976	2100	291.9	122000	11712	58300	5480.2	1100	121	5780	722.5	5310	955.8	6060	909	200650	20192.4
1978	—	—	147600	14169.6	49300	4634.2	1250	137.5	6330	791.25	4980	896.4	6190	928.5	215650	21557.45
1980	—	—	161000	15456	51200	4812.8	—	—	7340	917.5	5230	941.4	7480	1122	232250	23249.7
1982	—	—	165000	15840	60100	5649.4	—	—	6840	855	5730	1031.4	8050	1207.5	245720	24583.3

关家村人民公社时期部分年度粮食分配情况表

年度	总产量（斤）	征购（斤）	集体留用						社员分配		
			种子（斤）	饲料（斤）	储备（斤）	专用（斤）	其他（斤）	合计（斤）	总量（斤）	人口	人均（斤）
1958	83400	20000	1700	3349	—	—	—	5049	58351	287	203
1960	119933	23000	2100	12100	10508	—	—	24708	72225	321	225
1962	143250	23000	2100	12960	15000	3550	—	33610	86640	326	266
1964	148310	25000	2500	13500	9184	—	—	25184	98126	325	302
1966	140300	21000	1684	8000	4000	—	—	13684	105616	328	322
1968	148540	21000	—	9576	5000	1472	—	16048	111492	342	326
1970	160340	26000	—	10376	7000	—	—	17376	116964	361	324
1972	163670	27500	—	8000	6000	400	—	14400	121770	369	330
1974	184260	30100	—	11000	10500	4103	—	25603	128557	377	341
1976	200650	38000	—	10500	11000	—	1858	23358	139292	388	359
1978	215650	41000	—	12000	13000	5000	2384	32384	142266	393	362
1980	232250	51300	—	12000	10000	8000	3855	33855	147095	403	365
1982	245720	53000	—	12000	15000	9000	4239	40239	152481	411	371

第七节　经济分配

粮食分配是按“人劳比例”，经济分配则是全部“按劳分配”。

(1)以粮食分配方案里的全生产小队的净工分为基础。

(2)确定全年粮食总产量的“农业收入”(按国家规定的粮食品种单价进行总折算)。

(3)核算工副业收入、牧业收入及其他收入。

(4)核实当年生产队的总收入(农、林、牧、副)和农业粮食折价总款。

(5)扣除当年农业总费用(包括种子、化肥、农药和增添非固定性的生产资料的费用)。

(6)总收入扣除总费用后再按国家规定扣除5%的公积金和3%的公益金，用于再生产、文教卫事业。

(7)将所剩的总收入按粮食分配的净工分值测算出每个劳动日(每10分为一个劳动日)所得的金额。

(8)在扣除全家所分配粮食按国家的品种单价计算的粮食总款后，就是逐户计算其现金的存欠情况。人多劳少户全年劳动收入不及全家所分粮食的抵款的现象极为普遍，这样就形成了所谓的“欠款户”。

(9)经济分配的收入兑现仍是难题，因为储备粮和一些财产参加了分配，但这些却变不成现金，一半以上的粮食欠款户又还不起欠款，就导致年年兑不了现，最高兑50%的比例也很少见，其余部分只得记入生产小队的往来账内。

关家村人民公社时期部分年度经济分配情况表

年度	总收入						总支出							社员分配		
	合计（元）	农业（元）	林业（元）	牧业（元）	工副业（元）	其他（元）	合计（元）	农业税（元）	公积金（元）	公益金（元）	农业支出（元）	副业支出（元）	其他（元）	总额（元）	劳动日	工分值（元）
1958	13063	8763	—	1000	3300	—	5883	1100	650	390	3443	—	300	7180	17100	0.42
1960	16006	12256	—	750	2700	300	11456	800	800	480	6330	1310	1736	4550	16300	0.28
1962	18220	14630	—	440	3150	—	12420	1100	900	540	7100	1430	1350	5800	16500	0.35
1964	21461	15161	500	1000	3700	1100	15131	1100	1000	640	8511	1680	2200	6330	17100	0.37
1966	18762	14362	500	800	2800	300	10462	1300	930	560	5762	1350	560	8300	18040	0.46
1968	19616	15266	300	1100	2950	—	13056	1300	980	580	7500	1400	1296	6560	16000	0.41
1970	22186	16436	1000	—	4300	450	14100	1500	1100	660	8000	1800	1040	8086	13700	0.59
1972	26402	16652	1100	750	7100	800	15302	1500	1300	790	7900	2950	862	11100	17700	0.63
1974	31673	18623	—	2000	9750	1300	16373	1500	1580	950	8330	3500	513	15300	21250	0.72
1976	35892	20192	2000	1000	12700	—	20472	1800	1800	1070	9500	5850	452	15420	19040	0.81
1980	73952	23252	2000	5500	38000	5200	46450	2800	3690	2220	11200	16550	9990	27502	28650	0.96
1982	92383	24583	2000	10300	55500	—	55883	2800	4620	2770	12500	23720	9473	36500	37240	0.98

关家村家庭联产承包责任制时期部分年度收入情况表

年度	总收入(元)								人口	人均(元)
	合计	农业	编造业	运输业	养殖业	商业	劳务	其他		
1983	181000	96000	34000	25000	15000	8000	—	3000	417	434
1988	289000	101000	95000	43000	39000	5000	6000	—	455	635
1993	421000	117000	83000	55000	48000	7100	102000	8900	488	863
1998	606000	131000	78000	110000	95000	11000	180000	1000	521	1163
2003	968000	195000	42000	253000	153000	30000	295000	—	555	1744
2008	1257000	215000	30000	310000	188000	14000	500000	—	577	2179

第八节　农　　具

农具是农民在从事农业生产过程中使用的工具，是劳动人民在长期的农耕实践中发明创造的，是人类智慧的结晶。随着时代的变革和科技的发展，现代农具应运而生，不仅减轻了劳动强度，节省了时间，还加快了现代化农业的进程，振兴村农民使用的农具随着社会的进步发展也不断更新换代。

一、耕作农具

振兴村传统农具有犁、耧、耢、耙、镢头、锄头、耙子、石砘、铁锹、铁锨、镰刀等。自古以来，耕作农具主要分为两类。一类是人力操作的农具，如镢头、锄头、耙子、镰刀；另一类是靠畜力牵引的农具，如犁、耢、耙，这类农具在中华人民共和国成立前一般是富户人家才有。

（一）犁

犁是传统的耕作农具，多用于春、秋两季翻土，它与耢、耙都是用畜力牵引拉动的。它主要由犁身、犁把、犁铧、犁墒、犁辕等部分组成，犁铧、犁墒为铁制，可翻土，翻土的方向由犁墒的左右偏度决定，犁辕两侧装有大小楔子可调整翻土深浅。这种耕作农具多用于20世纪70年代前，进入80年代，大块地一般是借用人民公社农机站的拖拉机耕作，小块地和山坡地仍然使用木犁和镢头耕作。

（二）耢

耢和犁是紧密相连的，春耕时犁出的地是一垄一垄的，必须用耢把地整平。耢一般是自行制作的，先将3根大约2米长的木棍放平，用3块约40厘米长的木板，把3根木棍穿牢固定，两头各一块，中间一块，然后用在山林里采伐的石榆条一上一下编制，一边弯圈，一边留茬，两头和中间用木板穿孔固定扎牢，最后制成2米长、2尺宽的长方形的耢。人叉开两腿站在上面靠牲畜拉动而操作。耢一般是犁春地时才使用，因为要下种，犁过的地必须耢平；秋罢犁过的秋地可以不耢，因为不用下种。

（三）耙

耙为碎土平地的农具，是用约 0.6 米宽的木板做成 2 米长的长方形框架，在长方形框架两个长边上穿 18～20 个齿孔，操作时安上耙齿（耙齿由铁铸成），人站在耙中间的两根横框上增加重量，靠畜力牵引拉动进行碎土平地。耙一般在春天天气干旱的时候才用，将地里结板硬块的土耙碎使土壤更加密实，这样可以保墒。

（四）耧

耧是播种农具，有两条腿和三条腿两种。耧的结构较为复杂，必须由专业技术人员制作，一般通过购买而来。耧主要由辕、斗、籽眼、耧铃、籽腿、铁脚鞋等构成，操作时，套上绳索，前面一至两人拉，中间一人架，后面一人扶持摇动而行，当听到摇耧的人摇动的耧铃（耧斗中一削圆的小木球）响声时，前面三人方可拉动。一次可播 2～3 行，同时完成开沟点种、覆土多项作业，适用于播种小麦、谷子、高粱、大豆。摇耧是项技术活，出苗稀或稠、适当或不适当全靠摇耧的人把握。

（五）石砘

石砘是耧的配套农具，有耧必有砘，用于播种后碾压垄沟。石砘由砘框和砘子组成，砘子由青石打造而成，呈环形，表面光滑，中部有直径大约 10 厘米的穿轴孔，2～3 个砘子组成一组。碾压时用人力牵引，碾压后能保持水分不流失和提高出苗率。关家村历史上用石砘压垄极少，多数是人用两脚来踩垄。

（六）镢头

镢头是最古老、最常用的手工操作掘土农具，由熟铁和钢板经锻打而成。上面镢脑呈圆形，镢脑的孔便于镶嵌镢柄，重量约 1.2 千克，镢柄选择质地坚硬且不起刺的木材来制作，长短依人的需要而定，尾部略细，直径 3～4 厘米为宜。

（七）锄头

锄头比镢头宽，形状与镢头相似，镶有长木柄，用于刨地、中耕、锄草、间苗、松土等，是一种常用手工操作农具，现在仍然普遍使用。合作社时期，有镢锄和钩锄两种。人民公社时期，钩锄因形状复杂，打造工序多，会这门技术的铁匠很少，所以田间地头出现的钩锄并不多，现在已基本看不到在使用的钩锄了。

（八）耙子

耙子是整地、聚垄和搂草的农具，也是下种前平整土地的专用工具。耙子由耙脑、耙齿、耙裤组成，由熟铁煅制而成，通常有 7 齿、9 齿。7 齿耙耙齿间隔稍大，主要用于打土圪垃、搂大草。9 齿耙为细耙，用于搂小草和平整土地。也有 11 齿耙，耙齿间隔更小，是菜园种菜的专用工具。

二、收割农具

收割农具有镰刀、石磙、木锨、铁杈、木杈、扇车、风车等。

（一）镰刀

镰刀用于收割庄稼，秋天收割农作物都离不开它。镰刀由镰片和木柄组成，镰片由熟铁打制而成，钉在或镶在一根 50 厘米长的木柄上。镰刀是收割小麦、谷子的专用工具，至今仍普遍使用。

（二）石磙

从高级社到人民公社时期，石磙是秋天粮食归场后专用的脱粒工具，小麦、谷子、高粱、大豆等带秸秆的作物收打时都需要使用石磙，作物入场晒干后用其碾压脱粒。磙面为圆锥形，两头大小有差异，便于圆轨迹运行，使用时将方形的磙框套进石磙，磙框的两面镶有的锥木嵌入石磙两头中间的磙窝，用牲畜拉引运行。关家村使用的石磙多由砂石做成，一直沿用到 1982 年实行家庭联产承包责任制为止。

（三）杈子

杈子是场地收打粮食专用的工具，有木杈和铁杈两种，分 3 股杈、4 股杈、5 股杈，用于摊晒收获的庄稼和收拢经石磙碾压后的秸秆。

（四）木锨

木锨形状似铁锨，用柳木板做成，比铁锨宽大。木锨的优点就是由木板制作而成，秋天用它收打粮食时不会将场地的土铲起来。木锨是收打粮食的专用工具。

（五）扇车、风车

扇车、风车（也叫老虎车）都是通过扇风的方法，把已经碾压过的谷物的壳和秕谷杂物与颗粒饱满的谷子分离开来的半机械化工具，由风箱和装有铁轴的叶片组成。扇车体积较小、质量轻、移动方便、能量小，靠手摇或脚蹬转动风叶扇风；风车，体积大、笨重、能量大，靠脚踏转动风叶扇风，扇出的谷物比扇车精细。这种半机械化工具是 20 世纪 60 年代中叶才出现的，在当时是省时省力的较先进的农具。在此之前全靠木锨“扬场”的自然风分离出糠皮杂质。

三、运输农具

运输农具有担杖、箩头、尖担、粪桶、木轮车、钢皮车、手推车等。

（一）担杖

担杖是一根约 1.5 米长、两头钉一对铁链和铁钩的扁形木棍。它和箩头（也叫箩筐）配套才能发挥作用，主要用于往田地里担干粪和秋天担粮食，是人力肩担的专用农具。

（二）箩头

箩头是圆形筐，由荆条或藤条编制而成。它和担杖配套使用，主要用于担干粪和担粮食。

（三）尖担

尖担也叫扁担，两头镶两个铁尖，便于穿叉并担运已打捆的木柴、谷子等，集体化时期割蒿沤肥时常用。

（四）粪桶

粪桶是担青粪（茅粪）的农具，主要用于春播时期点播玉米，也用于点播各种蔬菜施追肥。在20世纪六七十年代，粪桶都是木工匠用竹皮编成三道环形竹箍，用木板拼凑成圆形的桶，高40厘米，直径30厘米。八九十年代，市场推出塑料桶，用起来很轻便，原先的木制粪桶被淘汰。随着社会的发展，这种农具已成为历史。

（五）木轮车

木轮车也叫小畜力车，车体基本为木制，比较笨重，车轮较小，两边各有一个木质圆形车轱辘，由一块或多块木板做成，中心厚于边缘，轮边镶有铁圈，两轮与铁轴固定为一体，两边车辕各穿一铁铸的半圆形山口，铁轴嵌入山口内并用膏油加以润滑，行走时轮轴同时转动；车棚上放一用藤条编成的箩筐，中间有一木楔将筐固定，把要运的货物放在筐里，靠畜力拉动而行。主要用途是往地里运粪和外出拉运其他货物，载重量一般不超过250千克。木轮车是中华人民共和国成立初期最主要的运输农具。

（六）钢皮车

钢皮车比木轮车大，盛行于20世纪七八十年代，属于半机械化农具，车前有牲口拉的两根木辕，整个车筐为木制，不同的是车筐下中端固定一根铁轴，铁轴两端安有两个带轴承的铁圈胶皮轮胎，主要用于田间运粪和秋收运粮。

（七）手推车

手推车也叫独轮车，是靠人力推动的运输农具，其车把、车筐、车腿、车厢都由木头制作而成，只有车轮为橡胶，车把拴有肩带，用肩力和手力配合推运。20世纪70年代"农业学大寨"运动时，手推车对农村的生产和生活发挥了很大作用，是农民最顺手的运输农具。

传统农具基本是就地取材，是百姓在劳动实践中的智慧结晶。随着社会的发展和进步，这些农具大多被取代，耕作农具由机械车取代了犁、耧、耢、耙等传统农具，运输农具由拖拉机、三轮车、四轮车和汽车取代了人力或畜力车。改革开放后，随着科学技术的发展，农具逐步走向现代农业机械化。

第九节 畜牧养殖

一、牧草饲料

关家村地界内牧坡为1800余亩，主要分布在老岭山、西岭山、倒栽坪和东部山，牧草自然生长，植被茂盛，覆盖面积较大，田头、路边、池塘边都生长着不同种类的草木，牧草优质。人民公社时期，牧坡草木主要采食群体是羊群、牛群；田头、路边、池塘边的草木主要采食者是马、驴、骡等。夏秋两季的青草是牲畜主要食用饲料，一到下午不生产时，饲养员便到田边、路边去放牧。如今林进草退，垦进草退，宜牧面积部分被新植林木、新开田园覆盖。

二、秸秆饲料

振兴村主要种植玉米、谷子、大豆等农作物，秸秆较多，玉米秸秆是冬季里羊群的主食饲料,谷草、豆荚皮是冬季牲畜的主要饲料。每年秋罢,放牧人员就把玉米秸秆堆积起来,供羊群在整个冬季食用。每年场光地净时又把干燥的谷草堆积打垛,供牲畜冬季食用。20 世纪 80 年代,体制改革,农村土地实行家庭联产承包责任制以后,村民不再需要堆积秸秆养一大群羊,大部分玉米秸秆秋收时覆盖免耕或打碎直接还田,也有的在地里沤粪,当作有机肥料就地还田。这样简化了沤制过程,提高了地力粪效,解放了村民的生产力。

三、粮食饲料

全村家禽喂养饲料多种多样,20 世纪 60—70 年代大多是传统饲料和现代饲料结合,传统饲料主要由粮食和农副产品混合而成,广泛用于集体化时期农户喂猪、养鸡。实行家庭联产承包责任制后,猪和鸡主要是农村专业户专职喂养,家庭散养较少,所用的全部是现代饲料,现代饲料多是科学配方,以粮食、麦麸、豆饼为主料,配以骨粉、鱼粉等含有多种微量元素的材料,饲养周期短,出栏率高。

养殖业,最早可追溯到人们建村定居时,祖祖辈辈男耕女织,随着农事发展,为了满足农耕、运输及食用的需要,逐步确定了养殖的主要品种,家畜以牛、马、驴、骡、猪、羊为主,家禽以鸡为主,辅以兔、蜜蜂、蚕等养殖。

在漫长的传统农耕时代,牛、马、驴、骡等曾是农户主要的生产资料。中华人民共和国成立前,这些牲畜主要出现在富裕大户。经过土地改革运动、农业合作社时期,全村牲畜高达 45 头。1958—1978 年,全村牲畜逐渐减少,实行家庭联产承包责任制时全村牲畜降至 19 头(其中第八生产小队 7 头,第九生产小队 6 头,第十生产小队 6 头)。20 世纪 90 年代,全村牲畜只有 7 头,分别由关迎喜、关冬喜、关春喜、牛平山、袁双喜、原晚生、秦德奎等 7 家喂养,用于家庭运输。进入 21 世纪,随着社会发展,生产方式发生根本性变化,畜力的作用渐渐被现代机器所取代,农户也不再饲养大牲畜。

四、家禽牲畜

(一)猪

养猪是振兴村的传统养殖业。20 世纪 60 年代国家号召养猪,其主要目的是"多积肥,多打粮",增加家庭收入。生产队也制定了许多优惠政策,村民中掀起了养猪热,家家都养猪,不过好景不长,发生粮食危机,饲草短缺,技术落后,疾病频发,大多数猪发病而死,养猪业跌入低谷。

20 世纪 80 年代,国家再次提倡发展养猪业,为了鼓励大家养猪,集体出台了一些优惠政策,养一头猪生产队给一分饲料地,一年补助 60 斤饲料粮,产仔母猪补 120 斤饲料粮。猪粪依质而折记工分,标准是户均一头猪。那时关家村的养猪业达到了巅峰,全村养殖生猪高达 120 头(农户养殖 98 头,集体粉坊养殖 22 头)。1982 年实行家庭联产承包责任制后,科学技术普及,传统的养殖方法逐渐被淘汰,规模化、专业化养殖迅速发展,养殖专业户都与国家的畜牧站点签订了联防联保合同,出现了关振平、关守平、牛何忠、袁守德等专业养殖大户,年出栏量 100 头以上,袁锁仁、袁双喜、赵金叶也在自家院内和住宅旁搞养殖,每年出栏量 50 头以上。

（二）羊

羊只能群养，一般不散养，旧时，只有地主、富农才有羊群。

人民公社时期，每个生产队都有羊群，并由专人放牧。羊肉不但是很好的食材，而且皮毛非常珍贵，用途极广。集体化时期，羊群主要以积肥为主，一年四季，大部分都在野外放牧，春季卧地、秋罢踩圈，就地积肥，直到严冬大雪后才进羊房。当时三个生产队的羊群最高发展到 400 只，春、夏、秋季主要食用青草，冬季以玉米秆、大豆秧为主。

（三）鸡

养鸡也是振兴村的传统养殖业，以家庭散养为主。人民公社时期，农民经济来源匮乏，养鸡生蛋主要用来换油、盐、酱、醋，平时很少食用，当时人们对鸡有一种形象的说法，即“小鸡屁股是银行”。改革开放后，家庭散养逐年减少，其原因是时代变了，社会发展了，人们经济来源丰富了，对环境卫生也有了更高要求。

1990 年，国家提倡规模化养殖。1993 年，村民关孝虎在自家院内建起了鸡舍，饲养蛋鸡 500 余只，但那时因为经验不足，市场波动大，效益不是很明显。

21 世纪以来，经验逐渐成熟，村里已有关孝虎、关国屯两家养鸡专业户，政府划给专用养殖场地，规模年年扩大，现在已有蛋鸡 15000 只，多供给与之签订合同的相关单位，成了名副其实的专业养鸡大户。

（四）鹿

振兴村历史上没有养鹿的先例。2005 年村民牛文堂、李鹏从东北引进梅花鹿百余只，在宁家坟占地 10 余亩建起了养鹿场。2007 年开始新农村建设后，移至后河沟一块空地上进行圈养，并请专业人员进行长期指导，经济收入以产售鹿茸为主。鹿茸是一种非常昂贵的保健品，可入药，用途极广。每年产鹿仔 50 余只，年纯收入 20 万元以上。

第十节　畜禽圈棚与疾病防治

一、牲畜棚

中华人民共和国成立前，关家村只有几家大户人家养得起牲畜，一般农户是养不起的，而牲畜棚舍必须都是专用的，并雇有专人喂养。

农业合作社时期，家家有地种，作为主要生产资料的牲畜养殖发展得很快，全村一半农户喂养牲畜，有条件的农户在院内或紧靠住宅旁盖一个专用牲畜棚，多为土墙，泥瓦盖顶，棚内置一木制食槽或石制食槽。被加工后的草料与牲畜同在一室，冬季棚内生火炉，门上挂草帘保持温度。也有少数农户是人畜同处一室，每天早上牲畜出棚后清除粪便，冲洗圈槽。20 世纪 70 年代，牲畜归集体统一饲养，生产队有专职饲养房，储草、储料室隔开，并配有专职的饲养员昼夜看护饲养。

二、猪圈

人民公社时期，国家号召户户养猪，农户的猪圈一般设在院外墙根或厕所旁，用石块垒一圈栏，圈内搭一窝棚，紧靠圈门处放一食槽。一般农户喂养 1～2 头，最多不超过 3 头，每天早、中、晚三顿喂食，食物主要是泔水、糠、皮、菜叶、剩饭等。当年出栏量 1～2 头，就可以有一笔可观的收入。

改革开放以来，养猪业逐步规模化、专业化。进入 21 世纪，就业门路拓宽，家庭养猪已不适应，传统的饲养方式逐步被淘汰。规模化、专业化的饲养方式应运而生，建起的猪舍多是高标准的砖混结构，并以水泥铺地，每天早、中、晚冲洗粪便，冬季加盖塑料布保温，水、料依照科学配方，为了保护环境、防止疾病传播，按国家规定，场地与人居都有隔离和消毒标准。

三、鸡舍

鸡舍，俗称“鸡窝”。长期以来，一般农户鸡舍都设在院内，面积 3～5 平方米，由砖砌成，分上下两层，下层较高，中间横排一层木棍，形成上下两格，鸡寄宿于木棍上，粪便从木棍空隙掉落至下层，鸡舍上层垒几个小阁，铺设干草，供母鸡下蛋用。一早起来打开圈门，鸡随地觅食，只有傍晚归窝时才人工喂养一次以补不足。改革开放以来，家庭喂养已逐步消失，兴起的是养鸡专业户，后都迁往村外，并设有专用场地，采用标准化的笼养方式，鸡饲料依照科学配方，科学养殖。

四、疾病防治

中华人民共和国成立初期，我国没有畜禽防疫机构。牲畜如发病，大多是请有经验的老农，扎个火针、抓个火罐，或用一些民间流传的土法医治；家禽如发病，则顺其自然，一旦遇上鸡瘟，人们也束手无策，全村鸡就在劫难逃。

人民公社时期，国家成立了兽医站，春秋两季给牲畜灌药、打防疫针，预防工作非常到位，配种、钉掌都由兽医站负责，村里禽畜的健康有了保障。

改革开放以来，养猪、养鸡业发展逐渐专业化，养殖专业户都与畜牧、兽医单位签订联防联保协议，预防工作非常到位，到什么季节就采取什么方式预防。村委会又有专职干部负责这项工作，大大提高了养殖户的积极性，多年来从未发生过重大疾病和疫情。

第十一节　林　　木

振兴村的土壤肥沃，四季湿润，由于背靠雄山，植被健壮密实，盘根错节。每到清明时节，桃花、杏花、梨花依次开放，粉如云霞，白似玉蝶，杨柳树梢发绿，莺歌燕舞。青年男女游戏其间，欢声笑语，闲适快活。炎炎夏日，民宅被笼罩在一片绿荫之中。雨后，有时彩虹映照遍地绿荫，娴静舒适，体感沁凉。黄昏，夕阳洒向村中，霞光万道，给雄山、村庄、田园增添了美感和神秘色彩。秋天的振兴村更是灿烂的、丰收的、惹人喜爱的，三横九纵的老街老巷两旁排列着整齐的梧桐树、雪松、风景柏，微风吹拂沙沙作响。冬天，雪花飞舞、银装素裹，家家门前的老槐树、路旁风景树装扮着苍凉的山乡。

村庄三面环山，自古薪柴取之不尽，山间灌木的各种藤条，成为传统编造业的主要材料，天然林木也曾是绿荫遮日，郁郁葱葱，凭借雄山的地理环境优势，年年物阜粮丰。

林木不但给振兴村的村民提供了优雅宜居的生存环境，也为全村村民提供了丰富的木材资源。振兴村村民也形成栽树绿化的优良传统。中华人民共和国成立初期，村内树木参天，绿树成荫，大街小巷、房前屋后，多被村民种上了槐树、杨树、柳树、榆树，两人合抱粗的大树随处可见，整个春夏绿荫蔽日、飞鸟云集，远望只见树荫间偶尔显露几间屋顶，整个村落被笼罩在一片绿荫之中。

村民对树木情有独钟。村民搭棚盖房，制作农具、家具，包括嫁妆和棺木所需的木材都是自栽自供，生活中遇到不测和急需，卖几棵树也能解燃眉之急，遇到灾荒，树叶、树皮、花朵都是农民度灾活命的东西。林木帮助振兴村一代代人渡过难关，故振兴村人民对林木有着特殊的感情。

“大跃进”时期，“共产风”盛行。村外荒坡的树木被无偿“平调”给了其他村，房前屋后私有的树木都归公，私人权益得不到保障，因此偷砍乱伐现象严重。三年困难时期，人们饥饿难忍采食树皮、树叶，多棵树木遭到毁坏。

接踵而来的“农业学大寨”运动使人们片面追求“以粮为纲”。河边杨柳连根刨起，山坡园林隐身绝迹，绿山变成了秃山，放眼望去只有一道道石坝，生态环境破坏严重。加上几十年来，几次山林大火，使原来的青山变得千疮百孔，面目全非，虽说国家也多次号召植树造林，但是由于各种原因，收效甚微。

一、荒山绿化

改革开放后，关家村植树造林工作开始走上正轨。1984 年，关家村干部进行换届选举，新领导班子成立后，面对生态环境破坏严重问题，做的第一件事就是绿化荒坡、植树造林，对关家村权属范围内的荒山荒坡进行了规划，力争用 3 年时间将荒山变成青山，并与育林专业户曹保松签订了长期供树苗合同。3 年内，在西岭山后沟凹，老岭山三面荒坡栽植油松绿化荒坡，和以前形成了一个鲜明的对比。荒山逐渐被林木覆盖，树荫蔽日，林间有声，山兔、野猪等野生动物繁殖有加，黄鹂、山雀、野雉、鹰隼飞鸣其间，昔日林木美景又慢慢回来了，成了关家村一笔宝贵财富。1987 年，《赵树理和他的乡亲们》剧组一进村就被村里的绿意美景深深吸引，赞叹这里远看就是一幅厚重淳朴的风景画，近听又是一首节奏美妙的交响曲。

二、四旁绿化

关家村除绿化荒山外，房前屋后，堤岸道旁栽植有树木 10 万余株。1985 年，国家引进加拿大杨树、白毛杨等优良树种，这些树生长快，但生长条件要求也高，要求土壤肥沃，水分充足，适宜路旁栽植，当年购进树种 5 万棵。在村南新开通的一条大路旁和原有的西掌河公路旁（属关家村地界），栽种白毛杨 3 万棵。数年后关家村所有道路绿荫遮日，林木参天。1995 年，历时 10 年，这些树木已长成材，那时木材用途广泛，集体间伐一批，随后又新栽一批，对植被覆盖率造成了一定影响，直至 2008 年村落整体搬迁，这些老山道不复存在，路旁不少树木也随之消失。

1980—1984 年，村内树木曾出现生长周期短、换代快的现象，其中一个原因是当时掀起了一股建房热潮，由于经济条件有限，村民建房所需木材大部分是自伐自用，粗作檩、细作檩，砍伐后重栽，于是村内出现了大树不多、小树不少的现象。

1984 年，关家村“两委”领导班子进行换届，新任领导一上台，针对多年来的林木匮乏的现象，大力开展了一次植树造林活动。1986 年山坡地退耕还林 80 亩，全都栽种了刺槐，绿化荒山荒坡，栽植油松，四旁绿化栽植毛白杨 15000 多株，经过 30 年的沧桑岁月，青山逐步再现，成为关家村的一大历史功绩。2008 年整村搬迁、进行新农村建设以来，常年植树不间断，从大街小巷到各个角落，十几个树种规划有方，排列有序，草坪植被一展绿荫，生态环境得到很大改善，可谓“村在树中，人在画中”，充分展示了社会主义新农村的无限魅力。2014 年振兴村被有关学术组织授予“中国避暑小镇”和“中国乡愁公园”称号，特别是 2020 年被评为“国家森林乡村”，成了名副其实的生态文明村。

三、果树种植

振兴村果树种植历史悠久，中华人民共和国成立前，村民多数在自家院内和房前屋后自行栽种梨、杏、桃、核桃、葡萄、山楂等果树，这些果树在生长期间不浇水、不施肥、不用药，也没有任何管理技术，顺其自然，果实一般以自食为主。

1956 年高级社时期，一切生产资料归集体所有，村集体在西岭山种植了 30 余亩核桃苗，在老岭山栽植了 20 亩桃树苗。那时既无技术又无管理，果树长势差，再加上病虫害，死亡树苗逐年增多。1964 年在“农业学大寨”运动中，以粮为纲，果树全部被刨掉恢复了耕地。

1970 年，关家村在后背沟划出了 50 亩山坡地发展林业，栽种了梨树、桃树，那时十几人整天在林地里误工不少，经济效益却甚微，桃树逐年老化。20 世纪 80 年代，又引进一批苹果树苗，间种于桃树林中。几年都没有明显的经济效益，实行家庭联产承包责任制后，承包给了私人。

四、退耕还林

1986 年，长治县下发《退耕还林有关规定》，自此关家村开始退耕还林。当时由长治县林业局提供的 1000 株优种山楂树苗，被栽在了地块大、土质较好的地带，紧邻山岭的砂石地带全都栽植了刺槐。管理措施是分户承包，责任到人，按照“谁承包，谁管理，谁受益”的原则，实行责权、利益挂钩，十多年来，山楂树已正式挂果，成片的刺槐已形成了一片刺槐林。

1992 年，根据上级调整产业结构、发展经济林的指示精神，关家村在北山小圪退耕 30 亩，从林业管理部门购进黄香蕉、小国光、黄元帅等果树品种，并在县林业局专职技术人员的指导下进行标准化栽植。到挂果期，由于果品更新过快，受到市场物流的冲击，失去了市场。后来，果园被村民袁三红承包经营，若干年后，又复垦为农田。

2000 年，实行规模化承包，村民袁文彬承包了植树和管护任务，承包期为 50 年，并且按规定，其不得在山坡和林区内进行垦荒和栽植其他等行为。

五、树木品种

（一）槐（槐树、国槐）

槐树，羽状复叶，叶子较小，因此树冠浓密，很适宜行道两旁栽种。槐树的一级侧枝粗壮，树冠呈云团状。槐树有根瘤菌，氮素营养充足，因此叶片呈墨绿色。远看槐树，树冠如同一团墨绿浓云。槐树属落叶乔木，材质坚硬，是打制家具的好材料。国槐树冠呈球形并且庞大，枝多叶密，绿荫如盖，花期较长，花两性，顶生，蝶形，黄白色，7—8 月开花，11 月果实成熟，荚果肉质，串珠状，成熟后干涸不开裂，常见挂于树梢，经冬不落。种子 1000 粒重 125 克，每千克 8000 粒左右，发芽率为 70%～85%。种子干藏发芽力可保持 2～3 年。振兴村建设中在街道两旁大量栽种，现在已是郁郁葱葱。国槐是国之嘉木，是政府公布的山西省省树、长治市市树，也被村民视为村树，槐荫文化自古在村里烙下深深的印记。

（二）松树

松树为山坡主要树种，多数集结于雄山四周沟岭，放眼望去，一片碧绿，郁郁葱葱。这些松树多数为前人所栽，年代不详。唯有山脚靠村那一大片绿带是改革开放后绿化荒山时由关家村集体组织村民所栽。

（三）柏树

柏树在雄山的林木中并不多见，不成规模，间或穿插在松树林中自然生长。关家村自古有个传统习俗，视柏树为树木之王，所以村民建房时，屋顶都要配用几根柏木，因而长期以来，柏树被砍伐不少。在 2008 年整体搬迁后的新农村建设与文旅发展中，为美化环境，村内的三横九纵、大街小巷及公共场所全都栽种了从外地引进的桧柏、侧柏和景观柏树，这些柏树如今已在户户新居前屹立如塔，供村民在其下遮阳纳凉。

（四）杨树

振兴村的杨树主要分为大白杨和小白杨两种，属自然生长的观赏树种，是村民修房盖屋、制作家具的主要木材。它的主要特点是材质轻便，用途十分广泛，但其耐腐蚀性差，生长需水分充足，喜欢沙土，普遍生长在下凹地带和一河两岸。

（五）柳树

柳树主要分为垂柳、龙须柳和普通柳三种。普通柳是经济林木，大多生长在河沟岸边，柳树对气候土壤适应性强，柳树条脱皮后可用于编制柳条筐、篮、簸箕等农用工具，木材可制作案板、木锨等。现在村内和周围的休闲娱乐场地都栽有倒栽柳、火烧柳和风景柳等。

（六）刺槐

刺槐在山坡、河堤、田间、地头、路旁和宅基地内外均可栽植，生长速度快，气候适应性强，是一种古老的自然生长树种，深受农民喜爱。刺槐的根系发达，横向生长，木质坚硬，适用于做屋梁和做各种木轮、扁担、车筐、车架等。

（七）榆树

榆树，木质坚硬，多用于建筑业。20 世纪 50 年代起，人们多用作棺木。21 世纪以后，人们普遍改用柏木作棺木，榆木棺很少用。榆皮黏性强，晒干磨成粉后可食用，俗称榆皮面。

（八）法国梧桐

法国梧桐，又名悬铃木，是振兴村为美化环境所引进的南方树种，主要栽植在街道两旁、休闲娱乐场地。此树为速生树种，不择土壤、萌芽力强、耐修剪、抗烟尘、宜移植、大树移栽成活率极高，树形雄伟圆滑，叶大荫郁，生长迅速，少病虫害，对自然环境的适应能力强。

2000 年后，随着新农村建设的不断推进，一些风景树种如银杏、紫薇等名贵树种和花木、翠竹等也在新村普遍种植。此外，振兴村还生长有椿树、桑树等。

第十二节 粮食储备与加工

在农村，粮食的储备与加工，是农民生活中的一个必要环节。它从一个侧面反映了农村的历史变迁，折射出农家生活的变化过程，反映出社会发展的轨迹。

一、粮食储备

振兴村集体与农户的粮食储备方式，随着历史变迁和社会发展而不断变化。中华人民共和国成立前，农户居住分散，土地贫瘠，粮食亩产均为 200 斤左右。每年收获的粮食由各家各户自储自存，但基本上没有多少粮食可存。一般储存器具主要是大小、形状不一的陶土烧制的缸等。1956 年高级社转向集体化，开始实行粮食分配，其储备方式也随着粮食分配制度发生变化，除社员分配和交售国家征购任务粮外，其余都由集体储存。1957 年，村集体制作了一个长 3 米、宽 2 米的木楦，它用十层框架合成，每层框架高 0.5 米，最底层留一个洞，洞门安有闸板，放粮的时候推起闸板，粮食自行流出，盛粮的时候，装满一层加一层框架，装满能盛粮 8000 余斤，然后寄存到农户的木圪洞里或楼阁上，财粮（那时的保管员）计数、记账、上锁、贴封条。村民分到的粮食自己储存，仍沿用缸等储具，这种储存方式一直延续到 1970 年。20 世纪 70 年代后，集体经济有所改善，各生产小队逐步修建起各自的集体库房，关家村第八队集体库房设在关帝庙院内，第九队集体库房设在村中央岸上门口的 6 间两层楼内，第十队集体库房主要设在私人楼阁——岸底院牛家和东场院袁家两栋四合院内的楼阁上。

1982 年以后，全村实行家庭联产承包责任制，生产队不再集体储备粮食，除按分配指标上缴国家征购粮外，其余粮食全都晾晒在自家阁楼上或堆放在院内囤子里，待来年春天，除留足自食外，多余卖给粮食收购商。进入 21 世纪以来，白面、大米等主食均在粮油店随吃随买，临时存储都用现代器皿，不再使用传统储存器具和方法存放。

二、粮食加工

粮食加工是指农民将收获的各种粮食，加工为可食用的成品粮，如白面、大米等。根据时代不同，加工方式有传统加工和现代加工两种，传统加工又包括石碾加工和石磨加工。现代加工主要有使用碾米机将稻谷加工成米粒。

（一）石碾加工

石碾加工历史悠久，石碾也是关家村最普遍的粮食加工工具。石碾主要分为碾盘、碾磙和碾杆三个部分，碾磙由白岩石锻造而成，呈圆柱体，圆心处凿一圆孔，以备穿插碾杆。有的合伙共有，但一般全村共同使用。中华人民共和国成立后，关家村有石碾 8 盘。其中，山上一盘，圪棚里一盘，东场院一盘，窑底（地名）一盘并有敞篷，槐树根一盘，岸底坡一盘，井上一盘，十岔沟一盘。操作时由人力或畜力拉动，每到腊月石碾更是早晚忙个不停，这种传统粮食加工方式一直持续到 20 世纪 90 年代，现已消失。

（二）石磨加工

合作社时期，全村有石磨 4 盘，2 盘大磨，2 盘小磨。大磨主要供集体开办粉坊用，小磨（又称晃磨），由人力摇晃操作，主要供磨豆腐用。20 世纪 70 年代，其中一盘大磨为集体粉坊用，另一盘为集体磨面用。90 年代，关家村开办了粮食加工厂，这些传统的加工工具逐渐退出历史舞台，加工厂主要机具有磨谷机、脱粒机、面粉机和小钢磨，方便社员兑换和加工粮食，加工厂不但减轻了劳动强度，还节省了大量时间。实行家庭联产承包责任制后，加工厂由电工牛天平经营。2000 年后农家主食白面、大米都是到粮店购买，加工厂只磨一些豆面、谷子及小杂粮，为补缺之用。

第十三节　耕作管理

一、劳动力

1946 年，实行土地改革，取消了雇工剥削制度。1949 年，全村 62 户，233 口人，其中劳动力 110 余人。每个劳动力平均耕种土地 4.5 亩。1956 年社会主义改造完成后，农业产业结构和劳动组织形式发生变化，农民由个体劳动逐步走向集体劳动，全部农活由集体组织安排。

1958 年人民公社初期，国家实行“一平二调”“一大二公”政策，农村劳动力互相调配。关家村部分劳动力被国家厂（矿）招收为工人，很多青壮劳动力相继在石子河、陶清河等地修建水库，村里的农活大多靠年轻妇女和中老年人完成。1961 年，国家正式提出并实行“调整、巩固、充实、提高”的八字方针，散布的劳动力部分集聚，农业战线劳动力明显充裕。1961 年起，国家实行“三级所有，队为基础”的分配制度，并允许生产小队开办工副业。村集体开办了编造、砖窑、粉坊、面坊等副业，关家村在后背沟规划 50 亩山坡地，成立林业队。农村劳动力从事的其他行业逐渐增多。1975 年 5 月，长治县内的东庄八一水库、王坊干渠相继开工建设。关家村 20 多名强壮劳动力相继被派出。与此同时，西掌水库开工建设。关家村先后又派出 10 余名劳动力，他们住在工地，吃在工地，一切费用都由派出村承担。年终按出勤转到该村生产队参加粮食、经济分配。1981 年后，关家村开办煤矿厂，劳动力结构开始出现较大变化，一半劳动力从事煤矿生产。家庭经济收入增加，充分调动了妇女和半劳动力的生产积极性。全部农活几乎靠妇女和补助劳动力来完成。1982年，关家村实行家庭联产承包责任制，经营耕作方式出现根本性变化，老年人和年轻妇女被推到了农业第一线。青壮年有的进入乡镇企业，有的买车做运输，有的经商做买卖，有的经营家庭副业。随着人口的增长，每个劳动力承担的耕地相对减少。进入21世纪以来，农村产业结构调整步伐加快，乡镇企业飞速发展，外出打工成为热潮，农村劳动力出现了大量的转移。2000年，全村533人，劳动力为210人，其中进入乡镇企业和其他行业劳动力100余人。全村农耕劳动力几乎都是年轻妇女和老年人，每个劳动力要承担4.8亩的耕地。2011年鑫源有机农产品专业合作社成立，所有土地流转到合作社。从此，土地不再归农户经营，而农户成为合作社的股民，每年除按股分红外，每年每人领取1000元的土地流转费。全村劳动力340人，70%的劳动力从事其他非农行业，30%的劳动力在家务农，每个劳动力承担耕地4.5亩。

二、耕作方式

中华人民共和国成立后，关家村有牲畜25头，每头牲畜平均耕地16亩，蓄力严重不足，有牲畜的农户一般一年春秋两季耕两遍地，无牲畜的农户春季一般雇用牲畜耕一遍地，秋罢用镢头自行耕作。1951年，互助组成立后，通过变工方式，相互协助，解决了部分无牲畜农户耕地的困难，秋耕地也开始增多。1953年初级社成立后，开发了新式山犁地，耕地问题几乎全部得到解决。1955年国家实施贷款政策支持农村发展生产，社员购买部分牲畜，生产效率大大提高，粮食产量大幅增加。1956年，关家村针对山坡地粮食亩产只有150斤的情况，宣传发动社员深刻认识深翻土地以增加活土层的重要性，采用套种的方法增加产量。1960年，粮食亩产达到300斤。20世纪70年代手扶拖拉机的使用使耕地深度在8寸以上，亩产达到350斤。1973年，西火人民公社成立了农机站，全村玉米地全部实行“秸秆覆盖”。90年代后，普及和掌握了优种、耕作、覆盖三要点。由于耕作方法科学、得力，加上科学施肥和合理密植，近10年来，全村玉米平均亩产高达1200斤。进入21世纪以来，随着农业科学技术大力推广，农业耕作技术有了根本性转变，村民逐渐掌握了地膜覆盖、除草灭虫、配方施肥、防灾治病一系列耕作技能。由粗放型耕作方式变为科学耕作，大大解放了全村劳动力，减轻了农民劳动负担，加快了农业结构调整和科学技术发展的步伐。

三、良种

中华人民共和国成立初期，关家村所种植的农作物品种均为传统品种。玉米种子选取颗粒饱满即可；谷子的种子，收割前到地里选无霉病、穗长籽壮的谷穗扎成束，吊于房梁上，到第二年春播时再搓下籽粒。1956年高级社时期推广玉米品种“金皇后”等。1965年又推行适宜当地条件的春杂12号双杂交种。因它是杂交品种，配种时需要单独隔离，部则掌沟具备隔离区条件，县农业局种子推广站从1968—1971年连续4年在部则掌沟进行优配制种，供全公社生产队种植。县农业局配有专职技术员进行技术指导，各生产队派劳动力田间作业。关键环节是春播时“父本”和“母本”分期下种。抽雄期把“母本”的雄花抽掉，收获期“父本”“母本”分别历经收割、脱粒、晾晒、储藏等多道技术工序，使玉米从双杂交种变为单杂交种。同时谷子、高粱、小麦、薯类等的新品种也层出不穷。1975年后，关家村各生产队从县农业局种子推广站选购种子（由人民公社农科员负责办理）。1982年，实行家庭联产承包责任制后，村民自主到种子公司购种。

2000年后，村民购种主要在政府指定的种子经销点，种子经销点的种子品种五花八门，这让村民的选择越来越多。

四、播种

农作物播种时，根据当地光照、气温等自然条件，按传统的节令下种。一般为"清明栽芋头（地瓜），谷雨安瓜豆""立夏玉茭不迟不早""小满谷子白露麦，栽菜不出端阳月（五月）"。改革开放后，农民种植有了自主权，村民根据当地土地、气候特点摸索出一套实时的播种方法。玉米春播改为谷雨后"宜早不宜迟"，一般提前10天左右，到立夏前种植；过去每亩留苗1000～1500株，现在一般按品种说明合理密植，每亩留苗3000～3800株；收获季节为寒露前。谷子播种改为"宜迟不宜早"，一般小满后3～4天为最佳播种期（古有"早种一把草，晚种颗粒饱"的说法）；每亩植株也从以前的2万～3万株变为现在4万～4.5万株；寒露前收割。小麦下种前施足底肥，将地平整匀细，秋分后下种；根据不同品种确定下种子数，下种后不再施肥，一般每亩播种子20～30斤；夏至时节收割。

五、施肥

农业合作社时期，作物主要施用农家肥，包括猪粪、羊粪、废粪、茅粪及其他杂物肥。玉米地下种前先施底肥，主要是羊粪、猪粪等，下种时用茅粪点坑；谷子地、麦地主要施用杂肥、熏肥和绿肥等，每亩施肥量一般为80～120担。

人民公社初期，通过实践，施肥方法有所改进。红土地黏性大，施灰渣肥；带沙地土质松软，施土性肥；远处的沟洼地和岭坡地主要施圈肥（每年秋罢，把羊圈用篱笆扎起来，垫圈踩肥，第二年春天下挑挑到地里作底肥）。1964年后，在县人民公社农科员的指导下，村民逐步掌握了氮、磷、钾三种肥与农家肥配合施用的技术。对施肥方法进行了技术改造，那时开始实行"秸秆还田"，每年秋罢玉米秆、谷子秆及其他农作物秸秆集中起来，用切割机或铡刀切碎，用土拌均匀，在地后岸的下凹处（积水处更好）堆积发酵，冬天用青肥灌均匀，春播前挑到地里作底肥。每年数伏季节，劳动力都要到山坡上割蒿草沤制肥料。第二年春天，施到地里作底肥，底肥施足后一般不再进行追肥。1966年开始使用"氨水"，它是液体肥料，施用时用清水冲兑，一桶清水大约兑成2.5千克氨水即可，效果相当好。1967年，国家化肥厂生产出了"碳铵"，它是一种粉面状肥料，可做玉米追肥。此后十几年，都使用"碳铵"做玉米追肥，形成了有机肥和无机肥的结合使用方法，弥补了土地营养成分单一的缺陷，使农村耕地肥力增强。

1982年，实行家庭联产承包责任制后，农户饲养的大牲畜越来越少，猪肥、羊肥、杂肥相对减少，但随着各种化学肥料增多，农田作物主要施用化肥，唯一的有机肥就是秸秆还田和秸秆覆盖。21世纪，村中大力推行施用复合肥，在稳定氮肥使用量的基础上，增施玉米专用肥等，种子全部使用优质品种，大幅度提高了粮食产量。

第十四节 农田管理

因旱涝等自然原因，春播后农作物缺苗断垄现象极为普遍。传统的补苗方法是在玉米生根出土后，若发现有烂籽和虫害缺苗，先用温水将玉米种浸泡出芽尖，再到地里刨坑补栽，这种方法虽能保证全苗，但极容易发生参差不齐的“老少苗”现象，补栽的苗到秋天收获时，收成也比正常出的苗差得多，甚至有的根本成熟不了。20 世纪 70 年代，在玉米行距空当中种植“预备苗”，发现缺苗后，将“预备苗”连土带根移植到空缺处，用浇水点墒的方法补苗。这种办法简便易行，并可以保证玉米苗整齐划一，成活率高。谷子缺苗也可采用这种方法，现在大部分仍用这种方法进行补栽。

一、间苗

玉米、谷子属于间苗定苗作物。玉米每坑可点种 3～5 粒玉米种子(现在购买的种子发芽率高，每坑只点 1 粒玉米种子，无须间苗)，苗长到 3 寸左右时，开始间苗，每坑只留 1 株，多余的拔掉或移栽。间苗采用留强去弱和保持苗的高低一致的原则。高粱苗和玉米苗的点种方式基本相同，只是株距、行距比玉米小。谷子用耧播种，谷子苗长到 2 寸左右时，由人工间苗，俗称“拔谷”，株距一般为 2～3 寸，单株留苗。黍子以小锄定苗，即把稠苗锄稀，稠稀程度依地质而定。

二、中耕

中耕主要是锄草、培土，一般在玉米、谷子定苗长到 1 尺高之后进行。1958 年人民公社时期，开始对玉米、谷子等大秋作物强化中耕管理，玉米实行“一锄、二拉、三搂”的管理模式。间苗后，进行深锄，锄过的地松软，易渗水，此乃“一锄”；所谓“二拉”，是在玉米拔节时，除草、松土；玉米抽穗时(伏天)，将土围拢在植物根部，既能存水又可防倒伏，此为“三搂”。改革开放后，玉米、谷子株植密度大，行距小，不宜在作物行距中过多作业，多数农户锄后，把“拉、搂”这两道工序合二为一。谷子间苗后，锄第一遍草，立秋时进行搂谷(顺拢拉沟向两边培土)。

三、间作套种

振兴村历来就有间作套种的习惯(大秋作物主要间作套种小杂粮和蔬菜)，传统的间作套种方式是，在玉米、谷子地里间作套种大豆，待玉米、谷子收割后让大豆吸收光照，生长一段时间后收割。玉米地里还可间作套种红豆，整个夏秋季村民到地里摘豆角作副食品，秋天摘取豆角后晒干。红豆、小豆主要在黍地和岸边栽种；萝卜地里套种绿豆；黑豆、黄豆主要在小麦收割后，在麦田复种；小麦收割后也是复播胡萝卜的最佳时期；蓖麻、小麻种在岸边；白萝卜多种在岸边，有时也在麦田里复种；北瓜、南瓜多在坟头地边栽种。集体化时期，曾在玉米地里撒芥末种子，解决群众吃菜问题，但是它的根系复杂、叶面大，影响玉米生长，因而后续不再种植，随后农田里主要种植玉米、谷子等大秋作物，其他作物都是零星小块地捎带种植。

四、科技+美学田园

近年来,村里重视荒坡利用和耕地保护,营造科技田园、生态田园、旱作田园、高效田园,同时兼顾国家 AAAA 级景区和田园综合体发展的要求,尽力在保农、保粮的前提下适度营造景观田园、美学田园,并于 2018 年依托太行乡村振兴人才学院建立了全国首个“田园才子”研学园(孵化总部基地),并对此进行认真探索试验。

第十五节 病虫害防治

病虫害历来是农作物的天敌,种类繁多,危害极大。振兴村玉米虫害主要有蛴螬、钻心虫、玉米螟、粟灰螟、蚜虫等;谷子虫害主要有钻心虫、谷跳甲、粟杆蝇等;小麦虫害有麦蚜、麦蜘蛛、麦秆蝇、麦线虫等;大豆虫害有食心虫、蚜虫;马铃薯虫害主要有瓢虫;蔬菜虫害有白粉虱、青菜虫、菜螟、菜蛾等。地下虫害有地老虎、蝼蛄、根蛆等,每年 4—5 月。害虫活动频繁,其幼虫在地下危害玉米、谷子根部,造成作物缺苗断垄。最常见的病害是玉米斑病、黑穗病、黑霉病、黑粉病、花粉病,谷子有黑穗病、白粉病等。农业合作社时期,农民采用温水浸种、红矾拌种等防治办法。人民公社时期,开始施用乐果、1605 等农药,效果明显。20 世纪 70 年代施用 1059、敌百虫、敌敌畏等农药,并采取了“治早、治小、治了”的植保办法,将害虫栖息环境部分破坏,使其失去生存条件。80 年代引进化学农药 401、氧化乐果、粉锈灵等,同时国家大面积推广使用抗病性强的农作物新品种,病虫害率大大降低。1982 年实行家庭联产承包责任制后,国家引进抗虫害抗病性强的新品种,又对玉米、谷子良种采用包衣的防虫害防病技术。随着科学技术的进步,各种低毒高效的农药在农业中广泛应用,病毒传播和害虫繁育得到控制,到 2015 年全村未发生过大的病虫害。

第十六节 农业技术

关家村的耕地 90%为旱地,长期以来,农民收成主要依赖天气,古有“种在地,收在天”之说。中华人民共和国成立后,农业发展围绕“旱”字做文章。1958 年 12 月 10 日,八届六中全会通过了《中共中央关于一九五九年国民经济计划的决议》,其中写入了毛主席总结提出的农业“八字宪法”(即土、肥、水、种、密、保、管、工),关家村围绕“八字宪法”开展了一系列农业技术推广活动。20 世纪 70 年代,根据本村地理条件,秋罢开始大规模深翻土地,加厚活土层,改善土壤理化性质,发动群众割蒿积肥,利用秸秆沤肥,各生产队在地里用土块垒洞熏制肥料,以此改良土质,增加土地肥力。80 年代大力推广生物化学覆盖、化肥深施、有机与无机肥料平衡搭配等农业技术,种植抗旱耐旱品种,使农作物抗旱抗灾能力显著提高,粮食产量稳步增加。21 世纪以来,响应县委、县政府号召,积极推广玉米高产优质栽培示范项目、土肥综合示范项目、农业综合开发项目,使全村农业生产技术向现代化发展。

第十七节　统购统销

中华人民共和国成立后，国家工业化步伐加快，由于工业建设规模大，新建工矿区对商品粮的需求日益扩大，加上粮食市场私营粮商的囤积，不少农民抱有待价心理。1952年下半年，全国粮食购销出现紧张局势。1953年粮食紧张状况有增无减，哄抬粮价的现象时有发生。面对严峻的现实，10月，党中央召开全国粮食会议，实施粮食统购统销的决策，政策规定：在农村实行粮食计划收购，在城市实行粮食计划供应，严格控制粮食市场，管制私营粮商，由中央对粮食进行统一管理。10月，中共中央通过《关于实行粮食的计划收购和计划供应的决议》，由于粮食的统购统销关系到城乡每一个人的生活，为使这项工作顺利开展，党中央号召全体党员和各级干部深入基层，把这项工作作为政治任务来完成。

因为粮食统购统销较快解决了当前难题，又切实可行，中央把互助合作和统购统销看作相互联系、相互促进的两大战略措施，接着实行油料的统购和食油的统销。从1955年开始，全国城镇对粮食实行发放粮票定量供应的办法，对棉布实行发放布票定量供应的办法，直到1982年实行家庭联产承包责任制后，粮票布票发放定量供应才结束。

在农村实行"统购"政策，称为"征购任务"。

征，就是征收农业税粮，此基数为合作社初期核定的"常年产量"，税率是21.8%，常年产量×税率(21.8%)＝正税，正税×1.5%＝地方附加，正税＋地方附加＝全部农业税粮，此为征购任务中的"征"。购，即国家购买农民的粮食，即所谓的"交售爱国粮"。这两部分结合起来叫"征购"，征购是必须完成的，所以叫"征购任务"，征购任务按照"夏借秋齐"的原则(夏季征购粮为小麦)，分夏秋两季向指定粮站交售粮食，粮款按照国家制定的统一收购价格结算。由粮站代缴农业税，之后在总粮款中扣除税款，扣除后剩余粮款付给售粮单位。

关家村的常年产量为15.1万斤(合作社初期核定)，按21.8%应征主粮为3.29万斤，加1.5%的地方附加0.23万斤，总征购任务为3.52万斤，这个数字从高级社以来直到1960年一直没变。

每年征购任务是按照国家分配给县里的总任务，根据当年收成丰歉情况，分配给公社，公社具体落实到核算单位(丰歉年按照常年产量的比例增减)，丰年任务大、歉年任务小，也就是说，"征"固定而"购"有变化。从此，关家村征购任务一直在5.1万～5.6万斤之间。1965年实行粮食统购，一定3年不变，1971年又改为5年，实行超产超购，减产减购。1979年实行调整征购基数政策，生产队完成征购基数后多余的粮食，根据国家下达的超购任务，以超购价卖给国家，完成超购后的余粮再以议价卖给国家。1981年实行粮食购销差额管理，一定3年不变，完成统购任务后剩余部分直接议价卖给国家。

1982年，实行家庭联产承包责任制时，实行的是"定购任务"制，一定若干年不变，关家大队定购任务是5.6万斤，由大队将任务落实到户，秋收后各户自行把粮食交到粮站，自行结算。1986年，国家取消征购任务，从此，村民不再向国家交售粮食。

第十八节 生产关系

生产关系有两种基本类型，一种是以私有制为基础的生产关系，一种是以公有制为基础的生产关系。生产关系包括生产资料所有制形式，人们在生产中的地位及其相互关系和产品分配三项内容。对农村来说，农民的主要生产资料是土地，所有制的改革，主要是土地所有制改革。

一、土地所有制改革

1946 年 5 月，中共中央发布《中共中央关于清算、减租及土地问题的指示》，把减租减息政策改为没收地主土地归农民所有政策。同年 7 月，中共长治县民主政府根据中共太行区委宣传贯彻执行《中共中央关于土地问题的指示》，对全县土地进行全面改革。按照土地改革指示精神，中共长治县委派土改工作组进驻关家村，领导发动群众开展土地改革运动。工作组进驻后，首先进行思想动员，挨家挨户与群众沟通，讲解剥削与被剥削的关系，宣传党的土地改革政策。同时召开诉苦大会，激发穷苦人民的斗争士气。1948 年，根据上级指示精神，成立了农民协会，袁克义任农会主席，当时的口号是“进行土地改革，消灭剥削阶级制度，一切权利归农会”。土地改革运动很快进入没收地主及富农土地、房产、粮食、牲畜、农具的阶段。农会将全村农民分为两个清算小组，两个清算小组划片开展工作，以村中央岸上门口为东西两组的分界线，东组 24 户，负责人牛怀锁、牛根绪、关土顺、袁魁则。西组 28 户，负责人李更生、李天富、关仁库、关忙孩。由小组监督各户互报地亩、人数，并张榜公布，并以小组为单位评定地亩等级，讨论具体分配方法，再召开群众大会加以平衡。在反复征求群众意见的基础上分配斗争果实，在农民分到土改胜利果实后，土改运动进入划定阶级成分阶段。全村 52 户，土地 420 亩，22 户划定为贫农，下中农 14 户，中农 11 户，上中农 3 户，富农 2 户。2 户富农的土地、房产全被没收。对没收的土地、房产等，采取逐户登记、自报公议、三榜定案的办法，合理分配给无地和少地的贫雇农。富农也同样获得一份土地以维持生活。

1948 年初，中共太行区委组织成立土改工作团。根据《中国土地法大纲》，对土地改革运动进行复查。在复查中，关家村对 4 户中农和 1 户富农进行纠偏填补，对斗争果实的分配作了适当调整。同年 7 月，长治县民主政府颁发了土地证。1950 年，县人民政府颁发了土地房产所有证，确定了农民住宅、土地的所有权。

土地改革运动废除了几千年以来的封建土地制度，加快了新民主主义革命进程，关家村贫苦农民分到土地、房屋后生产积极性空前高涨。全村的农业、个体经济逐渐恢复和发展，翻身后的农民进一步加深了对中国共产党的拥护和爱戴。纷纷有钱出钱，有力出力，积极参军参战，为获取全国胜利做出了贡献。

二、互助组

1950 年，中共中央发出“组织起来，发展生产”的号召，号召共产党员率先组织成立农业生产互助组。当时长治县的南天和、琚寨村等相继成立了互助组。1951 年，中共中央制定下发了《关于农业生产互助合作的决议》(以下简称《决议》),《决议》指出要重视农民在土地改革基础上激发的个体经济和劳动互助的积极性。同时也批评了农业互助合作中存在的消极态度和急躁情绪这两个错误倾向。要求根据生产发展的需要和可能,引导个体农民沿着互助合作的道路前进。关家村在《决议》的指导下,根据有关精神,在村南庙院召开了开展互助合作的群众大会,宣传互助合作的好处,号召有劳动力的出劳动力,有牲畜的出牲畜,有农具的出农具,在相互自愿结合的情况下,以拨工、换工等多种形式成立生产互助组。全村 52 户,除 11 户没参加外,其余都加入了互助组,一组组长李更生,二组组长牛怀锁,三组组长李来胜,四组组长关土顺。四个互助组在春播、夏锄、秋收等环节互助配合,显示出集体主义的优越性,有助于解决劳动力少以及生产资料不足的困难。当年便获得了大丰收。四个互助组秋后踊跃交售爱国粮 6 万斤,为支援国家建设做出了贡献。

三、初级农业生产合作社

互助组的成立,解决了贫弱困难户单独生产难的问题,为发展农业生产起到了推动作用。但是由于私有制经济的制约,逐渐出现一些生产矛盾,耕地私有,很难统一规划管理,劳动力多又有实力的农户和困难户发生分歧,充分表现在农忙季节农户之间抢种抢收,劳动力不便调配使用,地质好、劳力强的农户感到吃亏,导致互助组内矛盾加深。

为防止两极分化,根据互助组出现的种种现象,上级指示,在互助合作的基础上,成立初级农业生产合作社,县政府号召全县学习南天河组织成立农业生产合作社的经验。1953 年 11 月,关家村组织成立了第一个初级农业生产合作社,合作社与互助组的性质有本质上的区别。首先是“入社自愿,退社自由”。社员以各自的土地、牲畜以及生产资料统一作价,统一出工劳动,年终分配按照等价交换原则,以劳计分、以牲畜计分,按劳工、土地、农具进行分红分配。但是,上级指示精神是多样化的,为照顾农民情绪,既要维持农民入社的积极性,也要考虑农民互助合作和个体经济的必要性。也就是说,既要有农业生产合作社,也要有互助组和单干户。根据当时社会形势和发展趋势,四个互助组都加入了合作社,由李更生、牛怀锁分别任正、副社长。

在生产过程中,以社计划、分组作业、小队安排。秋后全社获得了较好收成,粮食亩产 300 斤左右,总产量达到 8.5 万斤,比互助组时期增产 30%。合作社的突出成果大大激发了农民入社的热情,秋后又有 10 户加入了合作社,另外 3 户也在观望,思想也在不断发生变化。初级农业生产合作社的成立和生产模式,使农民增加了收入,得到了农民拥护。

四、高级农业生产合作社

1955 年,七届六中全会通过了《关于农业合作化问题的决议》,走合作化道路成了必然的发展趋势,使合作社向更高一级转变成为必然。

这次转变,最根本的是要进行分配改革和私有制度改革。其一,取消土地私有制,统一由高级社经营管理。其二,取消土地分红,按人口、劳动统一分配。其三,土地打破界线,由高级社统一调配。其四,社员统一出工,集体劳动,实行各尽所能,按劳分配。

这次转变，精神明确，政策性强。这不仅是为了解决政治上组织农民的问题，更是为了抓好国民经济，满足农民发展生产、提高生产和生活质量的需求。因此，必须在农村生产合作的基础上，寻求一种新的组织形式，在经济建设上把农民统一组织起来，使党在政治上继续引导农民沿着一条正确的社会主义道路前进。1955 年 5 月，关家村高级农业生产合作社成立，命名为"红星高级农业生产合作社"，正、副社长仍由李更生、牛怀锁二人担任。

从此，农民的土地、牲畜、农具等一切生产资料统一为高级社所有，并由高级社管理。东部坡上的杨里锁、十亩沟的袁计则两家共 20 亩土地，13 人，也来关家村落户，加入了高级社。当年入社农户为 58 户，248 人，土地 455 亩。当年粮食总产量达到 14.5 万斤，亩产 310 斤，完成国家征购任务 3.1 万斤，人均经济收入 80 余元。

1957 年春耕时期，国家无偿给高级社分配一架双铧犁和两架单铧犁，并派专职农业技术人员进行技术指导，农民集体主义思想空前高涨。

秋后，关家村开展社会主义教育运动，以增强和引导农民坚定走社会主义道路的信心，为实现人民公社化奠定了思想基础。

五、人民公社

1958 年 5 月，中共八大二次会议正式提出"鼓足干劲，力争上游，多快好省地建设社会主义"的总路线。全国以大炼钢铁为中心任务的"超英赶美"运动迅速推向高潮，号召全党和全国人民努力奋斗，国民经济和工业产值 10 年内超过英国、美国。全国各地掀起了大炼钢铁的热潮。同年 8 月，中共中央下发《中共中央关于在农村建立人民公社问题的决议》(以下简称《决议》)，《决议》指出，建立人民公社首先是加快社会主义建设的速度，为实现共产主义做准备。顿时"人民公社是金桥，共产主义是天堂"的标语铺天盖地，"共产风"盛行，导致了很多不切实际甚至极为荒唐的后果。实行"一大二公"政策，"一大"就是公社的规模要大，"二公"就是各村的合作社兼并后一切财产归人民公社所有，多者不退，少者不补，有多少算多少，全公社实行统一核算，统一分配。还有"一平二调"，"一平"是在全公社范围内贫富扯平，平均分配，"二调"是对收集起来的所有生产资料和劳动力无偿调拨，搞共产主义的大集体生产和生活。

根据社会形势，1958 年，荫城红旗人民公社成立。范围覆盖半个长治县，由 62 个高级农业生产合作社 193 个自然村 13391 户共 55661 人组成。关家村归荫城红旗人民公社管辖，下设管理区，关家、西掌、底西掌、北坡、部则掌 5 个自然村统一由西掌管理区管辖。管理区支书由西掌村李顺来担任，北坡村牛金胜任管理区主任。人民公社成立后，土地、生产资料、财产、劳动力统统归人民公社，实行供给制和工资制相结合的平均分配制度。在生产和生活中实行组织军事化、行动战斗化、生活集体化。同年 12 月，关家村泉则河沟和十亩沟的 30 亩河湾地，被无偿划拨给了北坡村和部则掌村。

1962 年 8 月，长治县、潞城县、长治市一分三家，县级政区由大划小，大人民公社随之改为小人民公社，并撤销管理区建制，改称为生产大队。同年，西火人民公社成立，关家村属西火人民公社管辖范围。西掌管理区改为西掌生产大队，关家村仍由西掌生产大队管辖。

1962 年，党中央召开了 7000 人的大会，大会总结了 1958 年以来人民公社的经验教训，纠正了很多错误的倾向，统一了全党全国人民的思想。全国政治、经济形势出现新的转机。中共中央下达《农村人民公社工作条例(修正草案)》后，人民公社进入稳步发展阶段。

人民公社后期，农村由于推行“以阶级斗争为纲”的政治路线，农村经济普遍徘徊不前。关家村农业生产发展缓慢，亩产从未突破400斤。1973年、1976年粮食亩产达“纲要”也是带有“水分”的。农民种地不能自主，一切听从上级指挥，教条、僵化的生产关系，严重制约着农村生产力的发展。

人民公社这种政社合一的社会体制，从1958年到1984年共运行了26年。在这26年中，曾经历了很多次政治运动和政治活动。

六、“三级所有，队为基础”

1961年，经历“大跃进”“共产风”“浮夸风”及“一大二公”“一平二调”后，中央在实践工作中深深感到，规模大，权力过于集中是不切实际的，造成国民经济严重困难，全国粮食大幅度减产。农村老百姓普遍处于饥饿状态，从而意识到面临的社会危机和问题的严重性。3月15日，中央召开了农村工作会议，下发了《农村人民公社工作条例(修正草案)》，即“六十条”，强调实事求是，大兴调查研究之风，要摸准情况，对症下药，并以“调整、巩固、充实、提高”的八字方针为核心内容，纠正“五风”(共产风、浮夸风、瞎指挥风、强迫命令风和干部特殊风)，认真落实，实施“三级所有，队为基础”的管理体制。于是，生产资料下放到每个生产队，一切生产要素归生产队所有和管理，并准许社员种自留地，适当搞家庭副业，开垦小块荒地。全村共分自留地38亩，人均0.1亩。1962年、1963年全村粮食产量达到12万斤，人均经济收入突破100元。这些政策极大地调动了广大干部和群众的生产积极性，农业得到了发展，生活水平逐步提高。

七、“一平二调”

劳动力“平调”。为实现共产主义，配合国家用工需要，1959—1962年，跨县、区或县、区内部无偿调配劳动力的情况规模较大，数量较多。随着平顺县龙镇铁路工程开工，陶清河、石子河、内王水库工程上马，水利枢纽工程王坊干渠启动等，关家村的青壮劳动力几乎全部外出务工。一个300余人的小村庄，外调劳动力高达40人，导致农业劳动力严重短缺，农业生产遭受巨大损失，粮食大幅减产。

粮食“平调”。1961年农作物种植全部由人民公社统一安排。这个村种多少亩玉米、谷子，那个村种多少高粱、大豆，全部由人民公社统一安排，秋罢再根据各村产量统一调配。关家村历来有种植玉米的优势，主要种玉米。秋后一万多斤玉米被无偿“平调”给外村。

1962年春，关家村泉则河沟、部则掌沟的40多亩良田，被无偿划拨给北坡村、部则掌村。

八、“农业学大寨”运动

“农业学大寨”运动是中华人民共和国成立以来在全国农村进行的历时最长、影响最深、规模最大的一场运动。

大寨是山西省昔阳县的一个行政村。大寨这个农业典型，是在自力更生、艰苦奋斗的精神下创建起来的。

1963年8月，七天七夜的大暴雨，房倒了，屋塌了，地垮了，路毁了。大寨人在中国共产党的领导下，发扬自力更生和艰苦奋斗精神。在党支部书记陈永贵同志的领导下，响亮地提出了“三不要”和“三不少”(即“不向国家要钱，不向国家要粮，不向国家要物”和“交售国家粮不少，社员口粮不少，经济收入不少”)的口号。大寨人依靠自己的双手，在七沟八梁一面坡上，打造了稳产、高产的大寨田。

同年12月，毛主席向全国发出了“农业学大寨”的号召。关家村的“农业学大寨”运动是从1964年开始的。

从改河垫地着手，村南有一条自然河流，弯弯曲曲的，名为“老东湾”。一到夏季发大水，河两边便充满黄沙，黄澄澄的一片，并不长草。运动的主战场就设在这里。秋罢，寒冬季节，以民兵为骨干的百余人突击队在工地搭建起指挥部，干在工地、吃在工地。分为两个组，一组开山取石，改造河道；一组崖上取土，垫滩造地。经过三年苦战，总投工2.5万个，动用石方3500立方米、土方10万立方米，造地80亩，把昔日的河滩造成了良田。

1970年到1974年，因地制宜，合理规划，大搞取高垫低，里切外垫，培土打埂，进行中低产田改造，又扩建了农田20亩。“农业学大寨”运动对全村农业生产的发展起到了积极作用，为大小队干部积极参加生产劳动，改善干群关系打下了思想基础，使整个农业生产面貌发生了很大变化。但是，运动中仍存在着很多不利因素。如曾一度奉行的“大寨评工法”，每天夜里召集各生产队社员，评定一天的劳动工分。首先根据自己当天的劳动情况自报自己应得多少分，然后由大家公议，由此出现老实人吃亏的问题。另外，评工要看成分，成分不好的人工分相对被评得低，极大地影响了生产力的发展和社员的劳动积极性。

九、家庭联产承包责任制

土地承包是十一届三中全会后农村体制改革中的一项土地制度的重要转折。1982年1月1日，中国共产党历史上第一个关于农村工作的一号文件正式出台，明确指出家庭联产承包责任制是一项促进农民致富的基本经济制度，是一条鼓励农民发展多种经营、摘掉贫困落后帽子、逐步走向富裕的道路，使我国农村的社会生产方式、生产关系和分配制度彻底改革。

1982年，关家村学习贯彻落实中共中央一号文件精神。秋罢，开始划分土地，实行家庭联产承包责任制，土地所有权归集体的性质不变，经营管理权则被承包给农民，承包地产出的农产品在交纳国家税收和集体提留后，其余部分全归承包人所有。

当年秋收结束后，3个生产小队各自划分土地。因3个生产小队的情况不同，土地按各队的情况，采用两种方式。第一种方式，统一定产，以产带地；第二种方式，按土地优劣分为一等、二等、三等，然后按人口统一均分，采用何种方式由各队集体讨论决定。

第八生产小队，人均土地多，地质较好，方法是先核定分地人口，结合地的等级逐块评定产量，以全部土地的总产量，按分地人口平均，以产带地。首先确定分地路线，以每户抓阄的方法确定分地的序号，进行丈量。丈量完毕，地段进行总编号。第二次抓阄，把不同人口的号数各自摘开，几口几户分清楚，摘开的号数人口必须和地里确定的号数人口相符，相同人口抓相同人口的号，然后到地里去对号认领。

第九和第十生产小队的方法是把土地统一划分为一等、二等、三等，规定划分路线，以抓阄的序号划分土地，然后由各户依次认领地块。农业税按各队的总额人均分摊。

为了方便集体建设，3个小队共留存30余亩机动地由袁保山承包经营种植。秋后按评定产量40%归集体，60%归其自己所有。到1985年，将土地收回，由农户自报进行耕种。经营耕植的方式方法与袁保山承包时一样。

1982年后的十几年里，第一轮土地承包后，关家村根据人口历年变化，在小范围内曾进行过多次调整，土地有了一定的变动。1996年起，按照土地30年不变的政策精神，直至2011年，关家村没有进行过土地调整。

关家村第一轮承包土地为540亩，农业税为1850元，承包期为15年，即1983—1997年。农民掌握了种植自主权，极大地调动了农业生产的积极性，粮食产量和经济收入开始大幅提高。在承包的15年间，全村粮食总产量为388800斤，平均亩产720斤，比承包前增长60%。年人均纯收入为870元。全村年均经济收入360000元。特别是在1988年，关家村被长治县农业局评为"农业科技示范村"，玉米亩产比集体化时期增加了2.5倍。

2011年，鑫源有机农产品专业合作社成立，全村土地流转到合作社，每年每人领取1000元的土地流转费。

1983年关家村第八生产小队土地承包情况表

户主姓名	分地人口	所分土地（亩）	交农业税（元）	户主姓名	分地人口	所分土地（亩）	交农业税（元）
袁来保	8	11.2	53.6	袁进军	4	5.6	26.8
袁保山	6	8.4	40.2	关合荀	6	8.4	40.2
袁扎根	4	5.6	26.8	关春叶	4	5.6	26.8
关连则	5	7	33.5	关白荀	3	4.2	20.1
袁成气	5	7	33.5	李和气	4	5.6	26.8
关本则	4	5.6	26.8	李小孩	4	5.6	26.8
关迎喜	4	5.6	26.8	李聚有	5	7	33.5
袁有堂	4	5.6	26.8	秦德保	3	4.2	20.1
李红则	6	8.4	40.2	关迷花	5	7	33.5
秦德魁	3	4.2	20.1	袁世现	4	5.6	26.8
秦振恒	4	4.6	26.8	李天富	5	7	33.5
袁国锋	3	4.2	20.1	袁加丑	2	2.8	13.4
袁保堂	3	4.2	20.1	袁小臭	4	5.6	26.8
袁乐堂	3	4.2	20.1	袁金柱	7	9.8	46.9
秦会明	3	4.2	20.1	李文法	3	4.2	20.1
李聚有	5	7	33.5	李秀兰	2	2.8	13.4
关东喜	4	5.6	26.8	袁忠堂	2	2.8	13.4
袁玉堂	3	4.2	20.1	袁红堂	3	4.2	20.1
袁双喜	3	4.2	20.1	—	—	—	—

1983年关家村第九生产小队土地承包情况表

户主姓名	分地人口	所分土地（亩）	交农业税（元）	户主姓名	分地人口	所分土地（亩）	交农业税（元）
牛龙富	6	7.2	28.8	牛根锁	4	4.8	19.2
关中孝	5	6	24	关果则	3	3.6	14.4
袁付兴	4	4.8	19.2	袁水龙	4	4.8	19.2
关其昌	5	6	24	李顺堂	4	4.8	19.2
牛虎龙	5	6	24	袁其付	5	6	24
牛里锁	6	7.2	28.8	关仁昌	5	6	24
关书申	4	4.8	19.2	袁琐付	3	3.6	14.4
牛振国	4	4.8	19.2	牛兰英	4	4.8	19.2
牛扎根	5	6	24	李元旦	5	6	24
牛龙则	5	6	24	关国平	3	3.6	9.6
袁二魁	4	4.8	19.2	李满堂	2	2.4	14.4
牛鱼付	7	8.4	33.6	牛振朝	3	3.6	19.2
袁根柱	6	7.2	28.8	牛玉胜	4	4.8	19.2
李根有	4	4.8	19.2	—	—	—	—

1983年关家村第十生产小队土地承包情况表

户主姓名	分地人口	所分土地（亩）	交农业税（元）	户主姓名	分地人口	所分土地（亩）	交农业税（元）
袁龙文	4	5.2	24.4	关富根	6	7.8	36.6
张文中	3	3.9	18.3	袁群柱	5	6.5	30.5
原书龙	6	7.8	36.6	秦书堂	5	6.5	30.5
关树根	2	2.6	12.2	袁天保	3	3.9	18.3
杨里锁	4	5.2	24.4	袁国祥	3	3.9	18.3
张文虎	4	5.2	24.4	袁中平	2	2.6	12.2
袁来红	7	9.1	42.7	牛付山	4	4.8	24.4
李聚水	5	6.5	30.5	袁守德	5	6.5	30.5
袁来胜	5	6.5	30.5	牛全山	5	6.5	30.5
袁文虎	4	4.2	24.4	王二改	2	2.6	12.2
李更生	4	4.2	24.4	袁锁仁	1	1.3	30.5
秦保堂	3	3.9	18.3	原河清	2	2.6	12.2
张文孝	3	3.9	18.3	袁锁红	2	2.6	12.2
袁石锁	3	3.9	18.3	李有和	3	3.9	18.3
李和巧	5	7	33.5	—	—	—	—

十、财产分配

在家庭联产承包责任制落实到户的同时，关家大队还将大、小队所有财产进行了统一处理，除房产、砖窑不宜分配的不动产外，其余的牛、马、驴、骡、羊之类的大牲畜和犁、耧、耙、耢等农具，一律作价处理，具体方法是大小队全体干部和社员自主选择处理，价款由各生产小队会计接收入账，用于各队存款户往来账的结算。

十一、体制变更

随着农村改革开放的不断推进，1983 年 10 月 12 日，中共中央、国务院下发了《中共中央、国务院关于实行政社分开建立乡政府的通知》。1984 年，长治县人大常委会召开第二十二次会议通过了撤社建乡(镇)的决议，从此，撤销了西火人民公社，成立了西火镇人民政府，与此同时，关家村成立了关家村村民委员会，关家大队管理委员会随之撤销，生产小队改为村民小组，人民公社"政社合一"的管理体制宣告结束，大队管理模式解体。

2008 年 10 月 18 日，全村村民陆续下山，迁至美丽新居，关家村因"振兴变革，兴企并村，就地进城，兴业富民"的新村定位而改名振兴村，不久更名获民政部门批准。2010 年成立振兴新区，直接受新区领导，村内三个村民小组不变，并会同振兴集团承担新农村建设"中心村"示范区、"城乡统筹振兴试验区"职能，成为当时已知省内外首个"振兴新区""城乡统筹振兴试验区"，村里以打造"太行生态宜居地，上党文明小康村"为振兴发展目标与口号，坚持不懈。

第七章　金融商贸与产业

第一节　货币使用

中华民国以前，关家村村民主要使用散碎银两和铜筹钱币，只有官宦、商贾人家才拥有大宗银子和金子。清光绪年间，清政府发行银圆、铜圆，这类货币曾在关家村村民中流通。民国初年，北洋政府发行带有袁世凯头像的银圆，简称“袁大头”。此后，国民政府发行纸币，纸币上大都有孙中山头像，后来纸币逐步替代银圆。抗日战争和解放战争时期，关家村村民通用的货币较为杂乱，广为流通的有冀南钞票、晋钞，还有国民政府发行的中央钞票和日本发行的钞票。

中华人民共和国成立后，国家废除了以前的各种货币，统一使用中国人民银行发行的人民币，从此人民币成为关家村村民货币交换的唯一币种。

第一套人民币种类繁多，币别复杂，自 1948 年 12 月 1 日开始发行，共 12 种面额 62 种版别，其中 1 元券 2 种、5 元券 4 种、10 元券 4 种、20 元券 7 种、50 元券 7 种、100 元券 10 种、200 元券 5 种、500 元券 6 种、1000 元券 6 种、5000 元券 5 种、10000 元券 4 种、50000 元券 2 种(1949 年发行的正面万寿山图景 100 元券和正面列车图景 50 元券各有两种版别)。

1955 年 3 月 1 日公布发行的第二套人民币共 10 种面额，即 1 分、2 分、5 分、1 角、2 角、5 角、1 元、2 元、3 元和 5 元，1957 年 12 月 1 日又发行 10 元 1 种。同时，为便于流通，国务院发布命令，自 1957 年 12 月 1 日起发行 1 分、2 分、5 分三种硬币，与纸分币等值流通。1961 年 3 月 25 日和 1962 年 4 月 20 日又分别发行了黑色 1 元券和棕色 5 元券，使第二套人民币的版别增加到 16 种。

第二套人民币和第一套人民币折合比率：第二套人民币 1 元等于第一套人民币 1 万元。

第二套人民币发行后立即受到了人民群众的欢迎。实践证明，第二套人民币成为我国第一套完整、精致的货币，对健全我国货币制度，促进社会主义经济建设起到了重要作用。

第三套人民币于 1962 年 4 月 20 日发行，共有 1 角、2 角、5 角、1 元、2 元、5 元、10 元 7 种面额 13 种版别，其中 1 角券别有 4 种(包括 1 种硬币)，2 角、5 角、1 元有纸币、硬币 2 种。

1987 年 4 月 27 日中国人民银行发行第四套人民币，共有 1 角、2 角、5 角、1 元、2 元、5 元、10 元、50 元、100 元 9 种面额。其中，1 角、5 角、1 元各有纸币、硬币 2 种。比以前的第三套人民币增加了50元、100元两种大面额，并且防伪标识非常严密。

1999年10月1日，第五套人民币正式发行，共有1角、5角、1元、5元、10元、20元、50元、100元8种面额，其中1角、5角、1元有纸币、硬币2种。根据市场流通需要，增加了20元面额的人民币，取消了2元面额的人民币，防伪性能又有了较大提高。

改革开放后，关家村村民经济收入增加，开始对美元、欧元、英镑等外国货币有所了解。21世纪以来，关家村村民走出国门，到泰国、老挝、缅甸等地观光旅游，他们将人民币兑换成外币在旅游中消费。外国货币对关家村村民而言，已不再陌生。

随着社会发展，购物卡、银行卡、银联卡逐渐进入百姓家，村民可持卡在全国各地选购自己所需的物品。从2012年起，振兴村所有在煤业公司工作的员工的工资发放方式由发放现金改为充入工资卡，有的村民还办理了银行卡、开通了手机支付宝，在购买物品时，直接刷卡或用支付宝支付，既方便又安全。

第二节　金融借贷

一、信用合作

1953年，长治县成立了信用合作社（简称信用社）。信用社在全县属于乡村信用社，是由乡村农民以入股的形式自主筹办的，归当地政府机构管理。同年6月，关家村宣传发动村民入股（当时是村民自筹资金兴办），规定1.3元为一股，没款者以粮代款，玉米每斤以0.07元折价，谷子以每斤0.065元折价，小米以每斤0.08元折价，以所交粮折款折合股数。入股年龄为16周岁以上，主任张其盛，业务经办李福娥。按章程规定村民逐年可按股份分红。信用社一成立，就鼓励村民积极贷款买牲畜、农具，扩大生产，发家致富。几年内，信用社为村民办理了多笔贷款，为村民的各种生产经营活动提供了有力支撑。几年来，按有关规定股民得到了应有的红利。随着社会发展和行政区域的变更，1960年信用社归属县人民银行领导。“文化大革命”前，曾以股分红。“文化大革命”时，曾一度中断。改革开放后，按1元股金得5分的红利分发过两次。2010年信用社按原股钱数退还各家各户。从此，村民在信用社没有了股份。

金融业的发展，给村民生产和生活带来了极大便利，村民手中如果有暂时用不着的钱，可以存到信用社，随时可取，同时存款可根据国家规定享受利息待遇。

因农村信用社是专门服务和方便农民的，20世纪60年代起，年终村集体农民经济分配结算的款项都要转入信用社，由信用社向各户支付转存。这既方便了群众，又支援了国家的经济建设，该方式一直延续到1982年实行家庭联产承包责任制为止。

农村实行家庭联产承包责任制后，农民收入逐年增加。商贸流通步伐加快，农民储蓄稳步增长。1985年，农村信用社从长治县农业银行分离出来，主要经营农村的金融存贷业务。20世纪90年代以后，农村信用社贷款主要服务于开办村办企业和帮助农民发展家庭产业，为发展农村经济创造了良好的经济环境。21世纪以来，农村信用社为支援“三农”，对购置农机资金困难户提供无息贷款和小额贷款。这一系列优惠政策，有力地促进了农村的经济发展，加快了全面建设小康社会的进程。2013年，长治县将最基层的金融单位——农村信用社统一更名为“黎都农商银行”，其服务对象主要是“三农”。近年来，其在社会主义新农村建设中发挥了很大作用。

二、存款

中华人民共和国成立后，在人民公社化时期，农民辛苦一年，到年终结算分配也只有劳动力多的农户能有剩余的钱。那时集体一切副业收入、征购粮款统统流转在信用社的账户里。年终由生产队会计根据各户结算分配结果转到信用社兑现，暂时花不着的钱由信用社转办存款。当时，信用社政策是一元起存、多元不限，存款手续也极为简便，不用提供个人的任何信息，仅报上个人的姓名和所存数额，由信用社工作人员在存款单上手工书写一式两联，一联交给户主，一联由信用社留作存根。

改革开放后，农村经济收入接连翻番，农民手中的钱也多了起来。现在中国建设银行、中国工商银行、中国农业银行、中国邮政储蓄银行等金融机构繁多，村民可通过互联网办理业务。

三、贷款

改革开放后，农民生产门路多了，生活富裕了，经济条件逐年好转，国家为让农民尽快致富，出台了很多扶植农民致富的政策，如优惠的个体贷款。振兴村抓住机遇，巩固集体经济，努力发展。村民也紧跟形势，依靠国家扶持，通过贷款扩大生产、发家致富，出现了运输、编造、养殖、种植专业大户 20 余家。

四、民间借贷

中华人民共和国成立前，村民缺钱少粮，主要到村里富裕大户去借贷，富裕大户放高利息（高利贷），属剥削行为，借贷人到期还不了，利息就算作成本金，利加利、利滚利，不少借贷人因此倾家荡产。

中华人民共和国成立后，民间借贷的剥削行为基本被铲除，高利贷、当铺被取缔，有大事可以找金融单位，人民群众在生活拮据时可通过口头形式在亲朋好友、左邻右舍中求借，借一还一，大都能互相无息转借。

（一）高利贷

以前，高利贷是富人向穷人掠取钱财的一种主要方式。其利率高得惊人，是乘人之危、敛取横财的行为，大多数借贷人最终成为受害者，常见的有“驴打滚，滚雪球，利滚利”几种借款形式，大都以月为限，到期还不了，转利为本，本利翻滚，像滚雪球一样越滚越大。不少借贷人到期无法归还，被迫以土地、房产抵押，其结果大多为倾家荡产。高利贷主要是贫苦农民向地主或资本家借贷，也有普通人遇急事迫于无奈借贷的。

（二）当铺

《长治县志》记载，上党雄山一带典当行始于南北朝。清代，县富商大户纷纷开办当铺。清末民初，境内各大商贾多专营或兼营当铺，典当行盛行，不少外省市的豪商也在本县开设当铺，苏店、八义、荫城、西火等地都设有当铺。当铺是专营收取抵押品放高利贷的店铺。放款多少，按抵押品的估价而定，一般是当铺一口价，放款额一般在抵押品价值的五成以下。抵押期限自 6 个月到 18 个月不等。典当者过期不赎，抵押品即归当铺所有，任其处理。

人们急需用钱且走投无路时会去当铺抵押物品。到当铺典当的抵押品，有动产和不动产两种，动产指衣服、首饰等，不动产指土地、房屋等。中华人民共和国成立前，典当者大多为穷人，无钱赎物而倾家荡产者极为普遍。

（三）普通借款

普通借款是村民在日常生活中一种极为普遍的借贷形式。

村民一时手头不便，如家里修房盖屋，有婚丧嫁娶、天灾病祸等大事发生，邻里和亲朋之间会相互转借现金。此种借款方式，一般数额不是很大，不立字据，不收利息，不定期限，完全靠信用和感情。这种民间相互借款的方式由来已久，至今仍然延续。若数额较大，借贷双方关系又很一般，为减少不必要的纠纷，也会在借款时打借条，一般不付利息，也有极少数定期或支付利息，还款时撕掉借条。

（四）利息借款

利息借款这种借款方式多发生在 20 世纪 80 年代后的改革开放初期，有的农户购买汽车和拖拉机跑运输业务，或外出经商，或办企业建厂，投资较大，而自己的经济实力又不足，便找一些关系户筹借资金。这些钱款一般数额较大，预先谈妥应付的利息(利息往往高于银行贷款)。有的找担保人，有的不找担保人，但都要立字据，注明借款利息和还款期限。这样一些家庭经济条件较好的农户，经人介绍，把钱借出去，平时挣利息，到期借款人连本带利归还。

第三节　产　　业

一、传统产业

（一）编造业

编造业在关家村由来已久。在封建社会，这项农村经济活动虽受社会制度和环境影响，但是凭借大雄山的天然灌木丛，因地制宜，就地取材，规模或大或小，或多或少，始终是关家村村民唯一的经济命脉，养育了一代又一代的关家村人。民国时期军阀割据，战事频繁，虽然人民生活朝不保夕，但关家村的编造业始终没有中断过，一辈一辈地传承下来。

中华人民共和国成立初期，村里牛家、李家、袁家的编造业规模较大，俗称“作坊”，多在自家院落、宅旁开办。品种有钉篓、驮篓、背篓、萝头、草筛、提篮等。春夏务农，秋冬编筐，为季节性生产。贫穷人家是办不起“作坊”的，秋闲以后便到陵川、阳城、沁水那些盛产荆条的地方去采伐，运回来挣点钱，养家糊口。

农业合作化的十余年是关家村编造业的鼎盛时期，那时全村采集、加工，几乎没有闲人。大部分产品供应给荫城铁货站，有时还供不应求。

1961 年，人民公社化以后，接着是“农业学大寨”和“文化大革命”，从“抓革命”到“促生产”，没人敢去搞家庭收入。工副业不但家庭不能搞，集体也受到了很大限制。全村村民单凭有限的粮食收入生活。到秋收后，一个劳动日仅值三四角钱，人多劳动力少的农户，辛苦一年，反倒欠下了集体的粮食款。

1960 年，西掌大队在底西掌村办起了一个编造社和一个铁业社。员工就是西掌大队管辖的关家、西掌、北坡、部则掌、底西掌等五个村的劳动力。关家村抽调 10 余名员工，这就是全村的工副业收入来源(每投入一个出勤劳动工，副业队以 2 元钱给生产队结算，员工的出勤转到生产队，年终随生产队参加分配)。

十一届三中全会以后，全国实行改革开放，在国家“以经济建设为中心”的战略决策背景下，关家村的工副业焕发出勃勃生机。传统的编造业发展壮大，村集体还开办了砖窑、粉坊、磨坊等。全村有一半劳动力从事副业生产，秋后结算的工分值也猛增到 1 元以上。

1982 年秋，关家村实行家庭联产承包责任制。生产体制变革后，集体的财产和生产资料都作价卖给了私人。国家一系列农村经济政策，使生产力得到了很大解放，家庭产业迅速发展。传统的编造业仍受到村民的青睐，村民关本则、袁堂则、牛振朝、牛虎龙、李聚有十几家个体编造作坊相继开业。员工是中年妇女等中老年人。各地的果园、高平的多家梨农、壶关国营清流瓷厂用编篓做产品包装，编篓市场广阔，生意兴隆，有时还供不应求。编造业的快速发展，有助于村民摆脱长期的贫困生活，走向富裕。

进入 21 世纪，随着社会的快速发展，一些传统的生产和生活方式已被现代化生产和生活方式所替代。现在编造业已没有人经营。

(二)粉坊

粉坊是关家村传统的手工作坊之一。在中华人民共和国成立前及农业合作化时期，全村只有几家经济条件较好的家庭开办过粉坊及豆腐坊。1958 年集体化后，粉坊归集体经营，主要是养猪积肥，磨小粉、豆腐供社员兑换食用。磨粉匠有秦书堂、牛里锁等。实行家庭联产承包责任制后，集体粉坊解体，只有秦德魁一家仍坚持磨粉喂猪。进入 21 世纪，关家村的粉坊已不复存在。

（三）砖窑业

20 世纪初，关家村曾在十亩坪开办过砖瓦窑，那是关家村一家姓袁的富裕大户为修盖自家的四合大院而开办的，现在仍有遗址。那块地也曾因此被命名为“瓦窑上”。1968 年，关家村为发展工副业生产，在名为西掌坡的地段开设了一座砖窑，并聘请西寺山的郭师傅为烧窑匠，培养了袁秋孝等徒弟，两三年后，该砖窑由于经营和管理不善，效益不佳，被弃之停办。砖窑在当时虽谈不上有多大的经济效益，但是当村民们盖小屋、垒小棚时能提供建筑材料，方便村民。1980 年，关家村在狼岭湾建起了砖窑。虽说一系列工序都是土法，产量不高，但供应本村绰绰有余。几年来，砖窑为村民建房提供了很大便利。

改革开放后，党和国家制定了一系列富民政策，私人企业得到蓬勃发展。1983 年 5 月，秦振恒在老东湾建起了机砖窑。1991 年 7 月，袁孝文建起了机砖窑。年产量都在百万块以上。

进入 21 世纪后，国家对土地资源和环境保护极为重视，并出台了一系列政策法规。砖窑业因耗能高，环境污染严重，下马停产，砖厂地址也被改建成了新农村。

（四）建筑业

中华人民共和国成立前，关家村从事建筑业的人员极少，更没有专业的建筑团体。中华人民共和国成立后，建筑业得以发展。20 世纪 50 年代，全村只有秦群成从事这项工作。那时也只不过是走百家，盖屋、砌墙，做零星活，有时竟忙得不可开交。木匠、泥瓦匠的工作都是季节性的，农忙务农，农闲务工。一年之计，春季是关键时期，工匠都是自寻门路，村民建房，邻里相帮、管个伙食、不计报酬。建房风格大都是按传统结构，也有少部分根据地理状况改变造型的，建筑材料由房主自备，工匠自带作业工具。那时建筑大都为土坯、砖木结构，工序单调，形状单一。

集体化时期，建房户逐年增多，建房开工前须经人民公社一级政府审查批准后，由生产队统一规划确定地点。工匠每天按出勤日记工 10 分，年终随生产队统一结算，每工按 2 元计算，误工多少付多少款，由集体与户主统一结算。

70 年代后，关家村掀起了当木匠、泥瓦匠热潮。不少年轻人认为这是个手艺活，到谁家也受尊重，又能挣零花钱。于是，有不少年轻人专心致志地学起了这门手艺，有出门求师的，有自学成才的。牛龙则、李根有凭着在长治县红旗木器厂当工人的经验，也回村操起了这个营生，后来又出现了秦保堂、关德群、袁有堂、关合苟、关振平、袁玉堂、袁孝文等数十个木匠、泥瓦匠。90 年代，关国旗、关国暾兄弟俩做起了打家具的技术活，生意兴隆。

改革开放后，实行家庭联产承包责任制，建筑工匠以私人性质揽工做活，大多是工匠与户主签订协议以包干的形式承包给工匠（承包形式多种多样，有包工包料的，有包工不包料的，等等），竣工后双方按协议结算。2000 年，关家村建筑务工人员有 20 多人。

（五）屠宰业

屠宰自古以来是关家村秦家的独门行当。中华人民共和国成立初期，秦林枝师傅是方圆百里很有名的屠宰手。农业合作化时期，老秦师傅曾在荫城屠宰厂从事屠宰工作。他的技艺精湛，火候、刀工都掌握得非常到位，所宰杀的猪、羊、牛肉色泽鲜亮、干净漂亮，业内同行难以企及，在市场上很抢手，一提起老秦师傅，方圆百里，没有人不竖起大拇指的。

1959年，老秦师傅回乡后，由于年事已高，他的侄儿秦书堂操起了屠宰刀，帮其叔父打下手，逢年过节给村里杀猪、宰羊，平时也不断外出去揽活，生意不断，收入丰厚。

（六）运输业

中华人民共和国成立前，关家村的运输方式主要是肩挑、驴驮、牛拉。

中华人民共和国成立后，农业合作化时期，畜力木轮车运输最为流行，它比木板车运力提高了许多；高级社时期，关家村这种车有30余辆。其主要服务于农业生产、拉粪、运粮，偶尔也外出拉点货物。20世纪70年代后，生产队一律改装钢皮车，这种车轻便、灵活，载重量要比木轮车高2～3倍，主要用于集体副业拉运货物。

1982年，关家村实行家庭联产承包责任制。集体财产及生产资料都作价卖给私人，集体的10余辆钢皮车分别由关迎喜、关东喜、关春喜、袁双喜、原晚生、秦德魁等村民买走，那时正值改革开放初期，集体、个体企业建设工程甚多，运输业门路极广。这几家运输户的收入都非常可观。

1986年，关家村煤矿即将投产，随着社会的发展，农用机动三轮车进入该村。高峰时期，关家村的农用机动三轮车有30余辆。

进入1990年，由于国家的开放政策，几乎村村都开办了煤矿，那时煤炭在市场上非常畅销。关家村的关忠孝、关春喜、李满堂、袁洛堂、牛志斌、原河清等村民抓住这个发展机遇，有独家经营的，有数家联合的，都购买了东风大汽车，跑起了煤炭长途运输业务，几年间都成了腰缠万贯的富裕大户。

进入21世纪，国家对道路交通运输管理严格，运输成本增加，利润微薄，大部分运输户改行从事煤矿行业工作。2000年后仅有袁落堂、李满堂两家经营长途汽车运输业务。2005年，村集体煤矿最火的时期，村内有40多辆汽车在村周边做煤炭生意。

二、矿业

虽然关家村地下煤炭资源丰富，但是几百年来，百姓日常生活用煤却是一个长期解决不了的大难题。

民国时期，牛氏家族牛来则、牛来顺等兄弟六人合伙在自家小井上地里打井挖煤，当挖到30米深的时候，井下发生了水患。因当时条件有限，无法排水，被迫搁置停工。人民公社化初期，人民生活还不算富裕，村民大都到陵川县泉则头和高平县苟家村煤矿去挑煤，日常生活用煤不便。20世纪70年代后，西火人民公社南掌煤矿投产，此后，一般都是雇用生产队的畜力车到煤矿去拉煤，村民用煤问题才得以缓解。

1981年，关家生产大队以经济建设为中心、市场经济为导向，积极发挥当地自然优势，在牛家原来井筒的基础上扩宽引深，开办煤矿，村集体将1500元资金付予牛氏兄弟的后代作为补偿费。将原来直径1.5米的井筒扩至2.8米，工程由高平市曹家村的苏长财以每米80元的价格进行承包。1982年8月已延伸到煤层，深度53米，因无生产条件，故暂时被搁置。1984年春，经酝酿后又开始了地面设施建设，因资金欠缺，地面设施也谈不上标准。从长治县电业局购回一个50千瓦的煤矿专用变压器，对线路进行了简易处理，算是通了电，从农机局赊了一台9.5千瓦的提升绞车，从陵川的废弃矿井购回一个二手煤矿坑口高车铁架竖在井口，盖起了一个机房、一个澡堂和一间小办公室，利用机械抽风的办法，急速上马生产。当时员工都是村里的青壮年，每班下坑工资3元左右，外加0.5元的入坑费。由于设备简陋，故障频繁出现，生产时间少，停工时间多，一年仅生产原煤3000吨左右，价格又极其便宜，除无偿供应村民生活用煤之外，根本谈不上经济效益。

当时，关家村第一届村民委员会主任牛扎根面临的最大难题就是煤矿建设的资金问题，于是他暗暗许下承诺：一定要让关家村这潭死水涌动起来，并且要让它奔流得波澜壮阔。一方面，他利用村内在外驻矿或其他人员的关系，有钱出钱，没钱捐物，关家村的李水文、关德群、关扎根都为煤矿的起步工作做出了贡献；另一方面，他与银行、信用社等金融单位积极沟通，争取给予资金扶持。在他的努力下，终于克服了困难。1984年10月，地面建设与庞大的主斜井工程同步进行，地址设在后河沟。尽管斜井工程规模大、耗资多，工程一波三折，经王先吉、张忠成、魏仙水等多家工程队轮换，但自始至终没有停止过。经过两年的漫长工期，1986年11月，宽4.5米，高2.8米，坡度18度，深230多米的斜井工程安全竣工，总耗资84万元。1987年，主副二井贯通，初步形成了生产规模，进行批量生产，当年生产原煤1.2万吨。由于煤炭市场仍然不景气，经济效益不佳，经营依然困难，但这是关家村有史以来的第一个村办企业，困难再大也要迎难而上，给村民以希望，让村民享受到集体经济的最直接利益。因此党支部、村委会实施了一系列惠民措施，实现了村民生产和生活“五免费”（电费、农业税、化肥、种子、粮食加工免费），村民得到了实惠，生活有了很大改善。

1992年，根据上级煤矿管理部门要求，对煤矿设备不断升级改造，生产安全系数得到很大提高，煤炭市场也稍有好转。当年6月与长治漳泽电厂签订了三年的包销合同，煤炭价格每吨35元。同年，党支部、村委会决定聘用有实践经验的专业人才——关家村煤矿党总支副书记秦和林兼任关家村煤矿矿长，使生产和管理各方面都正规化，经济效益也有所提高。好景不长，到1994年煤炭市场极端疲软，供大于求，价格与成本倒挂，产品积压，行业萧条。针对这种情况，1996年6月，刚上任不久的振兴煤矿党总支书记兼矿长的牛扎根同志承包了关家村煤矿，双方签订了承包五年的生产合同。五年来，关家村煤矿不是生产的五年，而是投资的五年，承包期间，共投入资金2000万元，改造了河道，扩大了煤场，坑上、坑下生产设施得到了全面更新和完善，生产能力得到了很大提高。

（一）供电系统

首先矿井工作场地负荷中心建10千伏变电所一座，矿井电压等级地面为10千伏/380伏/220伏，井下10千伏/1140伏/660伏/127伏/36伏，变电所10千伏、0.38千伏系统均采用单母线分段接线方式，2台S9-800/10、10/0.4千伏变压器同时运转，供矿井工作场地内低压设备用电。

变电所内设10千伏配电室、低压配电室、电容器室等。根据坑下开拓布置及设备用电情况，采用10千伏坑下用电，入坑电缆均采用MYJV42-8.7/10千伏、3×95平方毫米电缆，长度500米，电缆沿副立井通至坑下总变电站，两回电源同时工作，互为备用，任意一路电缆停止供电时，另一路电缆仍能保证坑下设备正常运行。

根据坑下负荷分布情况及采掘工作面设施配备，坑下主变电所设于主斜井车场旁，安装KYCC型高压配电柜、CKY型低压配电柜，设两台KBSC-400/10、10/0.69千伏矿用干式变压器，供坑下车场、水泵房、大巷掘进工作面低压负荷用电，另一台同样型号的干式变压器，专供局部通风机用电。

回采工作面安装KBSCZY-630/10、10/1.2千伏和KBSCZY-315/10、10/1.2千伏隔爆型移动变电站各一台。

（二）通风系统

坑下通风系统为中央并列式，通风方式为机械抽出式，由主斜井进风，副立井回风，回风立井安装的两台主通风机为对旋式轴流风机，配用两台YBE315-6型电机，功率为75千瓦，电压380伏，两台主通风机，一台工作，一台备用。坑下局部通风机3台。

（三）运输系统

坑下煤炭运输采掘工作面采用刮板输送机、转载机，顺槽大巷运输采用带式输送机，坑下辅助运输采用调度绞车，通至车场煤仓，矿车由主斜井牵引到地面。

（四）排水系统

坑下正常通水量为30.5米^3/时，最大涌水量为45.3米^3/时，主水泵房位于主斜井井底车场西侧，设置两个水仓，总容量750立方米。排水管沿泵房、管道正常涌出，一条管道工作，一条管道备用。采用两台100MD85-45×3型水泵，并配用YB250M-2型防爆电机，额定功率为45千瓦、电压660伏，额定流量为55米^3/时，垂直扬程为105米。

（五）地面设施

地面设施主要有储煤场、煤炭分离筛、风机房、职工灶房、综合办公室、绞车提升机房、机修车间、锅炉房、洗澡堂等。

经过一系列设施的补充和完善，煤矿基本达到了标准化水平。2000年后，煤炭形势好转。2001年后半年，承包合同到期，关家村接管了煤矿的经营权之后又转包给了浙江徐乃民、唐书鹤，期限为5年。合同规定：第一年（2002年）因坑下建设性投资大，生产得不到保障，上缴村集体15万元；第二年、第三年生产趋于正常，每年上缴30万元；第四年、第五年进行批量生产，每年上缴60万元。2002年后的几年，煤炭市场一度火热，从起初的每吨十几元到每吨800多元，价格接连翻番。2004年全村有50多家做起了煤炭生意，一河两岸都成了煤炭销售点，村集体每月每人发放400元的红利，这也是改革开放以来关家村矿业最鼎盛时期。从此，关家村煤矿“起死回生”，迎来了又一个兴旺时期。随着煤炭形势的好转和生产技术的提高，煤炭产量连年翻番，集体经济飞速发展，村民收入也大幅提高。有的村民从事煤矿生产，有的村民做起了煤炭生意，全村所有劳动力得到了全部转移。全村大小机动车有80余辆，有长途运输的，有短途贩运的。

2006年，根据国家政策，长治县煤炭资源整合。当年10月，根据山西省煤矿企业兼并重组整合工作领导组办公室的文件精神，关家村煤矿资源与其他公司兼并，从此，关家村煤矿生产井口关闭。

第四节　商业网点

中华人民共和国成立前，关家村群众的日常生产和生活用品，除一部分自产、自制、自用外，其他全靠到荫城，西火，高平的建宁、陈区，陵川的礼义、杨村等集镇赶集、逛庙会购买，或是走乡串村的担货郎来村叫卖时选购一些，村里一直没有开设店铺。

1954 年，距关家村 1.5 千米的底西掌村成立了供销社，其范围辐射西掌、北坡、关家、部则掌四个自然村。1958 年，供销社变更为全民所有制，规模扩大，其宗旨是“发展经济，保障供给”，工作重点是为农民的生产和生活提供服务。主要经销棉布、棉花、煤油、食盐、糖、烟酒等日用杂货。在整个计划经济时期，供销社是国家实行统购统销政策的中坚力量，是连接工业与农业、城市与乡村、生产与消费的桥梁和纽带。那时国家实行统购统销政策，购买棉布要布票，购买棉花要花证，购买食品要粮票，甚至连煤油、棉线等日常必需品也是按每月每户 2 角钱的煤油、1 支棉线来供应。如果没有这几种票证，那么出多少钱也买不到相关物品。

20 世纪 70 年代，农业生产所需要的化肥、农药、种子等生产资料，均由长治县生产资料公司和县种子公司统一调配供应。“文化大革命”结束后，这些生产资料供应点下放到公社，由各村各生产队按照计划上报数额到公社生产资料经销站(点)购买。

党的十一届三中全会以来，随着农村改革开放的不断深化，社会上出现了一个生命力极为旺盛的新生事物——私营商铺，它们像雨后春笋般发展迅猛，成为农村市场经济大舞台上的主角。关家村最早的商铺是 1979 年关荷香在村中心地带“岸上门口”开办的烟酒日杂门市部。实行土地承包责任制后，李根有开办了家庭粮油经销部。

1980 年后，全村有个体粮店、油店、副食店、饭店、服装店、修理店、百货店(小超市)数十家，关家村的生产、生活性服务业日趋完善。

2018 年，振兴村永泰门外总投资 1675 万元的上党印象步行街建成。为打造集吃、住、行、游、购、娱于一体的全方位旅游业态，进一步增加当地群众收入，振兴小镇景区用两年时间打造完成了这条商业步行街。步行街总长 656 米，共有沿街店铺 165 家，重点打造“食”文化商业创意项目。2019 年初，上党印象步行街正式投入运营，几十家小木屋商铺成为街上最抢眼的亮点。棕黄相间的全木质结构古色古香，黑铁铸就的风灯挂于门上，一面面颜色鲜艳的商幌迎风飘扬……这些小木屋既体现了传统木结构建筑风格，又融入了当地铁文化的元素，成为振兴小镇景区商业经营的重要组成部分。该步行街的投入使用，不仅为景区增加了新的旅游景点，还为当地群众就业增收拓宽了渠道。

【全村商业服务网点】

袁文虎烟酒副食门市部

袁堂孩烟酒副食门市部

袁玉祥便民小吃部

袁德平粮油门市部

袁锁红机动车修理门市部
卢小强裁剪服装门市部
程红梅家庭烟酒、日用百货代销点
袁红堂家庭烟酒、日用百货代销点
苗恒毛醋业门市部
牛平山烟酒、日用百货代销点
牛志国烟酒、日用百货代销点
侯瑞康“好利来”烟酒、日用百货超市
张新文便民烟酒、日用百货超市
赵云奎“雅轩”美容美发会所
袁秀玲美容美发店
王忠孝棋牌室

【农家乐(下列主要经营者)】

李文孝、袁飞、袁光明、张剑红、关振忠、原河清、袁学军、袁文彬、袁国明、袁贵堂、关水平、牛天平、张文忠、关忠平、袁鹏军、牛振国、张剑波、李砖头

【特色小吃(下列主要经营者)】

袁鹏燕、牛河忠、袁燕飞、关孝虎、袁光明、袁松文、李志伟

【旅游品专卖(下列主要经营者)】

陈康海、袁伟、袁志平、袁海军、牛俊玲、秦静淑、张文孝、李聚有

第八章　兵役与民兵

第一节　兵　　役

兵役制度在历朝历代都是保证国家军队兵员补充和储备的一项重要的社会军事制度。在封建社会，多实行“世兵制”“募兵制”。民国时期，山西总督阎锡山实行“募兵制”和“兵农合一制”。抗日战争和解放战争时期，中国共产党领导的人民军队实行志愿兵役制。中华人民共和国成立初期，仍实行志愿兵役制，后改为义务兵役制。1978 年，改为义务兵役制与志愿兵役制相结合。1984 年，又改为以义务兵役制为主体的义务兵与志愿兵相结合、民兵与预备役相结合的兵役制度。

一、募兵制

募兵制是指以国家出钱雇佣的方式来招募征集兵源的制度，多在国民政府军内实施。民国初年，国民政府曾规定要将北洋军阀时期的募兵制变为以义务兵为主的征兵制。但由于军阀混战、政权割据，政令不统一，政权不巩固，所以一直没有实现，仍以募兵制为主，并规定所招募男丁，供给衣、食，免征赋役。那时无所依归的流民遍及各地，为了生存，往往自托于营伍，走当兵吃粮之路，这为募兵制的实行奠定了一定基础。抗战开始后，由于对日作战兵力消耗巨大，单纯的募兵制难以补充兵源。南京国民政府实行新《兵役法》。但是由于战争时期人民厌战，不论哪种兵役制都很难保证兵源，当时山西总督阎锡山的晋绥军也曾实行过这种兵役制，不过改了个名字，叫“兵农合一制”，其主要手段是利用“抓、骗、诱”等措施来扩充兵源，富户出钱即可免役，只有穷苦百姓去当炮灰。为避免被抓走，青壮年逃的逃，躲的躲，背井离乡，有的一走便音讯全无。

二、人民军队的兵役制

自 1921 年中国共产党成立以来，在历次的革命战争时期，党领导的人民军队一直实行志愿兵役制。土地革命战争时期，军队的兵源补充一般是将志愿参加革命的青年和地方的工农武装扩充到红军行列。抗日战争和解放战争时期，广大青年自觉、自愿参加人民军队和地方民兵组织。这期间，关家村先后有 9 人自愿成为人民子弟兵。

1955 年通过的《中华人民共和国兵役法》，将志愿兵役制改为义务兵役制。1978 年，为加强部队的现代化建设，转向实行义务兵与志愿兵相结合的制度。根据部队需要和义务兵志愿原则申请延期服役的士兵可转为志愿兵并延长服役期限。1984 年通过的新的《中华人民共和国兵役法》，规定实行以义务兵役制为主体的义务兵与志愿兵相结合、民兵与预备役相结合的兵役制度，明确规定，服役期满复退回乡的士兵，要参加民兵组织并编入预备役，28岁以下为一类预备役，35岁以下为二类预备役，一旦发生战争，即刻编入部队。预备役人员每年集训一至两次，预备役军官由复退军人或训练优秀者担任。同时，在接送兵的方式上进行了改革，由原来的部队接兵改为地方送兵。中华人民共和国成立后，老关家村和振兴村共有23人光荣参军。

1937年关家村响应牺盟会号召成立人民武装自卫队，该自卫队成为最早的民兵基层组织。上党战役打响后，为迎接长治解放，关家村出动民兵13人、牲畜7头积极支前。1949年，全国解放胜利在望，关家村抽出8名民兵支前，在战斗中遭遇敌机轰炸，土窑坍塌，4名民兵遇难，他们后来被国家追认为革命烈士。

振兴村1935年以来参军人员统计表(不完全统计)

姓名	性别	出生年份	参军年份	退役年份
关聚仁	男	1916	1936	1939
袁憨则	男	1921	1947	1953
牛根锁	男	1925	1947	1953
袁土龙	男	1925	1947	1952
关树根	男	1926	1947	1953
袁魁则	男	1922	1947	
牛付山	男	1928	1947	1952
袁二魁	男	1928	1948	1951
袁金柱	男	1926	1948	1952
关连则	男	1928	1950	1955
秦书堂	男	1944	1963	1965
李水文	男	1945	1963	1967
袁孝则	男	1946	1966	1968
李和气	男	1947	1969	1975
关文平	男	1949	1969	1973
张文虎	男	1953	1972	1977
袁小丑	男	1953	1974	1979
李有和	男	1955	1977	1979
袁保堂	男	1958	1977	1982
袁贵堂	男	1960	1979	1984
杨振清	男	1962	1979	
袁文彬	男	1964	1981	1987

续表

姓名	性别	出生年份	参军年份	退役年份
袁锁红	男	1964	1982	1986
李忠堂	男	1966	1984	1987
杨卉波	男	1977	1995	2012
袁鹏伟	男	1980	1997	2000
关旭亮	男	1981	1997	2000
张剑红	男	1982	1998	2003
郭建军	男	1980	1999	2001
关志波	男	1982	1999	2001
袁圆	男	1985	2003	2010
袁超	男	1989	2007	2012
袁志鹏	男	1992	2010	2015
牛树鹏	男	1991	2011	2014
牛勇杰	男	1992	2011	2013
关康	男	1994	2011	

第二节　民　　兵

一、组织概述

1937年抗日战争全面爆发。长治县委根据上级指示精神，以牺盟会的名义，号召全县人民立即行动起来，团结一致，打击日本侵略者。牺盟会要求以村为单位，组织建立地方武装自卫队，规定18～45周岁的青壮年均在征召范围之内。在长治五区区委发动下，1937年10月，关家村成立自卫队。1939年，日本侵略者占领长治县城，并很快控制了以长治县为中心的广大地区，以国民党长治县县长聂士庆为首的顽固派，打着“曲线救国”的旗号，建立了国民党长治县党部和特务大队。同年年底，聂士庆参加了阎锡山荣日反共的秋林会议后，加紧破坏抗日民族统一战线，并收编长治、长子、高平、屯留等县的特工队，扩充了其反动武装，在荫城、八义一带设据点，疯狂向抗日县、区政府进攻，使大批抗日积极分子惨遭杀害。

关家村自卫队成立以来，并没有和日军正面交锋，只是和日本侵略军的帮凶“拨浪队”交锋过几次。“拨浪队”这支反动武装，在聂士庆这把大伞保护下，由上党19县土匪头子景泰兰、郝云章，国民党长治县党部书记赵祖琴，军统长治组组长郭河清和警察局局长王玲舫等牵头出马，纠集长治、长子、屯留、高平等县的明官暗匪、兵痞赌棍近3000人马而成。他们时而佯装“日军”，时而谎称“国军”，时而又自谓“民团”。老百姓把他们比作乡间货郎叫卖所举的“拨浪鼓”，称其为“拨浪队”。

“拨浪队”借日军威风，四处骚扰，奸淫烧杀，明抢暗窃，搅得全县人民日夜不安，劳苦大众叫苦不迭。民谣说：“提起‘拨浪队’，恨之入骨髓，祸国殃民帮，民族大败类。”

“拨浪队”与日伪狼狈为奸，白天跟随日军清乡扫荡，夜间则又打着日军旗号，甚至假借抗日招牌抢粮抓丁、烧杀淫掠、抽捐要款。百姓稍有怠慢，就惨遭毒打。全县被绑架、投进煤窑、深井里的无辜百姓有70余人。1943年正值大灾荒，日伪“拨浪队”又残害百姓，真是雪上加霜。全县被杀死、烧死、饿死的乡民达3万之多，占到总人口的六分之一。

面对日本侵略军和日伪敌特“拨浪队”的白色恐怖，中共长治县工委、县抗日政府奋起反抗，号召全县一切抗日武装和积极分子同日伪展开激烈斗争。

面对严峻的抗战形势，关家村自卫队组织工作受到很大限制，时常秘密转入地下，一般行动大都在夜间进行，但村与村之间努力保持秘密联系，相互配合，队员们三三两两结成战斗小组，既保持分散，又随机集中，找准时机与日伪展开激烈斗争。

1945年，抗战胜利后，自卫队改名为民兵，其间村级民兵编制以连为单位，李天富成为关家村第一任民兵连长，工作也从地下转到地上。在中国共产党的领导下，村民积极投入土地改革和解放战争的各项工作中。解放战争时期，关家村共有36人参军参战。袁魁则、关仁发、牛根绪、袁聚则四人为中华民族的解放血洒疆场，后被国家追认为革命烈士。袁憨则、牛根锁、关树根、袁二魁等热血青年在淮海战役、渡江战役、抗美援朝及进军大西南等重大战役中战功赫赫，永载史册。

中华人民共和国成立后，民兵组织编制多次变更。1955年前，关家村民兵组织机构为“村队部”。1955年后，民兵又分为基干民兵和普通民兵两种，生产生活、拥政爱民工作由普通民兵负责。

1958年，中央号召“全民皆兵”“大办民兵师”，为加强组织建设，关家村民兵连进行整组，在原有的基础上，又配备了排长、班长。

1961年，中共中央下发《民兵工作条例》。在长治县人民武装部的部署下，根据《民兵工作条例》精神，关家村民兵连积极贯彻“民兵工作政治、组织、军事三落实”指示，并制定了学习、会议、军事、训练、汇报、考核等多项制度，其中学习主要包括政治、形势、责任、组织纪律等方面。军事、训练包括出操、行军、拼刺刀、射击、掷手榴弹、抬担架、战地救护等多个项目，一年四季，不论是寒冬还是炎夏，每天拂晓训练两小时后再进行生产。在一年一次县人民武装部组织的秋季训练中关家村民兵在刺杀、射击、战地救护等多个项目中，取得优胜，受到县人民武装部的表彰鼓励。

20世纪60年代末，军事训练再次掀起高潮。

1966年，“文化大革命”开始，生产瘫痪，各级政府受到冲击，正常的社会秩序遭到严重破坏，关家村民兵连坚持以生产为主，始终保持团结稳定的大局。

二、支前参战

1945年日本投降后，民兵的主要任务是发展生产、保卫土地改革胜利果实和参军参战支援前线。在解放战争中，关家村民兵分别参加了上党战役、临汾战役、太原战役、豫北战役和鲁南战役，有36名民兵参加了中国人民解放军，支前民兵有50余人。

为支援上党战役，关家村出动民兵38人，参加了县五区组编的民兵自卫大队，及时向前线运输军用物资。

1948年6月，遵照太行山军分区指示，关家村有13名民兵参加了临汾战役，主要任务是为前线运输弹药、救护伤员、修筑工事，历时三个月。后又参加了攻打临汾城南敌人外围据点等战斗，圆满完成了上级交给的各项战斗任务。

三、拥军优属

自抗日战争以来，关家村一直非常重视对军烈属的优抚工作。革命军人肩负着中华民族的彻底解放以及保护人民生命和财产安全的神圣职责，拥军优属工作是每个人义不容辞的责任和义务。只有做好这项工作，军人在前方才能无后顾之忧，军属心情才能舒畅，所以关家村在不同时期对这项工作都有明确规定和相关措施。

土地改革时期，胜利果实来之不易，在土地、房产分配问题上，军烈属都被放在优先地位予以考虑。

解放战争时期，关家村军烈属户数占了一定比例，面临的最大困难就是家中老的老，小的小，劳动力缺乏，土地没人耕种。为此，村里决定，军烈属的土地全都由村里“代耕”，全年由村干部派劳动力轮流为军烈属家庭按农事、按季节给予一定的帮助。春种、夏锄、秋收等农忙时节劳动力轮流给军烈属家庭担水、调煤、推碾子等，军烈属家庭不用支付任何报酬。农业合作化以后，土地收归集体所有，村民收入主要靠劳动出勤挣工分。秋收分配，代耕土地改为优待劳动日(劳动工分)，不论烈属、军属、伤残军人还是现役军人，必须是家庭无劳动力或者劳动力太少，才能被评定为优待对象。家庭劳动力充裕者不在此范围，具体办法是，每年秋后，大队对优待对象的家庭人口、劳动力、全家健康状况进行综合评定，决定优待数额并上报公社，公社审定批复后，参加当年分配，军烈属家庭在全年口粮标准上也比全村人均口粮标准高20%。

改革开放后，从实行家庭联产承包责任制以后，对优待对象进行现金补助，方法和措施与评定劳动日相同。当年每个现役军人补助280元，军烈属补助180元。2012年，现役军人每年每人提高到3500元。优待款则由县、乡民政部门统筹发放。后来，由于部队津贴增多和县、乡民政部门各种优待措施到位，村里只在逢年过节时走访慰问。

四、社会治安

民国时期，凡属村内的村民，年龄在18～45岁以内，轮流到村政应差，具体事务是捎信、传话、送通知、干杂活，但主要是夜间值班巡逻，以确保村庄安全。

中华人民共和国成立后，关家村的治安保卫工作主要由民兵负责。1951年，关家村成立了治安保卫委员会，任务是防范敌特。这段时期，村里设民兵队长和治安主任两个职务，治安主任由民兵连长李天富担任。

1988年，长治县成立联防队，随之各乡(镇)派出所相应成立了警民联防大队，队员都是从各村抽调的，并经过县公安局的严格培训。袁小丑成为关家村驻派出所的第一个联防队员。日常事务都由派出所统一指挥和调动。1992年，各村成立联防队，关家村联防队队员共 7 人，队长由关家村党支部副书记张文虎兼任，受村委会和西火镇派出所双重领导，执行任务都是互相联系、互相配合。

2007 年后，新农村建设以来，关家村在村委会、老年公寓、学校、住宅楼等关键地方设立门卫，并在这些地方的主要进出口和主要通道口安装了电子监控设备，监控室工作人员每天 24 小时轮流值班。

关家村在森林防火、防洪排涝、违法违纪、自然灾害等各方面都做到了严防死守、毫不懈怠。

第九章　群众生活

第一节　经济收入

振兴村村民祖祖辈辈在家务农。中华人民共和国成立前，由于长期战乱不止，不少人外出乞讨，生活悲惨。除极少数人家在外经商外，其余全靠土地为生，一些无地户租种富足人家的土地，秋后缴租比例为 4∶6 或 3∶7，富人总是得大头，无地户辛辛苦苦劳作一年，粮食却所剩无几。有的村民在农闲时外出打短工，勉强维持生活。

一、工分值

中华人民共和国成立后，经过土地改革运动，家家户户都有地种。20 世纪 50 年代，国家探索和尝试建设社会主义的各种方法，想方设法领导人民发展生产，不断调整行政区域和生产关系（主要为核算体制和分配方式）。1961 年制定下发了《农村人民公社工作条例（修正草案）》，接着全国掀起"农业学大寨"运动，劈山造田，改天换地，大力宣传人定胜天。但由于社会体制不完善且分配方法欠缺，生产条件有限，耕种方式传统、不科学，所以粮食产量低，全年人均口粮只有 300 斤左右，每天最高也不超过 1 斤，大多数农户寅吃卯粮。

人民公社化初期，大刮"共产风"，农村生产收入由全公社统一平均核算，导致出现了"干不干一个样，干好干坏一个样"局面，整个农业生产面临危机。针对这种情况，国家察觉到规划过大，平均分配不适应当时社会形势和农业发展，1961 年，中央又下发了《农村人民公社工作条例（修正草案）》，实行"三级所有，队为基础"的管理体制。关家村共划分为三个生产队，所有土地生产资料都被划分和下放到每一个生产队，统一归生产队所有和管理，允许社员种自留地和搞适当的家庭副业。当时全村共分自留地 38 亩，人均 0.1 亩，队与队之间缩小了差距，农民经济收入主要靠集体，其他收入门路极其狭窄，农户家中如有婚、丧、嫁、娶的大事，若家中无钱，都要向生产队预支钱、粮，秋后结算时从分配中扣除。

1964—1976 年的十余年间，正值"四清"和"文化大革命"时期，社会秩序不稳定，属于中华人民共和国成立后收入分配最低时期。尤为明显的是 1967 年，关家村全年集体粮食产量（不含社员自留地）为 116000 斤，各业总收入 13800 元，除去各业各项费用，社员可分配资金 10000 余元，每个劳动日工分值为 0.41 元。

1981 年，属于高收入、高分配年限，其主要经济来源是村内的砖窑、编造和"五阳副业队"。当时一个强壮劳动力除去阴天下雨、头疼脑热等不能出工外，一年以 330 天计算，可挣 330 个劳动日，除去摊销干部补贴、军烈属补助等(当时名叫摊烂工)，劳动日工分值以最高 0.92 元计算，一年也只能挣 276 元。一个平常 5 口之家，每人分配的粮食、蔬菜以 40 元计算，全家就是 200 元，276 元扣除粮款 200 元，全年全家实际收入只有 76 元。加上农闲时上山采荆条编筐、编篮到物质交流会上卖得 3～5 元，全年全家净收入也不超 100 元，更不用说工分值低的时候。

每年的经济收入分配时间大都在 11—12 月，核算单位每年将全年农、林、牧、副各业经济总收入和总费用结算清楚后，所剩纯收入还要扣除国家税款、集体提留，其剩余部分才根据社员劳动总出工数按每个劳动日平均。年关将至，经济收入分配的最大问题是现金兑现难，其原因在于集体提留粮占用现金，外欠部分和人多劳动力少的家庭一年的劳动收入不够全家口粮款，又交不起现金，所欠款占用了劳动力多的户口应分配的兑现款。

二、农产品价格

从 1955 年实行高级社的集体所有制以来，粮食价格一直由国家规定、掌握。为了国家工业建设，农产品价格一直很低。关家村农粮主产品中玉米占三分之二，1965 年以前国家收购价为每斤 0.078 元，1966 年调为每斤 0.094 元，1983 年调为每斤 0.116 元，土豆一直是每斤 0.03 元。粮价走低，是劳动力工分值低的主要直接原因。

三、工资

实行家庭联产承包责任制后，农田耕作劳动“自打自唱”，集体记工分、粮食产品分配不复存在，外出打工普遍实行工资制。那时，开始建设煤矿，不论村里村民还是外地员工，每天工资均为 2.5 元，后半年增加为 3 元；砖窑、编造统一以定额计酬，由个体业主自行管理。由于实行市场经济，就业渠道拓宽，很多人到个体煤矿或私营企业上班，年收入通常在 1500 元左右，脚力车、小三轮全都用来搞运输，人均收入逐年增加，村民生活水平不断提高。

21 世纪之后，煤炭价格逐年上升，那段时期，关家村煤矿正处在鼎盛时期，个体小煤场、小炭场到处都是，不仅“小老板”能赚大钱，村内凡有汽车、三轮车的农户，还有装卸工都因做煤炭生意收入猛增。2005 年，村集体还给全村每人每月发放环境污染费。2006 年，关家村煤矿关闭，这项收入也随之终止。

振兴集团为振兴村的新农村建设撑起了一片新的天地，在城乡经济社会发展一体化过程中，结出了丰硕果实。振兴村集体经济和个体经济飞速发展，2012 年全年人均收入达到 1.65 万元，连续几年逐年递增，现在一个人的年收入超过了 30 年前的一个生产队，提前步入了小康社会。

第二节 日常生活

人们的日常生活与物质条件息息相关，主要包括衣、食、住、行等几个方面。改革开放以来，随着农村经济社会的快速发展，特别是进入 21 世纪后的十多年以来，振兴村村民的生活方式发生了翻天覆地的变化，生活质量得到了极大提高。

一、吃

关家村自古以来盛产玉米，村民日常生活也是以小米、玉米面为主食。中华人民共和国成立前，由于贫富悬殊，富裕人家蒸、煮、烙、焖、炖，变着花样吃，贫苦农民以糠、菜、皮、汤、糊等为食，有时忍饥挨饿，即使到富裕家庭去打短工，也只能吃稀粥、面疙瘩、焖饭之类。中华人民共和国成立后，村民生活逐步有了改善，但饮食习惯变化不大。

（一）早饭

人民公社化的20多年间，村民们的早饭一直是“糊饭”配“浆水菜”。“糊饭”的做法是将玉米加工成米粒大小，接着放入开水锅中熬制成糊汤，熬熟后再撒上一些糠面(用谷籽皮碾制而成的面粉)；“浆水菜”是秋天白萝卜收获后将其加工成萝卜丝，之后和煮熟的萝卜苗共同腌制而成的一种酸菜。“浆水菜”所调配的饭花样很多，供村民平常食用，两缸菜一般一个冬天就可吃完。春夏两季，人们基本以挖野菜、采树叶来充饥，偶尔生产队到地里摘瓜、采豆角，但也只能到过节时才能享用。

改革开放后，科学发展，粮食产量提高，温饱问题得到彻底解决。早饭不再撒糠面、吃“糊饭”，而是只吃玉米经加工后的精华部分，菜的品种也变得多样化。进入21世纪，除一部分老年人还保持着传统的饮食习惯外，大部分年轻人已彻底告别了传统食俗，取而代之的是牛奶、馒头、烧饼、包子、面包、鸡蛋、方便面等，有的干脆到市场喝碗猪汤、吃根油条。

（二）午饭

午饭是一日三餐中最为丰盛的。在改革开放前，粮食歉收、物资匮乏，平常午饭仍吃“糊饭”，十天半月吃一顿面疙瘩、焖饭就已算改善生活，一月也许能吃一顿玉米面饸饹，玉米面不黏，要加榆皮面增强黏性，煮熟后，方可成条。平时过节，也只能吃顿“三合面”(用白面、玉米面、淀粉混合制作的面条)。饺子、拉面、包子，除了大年初一，即使是八月十五也是极为奢侈的，其他时期根本不可能吃到。副食也很单调，多数是配芋头、萝卜、豆角之类。

21世纪以来，富裕起来的振兴村村民开始讲究饮食。午饭品种丰富多样，早晚不分。一年四季从批发市场购进的新鲜蔬菜、干鲜果品应有尽有，人们注意荤素搭配、绿色营养、味道可口，鸡、鸭、鱼、肉已成餐桌上的主要菜肴，有的年轻人还时常到酒店吃饭、喝酒。随着振兴村文旅康养产业发展，步行街、口福园、夜经济、小吃夜市等逐渐兴起，村民的饮食习惯也在不断改变。山药蛋口福生态园、山药蛋饭庄、人才学院大餐厅成为游客旅游休闲的必去之地，也成为当地村民日常餐饮和消费的场所。

（三）晚饭

改革开放以前，晚饭和早饭差不多，只是增加了“菜饭”和“面菜饭”(也叫调和饭)两种汤饭。“菜饭”就是在煮熟的少许玉米糁里面放一些芋头、萝卜、瓜、豆角、“浆水菜”等混合而成；“面菜饭”就是除上述的食料外再加点面条(大部分面条是小粉掺豆面制作的)。

改革开放后，人们彻底告别了这种饭菜，偶尔吃一顿也只是为了调剂口味。现在人们的晚餐花样很多，主要根据午餐来搭配，午饭干、晚饭稀，午饭稀、晚饭干，追求的是如何能吃得更美味、更健康。

二、穿

中华人民共和国成立前，富裕人家和经商的大户人家，男的多穿长袍、马褂，戴礼帽，拄文明棍；女的穿绫罗绸缎，戴金银首饰。贫苦人家则是衣不遮体，夏天脱不了单，冬天穿不上棉，一件衣服新三年、旧三年，缝缝补补又三年。

中华人民共和国成立初期，人们所有穿戴都靠自家手工制作。布料主要靠手工纺花车纺成线，再经手工织布机织成粗布（也叫小大布）。这种布除自制外，大都出自河南商贩之手。那时，商家出售的大多是白市布，人们称其为“白洋布”。为了改变单一的颜色，只能到商店买“小包黑”（染色粉末）煮汤加色。1955 年 9 月，全国城乡对棉布实行发放布票定量供应的办法，布票发放标准也不同，最多的年份是每人 6 米（18 尺），最少是 1.5 米（4.5 尺），还有 7 尺、11 尺等标准。棉花票是每人每年 7 两。那个时期，即使钱再多，没有票证也买不到布。谁家要为子女置办婚嫁的几身衣服，全靠买别人家的或借邻居的布票，这个统购制度一直执行到 1983 年底。

20 世纪 60 年代，人们开始用市布做衣料，男女老少的衣着区别多在颜色上。成年男子的单衣以白色、灰色为主，棉衣和棉裤多为蓝色、黑色；年轻妇女和儿童穿红、黄、蓝、绿各色花衣、花裤。男单衣多为对襟，棉衣也有掩襟，女子衣服全为掩襟，5 岁以下儿童穿开裆裤。70 年代，青年男子单衣都是中山服，市场上卖的男子棉布大衣带毛领；女子流行穿各种颜色的方格衣服，裤子有大开口、小开口。供销社开始有“凡尔丁、花达呢、毛哔叽、得咔”等料子布，自购毛线自织的毛衣、毛裤最为时尚，呢子大衣、皮鞋高贵时尚。其间最流行的是穿“军干服”、戴“军帽”。80 年代后，服饰花样不断更新，成年男子西装革履，女子穿着流行，赶时髦，衣料多为化纤、毛料、皮革，极少穿棉布衣服，根据各自爱好选择样式和颜色，而且都是买布料到裁缝店量身制作。90 年代开始告别自缝、自做衣裤，也有少数人自购布料到裁缝店量身定做，不过绝大部分人买成品衣裤。现在人们都到服装店自行挑选，服装样式繁多，中式、西式五花八门，色彩斑斓，应有尽有，为了彰显个性，提升品位，不少人注重“国际名牌”。

三、住

该村的住宅以瓦房为主。历来村中的富户人家建房很有讲究（如高低样式、大门方位等），画角添兽、雕刻彩绘、书法刻篆，多为里外混砖的双层砖包楼房。一般家户多为土坯平房，也有少数土坯房是两层小矮楼，上层用于堆放粮食和杂物。

进入 20 世纪 80 年代，掀起盖房高潮。那时，新宅基地要上报国家审批，每户地基为 15 米×15 米（200 多平方米），国家对耕地管理严格，能不占耕地的尽量不占，能少占的少占，多数依据地势挖坎、填沟等，因此无法形成统一规划。那时经济条件差，大部分都是批五间盖三间，剩余空地临时垒个灶房、盖个猪圈。建房的材料也很劣质，特别是屋顶木材质量很差，有的只盖了 3～5 年就变形走样，甚至成了危房。不论质量好坏，都习惯盖两层楼房，但中阁又无力完善，只好穿几根细细的檩条，自砍山条编织条笆以代替楼板。

90年代后，随着经济条件的改善，建房时大都是水泥打地梁，砌墙里外砖，中阁预制板，红瓦盖屋顶，塑钢做门窗，外墙贴瓷砖，建筑质量越来越高。但缺乏集体总体规划和统一布局，村东、村西两大宅群仍随意扩展。

2006年，在牛扎根的主导下，村"两委"开始酝酿村落移位整体搬迁工作。2007年进入实质性实施阶段，围绕节约土地的原则，统筹规划，科学布局，"四个统一"(统一规划设计，统一施工建造，统一水、电、暖及通信网络配套，统一优惠价格)，将全村136户整体搬迁。2008年秋天，全村所有村民喜迁新居，新村街巷全部绿化、美化，各种管线全部埋设地下，污水处理厂集中处理生产和生活废水，全年免费集中供水，冬季免费集中供暖，村民免费收看网络电视，山上苍松翠柏，山腰林果飘香，村边林木葱郁，村内柳绿花红，呈现出欣欣向荣的园林城市化新景象。

近年来，随着振兴村产业向文旅康养较快转型，民宿产业和夜间留客工程逐步强化；由30多个别致夏养小院组成的花间堂民宿群，每个院子和房间均采用不同风格的设计，既保留了乡村的朴素，又不失现代的精致，荣获"山西休闲农业和乡村旅游最美民宿"；与人才学院、人才公寓、职业教育和研学实训平台配套的下榻系统，已经进入酒店式管理；随着振兴村多年来"避暑第一小镇"的品牌及口号叫响，村民们利用集中连片新农居自办的农家风味避暑夏养"农家乐"方兴未艾。据统计，到2020年末，面向"十四五"，面向进入高铁时代的上党，振兴村全村范围内已利用、可利用、待利用避暑康养床位数已逾3000张，争当"康养山西"乡村旅游排头兵。

四、行

关家村地处雄山半腰，道路崎岖，交通堵塞，中华人民共和国成立以前，人们外出走亲访友主要靠步行，只有富门大户才能骑驴、坐马车。虽说全村有十余辆马车，但其常年都是忙于生产，很少出外拉脚。20世纪60年代，由于科技不够发达，经济发展缓慢，人们外出还是主要靠步行。

1965年长治县开通客运班车后(每天早、午各一趟)，村民须步行到西火村候车，因赶不上发车时刻经常误点往返。1969年，村民牛全山买了一辆凤凰牌自行车，成为全村购买自行车的第一人，当时吸引了很多人围观。1973年，在村南狼岭湾修了一条5米宽的土路，汽车勉强能开进村，且要求晴天地面干燥，遇上阴雨天，红泥拽腿，连步行都很困难(1983年铺了一层柏油，一直保留到2007年)。改革开放后，国家出台了很多优惠政策扶植专业户，全村有5家购买了东风大汽车，做起了长途煤炭生意。后来三轮车、拖拉机、摩托车发展很快，成了主要生产和外出工具。

进入21世纪，特别是新村整体搬迁以来，振兴村经济发展很快，家庭收入直线上升。村民已有能力购买汽车，人们外出大多乘坐私家车。

截至2015年，全村有三分之二的农户拥有家庭小轿车，其中有几十万元的高档车，也有5万～8万元的低档车，大部分为中档车，腿脚不利索的中老年人外出都是骑电动车，自行车已基本不见。

五、用

用即用品，一般大的指室内摆设、日用品，小的指生活、学习用品等。随着社会经济发展，这些物品发生变化。

（一）厨房餐饮用具

中华人民共和国成立前，村民使用的都是大黑碗，碗口被碰撞了多处豁口和裂璺，仍照常使用。20 世纪 60 年代前，吃饭大多用粗瓷大碗，至于小细瓷碗，自家平时吃饭舍不得用，专供招待客人，小孩子用的是小木碗、小草碗（其主要特点是摔不碎）。现在粗瓷大碗已被圆整、光滑的瓷碗取代，孩子、老人用的多为精钢轻便碗。

20 世纪 70 年代，家家户户做饭都是用煤火灶，器具大都为砂锅、木头勺以及笼、鏊等铁器，盛水用的大缸、和面用的盆都是矸石烧制而成，到 90 年代这些物品都被不锈钢、塑料、铝制品取代。

20 世纪末，只有少数农户开始使用电器。2008 年喜迁新居后，家家户户使用集体供给的沼气，彻底告别了使用煤炭生火做饭的历史，锅碗瓢勺都是铝、塑料、不锈钢制品。现在的厨房明光瓦亮，太阳能、油烟机、电冰箱、微波炉、电磁炉、电饭煲、压力锅、饮水机、不锈钢铲子等应有尽有。

（二）室内摆设、日用品

20 世纪 50—60 年代，家中都会垒炕，炕的种类有丁字炕、对炕等。炕面铺张苇席，苇席上面铺个褥子，一条破被盖在身上，那就是人们的日常夜宿。家具就是靠后墙正中摆个圪洞，前面搁桌子、柜子，墙上挂个煤油灯以便照明，屋内旯旮堆放锨、镢、锄、耙等农具，绝大多数都是卧室、厨房在一处。70 年代，随着经济条件逐步改善，一些较为现代化的物件开始进入农家，自行车、缝纫机、手表、收音机（称为“三转一响”，也称“四大件”）最为时尚，家有“四大件”即为富有的象征。一般子女婚嫁都要有“四大件”，富裕人家讲究“名牌”，一般人家只要买到就好。

改革开放后，电风扇、收录机、洗衣机、电视机等现代化家电逐步进入普通百姓家，成为家庭生活的必备品。同时，逐步用木板床、铁皮床、席梦思。2008 年整体搬迁后，卧室、客厅、卫生间、厨房完全以现代化的标准打造。新型夏凉被、蚕丝被、羊绒被、毛毯等应有尽有。现在普通人家都有成套的新式大衣柜、高低柜，各种式样的沙发、茶几、高清大屏电视、太阳能热水器，还有笔记本电脑等。智能手机极大地方便了人们的交流，成为现代化的生活必备品。

（三）消费

消费就是指花钱。

封建时期，关家村农户花销主要使用散碎银两和铜铸钱币，官宦、商家才有大宗银子。民国时期，村民使用银圆、纸币、杂钞等。中华人民共和国成立后，所有的银两、银圆、铜钱、杂钞一律被废除，统一流通中国人民银行发行的纸币——人民币。

消费是直接衡量人们生产和生活的一把尺子，是生存质量的全力支撑。20 世纪 50—70 年代集体化时期，村民全靠生产队投工来养家度日，秋后结算全家除粮款后所剩无几，还要顾及全家一年的头痛脑热及生产和生活的全部开销。国家实行供给制，日常生活每月每人食盐 1 斤 0.16 元，棉线 1 支 0.08 元（专为缝衣服用），每户 0.2 元煤油，每月全家烧 1 车煤（约 500 斤）0.75 元；穿衣方面每人每年 18 尺布票，每尺布以 0.7 元计价，每人一年的穿衣消费 12.5 元，若没有票证多少钱也买不到布，只得到投机商手里去买高价布票以获取娶妻嫁女陪送的衣、被，婚丧大事一般消费 100～200 元，大部分需到街坊邻居家去借，十年八年还不清债务的现象极为普遍。

20 世纪 50—70 年代，粮食、棉布凭票、证限量购买，其他所需物品只能在供销社和赶庙会时购买。进入 80 年代，计划经济转为市场经济，市场上商品繁多，农民收入大幅增加。特别是进入 21 世纪，该村发生了翻天覆地的变化，家家有存款，户户住别墅，小型购物不出村，大型购物进市区。随着互联网的兴起和发展，网上购物成了潮流。

改革开放后，村民经济收入增加。进入 21 世纪，有的村民去国外旅游，将人民币兑换外国货币供旅游消费。

随着社会的发展，购物卡、银联卡逐渐进入百姓家。村民在购买物品结算时，不付现金，直接刷卡或使用微信、支付宝支付。现在的年轻人日常消费，一般都不带现金，“一机在手”全搞定。部分不会操作手机的老年人仍用现金支付。

六、乘凉

振兴村地处夏季气候舒适度显优的地理位置，夏季最热月平均气温近 23℃，6—8 月相对湿度 70%左右，平均风速 1.5～2.1 米/秒，全年日照 2300～2600 小时，年均降雨量 600 毫米左右，大气压 880～910 百帕，午休、夜寐无空调盖被率为 95%以上，总体属于山地避暑旅居目的地最佳选择，但紫外线略强。为防夏季中午直晒，村民乘凉的方法有多种，中午偶尔拿把大蒲扇扇风，但目前林木增多，树荫遍布，大蒲扇没了踪迹；有时喜欢在凉快通风的地方乘凉歇息；有的走累了就近蹲在路边找凉快处歇息；有的在大街小巷的阴凉处避暑。村民大都在早饭、晚饭时相聚，大家边吃边聊。

新农村建设和乡村振兴战略以来，每到夏日夜晚，十分凉爽，多数人到广场、公园跳广场舞，参加文化活动。现在，一年四季除严寒的冬天以外，一吃完晚饭，村里村外，山上山下，到处人声鼎沸，热闹非凡。特别是近几年来，村里重视生态建设和环境绿化，大力投资兴绿，如今全村范围林木覆盖率为 62%以上，舒适度明显增强，夏季林草植被综合覆盖率、村镇建成区绿化率较高，园艺景观优美，空气质量优于市县主城区。最热月也不摇蒲扇，空调使用率仅为 5%以下，消暑降温能耗极低。

七、晒太阳

村里人喜欢晒太阳，这是村民长期以来的一种生活方式，一般是秋后渐凉、春冬两季才晒太阳。20 世纪 50—60 年代，晒太阳较为普遍，一般以老人、儿童居多，聚在一起边晒边聊，讲个故事，唠唠家常。随着社会发展，生活水平提高，居住条件改善，村里晒太阳的人已大量减少，即便还有，也主要是 70 岁以上的老人。

八、拉呱

拉呱也叫聊天，就是闲歇时几个人凑一块闲聊，这一习惯在振兴村也极为常见，大都是上了年纪的老头儿、老太太坐在街巷人多的地方说南道北，谈论家长里短、婚丧嫁娶、集市庙会、商业行情等。现在村中建起了广场，老人们更喜欢围坐在一起，谈天说地。

年轻人也有拉呱的习惯，但形式和内容与老年人不同，不是坐街闲聊，而是几个要好的知己串门聚在一起闲聊。有的利用网络聊天，收获智慧，丰富人生；有的通过聊天了解社会形势和国家大事，达到互通信息、开阔视野的目的。

九、取暖

中华人民共和国成立前，为节约生活开支，关家村大多数家庭在冬季、春季睡在炕、灶一室的房子里，既可做饭又可取暖，两炕中间夹一小火，俗称“炕火”。炕火较小，主要供夜间取暖，一般靠墙角垒一比炕火大的火台做饭。虽说室内有两个火灶，但在冬季最严寒的时候，坐在四面透风的屋子里仍觉得寒气逼人。这种取暖方法一直延续到 20 世纪 60 年代。

进入 20 世纪 70 年代，家家户户做饭与取暖分离，一般家庭都有一个简陋的专用小厨房（俗称“小格台”），一年四季都在厨房内做饭，家中取暖使用铸铁的“型灶火”和钢板焊接的“水箱火”，烧火大部分用炭块，安装火筒以防煤气中毒。进入 80 年代，村民生活一天比一天好，人们对室内外环境也开始讲究起来，较富裕的家庭开始安装土暖气取暖，但是这种土暖气成本极高，一整个冬季每户起码得用 3～5 吨炭块，而且会产生大气污染，还没普遍推广便被淘汰。2008 年，村民喜迁新居，冬季取暖全都是集体供热，而且免费，振兴村彻底告别了砖火、炕火、铁火、土暖气等五花八门取暖的历史。目前，村里古槐附近坡上作为旅游的格桑寨有几十个土炕和“小格台”。

第三节 生活习俗

一、早起晚睡

振兴村村民历来有早起晚睡的习惯，天麻麻亮就起床，男人担水、下地耕田或到路边拾粪，女人则拾掇屋子、打扫庭院或推碾子做饭。集体化时期，农忙时节，村民早饭常在田间吃，吃完抓紧时间继续劳动；中午回家吃；晚饭后，有牲口的农家，要等牲口吃罢第一槽草，添上第二槽草后再入睡，女人点灯，熬夜补衣、纳鞋。20 世纪 70 年代后，粮食加工有了磨坊，衣帽一般买现成的，家务劳动相对减少。进入 21 世纪，早上起来，老年人要晨练，中青年登山健体、做早操；晚间年轻人跳广场舞，唱卡拉 OK，老年人听广播、看电视，文化生活十分丰富。

二、担水

自古以来，振兴村担水就是男人的事。集体化时期，担水几乎是每天早晨的首要任务，全家一天的生活用水都要从井里担起并倒进缸里。振兴村有三眼水井，村北的一眼井，因为地势较高，泉眼细小，水流慢，井很深，水深只有 1 米左右，提水要靠井绳、辘轳，起的早的能担几担清水，稍微起的迟，井水所剩无几，只能担半桶浑水。村南离关帝庙大约70米的地方有一眼井，叫“井圪廊”，起初井水充足，水质也很好，但进入20世纪80年代，关家村煤矿投产，地表水急剧下降便干涸了。村西后河沟的水井，井筒浅，水深，不用井绳、担杖即可打水，可供全村三分之二的村民用水。

1988年10月，关家村在村南西十亩地里打了一眼机井，配套安装了自来水设施，水管直通每家每户，除水泵发生故障和停电偶尔需要担水外，关家村村民已基本告别担水的历史。

三、赶饭市

一般农村百姓都有赶饭市的习俗，饭市也叫饭场，一般都在民居的中心地带，吃饭时聚在一起，自然形成一个或数个饭场，树荫下、圪台上、街道边随时都可以形成饭场。振兴村的饭场主要有4个：福堂圪台、岸上门口、槐树根、岸底院。一年四季，除了严寒冬季、刮风下雨之外，吃饭一般都要聚集到饭场来凑热闹，夏坐阴凉，春选向阳。蹲饭场的习惯由来已久，饭场上有男有女，有老有少，热热闹闹，一派喜乐祥和的景象。集体化时期，趁大家一起集中在饭场吃饭的机会，生产队队长会安排当天的生产任务或临时开个短会，这也赋予了它一种特殊的意义。

实行家庭联产承包责任制以后，各家干各家的活，人员流动性也大，收工有迟有早，吃饭没个准，饭市也就自然消失了。

四、推碾子

20世纪70年代前，关家村村民的粮食加工全靠石碾，把谷子碾成小米叫“推谷”，把玉米、小麦、大豆加工成面粉叫“圪脊”。推碾子时，手托碾杆围着碾盘转，头晕脑涨，这是每户人家都绕不开的力气活。集体化时期，一整天的集体劳动不能耽误，推碾子就只能在早晚和晌午的时间进行。如果碾的粮食多，农闲时可向队长申请派牲口整晌拽碾子，一天最多两晌，农忙时派不出牲口，就需请假误工推碾子。

改革开放后，粮食以机械加工为主，石碾也逐渐被淘汰，人们从繁重的体力活中解放了出来。现在都是卖掉粗粮到门市部买面、大米等细粮，还有压制成面片、面条等，随吃随买。

五、拔野菜

20世纪50—70年代，村民吃饭配菜已成传统习惯，有很多品种的饭离不开就菜。除种植的地瓜、白菜、萝卜外，田间野菜便是饭碗中的最大补充。春、夏、秋三季，妇女和小孩常常提篮到地里拔野菜，主要品种有刺角、苣苣菜、打碗花、毡毛菜、黄花菜等，拔回来的野菜经过择选、清洗、煮熟、沤制后方可食用。地头岸边、荒草皮坡野菜甚多。随着时代的进步，村民收入增加，生活水平提高，特别是21世纪后，村民大都食用鸡、鸭、鱼、肉、蛋、奶之类。现在村民讲究绿色食品，以前被村民用来度荒年的野菜，反而成为当今餐桌上大受欢迎的菜肴。现在的野菜调料齐全、做法精良，比以前更香、更美味。闲暇之时，中老年妇女经常拔些野菜，改善口味，调节食欲。

六、调煤

振兴村农户在生火做饭、冬季取暖用煤时，喜欢调煤。方法是将煤、土、水按一定比例混合在一起，掺搅调制，煤和土的比例一般为煤三分之二，土三分之一，也有煤土对半的，比例依煤质而定。将调好的煤堆放在火灶的一角（俗称“煤圪坨”），时间一长，煤堆晾干，烧时要再加水和稀，时烧时和，调好的煤黏性强，燃烧充分。烧后成灰的煤渣，用青肥拌制运到田里，可肥土壮田，改良土壤。2008 年迁居新村以来，家家使用液化气。

七、物交会与开会

物交会也叫赶会，是长期以来村民聚集交流的一种生活习惯和传统活动，也是一种很好的娱乐和社交活动，赶会的内容主要是物质交流、唱大戏。集体化时期，主要是农闲时家中老年人编篮、筐到会上去卖，以增加日常收入，其次是村民去会上买小猪、小羊，秋季结算时能领点饲料。关家村没有庙会，但周边的西火、荫城、城隍岭，高平的建宁，陵川的礼义、杨村等庙会甚多。人们整天忙于生产，赶会是为了调节心情、一饱眼福。

开会是农村的一项重要活动。改革开放前一般会议都是政治性的，特别是针对百姓的大会，对宣传思想、发动村民有积极作用。农业合作化时期称群众大会，集体化时期称社员大会，改革开放后称村民大会。一般的大会为年终总结会、模范表彰会。“文化大革命”期间，召开的社员大会多数是“批斗会”，那时的会一般不占用生产劳动时间，都是夜间在田间地头召开，主要内容为传达上级精神、学习有关政策文件，但多流于形式。改革开放后，群众性的会议减少，最突出的就是 3 年一次的村民委员会换届选举大会。2000 年以后，村里每年年终要召开总结和表彰会。

第四节　民间娱乐

一、放风筝

放风筝是振兴村最古老的体育活动，主要是孩子放，最佳时间是 2—3 月。风筝都是自己制作的，造型很简单，有三角形、椭圆形、五角星形。放风筝的线大都是从家中寻觅的废旧线团，很不结实，因此风筝不能飞很高。这项活动在 20 世纪 60 年代后逐渐淡化，近几年又有所恢复，但自制的风筝却少了，大都从市场购买。整个春季，三五成群，相约结伴，父携子，爷带孙，到村外旷野，纵情竞放。

二、荡秋千

荡秋千是振兴村新春佳节至元宵节期间的一种娱乐形式。腊月二十三后，就在村中心位置搭起秋千，搭秋千比较简单，四根立杆绑成两个“人”字形交叉固定在地上，相距 3 米左右，两个“人”字形叉顶端横绑一根木杆连起来即可。秋千绳大多为麻绳，也有少数为铁链。秋千可一人荡，也可两人荡，技艺高超者荡起时的高度可超过横杆。

三、下象棋

下象棋是振兴村人喜爱的一种传统的益智活动。对弈时双方按各种棋子的行走规则轮流行棋，以“将死”或“困毙”对方帅（将）为胜。象棋爱好者多为老年人。下象棋讲究

“临杀勿急，稳中求胜”，是一项很好的磨炼心智的运动。

四、打扑克

扑克系纸牌，共54张，除大小王以外，分红桃、黑桃、梅花、方块四种花式，每种有13张牌。玩法有“争上游”“打千分”“斗地主”等，花样繁多。

五、打麻将

麻将，俗名“骨牌”，分万、条、饼三门，每门1～9各4张，另外东、西、南、北、中、发、板各4张，共136张。四人成局，每人揭13张，边揭边出牌，连续3张为碰，一样的4张为杠，玩法有“推倒糊”和“靠八张”等。

六、打乒乓球

关家村乒乓球运动最早出现于20世纪60年代，在学校操场用砖块支一块木板，用绳索代替球网。参加活动的主要是师生，偶尔也有其他人。随着社会的发展，2010年在文化体育活动中心的大厅里设置标准的乒乓球台，村内外参与此项运动者越来越多。

七、打篮球

1959年，关家村学校的操场上建起了一个简易的篮球场，在两根木柱上钉一块木板，木板上固定一个铁环，篮球架就做成了。当时谁也不懂篮球规则，只知道是向铁环里投球，经常乱投一气。2007年新农村建设以来，在文化体育活动中心的塑胶田径运动场内建了一个标准的篮球场，同时在槐荫寺前也建了一个篮球场。2013年，长治市体育协会、长治县体育中心在振兴村举办了“振兴杯”大型篮球赛，参赛者有各社会团体和职业篮球团队。近几年来，每年都有专业人员和篮球爱好者在这里举行篮球赛事活动。

八、打羽毛球

振兴村虽没有正式的羽毛球场地，但活动空间较大，时间也相对自由。20世纪，羽毛球运动只有在校园内才可见到。进入21世纪，几乎家家都有羽毛球和球拍，大街小巷，绿地广场，打羽毛球的人随处可见，打羽毛球已成为一项深受男女老少喜爱的运动。

九、打台球

台球也叫桌球，打台球是青年人极为喜欢的活动之一。20世纪80—90年代，关家村部分农家院里摆有台球桌，打球者众多，极为热闹。新农村建设以来，村委会在大街旁专门设了台球室，供青年人打球，少数家庭的院内也建有台球桌，喜爱打台球的人有增无减。

十、舞蹈

20世纪90年代，歌厅、舞厅在社会上广泛流行，那时有部分青年男女学习跳舞，有的还掌握了基本要领。2008年整体搬迁后，村委会组织青年女子成立了舞蹈队，又请专业人员进行辅导，挑选了50名精干人员，组成了威风锣鼓专业舞蹈表演队。平时举行活动都要进行舞蹈表演，每逢春节、元宵节、建党节、国庆节等重大节日，威风锣鼓队也会进行庆贺演出。

在舞蹈队的引领下，广场舞参与者越来越多，从而形成了一项常年性的活动项目。红色文化广场、和谐广场、文体广场都成了跳广场舞的主要场地，任何一首歌曲都可以成为广场舞的背景音乐。每天夜晚，跳舞的人自带音乐播放设备，随着不同的音乐节奏，吸着清新的空气，翩翩起舞，舒展身姿，好不惬意。

十一、散步与爬山

改革开放前，爬山是劳动所需，而非健身运动，人们面朝黄土背朝天，从早到晚辛苦劳作，根本没有闲情散步、爬山锻炼。改革开放以来，特别是新农村建设以来，人们有了足够的闲暇时间，散步、爬山成了潮流。每天早晚，男男女女，三五成群，沿着盘山水泥公路走向山顶，走向深谷，有的漫步，有的快走，边走边聊。散步、爬山成了一种坚持，成了一种生活方式。随着村里文旅事业的发展，野外爬山、定向越野、骑马转山、马拉松等逐渐成为常设文旅康养融合项目，甚至成为全国性、国际性赛事。

第五节　运　　输

一、挑运

中华人民共和国成立以前，关家村由于地理位置偏僻，道路崎岖，交通闭塞，生产、生活所用物品全靠村民肩挑背扛。春季一个劳动力用一条扁担、两只筐把肥料担到地里，下种时，又是肩挑粪桶，把青肥担到田间；秋天，人们把粮食从地里担回家，地远坡陡无路的地块，把粮食装进麻袋，背到路边，放进箩筐担回家。1963年前，关家村无煤矿，烧煤是关家村人的一大困难，村民到西蛮掌煤矿和陵川的郝家沟煤矿去担煤，穿山越岭，行走艰难。1963年，西火南掌村煤矿投产，大大缩短了挑煤路程，极大地减轻了村民的负担。1965年后，村民烧煤可以排号，由生产队的毛驴、铁脚车直接拉回来（每年标准500斤，根据年代不同，每车款分别为0.7元、0.8元、1.2元，最多涨到1.5元）。关家村煤矿投产后，村民们才彻底摆脱了担煤之苦。

二、驮运

驮运是较为原始的一种运输方式，一般指用畜力驮运物品，其中毛驴驮运最为普遍。中华人民共和国成立前，关家村传统编造业的荆条大部分是用毛驴从陵川、阳城驮运回来的，为减轻人力挑运负担，一般比较富裕的人家都要喂养一头毛驴，用以驮运。驮煤时，把两个驮筐固定在驮架的两边，装上煤连架带筐抬到驴背上，运其他物件时有用绳打成捆的，也有用布袋装驮的，两边各驮一袋。

三、推运

受地理条件的限制，关家村历史上都是肩挑驮运。20世纪70年代“农业学大寨”运动中，由于大搞农田基本建设，一些田间小路逐渐变宽，在建设大寨田的岁月，家家都有一辆独轮手推车，用以改河垫地，建设“大寨田”，那时在关家村也算是一种半机械化作业。改革开放前的近20年中凡畜力车不能到达的地方，人们都用手推车，如推肥、秋收和日常搬用其他物品，极大地提高了生产效率，使村民基本改变了肩挑驮运的习惯，这一方式一直延续到20世纪80年代。

四、拉运

中华人民共和国成立前，关家村仅有几个富裕家庭有木轮车（也叫牲口车、老牛车），套一头牛或驴来拉肥、拉粮，外出拉其他物品。木轮车的车轮是用木头制作的，木轮外围有一个厚厚的铁箍，十分笨重，靠一根铁轴固定两头的木轮行走，那时没有轴承，在两边铁轴与铁扣处抹点油来增加润滑度。那时关家村只有村东南一条路通往外地，村民全靠这条路与外地进行交流和货物运输。

人民公社化时期，关家村的编造业盛行。随着社会的进步，发明了钢皮车这种靠畜力牵引的车，它比木轮车大，车圈是钢皮，车轮是橡胶轮胎，车圈中心安放轴承，固定在车轴两头，十分灵活，载重量一般都在1000斤以上，是木轮车的2～3倍。秋后交售公粮，村民自己制作的窑篓、果篓、瓷篓、梨篓全靠钢皮车来运。

五、机运

实行家庭联产承包责任制后，关家村村民陆续开始购买农用三轮车跑运输，那时生产门路也广，拉石头、拉砖瓦、拉煤的都有，利润也很丰厚。三轮车很适合农户使用。进入20世纪90年代，大型汽车长途运输逐步发展起来，关家村的关春喜、李满堂、关忠孝等率先买了东风汽车将货物运往山东、河北，并成了名副其实的运输专业户。最鼎盛的时候是1990年，关家村的长途运输汽车有15辆。

第六节　电力供应

20世纪70年代前，关家村与其他4个村合用一台30千伏安变压器。为了安全，供电主要是昼停夜送。

1969年9月，关家村10千伏配电线路安装完毕，变压器接火试运行。主线路电线杆为松木，变压器容量20千伏安，村内低压线路以爬墙为主，架空线路使用杂木电杆，设施极为简陋。从此，关家村村民告别了几百年来黑夜点油灯、煤油灯的习惯。1975年，村内自筹资金并利用县电业局扶助资金，对线路进行了改造，将木头杆换成水泥杆，导线换为16平方毫米的铝裸线，变压器增容为50千伏安。

随着社会的发展和村民生活水平的提高，原有电力设备已不能满足快速发展的需求，于是关家村分别于1983年和1988年进行了两次大的电力升级改造，最主要的一次是在煤矿投产后的1988年进行双回路电力改造，实现高压入井，高低压全部使用电缆，进入地沟，彻底改变了地面明线乱拉乱架的现象，减少了安全隐患。

1969年通电后，电费收缴由该村电工负责，当时家家户户没安装电表，收费时由电工逐户检查灯泡功率，确定各家费用。1985 年，村内村民生活用电实现全免，每月按变压器电表盘的用电量集体统一付费。

1988 年，为了解决吃水难的问题，村民们就把村边的树砍了做电杆，人抬肩扛架起了通往水井的电力专线。关家村成了全县第一个通自来水的村。

20 世纪八九十年代，关家村依托丰富的煤炭资源，办起小煤矿、砖场等。为此，供电局专门给村里新建了一台 50 千伏安的变压器供电。

当时最初开采煤矿的时候，工人上下井依靠电动提升机。一旦停电，工人就上不来。遇上刮风下雨，电动提升机发生故障，工人在井下待一晚上的情况都有，因此煤矿工人下井除了带工具，往往还要带上干粮。

1997 年，全村配合国家实行“两改一同价”，实施农村标准化用电改造工程，由西火镇电管站负责维修线路和抄表收费，实行一户一表，月底电管站专职人员下乡收费，村民每月将电费交予电管站收费员。1999 年，关家村的高低压线路实施了第一次农网改造。

2008 年整体搬迁后，村民用电全部改用智能控制，没费后自动停电，每月按电管站规定时间自行网上缴费或到定点处缴费。为了满足煤矿企业的用电需求，借助国家电网公司新一轮农网改造升级的契机，2008 年，关家村的电网又一次更新换代：配电变压器容量增加到 125 千伏安，低压导线换成了 50 平方毫米的绝缘导线，用电可靠性大大增强。村里小煤矿发展成一个大的煤矿公司，不但实现了双电源供电，还有了备用电源，配电容量比改革开放初期增加了 40 倍。

关家村正式更名为振兴村后，整合了向阳村和部则掌村土地。2011 年，振兴村成立长治县振兴鑫源有机农产品专业合作社，建成葵花籽油种植基地、药材种植基地并完成千亩干果核桃林滴灌工程。2012 年，村依托山西长治县振兴煤业有限公司成立了振兴集团，按照村企共建、以企带村的形式，积极开发乡村文化旅游产业。用电需求随之不断增大。

此后，长治供电公司继续加大农村地区电力设施投入力度。2016 年，给振兴村供电的西火变电站由 35 千伏升压为 110 千伏，变电容量由 1 万千伏安增容为 10 万千伏安。

充足的电力供应一直是振兴村发展的坚强后盾。如今，村内看不到一根电线杆，电缆全部入地。

第七节 福利待遇

改革开放前，关家村村民经历初级社、高级社、人民公社的集体化时期，不论从事农、林、牧、副、杂(外调修水库及其他工程)何种劳动，均按出勤日记工分，年末按工分参加本生产队统一分配，取得劳动报酬。每年过春节时，生产队集体宰猪、羊数只，向每个村民免费供应半斤猪肉、羊肉。

1981 年，关家村开始兴办煤矿。1986 年，煤矿初见成效，由集体经营，煤矿员工实行工资制，井下人员每班工资 3 元，另加 0.5 元入坑补助，中餐免费。

1987 年，煤矿开始微量生产，由于配套设施不完善，制度不健全，一年内实际产量不足半年的产量，总产量 3000～5000 吨，煤价正常每吨 16～18 元，最多不超过每吨 20 元。

凭这点微薄收入，村集体决定村民免费烧煤，同时群众生产用的化肥、种子由集体统一购进免费发放，电费、加工费、农业税由集体承担，春节每人供应50斤白面、20斤大米和其他副食品。

关家村位于雄山半腰，地势较高，自古到今全村生产和生活用水大多凭村西后河沟的一眼水井。福堂后的一眼水井只能供周边的十几户人家，煤矿投产后，地表水遭到破坏，水井出现干枯现象。为了解决群众吃水难的问题，1988年秋罢，村集体投资19万余元，在村南西十亩下洼处打机井一眼，全部的安装配套工程由河北省玉田县自来水公司承揽。同年10月底，配套工程进展顺利，管道通往每家每户，春节前，生活用水集体免费供应，村民们用上了清澈甘甜的自来水。

从1987年到1990年，在一系列免费的项目中，电费方面出现了小问题。那时村民用电基本处于无序状态，因集体统一支付电费，个人免费使用，胡拉乱扯现象严重，无形中造成了很大浪费。1991年国家实行农村电网改造，逐户安装电表，农村供电所按电表数字逐户收取电费，基本控制了用电浪费现象的发生。供电部门管理用电后，村民家庭用电改由集体定额补助，其办法为每家每人每月村集体报销10度电，超出部分由村民按国家规定的电价自行付款，按规定报销以内节省的用电度数也按国家规定的电价集体补款给个人，这样既节约了用电，又可使村民得到实惠。

1990年，第十一届亚运会在北京举行。那时通信网络也不发达，一般群众不知道是怎么一回事，只有少数年轻人才知道这是亚洲的一场体育盛会。为了观看体育比赛，村里有十余家买了电视机(14英寸黑白电视)。那时村民不了解卫星转播，唯一的配套设施就是买个接收天线，用木杆顶起来接收信号。受关家村的地理位置限制，信号弱，接收效果不是很好，雪花点太多，并伴有沙沙的声音，只能看见人影，一遇风吹，吹动了天线，就什么也看不见了。几年来村民看电视一直都是这种情况，文化资源尚未得到有效开发、利用。为解决群众收听广播和收看电视难的问题，满足村民对公共文化服务的需求，1995年，关家村启动了家家通有线电视工程。整套设备从四川省绵阳市购进，由长治电视台负责安装，总装器械地址选在袁德平家的二楼上，经过一周的安装调试，各省、市电视台的30多套节目都能收到信号，图像清晰可见。10多年来，村民一直是免费收看。

2005年2—8月，关家村村民每年每月发放环境污染费，50多家村民做起了煤炭生意。2006年国家资源整合，关家村煤矿关闭。

2008年新村建设工程完工后，136户村民搬进了别墅，有完善的基础设施、优美的生态环境，村民生活实行“四供”(供电、供暖、供水、供燃气)、“三通”(通电视、通电话、通网络)，而且费用全免。关家村免费烧煤终止。村委会每年向每个村民发放1500元的福利费，每年为60岁以上老人发放1200元养老金，春、秋两季免费为老人体检。

第八节 医疗卫生

一、室内卫生

中华人民共和国成立前，只有少数有钱人家的宽堂大屋有专人进行擦拭，绝大多数穷苦人家日常生活难以维持，再说居室也非常简陋，更没有心思去讲究卫生。大部分人的住宅，门窗到处是破洞，一刮起风来，满屋都是尘土。厨灶、床铺在一处，生火做饭满屋落灰，破衣、破帽、破旧家什满屋堆放。只有在每年的腊月，才把屋内的破旧家什等搬到外边，晾炕席、晒被褥，从里到外打扫一次卫生，俗称“扫漆灰”。

1951 年 2 月，国家开展爱国卫生运动，村里制定了爱国卫生公约，但由于是长期形成的生活习惯，某些方面一时根本难以改变。后来村里不定期检查，检查结果分三个等级，检查后把等级贴在每家的墙上，此后卫生情况得到明显改善。

二、环境卫生

环境卫生长期以来都是村内一大顽疾，村民为了沤制肥料，在村里建了七个活水坑，一到夏季，臭气熏人，扔进去一块石头，成千上万只蚊子飞起来，遮天盖地。一到雨季，蛤蟆哇哇乱叫，吵得人昼夜不得安宁，各种传染疾病时有发生。大街小巷垃圾成堆，杂草丛生，环境状况堪忧。

后来，每次开展爱国卫生运动时，村里组织群众清扫街道，处理垃圾，填活水坑，在厕所畜圈处撒白石灰，喷洒石灰水，村里“脏、乱、差”的情况有了一定好转。

改革开放后，农户的零星养殖向集约化发展，就业门路五花八门，大部分村民已不再依靠养猪、喂鸡来补贴家用。大部分猪圈、鸡窝被拆除，环境卫生得到了很大改善。

进入 21 世纪，关家村新农村建设全面展开，村内大街小巷都实行了硬化、美化、绿化。多种措施并举，分区责任到人，组建了绿化管理队和环境卫生保洁队。村内当日垃圾当日运送，还配备了专业洒水车、吸粪车，环境卫生得到了彻底治理和改善。

三、饮食卫生

饮食卫生和身体健康息息相关。三年困难时期，人们挖草根、吃树皮，发霉的菜叶舍不得扔，变质的土豆照样往锅里放，在地里拔个萝卜就啃，掰个玉米不等煮熟就咽下了肚。人们填饱肚子都成困难，更顾不得饮食卫生。

改革开放后，饮食卫生逐步成了家家户户很讲究的事情，昨天剩的食物今天不吃，一切食品洗得干干净净才往锅里放，买来的水果稍微有点变质就扔掉。

新农村建设以来，烟熏火燎的灶台变成了液化气灶，村民用上了电磁炉、电饭煲、电蒸锅、电煮锅、高压锅、微波炉，烧水有饮水机、电热器、电热锅，新鲜蔬菜放在冰箱里好几天都能保持新鲜。

四、个人卫生

过去，村里人一年四季和土打交道，没时间也没有习惯讲究个人卫生。男人们早上洗脸只是敷衍了事，几天不洗脸也是常事。

20 世纪 50 年代前，村民大都挽个篮子到村西河沟里洗衣服，那时也没有洗涤材料，在河边拔些灰灰菜揉搓，帮助去污。后来有了肥皂，肥皂便成了唯一的洗涤材料。

1988 年 10 月，关家村自来水配套入户，用水方便了，很多家庭都买了洗衣机。现在家家都有了单独卫生间，并安装了太阳能热水器等，随时都可以洗澡。

五、疾病防治

中华人民共和国成立前，村里破败不堪，垃圾、粪便到处都是，污水坑、臭水沟处处可见，糟糕的卫生环境和人们不良的生活习惯使得老鼠、苍蝇、蚊子、臭虫横行，传染疾病泛滥。后来，医疗条件逐步改善，人们健康状况逐步好转。

20 世纪 80 年代以来，给小孩接种小儿麻痹疫苗和乙肝疫苗等。特别是进入 21 世纪，振兴村卫生条件和生活习惯得到了很大改善，多种防病措施的实施使各种病的发病率大幅下降。

第九节　村规民约

为全面促进该村的经济建设，加快转型发展步伐，创造良好的社会环境和生活环境，维护社会主义新农村的美好形象，结合振兴村实际，并经 2012 年 3 月 1 日村委会扩大会议通过，以长治县振兴村村民委员会名义，制定以下村规民约条款，要求全体村民遵照执行。

一、法制建设

(1)坚持加强社会主义民主法制，每个村民应自觉遵守国家的法律法规和村里的各项规章制度，自觉维护良好的社会秩序和安定团结的大好局面。

(2)积极参与普法教育活动，做到学法、懂法、尊法、守法，自觉履行公民义务。

(3)严禁偷盗、赌博、打架、斗殴和侮辱谩骂他人的不文明、不道德行为。

(4)在任何场所和情况下，造成矛盾和误会的双方要克制、要理智，多渠道、多形式进行沟通、化解。发生冲突，更不能泄私愤、寻衅滋事。

(5)严禁制作、传播淫秽物品和卖淫嫖娼活动，影响极大的交由司法机关处理。

(6)严禁吸毒、贩毒及毒品交易等违法犯罪活动。一经查出，必追究刑事责任。

(7)破除封建迷信，倡导科学文明，严禁参加邪教组织及一系列破坏社会治安的活动。

(8)严禁参与传销活动，坚决抵制网络诈骗，学会用法律手段维护自己的正当权益和经济利益。

二、环境卫生

(1)每个村民都要自觉爱护环境，保护环境，积极植树造林，栽花种草，美化家园、田园，养成维护生态环境的良好风气和习惯。

(2)严禁在街道两旁堆放杂物(包括煤炭、垃圾、生活用品及建筑材料等)。

(3)垃圾要入垃圾箱，不能乱堆乱放，更不准在垃圾箱内点火焚烧，损坏垃圾箱。

(4)爱护街道两旁和一切公共场所的树木花草，严禁践踏草坪、毁坏花木。

(5)严禁往街道乱泼脏水和生活污水，更不准乱搭乱建、乱侵乱占。

(6)严禁在所有建筑场上乱涂、乱画，张贴标语和广告等。

(7)所有养狗、猫、鸡的农户，一律到村委会进行登记、备案，进行圈养，决不可放养污染环境和影响车辆、人员通行。

(8)对于私家车辆，要停放在自家院内，不许停放在大街上影响交通。

(9)广场、公园一切公共场所的设施(如水、电管网，喷泉，雕塑，电子屏，健身器材，标语牌等)不得随意破坏。

(10)村民各户要搞好家庭和个人卫生，做到室内、庭院干净整洁。

三、护林防火与防灾救灾

(1)为了保护我们的绿色家园，杜绝火灾事故的发生，护林防火必须以“预防为主”，切实做到防患于未然。

(2)护林防火是每个村民义不容辞的责任，每个村民都要增强护林防火意识，坚决杜绝野外用火。

(3)严禁村民田间作业焚烧秸秆，烧荒燎堰。

(4)清明节、中元节一年两次的上坟祭奠活动，要用栽树，敬献鲜花、花篮等文明行为进行，不可焚烧纸、冥币，燃放鞭炮等，防止野外用火造成不必要的损失。

(5)人人要做好用电安全工作，一旦发生用电事故，村民要团结互助，积极参与相互救助活动，并要做到科学施救。

四、文体活动

为坚持和强化两个文明建设，实施“文化兴村”战略，倡导文明新风尚，增强村民的思想意识和提高文化素质，订立如下公约：

(1)加快发展文化事业，培养有知识、有文化、有技术、懂管理、善经营、有创新精神的新型村民。

(2)每个村民都要积极参加形式多样的文化娱乐活动和体育活动，努力增强自身的综合素质。

(3)村民有义务积极参加国家和村集体组织的各种科学知识培训，掌握一门或多门先进技术武装自己，拓宽就业渠道，为早日生活达小康而努力。

(4)村民要加强学习，养成读书看报的好习惯，积极、踊跃向村报投稿，反映村情民意，讴歌好人好事，鞭挞丑恶现象，处处展示出文明村镇文明人的精神风貌。

五、民主管理

(1)损坏集体财产(固定资产、公共设施等)要承担相应的维修和赔偿责任，未成年人则由其家长或监护人负责维修和赔偿。

(2)各家各户的水、暖管网和电器通信线路及设施按统一规划布置进行，任何人不得私自胡拉乱接。

(3)集体统一规划的设施若发生故障，要立即提出申请，由村里物业服务维修组进行修理，严禁私拆乱卸。

(4)移风易俗，丧事从简，倡导文明婚嫁新风，严禁大操大办、铺张浪费。

六、家庭和睦与互敬互爱

(1)每个家庭必须做到尊老敬老,孝敬父母,抚养、教育子女。争做文明家庭。

(2)夫妻双方互敬互爱,反对家庭暴力,严禁虐待妇女和儿童。

(3)邻里之间要互谅互让,互相帮助,和睦相处。

(4)不尽孝道、虐待老人,造成影响极坏者,交由司法机关依法进行处理。

(5)每个村民都要拥护、支持党支部、村委会的各项决策,为共同打造旅游观光、休闲度假、生态宜居、环境优美的秀丽山庄尽心尽力。

第十节　保　　险

一、商业保险

1984 年,中国人民财产保险公司长治县支公司开展保险业务,因村民没有保险观念和保险意识,关家村除带有强制性的 3 辆机动车车险外,其他保险基本没有人参加。1998 年 8 月 6 日,中国人寿保险股份有限公司长治县支公司成立,为扩大保险业务在关家村进行宣传咨询,村民对保险才有了初步认识。投保项目和投保(人)户逐年增加,截至 2015 年,学生平安保险 200 余(人)户,成人意外伤害险 70(人)户,子女教育险 45(人)户,养老保险 560(人)户,分红保险 15(人)户。各家的车辆也都投入了相应的保险。

二、社会保险

改革开放后,各级人民政府高度重视人民群众生活,在从政策上扶持“三农”的同时,还通过多种渠道帮助解决农村中特殊人群的生活困难,建立各种社会保险和保障救济机制。

社会保险和金融行业的商业保险不同。商业保险以盈利为目的,社会保险则是为了保障群众根本利益。商业保险是企业和个人行为,建立在自愿基础上;社会保险则是政府行为,根据国家立法实施。商业保险必须缴费;社会保险则有的缴费,有的不缴。

(一)社会养老保险

建立和推行农村社会养老保险制度是我国为降低农村老人晚年生活风险,加强其生活保障的一项惠民措施,是农民从温饱向小康社会生活转变的需要,从根本上扭转了传统的养儿防老的陈旧观念,对促进农村社会稳定和精神文明建设具有重要意义,它标志着人人都有晚年的经济保障基础进入了一个新的重要时期,是我国经济社会发展的一个重要里程碑。

社会养老保险始于 1995 年,由于当时人们保险观念淡薄,态度很不积极,甚至还有抵触情绪,由西火镇政府派专人督办,交险金额 200 元,在干部的带头下,包括关家村煤矿的部分干部职工和部分党员在内,总共只有 25 人投了保险。

2009年，振兴村被确定为长治县新型农村社会养老保险制度试点村，为确保农村社会养老保险制度得以顺利实施和开展，村委会按照个人缴、集体补的方式建立双重筹资机制，贫困户、“五保”户、低保户、残疾人等集体全额代缴，使全村社会养老保险顺利缴纳。按照规定，全村参保对象为16～59周岁的农村户口村民（在校生、已参加企业事业单位养老保险人员除外）。

新型农村养老保险始于2009年，村里凡60周岁以上老人，不需个人缴费，国家发给每人每月60元养老保险金，2010年增加到65元。近几年来，满60周岁以上老人，按逐年上缴数额和年限，养老保险金按国家规定逐年递增。

2009年，全村共缴纳社会养老保险金115800元，其中个人缴费93500元，集体缴费22300元。2010年全村共缴纳养老保险金138000余元，其中个人缴费63800元，集体补贴74200余元。

2011年，新型农村社会养老保险工作于9月底完成，全村共有398名符合缴费条件的村民缴纳了保险金，收缴保险金额156150元，其中个人缴73180元，集体补贴82970元。

自实行农村社会养老保险以来，村委会积极宣传、发动、组织村民代表在民众中做深入、细致的思想工作，使广大村民切实体会到缴纳农村社会养老保险金的作用和意义。在缴费工作中，村委会本着村民自愿的原则，按国家规定最高收缴上限，除个人缴费外，村集体给每个缴费的村民补缴与其个人所缴金额相同数额的保险金。近几年，缴纳农村社会养老保险金已趋于常态化，并且指数逐年攀升，振兴村多次被评为“长治县缴纳新型农村养老保险先进村”并受到上级政府表彰。

（二）新型农村合作医疗保险

新型农村合作医疗是一项医疗保险制度，在保障农民获得基本卫生服务、缓解农民因病致贫和因病返贫方面具有重要作用。

2008年，根据上级要求，关家村实行新型农村合作医疗保险制度。村民缴10元保险费后因病住院的，按市、县卫生院三级标准，可享受30%～60%的国家医疗补助。2009年缴费20元，可享受50%～70%的医疗补助。2010年缴30元，可享受60%～80%的医疗补助。近年来缴费标准不断提高，补助比例也不断提高，小伤小病在村卫生院治疗，大病到市、县大医院治疗。多年来农民有病看不起的状况，在很大程度上得到了改善。

（三）农村居民最低生活保障

农村居民最低生活保障始于2006年，凡符合国家规定低收入条件的，不需个人缴费，由国家发放每月生活保障金，2006年为60～70元，以后逐年增多。关家村郝何秀、李小孩、袁红堂、牛全山、牛秋玲、袁双喜、秦书堂等，曾多年享受此低保待遇。2014年国家出台了新的执行标准，关家村只有牛秋玲（精神病）和杨翠平（残疾）两人符合低保标准，并享受低保待遇。

（四）救济

中华人民共和国成立后，给有特殊困难的群众发放救济款、救济物资已成为国家的一贯政策。救济包括生活救济和灾害救济两个方面，生活救济是每年每次（季）给困难户发放救济款和救济物资，救济款从几十元到几百元甚至上千元，救济物资有棉被、衣服、面粉、大米、食油等。国家每年下发灾害救济款，由村集体研究讨论后落实到户，灾害救济是给因特殊灾害造成困难的农户的经济救济。中华人民共和国成立以来，关家村每年都有不同数量的困难户享受生活救济，也有因天灾、人祸和遭受其他灾害的困难户领到了国家的灾害救济款。

（五）“五保”

“五保”是中华人民共和国成立后农村对无生产能力，生活无保障，无儿无女的老、弱、孤、寡、残农民实行的一种社会救助制度，即保吃、保穿、保供、保教、保葬五个方面。20 世纪 60 年代，牛金孩老人因无儿无女成为“五保”对象，1963 年去世后由集体安葬。改革开放后，牛玉胜、靳保英夫妇，一个是精神病患者，一个是残疾人，生活上享受“五保待遇”，去世后由集体安葬。现在全村没有“五保”对象。

第十一节 岁月印记

一、记忆中的票证时代

1953 年，中共中央通过了《关于实行粮食的计划收购与计划供应的决议》，开始实行粮食统购统销政策。1954 年，市场流通粮票，粮票分为全国通用粮票和地方粮票两种，当时关家村流行的是山西省粮票，全国通用粮票极其少见。1960 年后，又出现了长治市粮票，那时，购粮须持粮票，国家企事业单位人员都是凭粮油供应本到粮站按标准逐月领取粮食，出差办事也要带粮票，没有粮票就买不到饭。如果到省外出差，就得用全国通用粮票，地方粮票是行不通的。食堂化的 1959—1960 年，兴起了饭票，饭票都是自制的，分为干饭票、稀饭票和菜票，面额多少给打多少饭。1961 年春，公共食堂撤销，饭票随之作废。

除粮票外还有布票、棉花票等，这都是省一级各自印发的，按年度发放，起初每人 6 尺，后增加到 18 尺，不论年龄大小、个子高矮统一标准。当年管当年，超年度作废。1960 年，除了这几种票证外，每户另有一个供应本，记录家庭住址、人口等信息。每人每月半斤食盐，每户 2 角钱的煤油和 1 支棉线。按国家规定价格，到固定销售店购买。关家村的固定销售店是西掌供销社。购买时，由售货员在供应本上填写相关内容，交易才算完成。

凭票购买的货物价格都是固定的，一般都低于市场价，这就意味着票证拥有钱的价值，从某种意义上讲比钱还重要，因此就催生了票证买卖现象。虽说政府明令禁止，但不法商贩仍铤而走险，以票卖钱、以票换物等现象时有发生。那时，谁家有婚、丧、嫁、娶等大事，票证就要用得多，这种买卖自然就产生了。1983 年后，布票等一些票证陆续停用，1992 年以后，商品供应充足。1994 年后，粮油供应本和购买证也停止使用，人们可以按需自由购买了。

二、人民公社化时期护秋公约

人民公社化时期，为了保护人民群众的劳动成果，做到颗粒归仓，振兴村村民特订立如下护秋公约：

(1)从现在起，保证全家大小不私拿和偷盗集体的一粒粮食。

(2)不但自己不拿不偷，还要监督别人。

(3)敢于向偷拿集体粮食和破坏庄稼的坏人坏事作斗争。

(4)发现有人偷盗集体粮食和破坏庄稼，要马上向大队和护秋人员报告，绝不包庇坏人。

第十章 教　育

第一节　私塾与学堂

振兴村历来重视教育,"书中有黄金"的古训深入人心。一般家庭不论有无学子都要供奉孔夫子像,学子上学前、回家后都要先到孔夫子像前叩拜。在封建社会时期,多数贫困家庭子弟不能入私塾读书,只有少数富裕大户子弟才有条件去私塾读书识字,而且只限于男性,如有个别女性能够识文断字,多为父辈传授。清光绪年间,仅有个别大户人家聘请乡儒教授自家子弟,也没有成就功名的记录。极少数家庭有求学上进的子弟,也要走三四里的路程前往西火村私塾就读。

民国时期,改私塾为学堂,淡化了旧的课程,开设了国文、数算课程。国文课程内容主要是国民革命和"三民"主义。数算课程极为简单,就是加、减法,但要求必须运用珠算,所以首先得背会珠算口诀,然而多数学生即使背会"三遍小九九"和"九遍小九九",也不会应用。学生若违反校规,轻者罚跪,重者挨戒尺。

1941 年,关家村与西掌村等合办起一座学堂,地址设在西掌村的玉皇庙院内。那时学子不分年级,不分班次,同处一室就读,每个学子每月交一升黄米作为学费,启蒙教材有《三字经》《百家姓》,老师在书本上标哪段学生就读哪段,读熟再背,背熟后老师再往下标。入学三年以上的学生读四书五经和《千字文》等,课堂也是采用"标书"的办法,老师只授不讲,学生只能死记硬背。教育学生以体罚为主,不守规矩和背不会书的都要挨花椒木板子。

第二节　幼儿教育

中华人民共和国成立后一段时间,关家村无幼儿教育这一概念,幼儿主要靠长辈传授知识。

1958 年 5 月,潞安(长治)县委召开教育工作会议,提出要大办幼儿园,发展幼儿教育。关家村按照会议精神及荫城人民公社的部署,迅速行动,在村中一处无人居住的破旧院落内办起了幼儿园(那时叫托儿所),入园儿童 28 名,年龄为 3～7 岁。那时正值"大跃进",全民大炼钢铁,无暇顾及子女,村里便派和秀则、袁女则两人担任保姆。那时不懂教育方法,也没有教材,只不过是把孩子集中起来由专人负责看管罢了,早上由父母送去,中午到食堂领点饭菜,傍晚由各自父母带回家去。1959 年秋罢,幼儿园停办。

改革开放后,教育事业逐步走上健康发展的轨道,幼儿教育作为教育事业的重要组成部分，受到国家重视。长治县委、县政府下发文件，提出有条件的大队要单办幼儿园，一般农村要在小学附设学前班。为促进幼儿教育的发展，县教育局和县妇联组织力量，深入农村检查指导工作。鉴于本村幼儿较少，关家村在2001年招收一年级新生时，同时招收了20余名学龄前儿童，办起了第一个学前班，学前班设在小学教学楼内。数年里，关家村无固定幼儿教师，主要负责人为关翠花，教学主要由小学教师轮值。那时幼儿教育理念不甚明确，又没有专门教材，主要教一些初入学儿童应学习的基础知识，具有明显的幼儿教育小学化的特征。

2009年，振兴村幼儿教学楼落成，有三层，内设6个教室，楼内办公室、幼儿公寓、活动室、卫生间等一应俱全。园内有绿树、草坪，并配备了各种活动器材。幼儿园分大、中、小班共6个，能满足全村学龄前儿童全部入学的需求。第一任园长为牛荷香，12名专业的幼儿教师除2名是教育局分配的外，其余都是有教师资格证、高标准招聘的。

第三节 小学教育

教育是培养人才的社会实践活动，为人的发展服务，通过人的发展为社会发展服务，是立国之本、富民之源。祖国的繁荣昌盛、人民的幸福安康离不开教育事业。而小学教育是教育事业的奠基工程，是其他阶段教育的基石。

封建社会时期，贫苦子弟上不起学校，村里识字的人极少，大多数人都是文盲。

民国时期，兴办学堂，但关家村内无学堂，学龄儿童需前往其他村学堂学习。

中华人民共和国成立后，县政府贯彻落实国家政策，调动了群众办学积极性。1951年，关家村办起了小学，校址设在村南奶奶庙内，村里筹集了一些木板，做了20张简易桌凳，供学生上课，关家村从此彻底告别了无自己学校的历史。当时，国家分配来了一名教师——王德明，教学内容不再单一化，开始使用国家统一发放的教材，逐步向一至四年级复式教学过渡。1954年，长治县与潞城县合并为潞安县，潞安县人民政府贯彻落实中央“以提高教育质量为重点，有计划、有重点地发展教育”的指示精神，教育事业走向规范化。当时，关家村认为庙堂内设置教室不利于教育教学，决定把奶奶庙东侧的关帝庙拆除，在原址改建教室。暑假期间，新教室落成，并修建了学校院墙和大门，院内原有的三间西房用作教师办公室。校园以北是一片开阔地，虽说面积只有600多平方米，当时也算是一个很不错的操场，操场南北两头栽两根木柱，上面钉一块木板，木板中间嵌一个铁环，就算是一个不规则的简易篮球架，成为学生课间活动的主要体育设施。北坡村（向阳村）有10余名学生也来关家村学校就读，学生总数40余人。1958年，在紧靠教室西侧的三间小平房内增设了一个教学班。当时，一、三年级叫“卫星班”，二、四年级叫“红旗班”，由张贵元和牛满红两位教师执教。

1959年3月，“共产风”盛行，学校连片集中，关家村小学与西掌村小学合并办学，校址设在西掌村，学生吃住在校，周内不回家，这让刚入学不久的小学生很不习惯，不少学生辍学，正常的教学秩序受到严重影响。当年年底，取消合并办学，关家村学生回本村读书。

1960年，国民经济处于严重困难时期，学生减去将近一半，学校几乎停课。1962年，生产发展，群众生活好转，学生大都返校复课，教学秩序重归正常。

1966年“文化大革命”爆发，严重影响了正常的教学秩序。为了缓解这一局面，村里安排关文平到学校任教。1969年，国家提倡知识分子前往农村和贫下中农管理学校。关家村的老贫农关土顺到学校兼任领导，在校任职一年。那时学生升学不论成绩，都是由贫下中农推荐。1972年，国家下发文件，全国的大、中、小学一律复课，那一年，关家村小学老师增添为两名——郭才保和杨招兄。

1978年，学校实行校长负责制。1983年，邓小平提出“教育要面向现代化，面向世界，面向未来”，要培养有理想、有道德、有文化、有纪律的“四有”人才。为彻底改善教学环境和提高教学质量，根据国家要求，关家村小学进行了迁移，新校址设在了原来学校北面的戏台旧址上，操场还是原来的操场，新修一排房屋，四间教室，一间办公室。当时没有具体的标准和要求，也没有相关人员的技术指导，教室整体规格和普通民房差不多，只是窗户稍大了点。即使这样也算是改变了学校过去教室昏暗、设施简陋的情况。当时由秦振奎、程迷红、杨振国、关国印等老师执教，教学形式为复式教学。在后来的几年里，袁小臭、秦学玲、牛满红、关忠平、平淑芳、秦志明、袁福贵等先后在关家村小学任教，教师人数一直维持在3～5人。

21世纪以来，为发展教育，国家对教育设施有了严格的标准和要求。2000年，村“两委”决定新修教学楼一座，地址选定村南出口处的“鳖盖上”。教学楼为砖混结构，上下两层，前设走廊，门窗规格等都符合标准化要求，内设五间教室，还有教研室、图书室、实验室等，可供关家村、向阳村两个村的150名学生就读。教学楼于2001年竣工，2002年9月1日举行开学典礼。2007年，新农村建设工程拉开序幕，关家村决定重新建设一座现代化高标准学校。校址选在新农村整体规划的科教文化区内，村民住宅区西南方向，于2009年建成。总占地面积25000平方米，分中学部、小学部、幼儿园。中学教学楼坐北朝南，上下三层，两轨制，6个教学班，学生247人，教师23人；小学教学楼坐北朝南，上下五层，三轨制，18个教学班，学生742人，教师43人；幼儿园亦坐北朝南，上下三层，两轨制，6个教学班，幼儿205人，幼儿教师12人。学校实行中、小、幼统一领导、统一管理，后勤职工28人。教学辅助用房、教师办公室、会议室等一应俱全。

关家村学校1951—2008年教师(校长)情况统计简表

姓名	性别	职务	籍贯	任教时间
王德明	男	校长(教师)	长治县贾掌村	1951—1952年
郭瀚义	男	校长(教师)	长治县故县村	1953—1956年
张巨元	男	校长(教师)	长治县郝店村	1956—1957年
张贵元	男	校长(教师)	长治县北呈村	1957—1959年
牛满红	男	教师	长治县北坡村	1957—1959年
王应选	男	校长(教师)	长治县南宋乡东掌村	1960—1963年
王会明	男	校长(教师)	长治县东火村	1964—1965年

续表

姓名	性别	职务	籍贯	任教时间
琚庙龙	男	校长(教师)	长治县西火镇南掌村	1965—1970年
关文平	男	教师	长治县西火镇关家村	1969年
李文彬	男	校长(教师)	长治县荫城镇小河南村	1971年
郭才保	男	校长(教师)	陵川县杨庄村	1972—1976年
杨招兄	女	教师	长治县西火镇关家村	1972—1976年
秦振奎	男	校长(教师)	长治县西火镇关家村	1976—1977年
程迷红	男	校长(教师)	长治县西火镇红台掌村	1978—1980年
杨振国	男	校长	长治县西火镇关家村	1980—1998年
关国印	男	教师	长治县西火镇关家村	1983—1991年
袁小臭	男	教师	长治县西火镇关家村	1985—1989年
原河清	男	教师	长治县西火镇关家村	1988年
秦学玲	女	教师	长治县西火镇关家村	1989—1994年
牛满红	男	教师	长治县西火镇向阳村	1990—2000年
关忠平	男	教师	长治县西火镇关家村	1991—1992年
平淑芳	女	教师	长治县西火镇关家村	1992年—
秦志明	男	教师	长治县西火镇关家村	1995—1997年
袁福贵	男	教师	长治县西火镇部则掌村	1996—2002年
赵守仁	男	校长	长治县西火镇关家村	1998—2003年
关慧丽	女	教师	长治县西火镇关家村	2001—2003年
申路平	男	校长	长治县西火镇东火村	2003—2005年
贾有良	男	教师	长治县西火镇南掌村	2005—2008年
贾志林	女	教师	长治县西火镇关家村	2006年
申会锁	男	校长	长治县西火镇东火村	2008年—
李进忠	男	教师	长治县西火镇西火村	—
牛忠奎	男	教师	长治县西火镇西蛮掌村	—
王忠孝	男	教师	长治县西火镇西蛮掌村	—
关翠花	女	教师	长治县西火镇关家村	—
关淑芬	女	教师	长治县西火镇关家村	—
申路庭	男	教师	长治县西火镇东火村	—
张天和	男	教师	长治县西火镇西掌村	—
李朝义	男	教师	长治县西火镇西掌村	—

振兴学校 2009—2018 年教师(领导)情况统计简表

姓名	出生年月	职务	毕业院校	学历	籍贯	进入本校时间
袁迷山	1962 年 1 月	后勤主任	—	—	长治县西火镇西火村	2009 年 9 月
李虎	1966 年 12 月	副校长	山西大学	本科	长治县西火镇西火村	2009 年 9 月
李翠玲	1966 年 1 月	教师	中央广播电视大学(2012 年改名为国家开放大学)	专科	长治县西火镇西掌村	2009 年 9 月
牛荷香	1972 年 9 月	园长	山西大学	本科	长治县西火镇西掌村	2010 年 9 月
郭青松	1965 年 4 月	工会主席	山西师范大学	本科	长治县西火镇中村	2011 年 9 月
田小雁	1986 年 6 月	教师	山西师范大学	本科	长治县西火镇	2012 年 3 月
牛晶雅	1989 年 12 月	教师	山西师范大学	本科	长治市上党区西火镇西火村	2013 年 2 月
石芳芳	1986 年 5 月	教师	长治学院	专科	长治县韩店镇	2013 年 2 月
崔丽琴	1987 年 9 月	教师	忻州师范学院	本科	长治县东火乡李家岭	2013 年 2 月
李静	1991 年 8 月	教师	运城幼儿师范高等专科学校	专科	长治县苏店镇西贾村	2013 年 2 月
郭丘	1969 年 10 月	校长	山西大学	本科	长治县韩店镇	2015 年 9 月
陈凤	1984 年 12 月	教师	山西师范大学	本科	长治县韩店镇	2015 年 12 月
李吉美	1986 年 2 月	教师	山西师范大学	本科	晋城市陵川县	2017 年 4 月
张雨	1994 年 10 月	教师	太原师范学院	本科	晋城市城区瑞丰路	2017 年 9 月
陈兰	1992 年 1 月	教师	山西大学商务学院(2020 年经教育部批准设置为山西工程科技职业大学)	本科	高平市米山镇东善村	2017 年 9 月
杨娜	1992 年 5 月	教师	长治学院	本科	长治市潞州区太行西街	2017 年 9 月
牛丽铃	1988 年 9 月	教师	晋中学院	本科	长治县苏店镇西贾村	2017 年 9 月
许亚亚	1994 年 9 月	教师	江西师范大学科学技术学院	本科	泽州县川底乡天户村	2017 年 9 月
郭晓琪	1990 年 7 月	教师	运城学院	本科	长子县石哲镇岳阳村	2017 年 9 月
姬晓静	1993 年 11 月	教师	吕梁学院	本科	高平市陈区镇大山村	2017 年 9 月
吴清源	1992 年 3 月	教师	山西师范大学	本科	陵川县杨村镇东尧村	2017 年 9 月
乔彩平	1988 年 4 月	教师	长治学院	本科	长治市潞州区马厂镇	2017 年 9 月
郭慧慧	1989 年 3 月	教师	山西大同大学	本科	屯留县上村镇积石村	2017 年 9 月
张杰	1989 年 12 月	教师	山西师范大学现代文理学院	本科	高平市河西镇悬壶南村	2017 年 9 月
常乐	1993 年 5 月	教师	淮北师范大学	本科	长子县丹朱镇同富村	2017 年 9 月
李俊科	1976 年 6 月	教师	山西师范大学	本科	长治县韩店镇	2017 年 9 月

续表

姓名	出生年月	职务	毕业院校	学历	籍贯	进入本校时间
李世斌	1975 年 2 月	教师	晋东南师范专科学校（2004 年改名为长治学院）	专科	长治县韩店镇	2017 年 9 月
张海平	1968 年 1 月	教师	山西师范大学	本科	长治县荫城镇	2017 年 9 月
马燕静	1969 年 10 月	教师	山西师范大学	本科	长治县荫城镇	2017 年 9 月
赵永明	1964 年 11 月	教师	—	中专	长治县西火镇西火村	2017 年 9 月
肖晓红	1964 年 12 月	教师	北京体育学院	专科	长治县东和乡屈家山	2017 年 9 月
徐欢	1989 年 4 月	教师	太原科技大学华科学院（现山西科技学院）	专科	长治市滨河城上城	2017 年 9 月

振兴学校 2009—2018 年自雇教师情况统计简表

姓名	性别	学历	任职学校类别	籍贯	进入本校时间
平淑芳	女	专科	小学	长治县振兴新区	2009 年 2 月
李艳燕	女	本科	中学	长治县西火镇西蛮掌村	2009 年 9 月
吴琼	女	专科	幼儿园	长治县韩店镇	2009 年 9 月
赵红艳	女	专科	小学	长治县西火镇西火村	2010 年 9 月
孔鑫	男	大专	中学	长治县韩店镇	2013 年 9 月
马美育	女	中专	幼儿园	长治县沙裕村	2013 年 9 月
田燕飞	女	中专	幼儿园	长治县荫城镇	2013 年 9 月
黄钰	女	专科	幼儿园	长治市城区	2014 年 3 月
李媛媛	女	专科	小学	长治县韩店镇	2014 年 9 月
梁燕	女	中专	小学	长治县西火镇桥头村	2014 年 9 月
成雅卓	女	专科	小学	长治县苏店镇西庄村	2014 年 9 月
田磊	男	大专	中学	长治县韩店镇经坊村	2014 年 9 月
靳利元	女	中专	幼儿园	长治县西火镇	2014 年 10 月
梁佳佳	女	高中	小学	长治县西火镇西火村	2014 年 10 月
陈佳佳	女	大专	中学	长治县韩店镇经坊村	2015 年 1 月
秦慧敏	女	专科	小学	长治县西火镇西火村	2015 年 9 月
罗艳娟	女	大专	中学	长子县	2015 年 9 月
琚雪青	男	专科	中学	长治县西火镇中村	2015 年 9 月
王晓霞	女	本科	中学	长治县振兴村	2015 年 9 月
贾超亚	女	专科	幼儿园	长治县西火镇西村	2016 年 1 月
张潇	女	大专	中学	长治县西火镇梁家庄村	2016 年 9 月

续表

姓名	性别	学历	任职学校类别	籍贯	进入本校时间
张健莉	女	大专	小学	平顺县	2016 年 9 月
李瑶	女	大专	小学	长治县西火镇西蛮掌村	2016 年 9 月
刘云	女	本科	小学	长治县西火镇梁家庄村	2016 年 9 月
秦娜	女	高中	小学	长治县西火镇东火村	2016 年 9 月
张燕鹏	男	高中	小学	长治县西火镇下庄村	2016 年 9 月
张露霞	女	本科	中学	壶关县百尺镇南崖上村	2017 年 2 月
杨月晋	女	本科	小学	屯留县康庄工业园区	2017 年 2 月
李岑宇	女	大专	小学	长治县韩店镇	2017 年 2 月
景慧	女	大专	小学	长治县西池乡	2012 年 2 月
关静雅	女	专科	小学	长治县振兴村	2017 年 9 月
宋婧茹	女	专科	小学	长治县荫城镇	2017 年 9 月
平超	女	高中	幼儿园	长治县西火镇中村	2017 年 9 月
秦梦娅	女	专科	幼儿园	长治县振兴村	2017 年 9 月
蔡阳阳	女	本科	小学	长治县韩店镇	2017 年 10 月
靳铭	女	本科	小学	长治县西火镇桥头村	2017 年 10 月
李丽莉	女	专科	小学	长治县振兴村	2017 年 12 月
荣细亚	女	专科	小学	长治县西火镇梁家庄村	2017 年 12 月
靳星	女	专科	小学	长治县西火镇西蛮掌村	2018 年 3 月
王筱筱	女	本科	小学	长治县韩店镇	2018 年 3 月
苏雅	女	中专	小学	长治县西火镇西掌村	2018 年 3 月
胡茜	女	大专	小学	长治县西火镇山后村	2018 年 3 月
赵倩倩	女	大专	小学	长治县西火镇东蛮掌村	2018 年 3 月
宋平	女	本科	小学	长治县八义镇龙山村	2018 年 3 月
靳凯彦	女	专科	小学	长治县西火镇庄子河村	2018 年 3 月

振兴学校 2009—2018 年后勤人员情况统计简表

姓名	性别	从事职业	籍贯
张石保	男	厨师	长治县西火镇南掌村
和国强	男	厨师	长治县西火镇南掌村
原何翠	女	厨师	长治县振兴村
闫学玲	女	厨师	长治县振兴村
袁江叶	女	炊事员	长治县振兴村
袁俊玲	女	炊事员	长治县振兴村
牛庆铃	女	炊事员	长治县振兴村

续表

姓名	性别	从事职业	籍贯
李春梅	女	炊事员	长治县振兴村
袁建华	女	炊事员	长治县振兴村
袁春叶	女	炊事员	长治县西火镇西掌村
张辉灵	女	炊事员	长治县振兴村
袁彩娟	女	炊事员	长治县振兴新区部则掌村
张树荣	女	炊事员	长治县西火镇西掌村
靳灵玲	女	炊事员	长治县西火镇西火村
牛丽	女	炊事员	长治县振兴新区向阳村
李江英	女	炊事员	长治县振兴新区向阳村
赵桂先	女	炊事员	长治县振兴村
袁学平	女	炊事员	长治县振兴村
陈丽飞	女	炊事员	长治县振兴村
郭树英	女	宿管员	长治县振兴村
关小芳	女	宿管员	长治县振兴村
李璐艳	女	宿管员	长治县振兴新区向阳村
牛连巧	女	宿管员	长治县振兴新区向阳村
关春喜	女	门卫	长治县振兴村
关水平	男	门卫	长治县振兴村
袁元海	男	门卫	长治县振兴新区向阳村
关国平	男	门卫	长治县振兴村

第四节 中学教育

20 世纪 60 年代前，关家村只有高小毕业生而无初中生。1961 年，袁来红从长治一中毕业，成为关家村第一个中学生。1962 年，袁贵保从西火中学毕业，成为关家村第二个中学生。之后，关文平、袁文虎先后初中毕业。这几人就是当时关家村里学历最高的人。

1964 年，根据教育部“小学不出村，初中不出公社，高中不出县”的指示精神，为了普及初中教育，西掌村办起了中学（当时称为耕读学校），学生边学习边劳动，小学四年毕业后，接受三年初中教育。1967 年起，关家村关炳臣、李顺堂、牛龙富等一批学生陆续初中毕业。

1983 年，长治县调整初中布局，改革考试制度。七年制学校不再承担初中教育义务，学生可到荫城中学和其他学校就读，成绩优秀者可到县直中学及外地读书，乡办中学则完成普及教育任务。关家村越来越多的学子通过自己努力，考入高级中学。

2015年，振兴村已普及了高中教育。

第五节 大 学 生

1968年，关扎根从荫城中学考入山西农学院，成为关家村有史以来的第一个大学生。

1985—2015年，30年间，振兴村(关家村)出了一大批大学生。

振兴村(关家村)1949—2020年大专及以上学历情况统计表

姓名	性别	毕业院校	毕业时间	学历
关扎根	男	山西农学院(现山西农业大学)	1971年7月	本科
关国华	男	山西农业大学	1992年6月	本科
关玮	男	太原理工大学	2004年6月	本科
袁旭泽	男	山西大同大学	2005年6月	大专
关宇	男	昆明理工大学	2006年6月	研究生
袁晓娜	女	北京林业大学	2006年6月	研究生
刘晶霞	女	山西医科大学	2007年6月	本科
关晓庆	女	河南财经政法大学	2007年6月	本科
秦丽	女	南开大学	2008年6月	研究生
袁旭林	女	中原工学院	2008年6月	本科
王敏	女	南京师范大学	2009年6月	研究生
袁莉娜	女	太原大学(2013年改名为太原学院)	2010年6月	大专
牛泽源	男	山西大学	2010年6月	本科
袁远航	男	太原师范学院	2010年6月	本科
袁以民	女	太原理工大学	2010年6月	本科
袁小雪	女	山西师范大学	2010年6月	本科
袁瑶	女	山西管理职业学院	2011年6月	大专
袁思雨	女	长治职业技术学院	2011年6月	大专
袁泽航	男	长治市技师学院	2011年6月	大专
原野	男	长治职业技术学院	2012年6月	大专
袁帅	男	山西大学商务学院(2020年经教育部批准设置为山西工程科技职业大学)	2012年6月	本科
李涛	男	宝鸡文理学院	2012年6月	本科
关康	男	中国人民解放军空军勤务学院	2012年6月	大专
袁泽民	女	井冈山大学	2013年6月	本科

续表

姓名	性别	毕业院校	毕业时间	学历
秦鑫	男	赣西科技职业学院	2013 年 6 月	大专
牛枭雨	男	长治职业技术学院	2013 年 6 月	大专
袁腾飞	男	山西职业技术学院	2014 年 6 月	大专
关静雅	女	晋中师范高等专科学校	2014 年 6 月	大专
关田	女	晋中师范高等专科学院	2014 年 6 月	大专
袁志茹	女	晋中师范高等专科学院	2014 年 6 月	大专
李敏	女	青岛恒星科技学院	2014 年 6 月	大专
牛娅妮	女	上海应用技术学院	2014 年 6 月	本科
秦梦娅	女	运城幼儿师范高等专科学校	2014 年 6 月	大专
李丽莉	女	运城幼儿师范高等专科学院	2014 年 6 月	大专
李阳	男	山西农业大学	2014 年 6 月	本科
李宇佳	女	晋中学院	2014 年 6 月	本科
原潇	女	忻州师范学院	2014 年 6 月	本科
袁星	男	辽宁科技大学	2014 年 6 月	本科
袁泽坤	男	长治市技师学院	2014 年 6 月	大专
袁梦瑶	女	山西财经大学华商学院	2015 年 6 月	本科
袁坤	男	山西机电职业技术学院	2015 年 6 月	大专
李婷	女	山西机电职业技术学院	2015 年 6 月	大专
原婷	女	山西省劳动技术学校	2016 年 6 月	大专
李佳佳	女	成都理工大学	2016 年 6 月	本科
袁凯旋	女	运城幼儿师范高等专科学校	2016 年 6 月	大专
关雅静	女	运城幼儿师范高等专科学校	2017 年 6 月	大专

第六节 成人教育

1950 年，中央人民政府、教育部颁发了《关于开展农民业余教育的指示》，在全国农村普遍推行识字运动，扫除文盲。对象方面，首先是村干部及青年积极分子，要求会写常用字 1000 个以上，初步具备读、写、算的能力。村民对党和政府的号召积极响应，扫盲运动成为当时村里的一件大事。1952 年，关家村在“东场坡”窑里办起了民校（也叫夜校）。为了不耽误生产，民校一般在晚上授课。民校开办初期也没有正式课本，晚饭后，三五成群的青年男女便结伴到夜校学习，首先学写自己的姓名、土地名称、各种农具和农活名称、牲畜名称和记账格式等。当年冬季，政府下发了民校专用的《速成识字法》和《农民识字课本》。学习方法灵活多样，农闲多学，农忙少学，冬季为学习高峰期。组织形式一般为集中统一，有时也小组自学，不会的互相请教。民校教师先后由关富根、牛龙则担任。当时的民校办得卓有成效，帮助一半群众摘掉了文盲的帽子，后来一部分的管理人才也都是民校培养起来的。1958年，民校暂时停办。

除了民校学习外，还广泛开展"亲教亲，邻教邻，孩子识字教母亲"的群众性扫盲运动，不少小学生白天在校当学生，晚上回家在煤油灯下当先生，四年完成学业，为小学文化程度。

1960年春，关家村进行第二次扫盲运动，这次扫盲运动的重点是家庭妇女的文化学习，珠算成了主要的学习课程。识字班教师主要由在校学生担任，充分利用晚上时间集中授课，有时也上门教学，主要帮助一些中老年家庭妇女学习。第二次扫盲运动使村里90％的群众脱盲。

1976年"文化大革命"结束，扫盲工作重新提上日程。20世纪80年代初，关家村举办过短期的扫盲培训班。1982年11月，县人民政府对扫盲工作检查验收，非文盲率为95％以上，基本完成了扫盲任务。

改革开放以来的成人教育与过去有本质的区别，以前是学识字，现在是学习科学文化知识和中国特色社会主义理论。2007年新农村建设工程开展以来，新区办起了综合文化站、文体中心，有宽敞明亮的会场及培训大厅，配备了图书资料、电脑、多媒体教室、实验室。近几年来进行过多次创业就业培训、职业技能培训、计算机应用能力培训、财会业务培训、公务信息技术培训、企业管理与经济管理培训，农民文化补习班也常年开设。"因业而学，因需而学；干什么，学什么；缺什么，补什么"成了培训的原则和宗旨，振兴村被命名为"成人教育培训基地"，为社会培养出大批骨干和优秀专业技术人才。市、县多次组织相关人员来进行短期培训和举办讲座。2012年，振兴村被长治市人民政府命名为"长治市专业培训基地"。

第七节　尊师重教

振兴村有着尊崇儒家思想的传统，对教师格外敬重，对读书人非常尊重。

20世纪70年代，农村经济落后，教师生活相当艰苦。关家村为解决教师缺少蔬菜的问题，将学校大门外的两小块空地划归教师自种，分配蔬菜时，每个教师可得到与村民相同的一份。学生春天拾黄，秋天拾粮。由村集体出资，补贴学生书本费。

20世纪80年代以来，关家村集体经济不断发展，对学校的投入、补助力度进一步加大，教育经费进一步增加，学校条件得到极大改善，村集体派出专职人员为教师做饭，粮菜开支由村集体承担。村委会对基础教育、培养人才非常重视。1984年，在"井上"地新建校舍12间(普通平房)，教学环境得到改善，教学质量稳步提高。2000年，在村南"鳖盖上"新建教学楼一座，上下两层共1200平方米，内设教学班8个，教师办公室、会议室、图书室、实验室、阅览室等基本完备，初步改变了教学基础设施落后、设备简陋的情况。

1985年1月21日，第六届全国人大常委会第九次会议作出决议，将每年9月10日定为我国的教师节。之后，每年9月10日，关家村"两委"都要到学校召开座谈会，向教师送纪念品，并致以节日祝贺。随着社会发展和人民生活水平的提高，从2000年起，尊师重教已成风气，尊重知识、尊重人才逐渐成了人们的共识，学校一切费用均由村集体承担，每年春、秋两季给学生发放校服，给学校增加补助经费，根据教学质量给教师发放奖金、福利等。

2007年，关家村拉开了全面建设社会主义新农村的序幕，村"两委"在规划中首先考虑的是教育。"意识是成功教育的基石"，正是因为有了超前的意识，振兴村教育事业有了翻天覆地的变化。2009年，寄宿制学校落成，小学部、中学部有学生近1000名。一流的管理模式，一流的教学环境，一流的教学设施，一流的教学质量，提升了学生的素质。学生的衣、食、住、行费用全免，对成绩优秀的学生发放奖学金和助学金。2012年，学校有两位同学患上了疑难重病，学校和社会各界立即发起"献爱心"活动，捐资10万余元，有力地减轻了患者家属的经济负担，帮助患病学生渡过难关。

第八节　奖励机制

改革开放以来，关家村"两委"对学生的成长和教育极为重视，为鼓励学生求学上进，加大了对各级升学优秀学生的奖励力度。小学六年级两个学期，综合考评为优秀者，一次性奖励2000元。初中升高中，考入县一中者，一次性奖励3000元；考入市重点高中者，一次性奖励5000元。考入各类高校者，按年发放助学金2000～8000元不等，对名牌大学学生另行奖励。子女在大专及以上院校就读的家庭，经济困难者可以向村委会申请补助。这一系列举措有效减轻了学生家庭的负担，解决了学生的后顾之忧，形成了良好的教育保障机制，对下一代成长教育起到了激励作用。

第十一章 文 化

第一节 文化宣传

一、广播

中华人民共和国成立前，村里没有任何广播设备，设“社”，村里的一把手称“社头”。一切通知都是靠张贴告示和敲钟，涉及某个人的事情由村社人员上门直接通知本人到村社办理。

中华人民共和国成立后，农业合作社时期，由于宣传政策、动员群众，各种会议和事务相当繁忙，上级政府给村里发放了一只铁皮卷筒喇叭，长约4尺，喇叭筒上端是一个喇叭嘴，越往下越粗，下端是一个扩音口。村里当时都是用铁皮卷筒喇叭向群众通知事情。李天富、袁成柱声音洪亮，为关家村专职广播员。一有事，村干部就通知他们广播，广播指定地点有三个，分别为“岸上门口”“东场坡”“井上”。

1955年，上级为农业合作社配备了一台收音机。收音机外形为一个一尺多长的小木箱，由村民王全贵保管，并在他家房顶架设天线。一到晚上，村民们集中在王全贵家院内，围着收音机聆听，村民们称它为“洋戏箱”。

1958年7月，潞安县成立有线广播站，各村安装了有线喇叭，喇叭外形是一个正方形小木箱。关家村有两只喇叭，一只挂在“佛堂圪台”墙上，一只挂在“槐树根”的墙上，每天早、中、晚广播三次，每次一个半小时左右。一到晚上，忙碌了一天的人们就聚集到喇叭下听广播，内容有上党戏、时事和文艺节目等。

1969年，关家村正式通了电，西掌大队成立了广播站，五个村安装高音喇叭，关家村高音喇叭安在“西岭圪脊”上。当时正值“文化大革命”时期，广播内容除县广播站广播的节目外，还有大队自播的革命歌曲和样板戏等。在“农业学大寨”运动中，高音喇叭安在工地，随时通报生产情况，对促进农田水利基本建设起到了积极作用。

1971年，关家村对有线广播进行改造升级，户均一只小喇叭，音量增大，小喇叭损坏后，可免费修换。随着社会的发展，小喇叭在1980年以后逐步被收音机、电视机替代。但关家村的村办有线广播室依然不误时日，朝夕播音，以加强村民政治思想教育，促进精神文明建设，传播生产、经济、市场信息。关家村还开办有线农民讲习所讲堂，经常对村民进行时事教育、科普宣传、文化传播，深受家家户户喜爱。2017年村里的“振兴日”，开办了农民(广播)讲习所，利用广播讲时事、讲村史、讲村风、讲故事、讲科技、讲市场。

二、黑板报

1960 年，村里在“岸上门口”李保柱家东墙上制作了一块黑板，长 2 米，宽 1.5 米。黑板上方用油漆写着“宣传栏”三字，顶部有木板制作的防雨檐头。这是关家村最早的一块黑板报，黑板报具体内容不定期更换，包括国家政策，但主要是村里当时的工作安排，如 1963 年宣传学习雷锋，1964—1965 年宣传“四清”运动、“农业学大寨”运动、“征兵”工作等。

“文化大革命”时期，关家村的黑板报增加到四块，紧跟当时形势，主要刊登学毛著心得体会和“老三篇”（毛泽东的《为人民服务》《纪念白求恩》《愚公移山》）。“文化大革命”结束，黑板报的宣传形式逐渐淡化。改革开放后，这种宣传形式逐渐消失。

三、标语和口号

关家村最早的标语是 1945 年土地改革运动中宣传的“斗地主”“分田地”“消灭剥削阶级”“除四害　讲卫生”等。1958 年，村南庙院的通壁后墙上书写有“鼓足干劲、力争上游、多快好省地建设社会主义”的标语，还写有“钢铁卫星飞上天”“十五年超英赶美”等内容。1960 年后有“工业学大庆、农业学大寨、全国学人民解放军”等。20 世纪 70 年代有“千万不要忘记阶级斗争”“打倒四人帮，人民喜洋洋”等。80 年代有“联产承包责任到人”“改革开放　落实家庭承包责任制”“走中国特色社会主义道路”等。90 年代后，墙上标语宣传逐步被淘汰，新农村建设工程启动后，墙上标语退出历史舞台，取而代之的是大型喷绘宣传版面、路灯杆装饰版面以及广场大屏幕电视屏滚动播放宣传。在新农村建设、美丽乡村建设、城乡统筹发展、全面奔小康、产业转型发展等各个重要历史节点，以及重大节日和举行各种活动时，都要通过悬挂各类标语、口号来增强宣传效果。标语、口号除一部分由市区（县）领导机关统一安排外，大部分为村里根据实地、实情自创，在口号中融入乡村气息，以增添针对性、趣味性、激励性。

四、木偶戏

木偶戏又称“傀儡戏”“小傩戏”，用木偶来表演故事，本村人都形象地叫它“走走戏”。木偶戏是古老的与驱疫辟邪、纪庆嘉会有关的传统艺术之一。根据形体和操纵技术的不同，木偶分为布袋木偶、提线木偶、杖头木偶、铁线木偶等，大多木偶面部有傩面具、戏剧面具装饰。西火镇一带木偶戏历史久远。关家村第一次出现木偶戏是在 1952 年，江湖艺人来村内表演，选择好场地后，用木板条搭起一个台子，四周用各种颜色的布遮起来，分前场、后场，前场台面的木偶出出进进，观众只能看见木偶上半身的动作，说话声和乐器配音都是后台人根据剧情所设计添加的。操纵木偶的艺人有条不紊地捣鼓着，观众看得津津有味。

五、西洋镜

西洋镜又叫“西洋景”，是一种民间娱乐装置，内有若干幅可以左右推动的画片，画片多是西洋画，看的人通过凸透镜看放大的画面。中华人民共和国成立后，关家村时常出现江湖艺人肩挑像壁橱一样的一个架子箱，箱子上半部正中间镶着一个固定画面的招牌，招牌下面有4～6对视孔，也就是每次只能4～6个人看。锣、鼓等乐器固定在架的一边，表演时，乐器演奏、配唱全为一人，其说唱内容紧随西洋镜里面画片的变化而变化，有《刘邓大军过长江》《白毛女斗黄世仁》之类。20世纪60年代，西洋镜多在庙会上出现，看的人多为小孩子。

六、上党鼓书

上党鼓书（也叫潞安大鼓）的起源可追溯到清乾隆年间。中华人民共和国成立后，长治县成立了盲宣队，主要表演上党鼓书。

20世纪50年代，上党鼓书最具代表性的表演人物是潞城黄碾村的杨师傅（具体名字不详），他在荫城、西火一带最有名气。说起盲宣队的杨大嘴（因为嘴大，人们习惯称他为杨大嘴），关家村几乎没有人不知道。

“文化大革命”时期，《烈火金刚》《吕梁英雄传》《刘邓大军过长江》很是走红。

改革开放后，盲宣队逐渐解散，后由名家艺人挑牌组团，服务于寻常百姓家的婚丧嫁娶、修房盖屋、生日满月等。

七、电影

1957年后，长治县电影队来关家村播放电影，那时关家村没电，放映队自带一个小型发电机，这是村民们第一次看电影，《画中人》是关家村人看的第一部电影。继而放映的影片大多数是以战争故事为题材的作品，如《智取华山》《林海雪原》等。

“文化大革命”时期，电影内容比较单一，大都以英雄人物为主角，革命样板戏更是家喻户晓。20世纪70年代，县电影队很少到农村放映电影，西火人民公社成立了一个电影队，由和国成与牛文彬两人负责，轮流到各村放映电影，内容大多是批判“封、资、修”。

改革开放后，个体电影放映专业户占领了市场，服务于结婚、升学、满月、修房盖屋，甚至丧葬父母也要放场电影。

进入21世纪，随着电视的普及，电影观众越来越少，看电影已成为村民心中的记忆。近几年来，为丰富农村文化生活，国家开展文化下乡活动，一年内派专人到村里放电影数场，观众多为老年人和外来务工人员。

八、电视

20世纪70年代，晋东南地区开通转播电视节目，关家村人开始与电视结缘。关家村的第一台电视机（“金星牌”14英寸黑白电视）是1983年秋罢，县政府在劳模表彰大会上奖给村种地专业户袁保山的，那时没有卫星接收设备，全凭竖一根木杆，架起接收天线。虽然信号很弱、雪花点很多、图像模糊不清，但这种神奇的东西是真正的“荷塘月色”，一到晚上，几乎全村人都去看，小小的院落被挤得水泄不通，不甚清晰的图像急得人心痒痒，可人们也舍不得离去。之后，西火镇振兴煤矿魏忠孝的电视曾在关家村牛振国的院子里播放过几次，播放时，院子里每次都是熙熙攘攘的。

1990年9月，第十一届亚运会在北京举行。当时大部分村民不知“亚运会”是什么，有大体了解的人说是亚洲体育比赛，由中央电视台转播实况。当时村里有十几户村民都买了电视机(14英寸黑白电视)，竖起了木杆，架设了天线，收看亚运会比赛。

1995年，关家村有电视的农户将近占到村农户总数的一半。由于地理条件限制，接收效果仍然不理想，提升接收效果势在必行，观看图像清晰的电视节目成为关家村人的最大心愿。关家村“两委”到外地考察，根据实际情况，决定给每家每户通有线电视。当年10月，家家通有线电视工程启动。整个工程由长治电视台承揽，一切设备从四川省绵阳市广播器材厂购进，设备分为接收设备和发射设备，安装地址选在袁德平家二楼上(接收信号最好)，建起了差转台，每天24小时播放，图像非常清晰，有多套节目供村民自主选择。

进入21世纪，特别是新农村建设以来，电视机不断更新换代，40英寸以上大屏幕彩电完全取代了14英寸的黑白电视机，新产品五花八门、层出不穷。2012年，模拟信号的有线电视全部换为数字电视，一半以上村户有两台电视机。

九、影视外景地

1984年9月，电视连续剧《赵树理和他的乡亲们》剧组来到长治县关家村开机拍摄，消息不胫而走，很快传遍了十里八乡。人们三五成群，前来看热闹、瞧稀奇。该剧是由中国电影艺术研究中心、长治电视台联合录制，于向远执导，冯捷担任编剧，俞立文、陶玉玲等主演的传记类电视连续剧。该剧讲述了作家赵树理的生平事迹和创作生活。该剧70％的场景都在关家村拍摄，村里的许多地方都成了剧组的取景地。这一道文化大餐从精神层面给村民带来了不少的收获。剧组也受到了当地政府和村民的大力支持，热情的村民还自告奋勇，主动担任群众演员，村民袁书明还在剧里扮演了名为郑芳的角色。

电视连续剧《赵树理和他的乡亲们》以20世纪50年代为历史背景，真实描写了作家赵树理以一个普通政府工作人员的身份，深入农村，同传统的世俗婚姻作斗争，打破了几千年来封建婚姻制度的重重枷锁，帮助妇女实现自我价值的故事。

该剧巧妙地运用了赵树理小说《小二黑结婚》《三里湾》中的一些经典片段。主题鲜明、层次分明，人物塑造得鲜活立体。由于赵树理是中国文坛著名的“山药蛋”文学流派的奠基人，更由于《赵树理和他的乡亲们》以关家村为主要取景地，“山药蛋”在振兴村农旅发展中留下了深深的历史烙印，比如振兴村饮食业、住宿业，多使用“山药蛋口福生态园”“山药蛋饭庄”“山药蛋客栈”等名号。

十、音响设备

20世纪70年代，收音机最为流行，价格一般为30～50元。80年代，录音机、电唱机兴盛一时。90年代，组合音响、VCD、DVD、家庭影院等设备进入农家，成为结婚必不可少的陪嫁物品。随着科学技术的发展，音响设备逐渐被淘汰。

十一、电脑 互联网 山西首个5G村

2009年，振兴村接通宽带网络，现在电脑已经普及。手机几乎人人拥有，现在的手机大都为智能手机，连接互联网，携带方便，随时随地可发信息、收看新闻、上网聊天、网上

购物等。2019 年,振兴村走智慧乡村之路,以创立“初心园”智慧党建新平台为契机,致力构建“5G+AICDE”(即人工智能、物联网、云计算、大数据、边缘计算)村级覆盖创新模式,初步实现 5G 网络与党建工作、文化旅游、生产、生活的有机结合,让全村共享 5G 资源。振兴村也成了山西省首个 5G 村。

十二、村报

2010 年,村“两委”践行科学发展观,解读有关政策、反映干群心声、凝聚民心民力、激发创新精神,进一步增强了全体村民的主人翁意识和责任感,激励干部、群众全身心投入新农村建设和创新发展中去,为全面建设繁荣富强的新农村出谋划策,奉献才智,特自办了《新振兴》小报。小报为四开,每周印发一期,为大家提供一个学习交流和自我展示的平台。《新振兴》主要分为四个版块,每个版块根据最近发生的事件灵活确定内容,第一个版块为“政策法规”,广泛宣传党的方针政策,传达上级政府部门相关文件精神,深度解读各种法律法规;第二个版块为“区,村动态”,通报新区和村内最新工作安排,及时、准确地反映新区新情况,村委会关于创新发展的新思路、新构想、新方法、新措施,全面反映新农村建设的新成果;第三个版块为“企业之窗”,重点介绍煤矿生产情况和各企业的发展情况,宣传安全生产知识,总结先进经验;第四个版块为“艺苑光影”,由“图说振兴”“杂感随便”“欢乐新曲”等栏目构成,刊登节日庆典和民间重大活动,介绍了广大村民丰富多彩的文体活动。

《新振兴》创刊后,深受村民及企业广大干部、职工的欢迎,他们认为这是一份既通俗易懂又贴近生活的新颖可读的农村小报,并积极投稿,抒发自己的所感所想,充分展示社会主义新农村的巨大变化,讴歌村民们的聪明才智和精神风貌。报刊由新区和村委会联合主办,发稿、审阅、刊登都是按程序进行,并且是专人专职。

第二节 口头故事

口头故事是不用任何辅助手段，单凭口述的一种文化形式，它是最原始的文学样式。口头故事内容五花八门，可长可短。

过去生产力低下，人们每日辛勤劳作，生活枯燥乏味，文化娱乐又无从谈起。因此，每逢阴天下雨，以及闲暇时间，大家聚在一起诉说自己的所见所闻，再经过表达能力强的一些人的加工整理，逐步形成一个个完整的故事或段子，口口相传，便有了传说、故事、笑话等。20 世纪 50—70 年代，文化宣传形式比较单一，一年之内村放映两三场电影，人们也是奔走相告，互相叮嘱千万别错过了机会。劳动了一天的人们有时甚至晚上走十里八乡也要去看一场电影。除此之外，讲故事也是常见的文化娱乐形式，凡是人们聚集的地方，如村中的夜市、饭市，或是邻居串门、集体劳动的休息时间，甚至上下工的路上，不论人多人少，都是讲故事、听故事的最佳场所和时机，不需要任何条件，讲者娓娓道来，听者全神贯注，或惊奇，或发笑，脸上洋溢着快乐。

口头故事内容可以说是包罗万象，有从书本上看来的，有根据戏文再加工演绎的，也有祖祖辈辈口口相传的，还有根据身边的真人真事加工的。历史故事有“三国演义”“杨家将”“水浒”“英雄大小八义”。神话故事和传说有“西游记”“牛郎织女”“青白蛇闹许仙”等。关家村的秦其枝老人，讲“三国演义”一绝，牛计胜讲“西游记”也是有声有色，还有杨里锁老人，可谓民间传说故事的活书本，“三捣鬼”三倒油葫芦的智慧故事激励了很多人，“薛平贵与王宝钏”的爱情故事也影响了很多人。大雄山“王莽赶刘秀马刨泉”的故事，一般人都能讲几句。

口头故事也是启蒙教育的主要内容。过去，每天晚上为了节省灯油，屋里不点灯，大人和小孩围坐在火台旁，不时往火里添一个玉米圪筒，在时明时暗的火光映照下，大人们讲着一个个生动有趣的故事。夏天的夜晚，孩子们依偎在大人的怀里，顺着大人的手指，认识了银河两旁的牛郎星和织女星，了解牛郎织女凄美的爱情故事。有些淘气的孩子，钻到被窝里，还要拽着大人的胳膊，不听个故事不睡觉。正是通过讲这些口头故事，使孩子们早早接触了天文、地理、历史、道德等各方面的知识。

一、父子对白

从前，有个青年后生，因家境贫寒，二十五岁仍没有成婚。眼看着同龄人都已娶妻生子，他满肚子的委屈又不好意思对父亲明讲，更不敢发泄。有一天上厕所，他随手在厕所墙上写了两句怨言：“今年我整二十五，衣服破了没人补。”

父亲上厕所时一看墙上的字迹，心里全明白了：这是儿子向我要媳妇哩。他就在后面补了两句：“要想破了有人补，五五还得二十五。”

儿子一看父亲的回应，心想：真要等到猴年马月这不坑人吗？就用责问的口气回应道：“人活七十古来稀，谁家五十才娶妻？”

父亲一看，不由心中上火：反了你了。就又写道：“不怕小子生得犟，叫你等到一百上。”

儿子无语。

二、汽车配“牛”

通衢大路旁，有一门市部修理汽车，门前挂着一块醒目的招牌，上面写着“汽车配件”四个大字。因天长日久，日晒雨淋，招牌上的“件”字左边的单人旁早已脱落。一顾客看到后，非常惊讶，便不解道：“这个门市部怎么了？修理汽车还配牛呢！”

三、中国人民“很行”

有一农民，识字不多，但爱炫耀自己有学问。一天他和一伙伴进城，看到大街旁挂着一块“中国人民银行”的招牌，便对同伙说：“你看，中国人民很行。”同伙捧腹大笑道：“不是，你认错了，是中国人民银行，不是中国人民很行，这个字是‘金’字旁，只能念金银的‘银’，‘行’字是个多音字，在这里只能念行业的‘行’，不能念行走的‘行’。”此人一听很是尴尬，但头脑灵活，随即自圆其说道：“你当我真不认识，我是在考你嘞。”

四、失地骂田

山庄窝铺农田面积小，地块多。有一老农总共有不足半亩田，地块却多达十八块。有一天，老农去地里除草，那天天上飘着浮云，不是很热，到地头后他将草帽随手放在了地上，当他锄完地要收工的时候，数了数地块，却发现只有十七块，他反复清点几次后仍是十七块，很是纳闷，心想：难道有人偷了一块不成？心中惴惴，好生失意。这时午时已过，他饥肠辘辘，只好回家。当他拿起草帽时才恍然大悟，原来缺失的一块地被自己所放的草帽盖住了。顿时大怒，不由骂道：“寻你半天不见，你却藏在草帽下，害得我找了半天。”

五、不是天天舒服

过去农民穿的鞋全都由家庭妇女手工做成，鞋底是直的，左右脚轮流替换穿，现在商店卖的鞋鞋底是弯的，区分了左右脚。一老农买了一双鞋后仍然按习惯左右脚替换穿。现在年轻人穿着讲究时髦，买鞋都挑样式。一伙年轻人聚在一起，互相比鞋的样式也是常有的事。一天，几个年轻人在大街上攀比鞋的样式，老农看见了很不服气地说道：“不能光看样式，我买了一双鞋，看样式倒也还行，可是穿起来一天得劲，一天不得劲，不是天天舒服。”

第三节　民间艺术

一、扭秧歌

扭秧歌以肩部、臂部、臀部、腿部摆弄动作，步伐或前或后，或左或右。秧歌有不同的主题、表演形式和人物扮相，如“香的佬（当地称爹为佬）送闺女”“送媳妇回娘家”“老两口逛大街”等，都是一男一女的表演形式，再配以一些道具。不同的人物扭出不同的表演风格，各种人物扮演要幽默诙谐、洋相尽出，把观众逗得前仰后合，哈哈大笑。

以扭秧歌的基本节奏和步法为基础，随之又演变出跑旱船、跑小车、打花棍、踩高跷等多种表演形式。

二、跑旱船和跑小车

跑旱船的船，造型是两头尖且往上翘，四边装饰着五彩缤纷的绸缎，上绣鱼、虫、花、草等图案，周边围满丝穗，遮顶为鱼、龟、虾、蟹等造型，船的下身用画着水纹的布遮盖严实（以掩盖表演者的下身），意为船在水中行。表演者大多为少女，船面设 2 条假腿脚系于表演者腰身，少女头戴首饰和鲜花，上身的穿戴基本和古装戏里的小姐、丫鬟相似，踩着八音会的鼓点拐弯、穿插，按排练好的队形不断变化。

跑小车的表演形式与跑旱船基本相似，所不同的是它的道具是小推车，每辆车的后面多一个推车的小老汉，车上的装饰多为龙凤造型（龙凤呈祥之意），表演者也是少女，脂胭粉面，装扮也和跑旱船时一样。最引人注目的是，表演时前面多了四个舞女和一个小郎（丑角扮相），舞女挥动彩条，小郎手摇纸折扇面，唱腔内容多为《十二月花调》并有八音会配乐。关家村跑小车在 1963 年全公社春节文艺调演中夺得榜首，并参加了长治县春节文艺会演评选活动。

三、打花棍

打花棍是 20 世纪 60 年代流行的一种民间文艺表演形式，表演者大都是小学生。花棍是一根 1.5 米长的木棍，用五色布条包裹，木棍两头用麻皮做两个大彩缨，大彩缨内包两个铜铃。表演者手拿花棍的中间部位，走着秧歌步，按照锣鼓点分别击打肩、脚、胳膊、腿、前胸、后背各个部位，讲究动作整齐，花棍上的铃铛随着击打发出有节奏的响声。

四、踩高跷

踩高跷的表演者站在 1 米左右高的跷墩上走秧歌步，跷墩 2 尺左右的高处有一个跷梯，跷梯上面 1 尺长的跷背与小腿捆绑一体，固定牢靠。踩高跷的演员要身着戏装、浓妆艳抹，扮成猪八戒、孙悟空、诸葛亮等，并要且歌且舞，逗乐观众。20 世纪 60—70 年代，这一表演形式广受关家村人喜爱。

五、八音会

八音会是长治地区本土音乐演奏会，主要乐器有鼓、锣、钹、笙、箫、笛、管、弦八种。中华人民共和国成立前，八音会主要用于祭神告庙，民间闹社火，过年闹红火，后逐步在婚丧大事上表演。1950 年前，关家村曾有过一支乐器班，那时的演奏比较简单，一面大鼓、十余面铜锣，锣锤都是一尺左右的小木棒，随着鼓点的轻、重、缓、急敲打出明快清晰的节奏，后期发展为两人吹两杆小唢呐（也叫底呐）掺杂于鼓乐演奏间。当时的乐班多服务于办理丧事。没几年，乐班因大部分人员年事已高而解散。再后来，关家村人看到周边村婚丧大事有乐班参与，1962 年以每天 2 元钱的报酬从陵川县库头村请来王金锁、宋松斗二位师傅传授乐理知识和实际操作技能，学员大都是 20 岁以下的青少年。历经两个冬夏，学员基本掌握了吹、拉、弹、奏的技巧，学习的主要内容有《五福堂》《霸王鞭》《二进宫》《红岭关》《南桥打水》《秦雪梅吊孝》等传统戏剧曲牌，1964 年开始独立演奏（俗名叫出师），当时主要服务于婚丧嫁娶和传统节日的庆祝。1965 年，在西火人民公社春节文艺调演的小剧目《新风赞》荣获一等奖。这次的获奖大大激发了乐班人员的斗志，坚定了其学习的信心。

“文化大革命”时期，婚丧之事使用八音会被坚决禁止，表演的内容只有《四个老汉夸大寨》《不忘阶级苦》《茶毒风波》等。

改革开放后，八音会市场趋于繁荣，以袁学兵为班头的八音会乐班又焕发出勃勃生机，他们充分利用高科技手段，上网查资料，下载好听的曲目，走访邻村近社，向一些老艺人取经，深钻硬创，自学成才。高平、陵川、壶关等地的人过生日（包括祝寿）、开工、嫁娶等都常请他们前去助兴。一些传统老艺人也不甘落后，以绝妙的演艺技能伴唱一些传统折子戏，关家村八音会可谓名声显赫。

进入 21 世纪，随着农村文化活动的深入开展，传统的八音会也随着时代的变迁不断改革，传统的演绎方式和内容已不被当代青年男女所青睐，演唱流行歌曲最为时尚，且必须有歌手唱主角。振兴新区成立以来，袁学兵组织的艺术团体与时俱进，演艺团、威风锣鼓队常年出现在重大节日和各种社会庆典活动中，为社会主义新农村添上了一抹浓厚的民间文化色彩。

六、秧歌

秧歌是一种由流行小调演化而来的艺术形式，早期的秧歌不需要乐器，有个梆子敲打节奏就行，西火的“干板秧歌”就是因此而得名。很多秧歌的表演不一定非要到舞台上，随意在一块空地上就能演唱，所以有的地方叫“地圪圈秧歌”。1947 年，村内袁来长老人，性格开朗、喜欢艺术，自筹钱粮组建了一支秧歌队，并聘请了壶关一名民间老艺人做老师，模仿壶关秧歌演唱。乐器主要有鼓、小锣、大锣、小镲、大镲、梆子，不需要笙、箫、笛、管等细乐器。腔调、旋律、板式简单，变化不大。表演时有一人单唱或几个人根据扮演的角色道白、对白、对唱等，易学易演。表演内容以一些民间故事为主，戏装服饰除员外、小姐、丫鬟等的服饰外，民间的时尚衣帽也大有用场。经过一年多的精心学习，1948年，《双许亲》《盼丈夫》《小寡妇砸家》《姑嫂二人打酸枣》等小剧目相继出台，秦其枝扮青衣，李红则扮旦角，张天昌扮老生，他们精湛的演技，惟妙惟肖的表演，在周边十里八乡很是有名。数年间，一到秋罢，他们便打包行装外出表演。1949 年举办了庆祝中华人民共和国成立的表演活动，给关家村人留下了深深的记忆。

七、剪纸

关家村传统的民间剪纸最常见的是剪窗花和灯花。长期以来，特别是每逢新春佳节，辛勤劳作了一年，家家户户都要洒扫庭除，欢度新年。改革开放前，村民所居住的房屋门窗，多为木条开榫扣制成的方格或其他样式，用白纸裱糊挡风抑尘，为了烘托节日气氛，大部分农家妇女都要在腊月除尘后剪窗花、贴窗花，她们用五色彩纸剪一些桃、李、石榴、牡丹、鱼、虫、花、鸟之类，内容丰富、题材广泛，贴在窗格的白纸上。每逢元宵节灯展时，剪纸活动更是热闹，才艺高强的剪莲、鱼结合的“连年有余”，蝙蝠、寿星相配的“益寿延年”，凤凰、牡丹相配的“凤凰牡丹”等。儿女婚嫁除了剪大红“囍”字外，还有“龙凤呈祥”“麒麟送子”“七仙女下凡”“牛郎织女渡鹊桥”等。这是关家村妇女们聪明才智的展现，也充分体现了她们的心灵手巧。

现在，每年元宵节灯展，灯花更加丰富多彩，有剪纸、有刀刻、有自创，很多女性都加入剪纸艺术活动中来，在元宵节灯展上一展风采。

八、刺绣

刺绣，关家村人称之为“扎花”。20 世纪 70 年代前，扎花是妇女必学的手艺。扎花前，先将纸剪成自己所需的图案，贴在布料上，然后用五色丝线依据图案刺绣。20 世纪 60 年代前，最常见、最流行的是在中老年妇女的肚兜上刺绣图案。20 世纪 80 年代前，年过花甲的妇女，会为自己做寿衣，寿衣的图案一般都是“寿”字，女人的寿衣与男人的不同，图案花样很多，除一些鱼、虫、花、草外，还会绣一些人物造型，心灵手巧的还绣一些二十四孝的图案。

女子出嫁时，一般会做一大一小的两对枕头，这是嫁妆里最不可缺少的。枕头上绣有“鱼戏莲”“鸳鸯戏水”“麒麟送子”“百鸟朝凤”等图案。鞋垫上绣有“百年好合”“鸾凤和鸣”“喜鹊登梅”等图案。新娘上轿穿的红鞋一边绣的是龙，另一边绣的是凤（取“龙凤呈祥”之意）。小儿满月，当姥姥的都要送上一顶满月棉帽、一双老虎鞋，上面绣着老虎、花鸟等吉祥图案，寓意小孩体壮如虎、生气勃勃。

20 世纪 80—90 年代，已很少有人扎花，利用这种传统的民间手艺制作的艺术品极为少见，已被市场上五花八门的装饰品代替。

进入 21 世纪，生活水平提高，年轻妇女趁空闲时间，学习十字绣针法，绣花草、山水风景、名人字画等来装饰、美化室内墙体。年纪大点的妇女，也用新兴的针法给儿孙绣几双鞋垫，既充实了生活，又陶冶了情操，是一种不错的生活方式。

九、面塑

面塑是将面粉制成面团后，再捏塑成鸟、鱼、羊等具体形象，最后蒸熟。过春节时，每家每户都要蒸馒头、小糕，有面花、面鸡、面羊，这种工艺没有很多讲究，没有固定的要求，捏成比较好看的形状就行，一般都能自己做。二月十五捏谷祭，这个传统习俗由来已久。谷祭用糯米粉制作而成，坐底是五个面饼，讲究敦实浑厚，五个面饼垒起来有一尺左右高，面饼越往上越小，整体呈宝塔形，周边从顶往下垂下三棵谷穗，顶部有一盏镶有花边的圆形灯，灯边捏一个小人，三棵谷穗的空格处放三个小人，各拿簸箕、扫帚等，另外 12 个元宝、12 根金条、12 条金鱼、12 生肖各捏一个即可。还有七月十五捏面羊，面羊是敬奉炎帝（民间也叫五谷神）的祭品。

春节刚罢，给出嫁的女儿送灯糕也很讲究，女儿出嫁后连送三年，第一年 12 个，第二年 8 个，第三年 6 个，时间是正月初五到元宵节，共 11 天。捏灯糕的技术很有讲究，选用和好的面制成馒头状，表面是花、鸟、兔、鸡、羊等图案。底座直径超过一尺，这个活一般人做不了，都是雇用专业人员，也有在面食专业户定做的。小孩满月、七月十五的面羊，分全羊和半羊两种，全羊是面团上卧两只小羊羔，半羊是一只弯曲而卧的羊。这是个粗活，形状相似即可。

十、折纸

折纸就是将纸折叠成各种形状，民间广为流传的有折飞机、船舶、盒子、帽子，还有衣、裤、房屋、塔等。幼儿园的一项主要活动就是教孩子折纸，既可开发儿童智力，亦可锻炼其手指灵活性。村里小孩一般都会做一两样折纸作品。

第四节 方 言

方言，是语言的变体，根据性质，方言可分为地域方言和社会方言，其中地域方言是语言因地域方面的差别而形成的变体，是全民语言在不同地域上的分支，是语言发展的不平衡在地域上的反映。

关家人说的关家话，又称关家方言和关家土话，它是文化传承的主要载体，现收集整理部分方言，以飨读者。

日头——太阳
老天——天空
月明——月亮
响圪雷——打雷
豁申——打闪
冷剩蛋——冰雹
出酱——彩虹
圪星——下小雨
今的——今天
叶来——昨天
青招——明天
后日——后天
大后日——大后天
早期——早上
前晌——上午
后晌——下午
麦的——小麦
玉茭——玉米
蕉子、红稠——高粱
严米——糯米(黍米)
山药蛋——土豆
芹椒——辣椒
大麻子——蓖麻
调和饭——面菜饭
决片汤——面片汤
严米饭——糯米粥(黍米粥)
锅盔——不加油的面饼
黄蒸——蒸制的玉米面团
团的——红豆馅蒸疙瘩
晌午饭——中午饭
稠籽烧——红高粱酒
菜合的——馅饼
潲的——吃面条的卤
圪垒——玉米面拌成小疙瘩后经焖制而成的饭
早起饭——早饭
浆水菜——沤制的酸菜
刀圪离——擀开面,用刀切成条再拉的面
鳌糕的——面粉掺土豆丝、瓜丝做成的饼
冬冻——冰
麻糊天——有浮云
油皮联——下冰雨
烧云——晚霞
不荡土——尘土
泉的风——龙卷风
天狗吃月明——月食
扫帚星——彗星
青招起来——明天早上
叶黑来——昨夜
黑来介——黑夜
将将的——刚才
当下——现在
年时介——去年
晚夕——下午到傍晚
过了年——明年
元须——香菜
青菜——菠菜
不瓜——北瓜
油拔决——油菜根
豆角的——豆角
地圪轮——地皮菜
圪扯——拉面
扁食——饺子
疙瘩——窝头
不渣——锅巴
焖饭——小米干饭
角的——菜馅蒸饺子
八的——玉米面条饭
黑来饭——晚饭
三吃面——三合面
油旋饼——面粉葱花饼
馍馍——馒头
不烂汤——小面疙瘩汤
斯气——变质的食品
腥油——动物油

梢马——没被阉割的公马
草驴——母驴
叫驴——公驴
母圪羉——母羊
臊胡——没被阉割的公羊
羯猪——公猪
臊猪——没被阉割的公猪
狐的——狐狸
牙狗——公狗
青蹦的——青蛙
曲豆的——蝌蚪
油的——蝈蝈
圪麻——蛤蟆
蝎胡的——壁虎
拔谷虫的——布谷鸟
老哇——乌鸦
串圪定的——蜻蜓
窬英——蝉
地油的——蟋蟀
曲蛇——蚯蚓
圪脑——头
圪朗的——胸部
肚不脐——肚脐
圪石盖的——膝盖
传瘀——脸上的黑点
打圪震——发抖
跑茅的——泻肚
土印的——黑痣
耳根的——耳朵
拐骨——踝关节
使因——劳累
煤烟了——煤气中毒
介后蛋的——脚后跟
壮裤——棉裤
小布袋的——小口袋
腰肚的——肚兜
暖鞋——棉鞋
小布衫——单衣
轰的——没被阉割的公驴
牤的——没被阉割的公牛
草鸡/母鸡麦蚱——蚂蚱
小虫的——麻雀
秃叫——猫头鹰
月百夫——蝙蝠
野叫的——喜鹊
圪�府——松鼠
狗屎虫——萤火虫
燕的——小燕子
牤牛——蜗牛
十鸡的——野山鸡
烧鸦——红嘴黑鸦
打拐虫的——孑孓
壁屎——臭虫
蛾的——飞蛾
花媳妇——瓢虫
推屎圪亮——蜣螂
圪蚤——跳蚤
扛锄的——螳螂
圪都——拳头
圪肘窝——人体上肢根部凹窝处
锅的——驼背
翁肩——上半身前倾
圪油——恶心
拍着了——感冒
妈妈——乳房
不涕——鼻涕
妈妈穗——奶头
圪追下——蹲下
圪的——打嗝
不咧介——脚撇子
不了手——习惯用左手
耳——棉衣
饭单的——围裙
圪筒的——背心
水鞋——雨鞋
小接耳——有里的单衣

手抓的——手套
大氅——大衣
圪洞——旧式家具，上面有一块木板当盖子
杌的——一人坐的小高凳
不篮的——没把的筐
圪台的——台阶
圪倒——小坑
茅的——厕所
底下——下面
圪渣——垃圾
棚的——楼
廊碣石——房檐下的台阶
圪倒——凹下的地方
水不池的——小水坑
大妈——伯母
新妈——婶子
小叔的——丈夫的弟弟
大师傅——厨师
擓忙——帮忙
陪送——嫁妆
老了——死了
板——棺材
装椁——寿衣
圪脊——凸起的地方
圪料——不直
张结——慌张、着急
亏是——幸亏
撑人——吃太饱
烧人——烫
单意的——故意、专门
魁对——差不多
饥荒——债务
瞎恨——恨得不得了
不清场——暧昧的男女关系
游门的——串门
圪遛——散步
倒腾——折腾
色跟——相跟
领褂的——马夹
小床的——只能一人坐的小矮凳
箩头——有把的筐
脚地——屋内地面
圪窑的——凹进墙体的小洞
圪廊的——胡同
上书房——去学校
灰支圪亮——烧过的煤炼成的块
稍间的——两边的偏房
圪斗的——无盖的盒子
汉们——男人
汉的——丈夫
大爹——伯父
小爸——叔叔
大伯的——丈夫的哥哥
受罪——重体力活
圪搅的——棍子
别道——抬杠
不摊——摊开
待见——喜欢
不待见——不喜欢
板将——乱喊、胡闹
泡毛——说假话
不歪——不错
圪搂——拥抱
圪涌——动弹
红火——热闹
圪折——眨眼睛
割杀——贱买
甚个——什么
动弹——干活
或独——糊涂
圪炸——不稳重
半瓜的——不够数
捉惑——哄骗
癔症——发愣
留不焦——留辫子

歇伙——高声喊叫
圪晃眼——刺眼
一根杠——连襟
套的——用过的陈旧棉花
铺衬——碎布片
不焦的——辫子
圪挲介动手——干活不踏实
圪照——瞧、看
盘陈——路费
老条朱——妯娌
上茅——去厕所
圪絮——破布烂衫
丁头——倔强的人
圪贴——巴结
汗流不勒水——浑身出大汗
圪撩——挑弄、引逗

第五节 谚 语

反映深刻道理，广为流传且固定的语言，谓之谚语。谚语内容大多来自生活，又经人民以丰富的想象力概括加工，形成了一种独特的语言文化。关家村人根据自己的生活经验，结合从书本、戏剧以及与外地人的交往中学来的一些语言，总结了一些谚语。这些谚语从不同角度，反映了关家村的历史、经济、文化和人情往来，具有较强的针对性和地域性，为民间文化之瑰宝，流传至今，影响极深，具有指导群众生产、生活等多方面的作用。

干冬湿年节。
一年之计在于春，一日之计在于晨。
立了春，冻断筋。
八月十五云遮月，正月十五雪打灯。
二月二，龙抬头。
早看东南，晚看西北。
日头云里落，明天泥里和。
夏刮西南井底干，秋刮西南晒不干。
东酱圪雷西酱雨，南酱出来卖儿女。（酱：虹）
六月连阴吃饱饭。
天黄有雨，人黄有病。
夜晴没好天。
过罢清明节，就把晌午歇。
云彩往东，十有九空。
霜打一大片，弹打一条线。（弹：冰雹）
有钱难买五月五日旱。
栽菜不出五月土。
小满前后种积谷。（积谷：早谷）
清明前后，栽瓜种豆。
青杨放花，种豆栽瓜。
谷茬黍茬，说话顶茬。
头伏疙瘩二伏芥，三伏里头撒荞麦。

三伏不尽秋来到。

夏不摇扇，午不淌汗。（指盛夏清凉）

前晌不用空调，黑来不离被条。（指盛夏清凉）

立上秋，晌午丢。

春种秋忙，绣女下床。

九月雷公发，大旱一百八。

早霞不出门，晚霞晒死人。

二八月，乱穿衣。

三伏不出头，割谷喂老牛。

白露前后种小麦。

山雾阴，河雾晴。

（九月）初九不下等十三，十三不下一冬干。

十月十小温暖，有袄不得穿。

数伏愁寒，数九望暖。

芒种不种，强种十天。

立秋十八日，寸草结籽粒。

数一九，长一手。

榆钱黄，种谷忙。

星星稀，好天气。

久旱蛤蟆叫，不久大雨到。

谷拔寸，顶上粪。

一改三不收。

种地不上粪，枉受胳膊困。

见苗三分收。

秋天划破皮，胜似春天犁十犁。

男人不忘秋杀地，女人不忘伏纳底。

旱枣涝柿子。

一场春风一场暖，一场秋雨一场寒。

蚂蚁搬家，大雨哗哗。

桃三杏四梨五年，枣树当年就卖钱。

日落黑云长，半夜听雨响。

人误地一时，地误人一年。

过了闰月年，跑马就种田。

热生风，冷生雨。

伏里没雨，谷里没米。

涝不死的黄瓜，旱不死的葱。

麦收八十三场雨。（指当年八月、十月和来年三月）

人哄地皮，地哄肚皮。

麦宜深，谷宜浅，黑豆只用盖住脸。

和为贵，忍为高。

和气生财，生气遭灾。

得饶人处且饶人。

房宽地宽，不如心宽。

有话说给知人，有饭送给饥人。

待客不得不大方，过日子不得不仔细。

宁可玉碎，不可瓦全。

宁向直中取，不向曲中求。

理足不怕官，心正不怕天。

吃不穷，穿不穷，计划不到一辈穷。

物以类聚，人以群分。

葱辣眼，蒜辣心，芥末辣断脊梁筋。

要知父母恩，怀里抱儿孙。

树怕根坏，人怕心坏。

没有不透风的墙。

不做亏心事，不怕鬼叫门。

不怕不说理，就怕昧了己。

一人说话全有理，两人说话分高低。

话不明只怕一说，灯不明只怕一拨。

早起三光，迟起三慌。

家有三宗事，先拣紧的办。

碾谷碾出米来，说话说出理来。

活人不让尿憋死。

磨刀不误砍柴工。

单根木筷一掰断，红粱紧捆难折弯。

钱难挣，屎难吃，王八好当气难生。

强扭的瓜不甜。

墙倒众人推，破鼓众人擂。

身正不怕影子斜(歪)。

阎王不嫌鬼瘦。

饱汉不知饿汉饥。

庄稼老头不用问，别人干什你干什。

挑煤照住黑道子爬。

从小偷针，长大偷金。

上梁不正下梁歪。

万事开头难。
在家千日好，出门事事难。
家有千口，主事一人。
不吃跌，不把滑。
不怕慢，只怕站。
能吃锅头饭，不说过头话。
要想知道，打个颠倒。
人活脸，树活皮。
能惹远亲，不惹近邻。
山高遮不住太阳，儿女管不了爹娘。
东山瞧着西山高。
浇树浇根，帮人帮心。
知足者常乐。
千金难买老来瘦。
病从口入，祸从口出。
气大伤财，食大伤身。
生意场上无父子。
亲兄弟也要明算账。
买卖不成仁义在。
一分价钱一分货。
出门三辈小。
人心换人心，八两换半斤。
冤家宜解不宜结。
吃亏人常在，讨便宜人狼拽。
要想明事理，将人比自己。
人争一口气，佛争一炷香。
一家不知一家，和尚不知道家。
前三十年看父敬子，后三十年看子敬父。
在家敬父母，何必远烧香。
万恶淫为首，百善孝为先。
儿不嫌母丑，狗不嫌家寒。
家有一老，如有一宝。
妻贤夫祸少，子孝父心宽。
善有善报，恶有恶还。
钱财如粪土，仁义值千金。
勤能补拙，熟能生巧。
欺人是祸，饶人是福。

严师出高徒。

身教重于言教。

万般皆下品，唯有读书高。

书中自有黄金屋，书中自有颜如玉。

三天不读口生，三天不练手生。

一日为师，终身为父。

师傅引进门，修行在个人。

一寸光阴一寸金，寸金难买寸光阴。

泉水流不尽，知识学不完。

苦学变良才，懒惰变痴呆。

看书先看皮，读报先读题。

不懂装懂，一辈子饭桶。

要想人前显贵，就得读书受罪。

家有黄金用斗量，不如送子上学堂。

书到用时方恨少，是非经过才知难。

有志人勤学苦练，无志人贪图清闲。

不吸烟不喝酒，百病见了绕道走。

若要人长寿，多吃豆腐少吃肉。

桃饱杏伤人，李树底下抬死人。

冬吃萝卜夏吃姜，不用医生开药方。

吃药不忌嘴，跑断大夫腿。

三分吃药七分养。

早上百步走，能活九十九。

饭吃八成饱，一生身体好。

笑一笑，十年少。

遇事不恼，长生不老。

脑怕不用，身怕不动。

练出一身汗，有病不用看。

没邪气不生病，无恶毒不长疮。

三十年河东，三十年河西。

君子报仇，十年不晚。

山不转水转。

人无千日好，花无百日红。

一日夫妻百日恩。

天有不测风云，人有旦夕祸福。

天网恢恢，疏而不漏。

一个朋友一条道，一个仇人一堵墙。

不要做官的爹，宁要讨饭的娘。
比上不足，比下有余。
人老心不老，人穷志不短。
人穷志短，马瘦毛长。
当家才知柴米贵。
穷怕亲戚富怕贼。
养兵千日，用兵一时。
休前妻，毁青苗，后悔到老。
男大当婚，女大当嫁。
家和万事兴。
宁拆十座庙，不毁一门亲。
嫁鸡随鸡，嫁狗随狗。
手心手背都是肉。
不到黄河心不死，不见棺材不落泪。
跳进黄河洗不清。
天下乌鸦一般黑。
癞蛤蟆想吃天鹅肉。
人不可貌相，海水不可斗量。
人配衣裳马配鞍。
穿衣吃饭量家当。
难了不会，会了不难。
落架的凤凰不如鸡。
财多惹祸，树大招风。
花钱容易挣钱难。
好事不出门，恶事传千里。
不怕县官，就怕现管。
路在人走，事在人为。
人在屋檐下，怎敢不低头。
眼不见，心不烦。
耳听为虚，眼见为实。
一心不可二用。
三百六十行，行行出状元。
漫天要价，落地还钱。
阎王好见，小鬼难缠。
亲戚不供财，供财再不来。
大事化小，小事化了。
你敬我一尺，我敬你一丈。

明枪易躲，暗箭难防。

兵来将挡，水来土掩。

有福同享，有难同当。

在家靠父母，出门靠朋友。

好借好还，再借不难。

先小人，后君子。

甜以思苦，乐莫忘忧。

两袖清风处事，一身正气做人。

有容德乃大，无欺心自安。

人无信不立，天有月方明。

爹有娘有，不如怀揣自有。

褒弹是买主。

不怕不挣钱，就怕货不全。

鸡蛋换盐，两不见钱。

有同行无同利。

人为财死，鸟为食亡。

说人道人不如人。

屁股坐擀杖，心里不稳当。

有理没理，先管自己。

疑人不用，用人不疑。

树挪死，人挪活。

胳膊拧不过大腿。

龙生龙，凤生凤，老鼠生来会打洞。

第六节　歇　后　语

芝麻开花——节节高。

驴啃脖子——工变工。

霸王敬酒——不干也得干。

大姑娘当媒婆——先人后己。

小葱拌豆腐——一清二白。

胡萝卜拌辣椒——看不见能吃出来。

裤裆里放屁——串通一气。

按下葫芦浮起瓢——此起彼落。

脱了裤子放屁——多此一举。

大姑娘坐轿——头一回。

砍倒树捉老鸹——白忙活。

搬起石头砸自己的脚——自作自受。
五更天赶路——越走越明。
毛布袋倒西瓜——一干二净。
白天见鬼——心里的病。
八月十五吃汤圆——与众不同。
肉包子打狗——有去无回。
梁山上的军师——无(吴)用。
风箱里的老鼠——两头受气。
怀揣元宝跳井——舍命不舍财。
老牛钻鼠洞——行不通。
搬起碾盘打月亮——不知高低轻重。
青石打砂石——实打实。
孔夫子搬家——净是输(书)。
蜗牛出门——带全家。
张飞穿针——粗中有细。
老鸹笑猪黑——一样。
两横一竖——干。
纳鞋不用锥——真干。
猪鼻子里插大葱——装象。
螃蟹过马路——横行霸道。
猪八戒照镜子——里外不是人。
小偷照镜子——贼眉鼠眼。
白纸上坟——哄鬼。
秃子头上的虱子——明摆着。
嘴上抹石灰——白吃。
瞎猫逮住死老鼠——碰对了。
矮子看戏——别人说好,他也说好。
半夜借尿壶——不是时候。
老牛上坡——不尿就屙。
打铁烧裤裆——看不出火色。
屎壳郎搬家——滚蛋。
黄鼠狼给鸡拜年——没安好心。
老虎的屁股——摸不得。
大水冲了龙王庙——一家人不认得一家人。
狗拿耗子——多管闲事。
白纸上写黑字——改不了。
狗咬吕洞宾——不识好人心。

哑巴吃黄连——有苦说不出。

哑巴吃饺子——心中有数。

拔了萝卜窟窿在——有根有据。

老鼠啃书本——咬文嚼字。

茅坑的石头——又臭又硬。

屎壳郎打喷嚏——全是粪。

外甥打灯笼——照旧(舅)。

电线杆上挂暖瓶——高水平(瓶)。

高高山上吹喇叭——名声在外。

把盐当成味精用——搞错了。

理发匠的徒弟——从头学起。

羊圈里跑出驴来——就数我大。

躺在床上摸天——差远了。

茶壶里煮饺子——有口道(倒)不出。

阿庆嫂开茶馆——来者就是客。

挨了刀的肥猪——不怕开水烫。

案板上的肉——任人宰割。

十亩地里一棵谷——独苗苗。

八字不见一撇——差远了。

霸王请客——不去也得去。

白骨精给唐僧送饭——假心假意。

刀子嘴豆腐心——嘴硬心软。

白日点灯——多事。

摆小摊的卖货——没有架子。

拜堂的夫妻——谢天谢地。

拜年的套话——大家都好。

板凳上睡觉——翻不了身。

半道上捡个喇叭——有吹的了。

半路上的新闻——道听途说。

包公断案——对理不对人。

骑驴看唱本——走着瞧。

杯水车薪——无济于事。

被窝里伸出一只脚——你算第几把手。

斗败的公鸡——垂头丧气。

亡羊补牢——为时不晚。

强逼公鸡下蛋——办不到。

用鼻孔喝水——够呛。

第七节　乡土艺文

一、诗词歌赋

1. 穷山沟变成度假村儿

打起竹板说喜事儿，
转型跨越结硕果。
咱们唱一回，
穷山村变成了度假村儿，
我家住在城南边儿。
老雄山下靠山根儿，
小山村挂在半山腰。
以前穷得出了名儿，
穿的是破衣烂衫补补丁儿。
吃的是粗粮咸菜萝卜根，
住的是石墙土炕破房子儿，
雨天漏水就脸盆儿，
进趟城翻山越岭爬山路，
当天甭想打来回。
有的人没见过火车是啥样儿，
更别说北海故宫大前门儿，
想起来就心酸弹眼泪儿，
泪水唰唰湿衣襟儿。
小山村里穷得叮当响，
啥时候才能拔掉贫穷的根儿。
改革开放变了样，
转型跨越又加了劲儿。
“一号文件”如春雷，
“两会”精神暖人心儿。
“三农”抓得紧，
四大班子深入农村下基层，
五大六夜开起了群众会，
齐心协力破难题儿。
八仙过海拧成一股劲儿，
九九归一离不开县委、县政府领头人儿。
“十二五”规划好比及时雨儿，
解放思想终于找到了致富门儿。

住在山沟有优势，
开办旅游度假村儿。
接待中外众宾客，
休闲避暑来散心。
牛扎根、张会军，
新区党委一班人儿。
支书、村主任带头干儿，
转变观念换脑筋儿。
高起点、高标准儿，
专家、学者请进门儿。
搞设计、绘图纸儿，
景点规划独具匠心儿。
首先修起了柏油路，
大小汽车能开进村儿。
清清的山泉就是宝，
远看像条白绸子儿。
飞流直下两千尺，
和庐山瀑布差不离儿。
山泉落地龙戏水儿，
湖中游船不断人儿。
峭立石壁刻红字儿，
名人书画提精神儿。
八角亭、金鱼池儿，
金鱼池里游金鱼儿。
百米画廊挂灯笼儿，
石桥、石桌、石凳子儿。
下象棋、打扑克儿，
老爷爷领的小孙子儿。
广场中央塑伟人儿，
开国领袖大救星儿；
吃水不忘挖井人儿；
改革开放的设计师，
致富不能忘了邓小平儿。
艺术馆、生态园儿；
果园圃、松树林儿；
翠柳国槐灌木枝儿。
桃杏花开映旭日，
五彩缤纷像彩云儿。

绿色植被盖山顶儿，
天然氧吧是新名词儿。
树上小鸟喳喳叫，
松鼠蹦跳找松子儿。
蝴蝶飞舞成双对儿，
蜜蜂采蜜滚花芯儿。
你晨练散步路过这儿，
优哉游哉赛过神仙吕洞宾儿。
绿水青山说不尽，
再说农家小院门儿。
水泥面、安铁门儿，
轿车能开进院里头儿。
新房装修高标准儿，
农家宾馆有品位儿。
镶瓷砖、刮腻子儿，
卫生间、澡堂子儿，
落地窗户玻璃门儿。
屋顶装上太阳能，
热水冲澡美滋滋儿。
电灯、电话、电视机儿，
沙发、软床、席梦思儿。
客房里面装宽带儿，
打开电脑能聊天儿。
棋牌室、健身房，
花房、草坪四季春儿。
东西厢房自来水，
厨房餐厅讲卫生儿。
客人住下换口味儿，
农家饭菜香喷喷儿。
香椿芽儿北瓜饼，
核桃、柿饼、花生仁儿。
黄瓜片儿、拌粉丝儿，
酥火烧配凉粉儿。
烧红薯、烤茄子儿，
小米、稀饭、土豆丝，
醋熘白菜、大豆芽儿，
干黄菜臊子拔刀面儿。
小粉煎饼蘸蒜泥儿，

西陕韭菜包饺子儿。
荫城猪汤有风味儿；
西火农家十大碗儿。
荤素搭配香死人儿，
金针、木耳、海带丝儿。
虎皮豆腐、绿豆皮儿，
又美容又养颜儿；
又可口又实惠儿；
又解馋又减肥儿；
乐坏城里众客人儿。
自家院里把菜种，
绿色环保有滋味儿。
一年四季都新鲜儿，
现吃现摘水灵灵儿。
日落西山景更美，
广场点燃火一堆儿。
篝火晚会真有趣儿，
唱歌、跳舞、扭秧歌儿。
年轻人跳的是迪斯科，
老年人打的是太极拳。
说快板、大胡琴儿；
唱落子、唱梆子儿；
潞安大鼓有看头儿。
北京捧回牡丹奖，
文化遗产有传人儿。
傅怀珠、贾庆燕；
王海燕、和飞燕；
杨富堂、王富贵；
咱长治县里有能人儿。
醋为媒，说砂锅儿，
新编珍珠倒卷帘儿。
大妻小婿回娘家，
还有小吴赔茶壶。
曲艺之乡树品牌儿，
只有咱才能唱出这个味儿。
农村经济大发展，
咱也到北京请名角儿。
省里边请来了京剧院儿，

高高兴兴玩几天儿。
夜深人静歌声亮，
峡谷震荡有福音儿。
看，人群当中还有老外，
携儿带女挎恋人儿；
黄头发、蓝眼圈儿，
白皮肤、高鼻子儿，
黑人个个是厚嘴唇儿，
听不懂说的是啥词儿。
我说的这些不全面儿，
起码能听懂一句“Good morning”。
农家大院办得火，
大把票子握手心儿。
心里美、甜丝丝儿，
人人脸上带笑纹儿。
姑娘、小伙子笑弯了腰，
老大爷笑得合不拢嘴。
穷山沟跨上了千里马儿，
从此过上了好日子儿。
芝麻开花节节高，
咱农民赛过城里人儿。
今天农家迎宾客，
明天咱也出远门儿。
什么新、马、泰、意大利儿，
美、英、法国、土耳其儿。
世界各地转它个遍儿，
取经完善咱度假村儿。
外国总统来到咱们县，
咱也敢邀请他到咱们村儿。
这真是——
党的政策顺民心，
转型跨越有奔头儿。
十八大精神暖人心儿，
齐心协力再鼓劲儿。
上党老区敞开门儿，
欢迎您——
光临咱们振兴新区度假村儿。

2.在振兴村

秦　　歌

为什么我的眼里常含泪水？
因为我对这土地爱得深沉……
——艾青《我爱这土地》

雄山脚下，陶清河畔，
真是我熟悉的北方乡村吗？
怎不见辘轳篱笆，不闻鸡鸣犬吠，
还有那牵扯游子归心的袅袅炊烟？

一个把农业变成产业的村庄，
一个把农村变成城市的村庄，
一个把农民变成市民的村庄，
把和谐、安泰、康乐、幸福，
命名为四条街道的名字。
把广场、喷泉、亭台楼阁、柳绿花红，
作为新颖别致的衬底。
振兴，就是一幅美丽的诗笺。
把新村办公楼作为醒目的标题，
把一幢幢古香古色的别墅民居，
书屋，超市，医院，供热、供气站，
还有五千六百口殷实而自豪的振兴人，
作为一个个典雅而有尊严的汉字。
振兴，就是一首亮丽的诗篇。

网络，把乡村和大千世界连在一起，
谁家小伙，正在关注日本的核辐射。
谁家姑娘，正看着威廉王子的豪华婚礼。
老年活动室，几个面色红润的老顽童，
却为一步悔棋，爆发着口舌战争。
健身房内，一位农家大嫂跃跃欲试，
发誓要练出一围小蛮腰来。
振兴大酒店，一对钟情的人儿，
祝福声里，走进新版的乡村爱情。
孩子们在现代化的校园里，
朗朗的读书声，饱含着天天向上。
别墅阳台，俏俊靓丽的村姑凝眸远山，
缤纷的桃花更显别样风情，

心上人，再不用背起愁闷的行囊，
把命运，托付给疑虑和鄙夷的目光。

休闲山庄，让我们品一杯香茗，
平息一下意想不到的心灵撞击。
听女琴师弹一曲高山流水，
感受太行农家的幸福和安康。
支部书记牛扎根，对前来采风的记者道，
我是一个粗人，不像你们文人墨客，
出口赋诗，落笔成章。
他要让灵山秀水变成天然的仓储。
让雄山的险峻，牵来游人的目光。
让马刨泉的光武帝遇难呈祥的传说
变成《东汉开国》系列节目里
一个精彩而曲折的篇章。
而一支支生花妙笔，谁敢夸口，
让一个如诗如画的新农村，
轻易地搬到一页薄薄的纸上。

3. 我的土地 我的家园 我的新农村

部　浩

当九月的金秋染透黄土高原锦绣的山川，
当多情的枫叶映红三晋大地靓丽的城市，
地处山西东南部的一个村庄正披着华美的盛装，
敞开怀抱迎四面八方走来的尊贵客人。
将一场千秋伟业升华成心灵的交融和团圆的温馨。
这就是在改革开放的春潮中迅速崛起的振兴；
这就是我爱恋的土地，我幸福的家园，我美丽的新农村。

走进振兴的大门，我们感受到的是典雅，是高贵；
站在高高的雄山顶上眺望，我们的目光穿越岁月的烟云，
去寻找中国农村一路走来的清晰的辙印。
记不清古老的村寨究竟在何时形成，
只知道一代代穷苦的农民在茅屋草舍里生生不息；
说不清中国农民在通往小康路途中面临过几多山重水复，
只知道碧草枯了又绿，山花谢了又红。
曾几何时，我们的土地灾难深重，发出痛苦的呻吟；
曾几何时，我们的农民饥寒交迫，挣扎在死亡的边缘；
是伟大的中国共产党，借来天边的火种点亮神州的北斗。

用铁锤砸碎禁锢了中国几千年的封建土地所有制；
用镰刀割开了饿殍遍地、民不聊生的荒凉凄惨；
红日照遍了世界的东方。
那动人的场景啊，仿佛就在昨天；
安塞的腰鼓击打出农民翻身当家做主的豪情；
中庄的秧歌挥洒着耕者有其田的汗雨和喜泪；
《多收了三五斗》后的失落，《祝福》声中祥林嫂的哭泣；
“白毛女”“收租院”……都成为永久的记忆。
我清凌凌的水，蓝莹莹的天，演绎着《小二黑结婚》的浪漫故事；
我轰轰烈烈发生历史巨变的山乡啊，传送着诗人诙谐风趣的版画。
恢复元气，挺起腰板的中国农民，
在灿烂的阳光下甩开膀子走在中国特色社会主义的阳光大道上。

尽管有过“大跃进”急躁，有过“大炼钢铁”的狂热；
有过道路的迂回、岁月的蹉跎，有过三年严重困难的严峻考验；
黄色的草帽下永远是中国人民坚毅的面孔。
劈山改梁，拦河筑坝的土地上，
“人定胜天”的信念深深嵌入他们的意志。
虎头山下的狼窝掌，太行山腰的红旗渠，
让“自力更生，发奋图强”的精神旗帜永远飘扬在中国大地上。

历史永远铭刻，人民不能忘记，
是十一届三中全会的春雷划过神州的上空，
从此中国拉开了改革开放的序幕。
这序幕上写着——
人民是经济的魂，土地是经济的根，
农民是这场改革的先行者，农村是这场改革的试验场。
首场的舞台上，又是一段改天换地的历史。
中国农村从贫苦走向明媚的春光，
从啼叫着饥饿的鸡鸣走向幸福小康的生活；
从小岗村包产到户的契约中，迈出了中国改革开放的脚步；
从华西村机械的齿轮里，听到了中国农民思想的转变。

就在这改革开放的轰鸣声中，
太行山南麓的振兴村与全中国其他乡村同频共振。
在党的富民政策指引下，发挥煤炭资源优势，
改变了昔日贫穷的面貌，提前走上了致富奔小康的发展道路。
审时度势，转变观念，创新思路，敢为人先，

由地下变地上，黑色转绿色，
使沉睡了几百年的古村落彰显出无穷的魅力。
一个集煤炭开采、旅游开发、生态农业和高新技术于一体的集团公司，
一个生活宽裕、村容整洁、村风文明、管理民主的新村都市，
就这样神话般地映入人们的眼帘。

振兴这座日新月异的村落，几年来在牛书记英明的领导与村民不懈的努力下，
创造了一个村落移位的奇迹，走出了一条富民强村之路。
当合作医疗与养老保险走进振兴家庭，
我们惊喜地看到了党的惠民政策和新村领导，
给这块沧海桑田带来了好风、好雨、好收成。
欣欣向荣的振兴新村，从春天里走来，
又在和谐社会的建设中脱胎换骨，满怀希望地走向硕果累累的金秋。

振兴的星空，因杰出的领导——牛书记而星光璀璨，
振兴的未来，因新农村建设的辉煌成就而舒爽骀荡。
我们深知，改革无有穷期，发展永无止境，
让我们用美丽的画笔描绘着具有独特魅力的城市化农村山庄。
献给我爱恋的土地，幸福的家园，美丽的新农村——振兴新村。

4. 振兴礼赞

丁学良

春潮涌动山披绿，凤蝶飞舞百花香。
雄山脚下高楼起，城市山庄美名扬。
振兴展开大舞台，青年才俊心向往。
先行先试新模式，同心同德勇担当。
事业发展不忘本，工业反哺大主张。
村企共建开新路，共同富裕是理想。
昔日荒僻小村庄，如今成了城市样。
践行科学发展观，工作生活有保障。
文化生态观光游，转型跨越思路广。
三争三新绘蓝图，全面进步百业旺。
呕心沥血一肩挑，发展成果齐共享。
幸福生活今朝创，梦想实现乌托邦。
踌躇满志踏新途，快马加鞭盼更强。
试看明日新振兴，誉满太行铸辉煌。

5. 赞振兴(其一)

关炳臣

日出东方落在西,神州万里飘红旗。
改革开放四十年,中华旧貌换新颜。
不说远 就说近,单说振兴这几年。
进入世纪〇七年,一声惊雷震地天。
祖祖辈辈穷山窝,来个彻底大转变。
整体搬迁村移位,振兴集团做后盾。
集团老总牛书记,先行先试冲在前。
城乡发展一体化,这个宗旨是根本。
说山变 山就变,荒山野沟变乐园。
说河变 河就变,幸福大街现眼前。
说地变 地就变,荒坡退耕还成林。
鑫源农业合作社,转型跨越谱新篇。
部分土地搞建设,部分土地种庄田。
生态大棚高科技,餐饮花卉相毗邻。
药材葵花核桃园,调产致富赚大钱。
说罢地变说村变,改天换地变新颜。
单元高楼平地起,幢幢别墅连成片。
有的住的是高楼,有的住的是独院。
三横九纵大街道,梧桐翠柏紧相连。
花池绿色吐芬芳,排排路灯无夜间。
路口安的监控器,政通人和保安全。
和谐大街宽又直,广场建在村中间。
凉亭长廊相对峙,大屏彩幕播新闻。
健身器材安得全,经常锻炼体康健。
路中一颗水打球,一拉阀门转圆圈。
振兴会堂很靓丽,能容一千五百人。
两座行政办公楼,学校建在村西边。
农民艺术展览馆,造型北京天坛园。
村东红色收藏室,三层古楼冲云天。
继承革命好传统,前赴后继走向前。
一棵千年古槐旁,槐荫寺庙更庄严。
村北红色广场上,东方伟人顶地天。
花间堂 幸福栈,还有上党名吃馆。

巍巍雄山欢乐谷，蝶恋花海景色新。
永泰门外商业街，人流似潮涌如云。
超市餐厅小卖部，物美价廉货物全。
桑拿浴 理发店，棋牌室 台球案。
任你挑来任你选，服务态度很周全。
说到这里拐个弯，咱再说说人在变。
男男女女街上站，上下穿得很鲜艳。
穿在身上没几天，一不时髦就换新。
不论哪家老百姓，银行都有存款钱。
年过花甲老人们，月月领取养老金。
全村男女和老少，身上装的都有钱。
当今社会这妇女，更是好得没有底。
一头长发肩上披，飘飘柔柔冒香气。
金甲指 金耳环，还有手镯和项链。
内穿衬衣外穿裙，珠光宝气很华丽。
高筒丝袜很合体，高跟皮鞋蹬脚底。
夏天穿的夏天褂，冬天穿的冬天裙。
咱再说说生活变，日子过得赛天仙。
温饱问题不用问，每天吃的大米面。
大米白面嫌不香，几乎每天下饭庄。
又吃鸡 又吃鱼，杜康茅台不稀奇。
走家串户骑摩托，出门坐的小轿车。
说起住宿不用提，好得更是出了奇。
厨房卧室洗手间，客厅排在最前边。
沙发彩电电冰箱，睡的高级席梦思。
夏天炎热有空调，寒冬免费供暖气。
条件高 生活好，多亏牛总好领导。
大家齐心并合力，芝麻开花节节高。
深化改革创新路，振兴明天会更好。

6. 赞振兴(其二)

关炳臣

改革蓝图呈美景，全面小康国运兴。
振兴模式红旗举，群情振奋向光明。
巍峨雄山接苍天，蓊郁概是青松染。
原地展翅卧凤凰，钟灵毓秀立麒麟。
千姿百态现奇象，无风自鸣唱诗篇。

火树银花霓虹闪，莺歌燕舞不夜天。
故友盛情相叙旧，异乡来客把景观。
四海互通皆友谊，振兴发展著雄文。
唯独只有牛书记，撑起新村一片天。

7. 生态环保

关炳臣

如今振兴村，村民素质强。
保护新环境，人人责无旁。
每日晨打扫，整天保洁忙。
树翠花草绿，清新吐芬芳。
夏日多炎热，树荫遮日光。
冬日严寒酷，送暖锅炉房。
日子赛神仙，珍惜好时光。
各种废弃物，切莫乱抛扬。
各家大门外，置有垃圾箱。
一街路两旁，梧桐翠柏香。
冬青花草池，四季碧绿样。
公物要爱护，损坏应赔偿。
四周霓虹闪，墙上挂音响。
一天早午晚，准时要播放。
党的政策好，人民日子好。
村内绿被美，山上松柏苍。
生态美环境，山火必严防。
进山莫带火，时刻记心上。
整体环境美，大家来护养。
村民日常姿，也应来加强。
衣帽要得体，仪表要端庄。
举止和谈吐，礼貌又大方。
公共场所里，不要高声嚷。
禁止抽烟卷，公众保健康。
精神和物质，两样都得讲。
人人讲文明，个个树形象。
陶冶新情操，树立新风尚。

8. 今非昔比

关炳臣

古名关家村，世代不变样。
茅草小黑屋，断壁又残墙。
大街小圪廊，环境乱又脏。
雨天污水流，晴天粪土扬。
村民吃水难，地贫不打粮。
出行也不便，发展谈不上。
一九七八年，改革春雷响。
二〇〇七年，另建新村庄。
改名振兴村，业绩更辉煌。
发展变化大，想都不敢想。
村庄园林化，户户别墅房。
四通八达路，灯火夜辉煌。
村北主席像，四处放光芒。
共富又共有，生活达小康。
幸福特色村，全国上了榜。
文明又和谐，三晋美名扬。
避暑小胜地，休闲度假乡。
山清水秀美，人杰地灵光。
发展无止境，一年一个样。
深化改革路，再创新辉煌。

9. 赞牛总

关炳臣

雄山脚下一才俊，父母育人党育魂。
伏案殚思创伟业，造福故里百家门。

10. 振兴景

关炳臣

一

春眺山花映日红，夏观田禾绿葱葱。
秋赏霜叶群山染，冬品冰雪雪裹情。

二

春日百花对岸红，夏季人在绿荫中。
秋染层林千峰美，冬雪皑皑伴老松。

三

葱绿满山坡，树荫遮楼阁。
水清气亦爽，人在绿中乐。

四

雄山义岭一都城，闻名全国新振兴。
英才辈出书香地，自古人杰地亦灵。

11. 归去来兮谜语歌

2018 年 10 月 18 日，一首别具一格的《归去来兮谜语歌》在山西振兴村“振兴日”金秋晚会上演唱。为纪念党的十九大提出“乡村振兴”战略一周年，各地名村和首批“田园才子”走进振兴村学习交流。金秋晚会上，振兴实验学校的学生们朗诵一首由该村村民自编的《归去来兮谜语歌》，该首谜语歌的创作得到振兴村全国村志收藏馆专家指导，并经四川广元朝天区曾家山农民补充，于 2020 年 9 月被第二届美丽中国田园博览会改编为集体朗诵演唱节目《垄上行》，在开幕式上正式公演，气氛热烈。

该首谜语歌作为对美丽中国田园博览会的主题贺仪，创意精妙。每句七字，四句一段，共 25 段 100 句构成谜面，每一句至少可探寻一个谜底“田”字。该段谜语采用多面一底、繁简映衬、析字示音、拆字示形、构字示义、连句会意、增减离合、诗义扣合等多种方法进行射谜，第五、第六段各句还依序巧妙摘引了古代田园诗歌中王十朋、陆游、钟芳、黄庭坚、苏轼、贺铸、谢灵运、王安石的名句，体现“田园”句意，使得通篇逐句逐段皆可利用相应字形、部首、笔画、结构、寓意或繁简异体揭开“田”字谜底。作为一首比较规整的谜语歌，朗诵起来，充盈的田园之情、农耕之乐、稼穑之思、归吟之梦跃然纸上。

全谜面“打一字”，内容如下：

万里乡村四个口，千家福分在里头。十方环游好风光，勤奋换来大丰收。
山川回环拱对拱，阡陌纵横绕水流。展翼飞羽共随去，四季美景画中走。
四座青山山对山，四面阳光头接头。四方大川川连川，四张嘴巴展歌喉。
桃源番番山水韵，自古乡间诗海涌。万曲乡韵泥土香，[illegible]步[illegible]画最讲究。
口诵渊明归去词，扶犁近可师野叟。十亩菑畬翳草莱，半丛寒日破红榴。
竹溪花浦曾同醉，老圃念人留伫久。隐玉藏彩畴识真，漫移蔬果亦多收。
春雷雨水贵如油，寅吃卯粮留患忧。每思粒粒皆辛苦，颗粒归仓满金瓯。
播种育苗摘瓜果，富是落脚累是首。人行千里重归心，牧笛声声人添寿。
礼遇自然要周到，环保准绳须紧扣。边角废料莫轻甩，铺张浪费行为丑。
画中有画看不尽，思乡最是心上头。桃花源里天地大，游子归来壮心留。
两口双双好百年，和合日子伴春秋。自力更生自信足，男耕女织农夫秀。
留下一片敬农情，挽住一首还童歌。一产大业添口福，五谷丰登奔富有。
“一号文件”齐拥戴，“三农”大政定辐辏。红线如鼎护垄亩，江山擘画兆金秋。
撂荒整治当务急，一亩三分有讲究。循环农业细打理，生态平衡乘方舟。
春华秋实粮翻番，一二三产打通揉。风调雨顺亦审慎，丰年要防歉岁愁。
产业振兴重基础，甩开膀子撸起袖。重农固本重中重，食以为天福上福。

人才振兴硬道理，农业品牌显身手。尊才重教有力量，奋勇创新雄赳赳。
文化振兴铸灵魂，三牛精神不可丢。绿水青山懂呵护，槐荫树下挽乡愁。
科技振兴多充电，授人以渔是必由。生态振兴大战略，两山理论发展轴。
组织振兴党风廉，不忘初心勇带头。事事尤重惠民生，时时鞭策底线守。
动嘴动口又动手，党心民心志趣投。美丽蓝图画到底，天长日久积蓄厚。
心系村里民生事，梦中块垒倍思谋。共联四方儿女力，无私无畏志不休。
国力翻越万亿强，富美生活过不够。百年建党共庆典，乾坤浩荡势如牛。
棵棵花果向天歌，穗穗稻菽看不够。新型农民精气神，万象更新跟党走。
花间谜海千重浪，天下口碑处处优。全面奔康好境界，乡村振兴福禄寿。

二、楹联

振兴村大门：

太行生态宜居地，上党文明小康村。

（2010 年牛扎根撰）

小康门：

山明水秀处处琼楼画阁神韵雅，日丽风和家家华堂端室喜气盈。

雄山聚宝天生万物兴伟业，淘水藏珍地出千金际太平。

闲庭：

慎终追远院小乾坤大，民德归厚缘少乡愁多。

休闲山庄：

古筝长鸣伴雄山秀水，贤尧盛世享福乐安康。

槐荫寺山门：

门右古槐郁郁葱葱峥嵘岁月千年事，台前新村蓬蓬勃勃兴旺气象万户歌。

钟楼：

去几多俗念，惹些许苍台。

鼓楼：

听林间细雨，看山外白云。

佛堂庙山门内：

进门先礼儒佛道，出庙还思天地人。

戏台：

古往今来无非悲欢离合事，新词旧曲总是忠孝节义歌。

大雄宝殿：

知足烦恼少，感恩喜事多。

东土西天真修炼参透愿无二义，黄卷青史大境界贯通在乎一心。

度天下有缘人他来你至皆欢喜，解世间危难事古圣今贤只慈悲。

关帝殿：

灯下时时读春秋当明春秋大意，人前处处讲道德始信道德为藩。

药王殿：

药王自有回春手，医圣常悬济世心。

菩萨殿：

立地顶天道德乃万事根本，扶弱济困慈悲为一生情怀。

一通天鼓断妄想，当知此处有莲台。

事无欺心心是良田耕不尽，人需向善善为至宝用有余。

道家始祖：

多采善哪怕半夜五更惊梦醒，广积德何须初一十五敬香勤。

宇宙初元生万物，道德终古惠千民。

至圣无欲则天下，道观古今集大成。

法在人间天在上，德为福本善为根。

孔圣先师：

风雅常存名利外，礼仁自在诗书间。

圣贤前浊心涤荡，雄山巅雅儒飞扬。

龙王殿：

千载风雨泽天下，八方仁爱济世人。

土地庙：

土能生万物，地可纳千祥。

红色收藏室：

闲踏落花寻野趣强人境界，静观流云阅天章老农情怀。

梅苑：

一枝独秀展振兴精神，春寒傲雪承红色基因。

风韵振兴美名誉神州，傲雪寒梅香气满乾坤。

兰苑：

兰有天香清益远，蕙生振兴芳名扬。

清茶慢品飞花处，兰草闲题欢乐谷。

菊苑：

黄蕾初开既傲霜月共秋色，离家万里犹有故乡牵人怀。

万顷乡野尤为秋菊凌霜月，一方故土只有民风记乡愁。

竹苑：

竹语清风文明振兴乡风淳，茶烟梧月幸福家庭情谊深。

颂青竹高风亮节立天地，正民风虚怀若谷住人间。

槐荫寺大门：

门右老槐郁郁葱葱岁月峥嵘千古事，

台前小镇蓬蓬勃勃风光旖旎百家歌。

游客中心礼仪门：

高情厚谊接待东南西北，

悦目赏心流连春夏秋冬。

礼仪门群贤毕至，
迎宾路少长咸集。

一丘一壑原为自然奇景，
半古半新乃是文化风情。

无弦弹拨月光下，
有韵吟哦山影前。

上党印象步行街东门：
上党气派与高天为党，
振兴情怀同华夏俱兴。

风清气正繁华地，
安定祥和富贵乡。

流光溢彩疑似神仙府，
安逸闲适恍如武陵源。

窗外唐风说古趣，
街前宋韵记乡愁。

上党印象步行街西门：
慢移步闲情半浓半淡，
轻展眉佳趣且密且疏。

窗外青山门外路，
胸中志向手中书。

马刨泉水印千秋月，
老雄山峰连万壑云。

上党风光皆秀色，
振兴人物尽风流。

农业产业园东门：
绿野一畴堪入画，
青峰四列自成屏。

浓淡氤氲谁涂抹，
蜿蜒迤逦我行来。

农业产业园西门：
丽日丹霞看山景，
苍烟落照听牧歌。

观远山心似闲云，
走阡陌趣如野鹤。

第一道圆拱门：
创新创业创环境，
成事成功成品牌。

俯首拓荒心不改，
奋蹄进取志难移。

第十道圆拱门：
山川壮美开新面，
岁月风流记乡愁。

槐荫寺外听钟磬，
马刨泉前说汉皇。

其余八道圆拱门：
雄山叠翠层层翠，
小镇平安处处安。

歌声唤起皎皎月，
诗句引来徐徐风。

植草心中铺锦绣，
养花眼底造风光。

看阶前月移花影，
听窗外风送松涛。

古木奇花多雅趣，
青砖红瓦着风流。

一轮圆月移花影，
几许轻风过柳梢。

今朝巨画我着色，
明日宏图你点题。

北峰雄峙福有靠，
大路南环乐无涯。

亲草木自成品性，
近山川别有情怀。

姹紫嫣红皆为景，
百转千回都是春。

春风大雅谁着笔，
秋水文章我爱读。

农家佳肴皆至味，
市井风情有洞天。

圆月一轮上柳岸，
轻风几缕出松林。

心底无私方有度，
笔头多情自成诗。

传承中华老道理，
发扬时代新精神。

不忘初心求发展，
牢记使命达小康。

三、石记碑刻

(一)槐荫寺碑记

上党腹地，雄山之阳，山势环抱，淑气腾蒸，槐荫寺缀其间，诚一方之胜景也，旧时此间曾立寺庙数处，唯佛堂庙为最，经沧桑变迁，所有胜迹皆颓废不存，唯佛堂庙前古槐葳蕤成荫，逾越千年，村民敬仰，有求必应。

改革开放，国运昌盛，踵事增华，旧村迁建，万象更新，念当日所有，聚百姓之愿，由牛扎根主持，与佛堂庙旧址重构庙堂，借古槐荫庇，更名槐荫寺，其寺，中为佛家大雄宝殿，左崇道家始祖，右敬孔圣先师，三庙并立，蔚为大观，工程于二〇一〇年十月开肇，二〇一一年三月告竣。

天地人，儒佛道，宇宙大理，和谐大道，虽物阜民丰岂敢废乎，殿内飞丹流彩，华严肃穆，庙既成，碑亦立，但愿植根叶于当今，贻洪福于后世，是为善举者之初衷，亦为觐瞻者之愿。

赞曰：雄山之阳，巍巍庙貌，神明护佑

有戒有教，三圣同祀，四时祭告

天人合一，和谐大道

公元二〇一二年岁在壬辰重阳吉日，立石。

三教堂开光做功德铭录：

长治华夏易学研究会会长宋根启敬捐佛像一尊。

湖北中柱古建园林有限公司经理肖绪安壹拾万元。

林州市建筑工程有限公司经理冯春林壹拾万元。

邯郸华北矿建公司项目部经理宋万学壹拾万元。

河南省林州市城郊乡庙荒村刘新太壹拾万元。

长治市郊区老顶山针壶口村张忠岩壹拾万元。

河南林州市古艺绘塑有限公司经理刘启根伍万元。

长治市城隍庙佛香阁经理崔平安壹万元。

辛卯年辛卯月癸酉日立

(二)创建关帝庙重修土地祠碑记

关帝圣君，义重千秋，德扶万代，忠贯日月，仁及宇宙，帝君之仁义非言语笔墨之所能书也。兹因本村西北有关帝庙历年久远，非止一日，不料于嘉庆十二年七月风雨飘摇，地址塌礶，神无所安，人更不忍，有维首李义，袁松礼等，恭请名人选择吉地，创立神庙，神得其所，人得其安，一时同发书念募化各省以及远近善男信女，乐施布施，不惜资财，维首日夜劳心，时刻费力，功不敢罪也，不论任人毁骂，由人指责，只要一心正直，账簿光明，人有善念，天必从之，因而于嘉庆十三年十一月之间，大功将就，已成八九，诚美事也，所有各省以及本镇远近之布施开创于后。

河南汴梁省银七千两零四钱、山东旧县钱十二千八百二十四文、琚成则施地一亩、陵川县平城关天祥钱八千文、牛启银十两、高猪庄村钱二千三百五十文、牛牧银五两、牛灼银二两、牛敏银二两、秦昱钱一千二百文、姬嗣钱一千二百文、郭树德钱一千七百文、贺万智钱一千六百文、袁天文银八钱、李温钱五百文、袁忠林钱五百文、袁瑛钱四百文、王珍钱四百文、本村关立乾钱五百文、袁松礼银五两、和锡玲银二两、袁松富钱八千八百文、袁天钧钱一千文。

共捐:银七千零二十七两二钱、

钱四十千零九百七十四文

经手募化人:牛发富 袁兴泰

又收钱十千零三百五十文

大清嘉庆十二年十一月 吉日 创建

(三)大清嘉庆年十三年十一月立碑

关子于钱五千四百九十五文、关永良钱三千七百四十文、袁松礼钱十二千五百八十文、关永公钱六千一百四十五文、袁松富钱十四千七百五十文及银五两、牛发富钱十四千九百六十文、关从章钱六千六百七十文、李礼钱九千零七十文、关子良钱八千一百六十文、关三忙钱二千三百六十文、关二庄钱三百二十五文、关秋则钱七百三十文、关三则钱三千零三十文、关子裕钱一千六百七十文、崔信钱四千二百四十文、袁天金钱一千一百四十文、关永洛钱七千九百八十文、关胖孩钱五千三百八十文、关全贵钱二千零九十文、李忠钱三千三百三十文、秦永富钱五千一百一十文、关降成钱一千三百四十五文、关全保钱四千二百四十文、袁槐钱十一千四百二十文、袁天于钱十千零四十文、李天福钱八千八百六十五文、李全钱八千五百七十文、关永海钱七千四百三十文、李尚礼钱二千二百八十文、关不论钱一千一百二十文、关拴柱墙八百六十文、牛发宽钱六千六百四十五文、李信钱一千八百七十文、关天武钱六千零十五文、袁天锡一千一百四十文、袁丁酉钱六千三百一十五文、李利裕钱一千八百一十七文、关子孝钱三千七百四十文、关子行钱四千六百五十文、关子贵钱一千五百五十文、关魏则钱二千八百五十文、袁荣钱四千六百七十五文、关天碧钱二千九百六十文、关天有钱二千四百八十五文、关天相钱三千八百二十文、李天佑钱六千二百文、袁仁信钱八千一百九十文、李天宝钱一千八百七十文、程金保钱一千七百五十五文、袁张氏钱四百五十文、李张柱钱二千九百零五文、袁僧则钱二千三百三十文、袁天增钱七百三十文、袁琀永钱一千四百六十文、李和则钱五千七百文、关继京钱二千一百九十文、和锡玲钱四千五百三十文、关影迷钱二千三百文、袁松发钱九百六十文、关子贤钱三千九百二十文、关黑汉钱七百三十文、袁天金钱二千九百二十文、关东则钱二千九百二十文、关天才钱七百三十文、关天喜钱二千一百九十文、关子有钱一千一百二十文、宁朝柱钱九百三十五文、袁四孩钱二百文、关雨世钱二百六十文、关法枝钱一千八百四十文、关继府钱一千四百六十文、李争气钱四百文

以上收布施银五两

共收钱二十八万六千八百四十二文

共收一年卖水钱二十九千三百九十五文
收合付公议钱二千六百四十文
共收人口钱、共收地亩钱两宗共收钱二百六十九千八百六十五文
人工作钱三百一十九千七百九十文
维首袁松礼、李义等
以上通共花费使钱五百三十九千九百九十文
社内地契轮流当年副约收存
大清嘉庆年十三年十一月启立

（四）创建菩萨阁志石

神道设教，易有明词，唯菩萨者普济一方，之人也，也于嘉庆二十一年春住持兴太偕同社首李义等言念及此善念，随兴率众度址创修于关帝庙之西，按阁村地亩会余捐资，工无向岁且荐饥，工程暂停，迨至道光癸巳仲夏，钱粮渐积，物料稍备，社首关纪洪等复行开工，不数月，岁复荒，工又止，延至辛丑三月望后起造，九月底工程告竣，三作始成，众心万慰，殿宇辉煌，焕然可观，诚为一村之所望，也于是设道场，显其光彩，神喜人乐，均得其所，虽不俞顺，邀福之想，聊为作善之一端云尔。

（五）大清道光二十一年一月二十一日立碑

嘉庆二十一年开工，社首李义于收地亩钱三十九千一百五十文，收会中余钱五十七千文，收本村余项钱三百四十八千九百一十七文，三宗共收钱四百四十五千零六十七文，共使费四百三十七千四百一十七文。

道光九年开工，社首关水法手收初五、初十、十二三会中余剩灯油钱三十五千五百三十三文，共使钱三十六千七百九十文，道光十一年至十八年开工，社首关纪洪，袁兴常入社罚过钱一百一十千文，收南崖张氏布施钱十千文，收洒扫二次钱六千五百文，收初五、初十、十二三会中灯油钱二百四十九千一百一十四文，两宗收钱三百六十六千六百一十四文，共使费钱二百六十六千五百文。

道光二十一年开工，收梁二锁布施钱一千文，收德茂馆布施钱三百文，收牛彩仙布施钱五百文，收牛玉仙布施钱三百文，收得过初社会二分利钱七十三千八百六十文，收历年初五、初十、十二日会余钱二十五千文，收牛维来布施钱二千文，收张东二伙会布施钱三百文，一宗共收钱一百零三千二百六十文，共使费钱一百零一千四百六十文。

以上六宗通共收钱五百七十九千八百七十四文，以上通共花费钱五百七十七千五百文，除使浮余二千三百七十四文，此项钱敬神使用，所有社中地契执主副约收存。

大清道光二十一年一月二十一日关家合村人主持胜有、等共立、主持兴来。

四、卷轴珍品

(一)初心赋

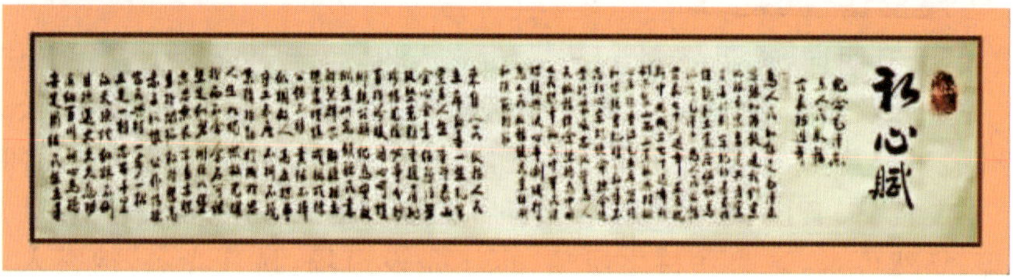

“为人民服务”,是毛泽东思想的精髓,是党的根本宗旨,是共产党员时刻要牢记的基本价值观和立党座右铭。2019 年 6 月 29 日,为纪念毛泽东《为人民服务》发表 75 周年,并庆祝中华人民共和国成立 70 周年,各村党员代表共聚山西上党振兴村初心广场,重温毛主席著作和习近平总书记谆谆教导,不忘初心、牢记使命,抚今追昔,抒怀咏志,恪守“为人民服务”信念,坚持为中国人民谋幸福,为中华民族谋复兴,决心争创践行“为人民服务”优秀基层党组织和模范村庄。振兴村党支部发起各地党员代表在《初心赋》上签名的活动。

《初心赋》全文如下:

来自人民,服务人民。主席教导,一生记牢。
党员人生,重于泰山。全心全意,任怨任劳。
攻坚克难,重担肩挑。珍惜光阴,必争分秒。
百姓冷暖,用心呵护。乡亲所愿,化为实效。
调查研究,倾听民意。联系群众,肝胆相交。
谦虚谨慎,戒骄戒躁。公信不移,责任不掉。
低调做人,高度谋事。守土基层,不折不挠。
业精于勤,行成于思。人生如烛,燃放光耀。
锲而不舍,金石可镂。坚定似磐,刚强如堡。
无私无畏,亦勇亦谋。勇于开拓,敢于攀高。
赤子胸怀,公仆情操。富民兴村,一步一招。
立足一村,志在千里。改天换地,红旗不倒。
目标远大,久久为功。海纳百川,联心为桥。
安定团结,民生主导。善于疏解,反对霸道。

活出神奇，干出精彩。热爱理想，不懈赶超。
党建擎旗，秉公立村。先锋示范，定力永葆。
青山是金，绿水是银。持续发展，科学协调。
大力融合，一二三产。农文旅康，分外妖娆。
兴我村庄，丽我田园。山水林田，新美富饶。
乡村振兴，百年大计。城乡一体，康庄大道。
做旺产业，真材实料。生态宜居，绿色风貌。
乡风文明，党员领跑。发扬民主，治理有效。
大家奔康，一个不少。同富同福，家家更好。
以我言行，解读党证。曾经誓言，一生遵照。
以我清廉，维护党纪。反腐倡廉，说到做到。
以我公平，见证党威。抵御邪气，主持正道。
以我表率，凝聚党心。奉献为本，精准为要。
信念为因，实践为果。以身作则，模范徽标。
不让党旗，抹黑沾灰。只为党徽，增添骄傲。
民乐我喜，民忧我焦。民愿我盼，民安我好。
为民服务，永跟党走。令行禁止，统一步调。
党徽闪闪，党旗飘飘。对党忠诚，听党号召。
人民幸福，民族复兴。入党誓言，既定目标。
回望初心，校准方向。念念不忘，切切记牢。
初心广场，再立誓言。咬定青山，绝不动摇。

（二）百村形象锦言

2018年10月18日振兴村首个“振兴日”，由中国村社发展促进会、长治市农业委员会、长治县人民政府联合主办，长治县农业委员会、长治县振兴乡村生态文化旅游区、长治县振兴新区振兴村承办的“百佳名村共谋乡村振兴发展”主题系列活动拉开序幕，同日，第二届百佳美丽村庄风采展，以图文并茂、配发形象锦言墨宝的形式在振兴村展出。

第一届百佳美丽村庄风采展是振兴村为庆祝中华人民共和国成立65周年而举办，在振兴坛对外展览。第二届百佳美丽村庄风采展是为纪念党的十九大提出乡村振兴战略一周年而举办，精选和荟萃了各地具有代表性的100个美丽村庄进行展览。被列入展示推介的村庄，是改革开放40年和实施乡村振兴战略以来涌现的美丽村庄佼佼者，是由中国村社发展促进会特色村镇工作委员会、中国村庄杂志社、天下村志馆，按照“生态美、文脉美、景观美、乡风美、规划美、发展美”6个基本条件评选出来的。

本次展出期间，由振兴村全国村志收藏馆专家为入展的百佳美丽村庄题署形象锦言，邀请中国国土书画研究院常务副院长、首批“田园才子”入选者、美丽村庄墨宝代言人王殿奎，在振兴村会议期间为入展的百佳美丽村庄书写形象锦言。展出期间，有大量游客观看。

附：第二届百佳美丽村庄风采展入展名录如下(排名不分先后)

【首创精神　改革地标】安徽小岗村
【甜蜜湘西　天籁苗寨】湖南十八洞村
【赫哲边乡　渔农新歌】黑龙江八岔村
【家风浴德　文旅添福】海南施茶村
【田园交响　中外传情】江苏马庄村
【金龟出海　古檀逢春】安徽大湾村
【诗画山水　丰登田野】四川战旗村
【生态长廊　水墨苍洱】云南古生村
【青春颂歌　黄土激情】陕西梁家河村
【名村鳌头　共富样板】江苏华西村
【公园山村　时代号志】山西大寨村
【扬子之星　幸福江城】江苏长江村
【村企龙头　宝鸡浦东】陕西东岭村
【半岛华都　村社巨擘】山东南山村
【村如霓虹　业似朝阳】江苏永联村
【天上琼瑶　人间花园】浙江花园村
【温馨水府　艺海名苑】北京郑各庄村
【相德至尚　字海无边】山西皇城村
【盛名不骄　富而思进】江西进顺村
【绿村先驱　世博垂名】浙江滕头村
【市场首村　沪商名埠】上海九星村
【红色秉性　集体礼赞】河南南街村
【欢乐水都　福寿半岛】云南福保村
【阆仙传诗　班门利斧】北京韩村河村
【钱塘骄子　浙村奇骏】浙江航民村
【京畿衣都　扫货天堂】北京果园村
【群博聚妙　万字释源】河南干河陈村
【岁岁亲海　年年纳福】山东西霞口村
【太极环居　九溪汇秀】浙江龙门村
【富美有道　幸福地标】上海杨王村
【太行灵气　模范风姿】山西西沟村
【皇道宝鼎　国门檀香】北京高碑店村
【乡愁乡韵　清凉清新】山西振兴村
【天府夏宫　龙门丽麓】四川宝山村
【天下车市　花园商城】浙江方林村
【精致做茶　贴心富农】安徽猴坑村
【防风古国　神秘水乡】浙江二都村

【抗大红峪　太行绿心】河北前南峪村
【不改初心　方得始终】河南京华村
【品质生活　打拼标杆】山东沈泉庄村
【静穆小村　千秋伟岸】湖南韶山村
【天下为公　浩气长存】广东翠亨村
【摩尔田园　博采丰景】河北北戴河古城村
【菜篮总部　大棚发祥】山东三元朱村
【生活哲理　关中传奇】陕西袁家村
【禹疏九曲　鲤跃龙门】山西龙门村
【公社犹新　集体惟强】河南刘庄村
【石里淘金　果中奔康】河北沙石峪村
【农民当家　五业丰登】江苏蒋巷村
【绿能支架　温暖助手】黑龙江红光村
【党建擎旗　生态立村】河北周台子村
【八阵开村　风水导福】浙江诸葛八卦村
【潇贺古道　风韵瑶乡】广西秀水村
【歌飞琼台　舞弄牯藏】贵州西江千户苗寨村
【三业并举　一缆天下】河北黄儿营西村
【探秘野域　寻幽奇境】湖北尧治河村
【黄海明珠　一方热土】江苏东罾村
【百舸争流　协力奋进】江苏武家嘴村
【画里画外　村色村香】上海中洪村
【妩媚水色　安恬稼园】江西西湖李村
【粉墙黛瓦　烟柳画桥】江苏牟家村
【花山药谷　林涛果浪】辽宁大梨树村
【辽西首村　红火日子】辽宁四家村
【故事乡土　作家摇篮】山西贾家庄村
【村和业兴　民安家泰】福建西安村
【绿岛风色　海角田园】上海前卫村
【人在花间　花在人间】山东九间棚村
【绝妙乡趣　最美水口】江西严田村
【京津绿肺　盘山禅风】天津玉石庄村
【小平故里　春天故事】四川牌坊村
【廊牵京津　气贯运河】天津双街村
【农贸工商　并茂绽放】山东陵阳街村
【世界佤乡　恒春部落】云南翁丁村
【天边牧歌　醉人秋色】新疆禾木村
【石茶诵诗　情河淌爱】云南古墨村

【治理有道　和谐兴村】上海太平村
【余杭锦绣　梦里桃源】浙江谢家路村
【干部吃亏　群众得福】河南西辛庄村
【农耕精品　乡居上善】陕西党家村
【诗画江南　农耕新篇】浙江七一村
【山水林田　绿净富美】安徽黄铺村
【和谐共享　集体真谛】陕西和平村
【杏梅尚品　螺井奇观】山东掌平洼村
【每家有铺　三代同富】陕西晨钟村
【明清匠心　古居极品】山西西湾村
【北果风光　樱桃树王】山东年家峪村
【金江古津　彝乡美岸】四川迤色拉村
【燕山碧玑　长城奇魅】河北白羊峪村
【吴楚分源　清凉一界】江西鄣山村
【翼开凤翅　栉比羌碉】四川萝卜寨村
【乡愁字典　活态史册】山西张壁村
【爱才聚财　业强村兴】江西湖坊村
【抗战家园　魔术名村】山西李峪村
【风水轮廓　幽邃洞天】浙江郭洞村
【生财有道　同富有方】河南南府店村
【才子小村　森林古堡】安徽元潘村
【院在田中　田在画里】四川青江小区
【罗冲伏鳄　西峰爱晚】安徽琴溪村
【乡间雕城　民居瑰宝】山西郭峪村
【塞上江南　陕北氧吧】陕西高西沟村

山東西霞口村入選百佳美麗村莊
歲親海年年納福
中國村促會
五正書於長治振興

四川寶山村入選百佳美麗村莊
天府夏宮龍門麗麓
中國村促會
五正書於長治振興

精緻做茶貼心富農
中國村促會
五正書於長治振興

河北前南峪村入選百佳美麗村莊
抗大紅峪太行綠心
中國村促會
五正書於長治振興

北果風光櫻桃樹王
中國村促會
五正書於長治振興

（三）中国村志赋

——现收藏展示于振兴村全国村志收藏馆

联村村为城，连城城为国。强国必先兴城，兴城必先富村，富村必先康家，自古使然。是为规律。强国、兴城、富村，城乡统筹，协调一致，为当下中国新型城镇化、农业现代化、乡村小康发展之必循路径。

国有国史，城有城鉴，村有村志，蔚为美丽中国城乡发展宏伟史诗。

往昔远矣，无限感怀：叹华夏吾国，无论国家编史，郡县村镇立志，皆讲究信史为本，求真笃实，遂形成中华乡土文化以史为鉴、以事溯源、教益后辈、见贤思齐之优良传统，源远流长且博大精深也。

新型城镇化浪潮大势所趋，亿万农民奔小康乃众心所归。于此城乡体制机制改革演替频仍之际，必有村所兴，村所联，村所改，村所并，乃至行政有所升格，村民有所迁徙，原村有所消失，凡此种种，在所难免。然，华夏乡村斑斓多彩之美俗，炎黄农业文明魅力无限之财富，包括数千年各民族族谱、村史、纪事乃至姓氏谱牒、家风门训等丰厚而宝贵之记忆遗产，极易遭逢毁损，务及时抢救、整理、保护之。

兹有山西长治县振兴村，长期广罗各地乡村信史志书，迄今搜集各地村志原著、珍本、善本逾千部之多，并获中国村社发展促进会及各大方之家指导，举办振兴百姓根祖文化节，特别是创立全国村志收藏馆，首推全国十大村志：

其一为中国蔬菜第一村、全国冬暖式蔬菜大棚与北方蔬菜种植“绿色革命”发祥地之山东寿光三元朱村志；

其二为被誉为“中国淀粉糖都”“中国玉米油城”“亚洲最大食用葡萄糖生产基地”之山东邹平西王村志；

其三为“人文奥运第一村”，倡行“主动城市化”理念及“村企合一”经济运行体系之北京昌平郑各庄村志；

其四为“天安门前第一村”“服装批发市场第一村”，引领京城首个服装服饰创意产业集聚区之北京丰台区果园村志；

其五为“民主管理第一村”，将外来人员亦一律以“新村民”相称相待之上海嘉定区太平村村志；

其六为“中国第一个互助合作组诞生地”，由全国著名劳模、全国唯一当选一至十二届人大代表申纪兰所在之山西平顺县西沟村村志；

其七为“民族文化第一村”，昆明滇池之滨，鸥飞、林绿、村美、业兴、人富之云南昆明福保村村志；

其八为完整记录津门农村聚落乡里发展变化史，获评全国村志编修名村，冯骥才题写书名、马三立题词“修真村志，建好家园”之天津东丽区新立村村志；

其九为地处著名中雁荡山凤凰风景区、极富浙南乡村聚落历史文化特色之浙江乐清市凤凰村村志；

其十为隐身长白山余脉龙头山，创业求变，善学求进，以资源招商、环境招商、服务招商、以商招商“四大法宝”名扬遐迩之大连市旅顺口区龙头村村志。

十大村志，堪称美丽中国国土乡村文脉十佳代表作名片矣。

每年推介一批优秀村志，必将特别播扬乡村记忆遗产之恢宏大气。

一部村志，一部村落文化史，乃是世人了解乡村起源、文脉、政治、经济、文化、社会之最佳载体。

全国各地村志集纳一体，村落文化变迁尽收眼底，何其恢宏！

太行老区振兴村，原名关家村，饱受先帝刘秀文化、先祖关公忠义文化熏陶，自古村帮村、邻帮邻，待人诚，交友真，村风民俗敦厚。改革开放，励志开拓，勤黾建树，一二三产共进，先后博得“山西转型跨越第一村”“山西省生态文明村”“中国特色村”“中国幸福村”及“亚太（国际）低碳乡村环境奖”美誉，荣登 2012 中国名村影响力排行榜。

与此同时，村里以振兴乡村文化为己任，迄今征集遴选和展示各方村志渐成海量，意欲不懈努力，东西南北中，典藏成一总，集国土村庄文脉之大成，成就一爿“华夏乡村百姓总祠”，何其壮哉！

文化财富价连城，历史遗产金不换。今振兴村一节一馆，旨在秉承先辈爱国爱村爱民优良传统，激励后昆弘扬与时俱进奋发有为精神，促进各民族兄弟团结，继往开来，同创辉煌，可谓功在当代，利在千秋。吾等以为，如今兹馆初建，尚须循序渐进，积少成多，使之更入佳境，馆藏泱泱。

搁笔之际，吾等欣闻振兴村全国村志收藏馆，被列入“美丽中国国土乡土文化名片”，并获世界文化地理研究院授予“世界乡村记忆遗产保护奖”，谨以此赋，由衷祝贺。

乔惠民承蒙振兴村垂爱
获聘村办全国村志收藏馆首任馆长
癸巳小龙年春感怀执笔

第八节　逸闻趣事

一、振兴村的“寨坪”与“营盘上”

振兴村有两块特别的地段，一块叫作“寨坪”，地处雄山翠岩寺半山腰；一块叫作“营盘上”，是振兴村一片很大的开阔地。坐落于雄山深处的振兴村，为何会有两个与军事有关联的地名呢？那就要从 2000 多年前上党长平之战的赵国名将廉颇率兵与秦军作战时说起。

春秋战国时期，秦王称霸，对外扩张，战火很快烧到了上党地区。上党太守冯亭不愿降秦，但又兵微将寡，无力抵抗。面对陈兵上党、咄咄逼人的秦军，冯亭把上党十七座城池献给赵国，请求赵国支援。赵王派老将廉颇镇守上党，秦军攻打上党，廉颇率兵迎战秦军，两军在长平（现高平市北）一带相遇。廉颇一生从戎，久经沙场，精通战法，足智多谋，他根据当时秦强赵弱的不利局面，巧妙利用秦军长途跋涉不利于打持久战的致命弱点，决定采取以守为攻、伺机出击的战术，与秦军以丹河为界展开长期对峙。为了夺取最后胜利，廉颇根据地形地貌，在上党南界大雄山沿线修筑了一道 100 多里长的石长城，作为保卫京都邯郸的天然屏障。他还不断勘察地形，选择一些适合屯兵养马、安营扎寨的后勤保障基地。

廉颇视察石长城工程时，来到了上党南界的雄山翠岩岭。只见巍巍雄山，南北纵横，地势险要，一条山间小路弯弯绕绕，可直达长平主战场，雄山之北便是一马平川的上党盆地。地势开阔，棉丰粮足，粮草供应非常便利，不由心中大喜。他当即下令，在雄山翠岩岭半腰安营扎寨，在岭南的河套地带建立一个兵营，用于储存粮草和整编军队。

部分赵军在雄山安营扎寨后，这个往日几乎无人的山沟顿时热闹了起来。周围百里的百姓纷纷为赵军捐运粮草。赵军得到百姓支持，士气大振。他们通宵达旦，操练不止，只见刀光闪耀，战马嘶鸣。一队队军士在这里经过训练奔赴战场，又一队队从前线撤回，在这里休整训练。

廉颇的战略决策使赵军与秦军对峙两年多，让长途跋涉作战的秦军疲惫不堪，非常被动。

再说赵国都城邯郸，朝中一些大臣对廉颇不攻而守的战术颇有微词，纷纷上奏朝廷，要求赵王下旨，撤换大将廉颇。秦军借机利用赵国内部意见不一，让赵王启用了“纸上谈兵”的赵括，替代了廉颇的统兵大将之职。赵括一上任便改变了廉颇的作战方针，主动出击。秦军为了诱敌深入，佯输诈败，使赵军心存侥幸，长驱直入。丹河一仗，赵军大败，赵括死于万马军中，四十万赵军也随赵括葬送了性命。长平之战后，这里又恢复了往日的平静，但这里的百姓很敬慕廉颇这位英雄老将。从此，百姓便把这两个地方称为“寨坪”和“营盘上”。

二、关家村人为何到屯留县取水

旧社会，民间有一种习俗叫“求雨”，也称“取水”。这项民间活动一般发生在盛夏的“数伏天”，那时正值田禾扬花吐穗的季节，若遇天旱无雨，庄稼就会干枯死亡，所以雨水对以种田为生的百姓来说非常重要。在这种关键时刻，村民唯一想到的办法就是到庙里去求雨。一般快到伏天时，村民早早就开始做准备。

旧社会，关家村人认为到屯留县紫荆山龙王洞“求雨”很灵验，不过只在遇到特大旱情时，一般情况下也不会长途跋涉去屯留县“求雨”。

关家村人到屯留县龙王洞取水，源于一个远古传说：一日，洞中龙王持雨簿到泽州降雨，返回时途经雄山，一下就被这里的优美风光吸引住了，只见风岭重叠、群山连绵、流水潺潺、云雾缭绕、万物峥嵘、百草丰茂，犹如仙境。他在一处叫“九仙台”的地方按下云头，一眼望见山涧清泉鱼儿打转，蜻蜓点水，随即打来一瓢清水解渴，水一入喉，甘爽可口，丝丝甜味久留不散，实乃世间罕见，他便解下身上的葫芦宝瓶装满了水，带在了身边，临行时留下雨帖：若遇大旱，即到屯留县龙王洞祈雨。人们为作纪念，便在翠岩岭下的山溪旁修了一座龙王庙（即现在的后沟凹老鳖头龙王庙）。历经1000多年，庙前的那股清泉仍源源不断地流淌着。

关家村人取水活动一直延续到1949年。

三、马刨泉

在振兴村西北方的雄山翠岩山巅，有一马蹄形的泉池，千百年来，不论遇到多大旱情，泉水始终翻涌，长年不息，永不干涸，那就是马刨泉。清乾隆年间《长治县志》记载，马刨泉又名马蹄泉，因刘秀坐骑白马刨泉而得名。

相传西汉末年，王莽篡位，汉室刘秀起兵反抗，后被王莽追杀。一日，急于逃命的刘秀快马加鞭，单骑直入来到上党，只见太行山山高林密、峰岭重叠、沟壑纵横、山路崎岖。刘秀单人独马、身疲力竭，只顺着那些能够隐身的山林而行，那时正值盛夏，烈日炎炎，大地如炉。行至雄山翠岩岭上，刘秀口干舌燥，喉中生烟，浑身乏力。但此处前不着村，后不着店，火辣辣的太阳炙烤着大地，寻遍四周并无一滴甘露。他不敢贸然下山，所乘坐骑也疲惫不堪，刘秀只觉得头晕目眩，眼前一黑，从马背上摔了下来，奄奄一息。白马见主人躺在地上一动不动，立刻仰天长嘶，四蹄乱刨，前后打转，躁动不安。忽然，两个前蹄腾空而起，向一块大石板上猛刨，声响如雷，碎石四处迸射，连刨数下，石上出现一池，汩汩泉水涌动，一时便石池满溢。白马用头向水中扎一猛子，连摇数下。水花四溅，洒了刘秀一身，刘秀顿觉凉爽，醒了过来，一见清澈透亮的泉水，喜出望外，忙双膝跪地，叩谢苍天，挣扎着爬至泉边，大口大口地喝了个痛快，一时精神大振。刘秀这时静观其泉，三尺见方，泉水上涌，已溢满四流，他心潮涌动，用马鞭轻轻一划，那水便顺着划痕潺潺向南边山下流去。这时已夕阳西下，暮色降临，饮过泉水的刘秀，迅速跨上坐骑向东南方直奔而去。后来他招兵买马，发展壮大，终于推翻了王莽长达 15 年的“新”政王朝统治，建立了东汉王朝。

如今，人们见这山巅上的汩汩泉水，便知这泉水为刘秀而出，因为这泉眼就像一个清晰的马蹄印。2000 多年来，无论天气多么炎热，这个泉池的水总是满的。每年春节，附近的村民都要去泉边焚香祈祷，祈求新的一年风调雨顺，全家吉祥如意、四季平安。

四、小苇叶上为何有三道指甲切痕

小苇叶，地里常见的一种草本植物，俗称“尖草”。传说在远古时期，二仙奶奶云游雄山，按落云头，在野地里小便时，刚一蹲下，就被小苇叶扎疼了屁股，顿时大怒，便罢，起身用指甲在小苇叶上狠狠切了三下。所以，关家村一带地里的尖草叶子上都有三道很明显的指甲切痕。

五、“吃建宁，屙荫城”

紧连关家村的大雄山最南端有一高峰，海拔 1419.5 米，是大雄山的最高点，峰顶岩石下有一大豁口，形状像一张大嘴，因此被称为“张嘴垴”。

“张嘴垴”以北有一条岭长约 10 千米，一直延伸到荫城村的南寺上，是整个大雄山的南、北终止点。沿途峰岭连绵，沟壑纵横，并有牛家坟、老虎窝、八仙桌、九仙台、杀牛坪、四岩山等地名。

在明清时期，荫城铁货全国闻名，全国各地的铁商蜂拥而至，荫城成为全国铁货集散中心，并有“万里荫城，日进斗金”之说。距“张嘴垴”一里之遥的五龙宫，地形开阔，像一座龙宫。五龙宫东为毡帽山、金鸡山，西为老虎头。“张嘴垴”的一张大嘴透过西山之间的五龙宫直逼高平市的建宁村，荫城镇和建宁村的规模不相上下，地理条件也差不多。可是，在那一时期，荫城是全国闻名的通商富镇，建宁却是三晋大地的贫困大村。精通地理风水的名家高手路过此地，一看这地理、山势，众说一词：怪不得，建宁有多少财富，也不够这一张大嘴吞掉，最后都要统统归于荫城。

所以有“吃建宁，屙荫城”之说。

六、关家村岸底院的怪事

1947 年，关家村有一座一进两院的古宅[建于清道光二十九年（1849 年）]，叫岸底院，一直属于关家村一大户人家。1946 年在土地改革运动中，这座大院被清算，因房产价值过高，没有及时分配落实到户，故暂时搁置。为了维护村内治安，村里民兵便在前院大门旁的耳房内昼夜轮流值班。

一天夜里，有人偶然听见院内有响声，夜深人静时响声更大。很多人不信，觉得好奇，第二天便亲临现场，果真不假。白天安然无事，一到夜间，哪里有灯光哪里正常，一熄灯，扑腾扑腾就响了起来，在值班室就能听见各种怪异的响声。那时没有电灯，不可能让整个院落灯火通明。可是随着响声掌灯观看，不见一点踪迹，无任何怪象。后来这种情况越发严重，一会儿有人噔噔噔上楼并伴有其他响声，一会儿又噔噔噔下楼来，屋里的圪洞盖好似有人在不停地掀动。一伙人壮胆进去一看，圪洞盖被掀向一边，隔壁那屋又有搬动盆盆罐罐的响声，走近一看，盆罐倒的倒、歪的歪，有的还移了位。楼上的木头、废铁，叮叮咣咣就被扔到了院子里。人们被吓得毛骨悚然，战战兢兢。一到夜里，近邻家家关门闭户，也再没人敢去值班。后来在壶关请来了一位法师镇邪，法师说是 500 年前，这里曾埋过一只狸猫，现已成精，因此在此兴风作浪。他使了一些法术鼓捣了几个晚上，结果也无济于事。

后来村里只得将此事上报县里，县里派人来调查，可也是束手无策。万般无奈之下只好在夜深人静时，在东房外的高岸上一连扔进了三颗手榴弹。从此，院内恢复了往日的平静，直到如今，也没有人能解开这个谜团。

七、一镰刀砍死金钱豹

20 世纪 40 年代，年过不惑的迎春老汉是村里一位普通农民，此人生性老实、憨厚，身材高大，臂力过人，从小在山旮旯里摸爬滚打，练就了一身的力气和胆略。但他家境贫寒，大半辈子都是靠打短工维持生计。

一天吃完早饭，迎春老汉拿起镰刀去大雄山十八掌沟砍山条。下午时分，忽见一只金钱豹从山石后的灌木丛中一跃而起向他扑来。面对这个张牙舞爪的庞然大物，他一时不知所措，惊恐万分。当时距离那只金钱豹只有数米之遥，危急之下他也来不及多想，不顾一切地迎着金钱豹冲去，使出全身力气，抡起镰刀，照金钱豹的头上猛砍过去，慌乱之下没中要害，砍到了它的嘴唇，顿时鲜血直流。只见那金钱豹大叫一声，就地翻了几个滚，跌到了荒草坡边的河沟中。当时迎春老汉也顾不得那豹死活，撒腿就跑，只见那只金钱豹从河沟中爬了上来，老汉这时距离金钱豹已有 30 多米远，它双目圆睁，凶神恶煞，很快逼了上来，金钱豹每向前移动一步，老汉便后退一步，手里的镰刀向空中抡动一下。明亮的镰刀映着日光耀眼夺目，就这样一直对峙了有五六分钟，老汉退到了一座小山头，那只金钱豹也不再向前，就地卧了下来。

老汉一步一跌丢魂失魄地回到了家里，忙叫家人焚香祈祷。一连几日不敢再去山里。事过月余，有人在山梁上发现了那只金钱豹，腿部严重溃烂，嘴唇皮肉已经脱落，早已死去多日。

原来这只金钱豹腿部早已严重受伤，行动不便，又饥饿难忍，一听有动静，就贸然从山石后出来觅食，却被迎春老汉用镰刀将嘴唇劈伤，因不能进食而死。

八、抛毛客

从前，关家村有个叫海灵的人，说话没一句靠谱。十里八乡的都知道，别人听了他的话，时不时上当受骗。因此，人们就给他起了个绰号——“抛毛客”。

一天，海灵去陵川杨村赶集，下午回来走到西火东村瓜圪脊上，当时有人见他就说：“海灵，抛个毛吧。”海灵眉头一皱，很不耐烦地说：“什么时候，还顾得上抛毛。”那人便问：“怎么了？”海灵说：“有个蒙古客商用骆驼驮着盐，路过咱关岭坡，骆驼走不惯山路，跌倒了，那白花花的盐撒了一坡，我急着回家拿口袋簸箕去扫盐哩。”那人听了便不假思索，急忙叫上左邻右舍一行数人前去扫盐。走到关岭坡上一看，哪里有什么骆驼和盐，只好空手而归。

事过数日，那人又遇见海灵，便怒气冲冲地问道：“你那天说关岭山上有骆驼倒了去扫盐，我们去了却什么也没有，是怎么回事？”海灵说：“看你这人记性好差，不是你让我抛个毛吗？怎么忘了？”那人一听，恍然大悟，方知又上了“抛毛客”一当。

九、关家村的土地爷为何残缺不全

很久以前，关家村的财神庙建在村边的一条大路边，地段繁华，香客不断。特别是一些长期跑外的生意人，都想顺风顺水、财运亨通，所以外地客商路过此地，一般都要在这里上香，敬献供品，祭拜许愿，就是一般百姓也要求个风调雨顺、四季平安。因此财神庙前一天到晚香烟袅袅，明烛高照，十分红火。

与财神庙相距不远处就是土地庙，土地庙前却是冷冷清清，一年到头香火寥寥。看到财神庙那般情景，土地爷很是羡慕，就对财神爷说：“我那里长年累月也没有个香火，咱能不能换换位置，哪怕就几天也行呀！”财神爷一听，想他也不容易，就说：“行，就让你几天吧。”当天便换了位子，第二天一早，就见有人到庙里进香，那人祭祀毕，祷告道：“老爷呀老爷，快下场雨吧，如再不下雨，我那几十亩瓜田就都要干死了，要是能下场大雨，三天之内，我一定整猪整羊来回祭您。”这个人起身刚走，随后又有一人进庙跪拜道：“老爷呀老爷，这几天可千万别下雨，我要晒姜，一下雨，我的姜就都发霉了。”说罢许下愿也走了。他前脚刚走，紧跟着又进来一人，一跪长拜道：“老爷，我是个船夫，这几天，江上过往客商甚多，刮几天顺风吧，我挣了钱后一定来重重地酬谢您。”此人走后不一会儿，又来一人叩头道：“老爷，这几天可千万别刮风啊，一刮风，我梨园的梨就都掉到地上摔烂了，我就惨了。”他拜毕，许下愿也走了。土地爷一听，四人四个样，很是矛盾，不知该听谁，好生犯难，他无从定夺，只好去找财神爷，把这天发生的情况说了一遍，财神爷一听，就说：“这还不好办，黑夜下大雨，白天晴好天。刮风顺河走，不要穿梨园。”土地爷一听，茅塞顿开。财神爷又说：“这点小事你都没法处理，这样吧，给你个简单的法子受点香火吧。给你这个金如意，倘有人路过，你用如意棒点他哪里他哪里就疼，他一疼痛就会给你许下香火，你可受用。”过了一天，还真有个人挑着担子走到庙前，土地爷用如意棒朝那人的肚子一点，那人便“哎呀”一声跪倒在庙前，祷告道：“老爷，我肚子疼，你要是能教我不疼，我明日就来重谢你。”那人是个磨豆腐的，第二天便担着豆腐来还愿，献供呈上，土地爷看见一块白花花的东西，也不知是啥，拿起就吃，一吃便噎住了，憋得满脸通红，半天上不来气。财神爷听说此事，就对土地爷说：“他一个穷卖豆腐的，你点他干啥，要点你也得拣那骑马坐轿的大财主才行呀。”土地爷一听，说：“记住了。”

有一天，果真有个人骑着高头大马，穿着长袍马褂，带着仆人来到庙前。土地爷一想，买卖来了，他就向那主人的肚子一点，那人便捂着肚子跪下祈求：“老爷，只要你能让我的肚子不疼，明日我就来祭拜你。”一时间那人肚子就不疼了。第二天，那人便挑着香火，提着祭品来到庙前。他下了马一看，庙前光溜溜的，连个拴马的地方也没有，他只好随手将马拴在了土地爷的腿上。烧香祭拜完毕，燃放鞭炮，噼里啪啦一阵响，没想到那马受了惊吓，拖上土地爷漫山遍野乱窜，把土地爷拖得遍体鳞伤，残缺不全。

这就是关家村土地爷残缺之由。

第十二章　民俗民风

第一节　良风美德

一、诚实守信

在漫长的封建社会，关家村中除了富裕大户的子女能上私塾识字，穷苦人家均目不识丁，以文盲居多。邻里之间处理大小事情一般靠的是诚信，答应了别人的事一定完成，不为不可告人的目的而欺瞒对方。若遇到买卖房产、租种土地、民间借贷等一些重要的事情，一般讲求立字据，特别是邻里纠纷、打官司告状，指证签约是必要程序。在旧社会，“签约”被称作“画押”。在集体化时期，人们凭劳动工分领取口粮。那时最流行盖章，一般成年人都有私章（称为手章），在表格和字据上盖个手章。个别没有手章的则按个手指印。改革开放后，传统做法已成为历史，现在多为签名。

二、重义忘利

长期以来，振兴村人讲究“义气”二字，以义气为重。在改革开放的今天，振兴村人不为金钱所惑，不为利益所动，不贪不义之财，始终保持一身正气，光明磊落处世，堂堂正正为人。

三、勤劳质朴

振兴村人世世代代憨厚老实、勤劳质朴，为了改变穷苦面貌，男人们终日忙忙碌碌、任劳任怨。夏日，烈日炎炎，在田间劳作，汗流浃背；冬日农闲，冒着严寒冰雪，为了能多攒一点钱，从事各种各样的营生，不论受多大罪，从来不叫一声苦、喊一声累。妇女们白天操持家务，夜半三更在煤油灯下穿帮纳底，缝补衣裳。一家人用辛勤的汗水，换来财富，换来幸福。

四、孝亲敬老

孝亲敬老是中华民族的传统美德，是人伦道德的基石，是中华文化的瑰宝。在人类历史的长河中，“孝道”始终闪耀着不灭的光芒，它是人们的行为规范和人生准则。

振兴村人历来讲究孝道，虽说没有向老人拜寿的习俗，但在日常生活中尊重老人，关心老人的衣食起居，体贴入微，彰显出中华民族尊老、爱老、孝老、敬老的孝道文化。

党的十六届六中全会提出“构建社会主义和谐社会”。和谐社会与传统的孝道文化有着深厚的渊源。振兴村在开展新农村建设之初就将弘扬孝道文化作为其中一大课题。

每年的九月初九重阳节，就是一个传承孝道文化和弘扬社会道德风尚的时机。重阳节当天村里会召开村民大会，表彰孝亲敬老的好儿女、和睦相处的好婆媳，给 60 岁以上老人发放御寒衣、养老金等，有效地促进了“两个文明”建设和社会主义新农村经济建设的健康发展。

五、勤俭持家

“吃不穷，穿不穷，计划不到一辈穷”，这是振兴村人总结的家庭生活经验。从封建社会、合作社、人民公社直至改革开放的不同时期，振兴村妇女始终以“勤俭持家”为己任，勤劳朴实，任劳任怨，默默承担着家庭繁杂的事务，将家里打理得井井有条。她们为了家族的兴旺和子女们的健康成长，默默付出，处处显示出了高尚的情怀和美德，故有“女人有福福全家”之说。中华人民共和国成立初期，由于生产力落后，生产效率低，生活条件极差，为了生存，她们省吃俭用，一分钱掰成两半花，竭尽所能精打细算，改革开放后体制改革，经济条件好转，生活得到极大改善，可她们仍然不忘艰苦奋斗、勤俭节约的持家美德，承前继后，代代相传。

六、爱岗敬业

振兴村祖祖辈辈在自己的工作岗位上认真负责，尽心尽力，遵守职业道德。

振兴村从社会主义新农村建设以来，坚持“以工促农，以城带乡，以城乡经济社会发展一体化为目标”，现在已成为一个典型的农村经济共同体。近年来，由农转工，村民从事不同的职业，他们深知“村兴我兴，村衰我衰”的道理，恪尽职守，爱岗敬业，无论从事何种职业，他们都勤勤恳恳，兢兢业业，干一行爱一行，认真做好自己的本职工作。村两委每年都在年终总结大会上对敬业奉献的好职工、好村民进行表彰奖励，树立并弘扬良好的社会风气。

七、尊师重教

振兴村自古以来就有尊师重教的良好风气。广大村民深刻认识到，农村发展最基础的是教育发展，发展农村教育对推进农业现代化具有全局性意义，因此振兴村在推进农村改革发展和社会主义新农村建设进程中同步推进了农村的教育发展。

建设振兴村寄宿制学校，推进了城乡义务教育的均衡发展。雄厚的师资力量，先进的教学设备，为学生提供了优越的教学环境，近年来，成绩显著、硕果累累。

进入 21 世纪，村委每年都要为教师办实事、办好事。召开表彰会，与教师座谈。随着振兴村社会主义新农村的不断发展，教师的政治地位和经济待遇得到保障并不断提高。

八、团结互助

自古以来，振兴村一家有事，各家帮衬，不论贫富，不讲门第，一视同仁，一家有事百家忙。在集体化时期，不论谁家修房盖屋，一声招呼下来，一帮就是几天，从不计报酬。

婚丧嫁娶，更是如此，解决了很多人手不足的问题。互谦互让，礼尚往来，从不为小事斤斤计较，振兴村人常说“为一人铺一路，惹一人筑一墙”“远亲不如近邻，近邻不如对门”。

振兴村就是一个大家庭，在这个大家庭里，人人相亲相爱、团结互助、和谐友善。大家在这个幸福的同心圆中和睦相处。

九、厚道好客

振兴村人历来好客，与人相处，以善为先，历来奉行“待客不得不丰盛，过日子不得不节俭”的生活信条，即便在生活条件困难时期，客人到来，也会设法备下好酒好菜，盛情款待。在当今时代，来者就是客，不论生人还是熟人，一律以朋友相待，朋友聚会，尽欢尽乐。

第二节　传统节日

一、春节

农历正月初一是一年内最隆重、最喜庆的民俗节日，俗称“过大年”，现称为春节。春节周期很长，从上一年的腊月二十三“祭灶节”开始（俗称“过小年”）到除夕夜为准备阶段，称“忙年”；从正月初一到正月十五元宵节为庆贺阶段，称“过年”；到正月二十四“添仓节”结束。在这一个多月的时间里，节中套节，连续不断，喜庆祥和，年味十足。

除夕夜过零点即为正月初一，正式进入春节。人们开始准备庆贺活动，程序比较简单。庆贺活动的第一项内容是开门先放“出门炮”点燃“年火”，然后烧头香，敬献供品祭祀诸神。屋内正中供五碗素菜，其他神位供花馒头、小枣糕等，先敬神灵，后敬先祖，男性一般到村边的奶奶庙、关帝庙、山神庙、土地庙祭祀神灵。点“年火”一般由家中长者完成，取恭喜、发财、旺盛、红火之意。不少上年纪的老人在早上祭祖时非常讲究，面对先祖牌位，跪地稽首，禀报一年来家中发生的事情或先祖生前嘱咐的事情。早饭时间全家围坐一起喝新年喜酒，吃团圆饺子。早饭后，小孩跳绳、钻圈圈、捉迷藏，大人们围坐一起聊天、讲故事等。一整天，男女老少串街走巷，欢声笑语、鞭炮声不断。

20世纪80年代后，过年方式发生了很大改变，自从中央电视台开办春节联欢晚会，除夕之夜，一家人围坐在一起，嗑着瓜子，品着美酒，暖意融融，孩子们看完晚会才睡觉，有的零点就开始烧香燃放鞭炮，传统的起五更的习俗有所改变，春节早晨按传统习惯吃饺子，午饭特别丰盛，鸡鸭鱼肉样样齐全。

春节期间，本乡本土邻里之间初次见面都要相互道声“过年好”等，初二开始拜年，根据传统的拜年方式，晚辈要给长辈作揖磕头，改革开放后，已不再磕头，前往长辈家中看望问候就行。拜年时，长辈要给未成年儿童发放压岁钱，金额因时代的变迁而不断变化，中华人民共和国成立初期，一般为一角、两角，一些贫困家庭也有发五分的，还有的给儿童装个核桃，发个软枣、柿饼替代压岁钱。改革开放后，随着社会的发展和人民生活水平的提高，压岁钱的金额猛增，少则几元、几十元，多则上百元。

初二拜年以辈分论次第，首先得去姥姥家。新婚夫妇先去男方的姥姥家拜年，行磕头礼，姥姥姥爷要给一笔数额颇丰的压岁钱。初三、初五不出门，初四可以到丈母娘家拜年，结婚三年内的夫妇，女婿要给丈母娘拜年钱(以抵销丈母娘元宵节前给闺女送灯糕的花费)，往后就是向兄弟、姐妹、七大姑八大姨等拜年。中华人民共和国成立初期直至20世纪80年代，拜年的礼品以馒头、小糕为主，家中有年长者的顶多外加一盒饼干。改革开放后，这些传统的礼品已成为历史，取而代之的是到商店买一些高档饮品、糖果点心，有的出于对长者的敬重，还买一些营养保健品。近年来，由于网络的全面覆盖，拜年出现了很多新的形式，如电话拜年、微信拜年等，方便快捷，深受欢迎。有拜早年的，也有拜晚年的。

初五以后，各种春节娱乐活动掀起高潮，村里开始传统社火表演，秧歌、戏剧、舞蹈、曲艺表演接连不断，邻近村庄都要相互串村进行舞狮、舞龙灯、唱歌、跳舞、扭秧歌等一些民间文艺表演，一直持续到元宵节。

如今，春节活动形式多种多样。春节嘉年华则是振兴村基于春节传统文化而固定打造的年俗文化和夜间经济活动，到2020年，已连续举办了四届。1月17日上午，2020年上党年俗文化旅游节暨振兴小镇“第四届春节嘉年华”开幕式在振兴小镇举行。活动项目有四十余项，涉及全区五个乡镇区六大景区景点，时间长达半个月，涵盖文旅、体旅、农旅三大板块，主会场为振兴小镇“第四届春节嘉年华”活动，整体活动内容有上党民俗荟萃的地方花灯展、花灯会、社火表演、上党民俗大巡游、上党八音会邀请赛、上党婚礼秀、大型铁礼花等；有文化演艺类的现代室内大型情景剧、室外大型历史古装情景剧、上党经典戏曲展演、潞安鼓书表演；有康体养生类的滑雪、赛马等，以及民间杂耍、“非遗”产品展览、文创产品展销等。2021年，振兴村按“十四五”规划加快投资拓展夜游、夜赏、夜食、夜购、夜宿“五夜”产品体系于一体的夜间经济项目，邀请国内顶级策划运营团队合作谋划和实施，组织村志收藏馆专家博采古今历代十二生肖文化诗词，特别是“虎福”文化诗词30000余首制作灯谜、诗廊，创意设计“虎福”题材的卫生防疫吉祥物口罩，在防疫前提下深化办好壬寅年春节嘉年华，打造流光溢彩的“振兴不夜村”品牌，对拓展夜间经济做出了周密安排。

(一)祭灶节

农历腊月二十三是人们祭祀灶君的节日。相传灶君由玉皇大帝册封，“东厨司命灶王君”的神位设在厨房的东方，其被作为一家的保护神而受到崇敬。一家一灶君，被称为一家之主，这天晚上，村民烧香放炮摆供品祭祀灶君，不过供品有点特别，就是将炒熟的玉米粒用糖黏成团块。据传，一年结束了，这天晚上灶王君要上天到玉皇大帝面前汇报情况，家家都期盼灶王君到玉帝面前只说好事不说坏事，最好是灶王君吃了供品，嘴巴被糖黏住，什么也说不了，免得惹是生非。祭祀毕，就把旧的神位撤下，待除夕那天再换新的。旧社会，一般家庭是用黄纸写上“灶家老爷尊神之位”作为神牌贴起来，神联为“二十三日走，初一五更来”“上天言好事，回宫降吉祥”等，从这天到除夕夜的一周时间里，依传统说法，灶王君已上天，家里没有管束，为无禁忌日，婚丧嫁娶、生日满月不用择日，哪天都行，称为“赶乱岁”。因此，嫁娶者甚多，这种传统习俗延续至今。

祭灶节刚结束，家家户户都在为过年忙碌，古有“有钱没钱，都要过年”的说法，村民纷纷备办衣物，置办年货，打扫庭厨，修容理发，蒸煮食品如花馒头、红豆团、枣糕、白馍等。

（二）除夕

一年中的最后一天，民间称为“年三十”，晚上称为除夕。它与春节首尾相连，除夕的零点是人们辞旧迎新的时刻。

这天最为繁忙，一大早，家家户户清理门户，打扫庭厨，添水缸，积年火，贴春联，挂年画（年画始于古代的“门神画”，大多在新年时张贴，装饰环境，含有祝福新年吉祥喜庆之意），办酒菜，备年饭，屋里院外，喜气洋洋。在贴春联前，首先把门神画贴在门扇上，这是振兴村人早年就有的习惯，让门神守住门户，任何凶神恶煞便不敢入门打搅。随后把火红的春联贴起来，门上的大联倒没有什么讲究。除了一些平安吉祥语外，就是辞旧迎新和描写春意的内容，讲究的是各个神位的小联，其内容耐人寻味，如天地爷为“天高悬日月，地厚载山川”“天地三界主，十方万灵神”“喜天地不老，孝父母百岁”等，灶王君为“二十三日走，初一五更来”“上天言好事，回宫降吉祥”，财神为“天上金玉主，人间福禄神”，老君爷为“黄花三清主，洞中李老君”等。挂年画也是一大传统习俗，在旧社会，一般是在市场上买一些三清木刻画，如含“吉庆有余”“鱼戏莲”等内容。集体化时期，主屋正中挂中堂尤为重要，内容如“龙凤呈祥”“吕布戏貂蝉”等，两边配有楹联，偏墙配角多为鱼、虫、花、鸟、景山秀色等。楹联有“风来花自舞，春到鸟能言”等。

“文化大革命”时期，这些历史的年画大多被冠以“四旧”之名而消失，家家中堂改为挂毛主席画像，墙上贴的是毛主席接见“红卫兵”的画作和革命样板戏，屋内的墙头、衣柜、桌凳、水缸贴“福”字，院内贴“春光满院，出门见喜”等条幅。到了晚上，“接祖宗”是一件非常重要的事情，“接祖宗”时，神厨门大开，全家都要上香磕头，献上供品，以后每天一日三餐都要敬献饭菜，直到正月二十四把“祖宗”送走为止。晚饭后，开始除尘扫地，一切家什都要擦洗干净，整理得井井有条，春节一整天不进行大扫除，名曰“聚财”，扫除就意味着“扫兴”“扫财”。睡觉前，要把儿童的衣帽准备好，有的长辈还会把压岁钱放在小孩的枕头下。

（三）元宵节

正月十五元宵节，是历史悠久的传统节日。元宵形似圆月，品种繁多，所包馅料不同，分别有香、辣、甜、酸、咸多种味道，吃元宵意在阖家团圆，期望在新的一年里吉祥如意，幸福安康。

元宵挂花灯，村里搭灯棚的习俗由来已久，依村民的传统说法，这是供奉老奶奶的重大节日，与敬神祭祀息息相关，也叫灯会、糊花灯。

20 世纪，糊花灯以民间的传统工艺手法为主，几百盏花灯聚集在一起，挂在村内主要街道、场所。最具观赏价值的是剪纸灯花，其内容一般为人物、鸟兽、鱼虫、花草之类，造型各异、千姿百态，尽显剪纸艺人精湛技艺，彰显了民间文化的精髓，烘托了节日的欢乐气氛。从 2009 年开始，振兴村每年元宵节都要举行盛况空前、规模宏大的灯展活动，现代工艺机器灯和传统工艺灯巧妙结合，各显特色，红色文化广场、孝廉公园、槐荫寺、办公楼、振兴会堂、休闲山庄以及村内大街小巷到处霓虹闪烁、流光溢彩，充分彰显了社会主义新农村的魅力。

垒旺火也是元宵节的一项主要内容，街道两旁、进出主要路口都要垒旺火，夜晚大人们围在旺火四周谈笑风生，小孩在人群中游玩嬉戏，伴随着五光十色的壮丽夜景，别有一番年味。

人民公社化时期，村里过元宵节兴垒旺火、放焰火、闹社火、挂花灯等活动。那时一切花销都是靠群众捐资，多少不限，各随心意，元宵节的开销在节日过罢要出清单，公之于众，最大开销是放焰火，那时的焰火种类不多，主要有起火、锅的花、小菜碟、地打滚及火龙、火马、火伞鞭炮等，燃放时间是正月十四至十六三晚，地点是村中间的聚集地带，燃放对象都是青壮年。花灯一般以传统工艺灯为主，由蜡烛照明。正月十四至十六三天挂在自家大门前。闹社火的娱乐活动有踩高跷、跑旱船、扭秧歌、打花棍，对象大多为年轻妇女和在校学生。20世纪70年代，年年元宵节公社都要组织各村村民进行娱乐比赛和文艺会演，这种方式一直延续到1980年。

改革开放后，人民生活水平大幅提高。1984年关家村进行第一届村民委员会选举，牛扎根以高票当选关家村第一届村民委员会主任，从那年起，村里欢度元宵节的方式和以前又大有不同，春节刚过，就开始筹备元宵节活动。正月初十以后，就开始垒旺火、搭松门、购焰火，忙个不停。和以前大为不同的是，每户两盏花灯集中挂在村内主要街道和村中主要广场，进行为期三天的花灯展，并进行花灯评选活动，对评为一、二、三等奖的花灯制作者分别发放500元、300元、100元的奖励金，邀请外地曲艺队和娱乐团体演出三天，各村社火故事轮流演出，节日期间热闹非凡。

元宵佳节烧香供奉奶奶也是振兴村一项风俗。元宵节那天天刚亮，家中的老年妇女就梳洗完毕，在院中摆设奶奶神位，焚香叩拜、点蜡烛、献供品、跪地祈祷，保佑全家祛灾免祸，平安吉祥。

2008年，关家村进行村落移位，整体搬迁，全面进入社会主义新农村建设阶段。为了彰显新农村建设的伟大成就和展示现代化新农村的魅力，从2010年起，村里一年一度的元宵节活动成了大力发展社会主义先进文化，积极推进“两个文明”建设，倡导新风尚，着力打造地域特色文化品牌，全面提升文化软实力的传统节庆。全村上下形成知荣辱、讲正气、乐奉献、促和谐的良好氛围，为了使人们能够走进振兴、认识振兴、了解振兴，传统的元宵佳节庆贺活动成了龙腾虎跃、鼓乐喧天、花灯璀璨、烟火灿烂的文化盛会，别具一格、颇有特色的大型机械灯组，遍布新村大门两侧、和谐广场、红色文化广场、槐荫寺、生态综合园区等各个观赏场地，村民手工制作的各种花灯遍及村内大街小巷，路旁草坪、景观树下，彩灯、纱灯、玻璃灯、塑料灯应有尽有，灯火辉煌，流光溢彩，美不胜收，把夜幕下的村庄装点得如诗如画。村内五块大型LED荧光显示屏，经过声、光、电多种传播手段，图文并茂地展示着新农村建设的光辉历程。造型各异、制作精美的大型灯组，五彩缤纷。婀娜多姿的歌舞表演，精彩绝伦；节奏明快的威风锣鼓，铿锵有力；绚丽夺目的焰火晚会，光芒四射；字正腔圆的戏剧表演，引人入胜；处处人流如潮、歌舞飞扬，让人耳目一新。规模浩大、丰富多彩的元宵盛会，充分展示了新农村建设以来取得的伟大成就和振兴村人昂扬向上、发奋进取的创新精神。十里八乡的游客喜笑颜开，绚烂多彩的空中辐射光柱，不时从夜空划过。随着振兴村产业的发展，经济的繁荣，实力的提升，影响力的扩大，凝聚力的增强，元宵节活动一年比一年更精彩。

（四）添仓节

正月二十四是振兴村人祭祀粮仓神的节日，被称为添仓节。相传在很久以前，我国大部分地区连年干旱，赤地千里，寸草不生，农民颗粒无收，可是皇家照样征收皇粮民税，民间怨声载道，民不聊生，管理皇家粮仓的官员，目睹这一惨状，于心不忍，毅然决然打开粮仓赈济灾民，因此触怒了皇家，皇家要治他的罪。于是，他让百姓把粮食运走之后，便一把火把仓房烧了，自己也葬身火海，这天正是正月二十四，世人为了纪念这位放粮赈灾的官员而焚香祭拜，以示感恩和怀念，同时期盼新的一年里五谷丰登，仓廪丰盈，村民夜间把红豆窝头放在屋内的旮旯，让老鼠在这一夜里吃饱吃好，不要挖墙掏洞糟蹋粮食。

二、二月二

农历二月初二是民俗中的"龙抬头"日，二月初二处于"惊蛰"前后，天气回温，休眠一冬的各种动物将恢复活动。"龙抬头"也意味着天上的龙也行动起来，要准备闪电打雷，履行降雨的职责了。不过这是流传很久的传说，云行雨作、天地交泰，是万物生长的必然规律。所以人们庆祝二月二"龙抬头"，根本原因是它与农业生产有关，人们祈求不要发生天灾，风调雨顺，有个好的年成。

三、二月十五

相传农历二月十五是太上老君的生日，这天经常刮风下雨，所以有"二月十五老君生，不下雨来就刮风"的俗语。老君爷也称"元阳大帝""道君""道祖"等，是打铁、采矿人员的必敬神。老君又分为红老君、黑老君，打铁敬红老君，采矿敬黑老君。历史上振兴村村南路口有一座老君庙，于清顺治年间修建，二月十五村民都要到庙前焚香跪拜。

振兴村开办煤矿厂后，因坑下作业风险较高，人们把自身安全寄托于老君爷，家家敬老君爷。老君爷神位一般设在屋内正中的主要地方，每到二月十五、十月十五，户户割肉蒸供品，恭恭敬敬烧香叩拜。

二月十五采矿的村民敬老君爷更加虔诚，仪式十分隆重。一般修建有一定规模的庙宇，并塑有神像，供奉老君爷时，敬献整猪、整羊，晚上挂灯笼，燃放礼花，搭台唱戏，其规模不亚于元宵节。

四、清明节

清明是一个节气，也是一个民俗节日。清明节是一年中最重要的民间祭祖节，祭祖活动按振兴村的传统，一般在清明节前最后一个单日进行，这天家家户户、老老少少都要上坟进行墓祭，在外村民一般要回到家乡祭扫先祖坟墓，敬香、焚纸、叩拜、泼洒浆水。

中华人民共和国成立后，清明节这天由村干部和学校老师带领村民、学生到烈士碑前敬献花圈，举行悼念活动，并为大家讲述烈士们的英雄事迹。

五、端午节

农历五月初五为端午节，也称端阳节。

相传，端午节是纪念爱国诗人屈原的日子，传说屈原投江后，楚国百姓哀痛不已，纷纷涌向汨罗江边悼念屈原，渔民们划起船只，把准备好的食物丢进江里，鱼虾王八吃饱了，就不会去啃食屈大夫的尸体了，从此，南方就有了划龙舟、喝雄黄酒的风俗，北方水源贫乏，一般缺乏举行这种活动的条件。

按振兴村的风俗习惯，端午节这天家家门上插艾蒿，母亲制作“香包”(用花碎布做成的小布包，内装川芎、茯苓草、苍术等中药材)戴在小孩身上，可防暑，防病害毒虫伤身。

端午节吃粽子是振兴村村民的传统习俗，粽子的原料为粽叶(苇叶)、糯米、红枣，用粽叶把用水泡过的糯米包起来，煮熟，食用时拌糖。现在的粽子馅料比传统的粽子更丰富，另加果脯等。

六、七夕节

七月初七称为“七夕节”，也叫“情人节”。相传很久以前，天上的仙女织女下凡，与民间的牛郎相爱，并生下一双儿女，按天庭的戒律，神仙是不能与凡人相配的，王母娘娘知晓后，就把织女召回天庭，牛郎挑着一双儿女连忙追赶。眼看就要赶上，王母娘娘拔下头上的金簪，悬空一划，出现一条汹涌澎湃的天河，把牛郎织女隔开，一年内只有七月初七这天夜里喜鹊搭桥二人才能相会一次，也叫鹊桥相会。据传，这天晚上，人们在瓜果棚和葡萄架下，还可听到两人相会时的脉脉情语。还有一个传统说法，凡是未出阁的姑娘，这天白天在太阳光下放一碗清水，待晚上，把绣花针轻轻放在水面上，如果绣花针浮在水面上就意味着姑娘聪明贤惠、心灵手巧，沉下去就表示姑娘心愚手拙。这天天喜星相照，人们认为青年男女若选择在这天订婚，赠送礼品，必定一生幸福美满。

七、中元节

七月十五，道教称“中元节”，佛教称“盂兰盆节”，民间称“鬼节”，与清明节一样是传统的祭祖大节。这天自古以来就有敬“炎帝”(民间称五谷神)的习俗，中午人们准备“面羊”(一种面食，由面粉加工而成)，并带上香火、鞭炮和地绣材(将用红、绿纸剪成的纸穗用红线连起来)到地里祭祀五谷神，此时正逢庄稼吐穗，祈求神灵护佑，不要发生风灾、雹灾、旱涝等自然灾害，有个好收成。古有“打一千，骂一万，七月十五吃饱饭”的俗语，所有牲畜，这天统一休息一天，加草添料，吃饱吃好。

下午，家家户户上坟烧纸，这是一年内继清明节后第二次祭奠先祖。

八、中秋节

八月十五中秋节是我国的传统节日，由来已久，此时正逢三秋之半故名“中秋”，节日要开展“祭月”“拜月”“赏月”等活动，都是围绕“月”进行，所以又叫“月夕”或“月节”。

古时祭月，祭祀者在院中面朝东方，挂一张祭月图(即将纸剪成一个大大的圆形代表月亮，中间画仙女嫦娥、玉兔、桂花树等)，摆设香桌，进行祭拜，现今在月亮升起时，在院中放一张桌子，摆上月饼、苹果、梨、葡萄、柿子、枣等供品，焚香祭拜，祭拜毕，全家大小端坐一起，共享供品，共赏明月。天上月圆，地下饼圆，意为一家大小热热闹闹、红红火火、欢欢喜喜、团团圆圆。

中秋节前几天，结婚不超过三年的夫妇，女方家要到男方家“送十五”礼品，包括白面、大米、水果等，中秋节这天男方要到女方家给岳父、岳母祝贺，俗称“望月”。

集体化时期，会炒一大锅农家菜，每人分一块月饼、一碗菜，庆祝节日。

中秋节亲朋好友互赠月饼，已成为现代潮流。

九、重阳节

农历九月初九，二九相重，称为“重九”，民间在该日有登高的风俗，所以重阳节又称“登高节”，还有重九节、茱萸节、菊花节等说法。由于“九九”谐音是“久久”，有长久之意，所以常在此日祭祖与推行敬老活动。

重阳节与除夕、清明节、盂兰盆节是中国传统节日里祭祖的四大节日。2012 年 12 月 28 日，法律明确规定每年农历九月初九为老年节。

传统的重阳节，起源于古老的《易经》，《易经》把单数定为“阳”，把双数定为“阴”，天干、地支、年历、月历、日历都遵循这个规律，九月初九，双阳交融，两九重逢，因而得名“九九重阳”，古时人们都要祭拜山神，以求逢凶化吉，转危为安。

重阳节这天村集体要召开敬老爱老表彰大会，给老年人发放养老金和御寒衣。中午老年人欢聚一堂，共进午餐。村干部登门慰问 80 岁以上的长寿老人，进一步弘扬尊老爱老的传统美德并加强“两个文明”的建设。

2012 年 10 月 23 日，“我们的节日——重阳”长治振兴首届花卉文化旅游节开幕，为期三天，九万九千盆花卉摆放于振兴村的大街小巷及所有公共场地，活动分为魅力振兴、爱老敬老、相约重阳三大系列，并有剧团、曲艺团体前来助兴，十里八乡的百姓摩肩接踵，热闹非凡，呈现出一派社会主义新农村欣欣向荣的新气象。山西省农业厅副厅长董希德及市、县主要领导参加了开幕式。该旅游节有三大特点，具体如下：

一是赏花伊始，生态文明。花卉博览，观花怡情。从村委大院到村中广场，从红色文化广场到槐荫寺，从孝廉公园到生态园区，处处奇花异草，花团锦簇，到处洋溢着欢声笑语，时时传出赞美之声。

二是尊老敬老，弘扬美德。这天从村委大院到孝廉公园，从休闲山庄到艺术馆所，孝道文化氛围极为浓厚。爱老标语醒目，召开“九九重阳”夕阳红表彰大会，评选模范老人以及尊老爱老的好儿女和孝敬公婆的好儿媳，为 60 岁以上老人发放养老金，并在生态园举行桑老茶话会，提供免费午餐，让老年人玩得开心、吃得放心，充分感受社会的进步、振兴的发展。为期三天的长治市医院名医走进振兴献爱心义诊活动，极大地方便了老年人体检。60 岁以上老年人纷纷前往就诊，医生们尽心细致、态度热情地为每一位老人检查身体。

三是文体娱乐，幸福人生。振兴会堂里山西省京剧院的传统戏剧表演精彩纷呈。各种歌舞，美轮美奂，器乐演奏，妙趣横生。槐荫寺广场的露天舞台上，上党民间艺术团的精湛表演，形式多样，内容新颖，使观众大饱眼福。上党名家美食进驻 40 余家，小商小贩遍布大街小巷。这次花卉文化旅游节活动规模大、范围广，带动了餐饮、商贸、文化等相关产业的发展。

之后，每逢重阳，振兴村都会举办花卉文化旅游节。

十、冬至节

冬至，又称“冬节”“贺冬”，二十四节气之一，与夏至相对。冬至这天，太阳几乎直射南回归线（南纬 23°26′）。这一天北半球白昼最短。

冬至过后，气候进入最寒冷的阶段，也就是人们常说的“数九天”。素有“冷在三九，热在三伏”的说法。

集体化时期，大部分家庭的生活条件非常有限，冬至这天人们为改善伙食，就把秋天储藏的老瓜摔开做成“菜角”，就算是过节了。现在生活水平提高了，冬至习俗逐渐被人们淡化了。

十一、十月十

农历十月初十主要是祭祀财神和土地神的节日。按传统习俗，祭拜财神时，家家户户把准备好的供品（将糯米粉和成团蒸熟后捏成金条、元宝、祭灯状，各制作十二个）用供盘端到神位前，一般为长辈祭拜，中午要煮油糕，油糕馅有红豆和杂菜等。当年所有修房盖屋兴土木的农户，一般会选择在这天“谢土”，即在院中摆放一张桌子，放上土地老爷的神位，摆设香案，献上谢土灯盏点燃，烧香、叩头、放鞭炮进行祭拜，凡施工中用水、用土的地方都要烧香、献灯，进行祭拜。

十二、腊八节

腊八节，俗称“腊八”，即农历腊月初八这一天。腊八节是祭祀先祖，祈求丰收和吉祥的节日，因相传这一天是佛教创始人释迦牟尼在佛陀耶菩提下成道并创立佛教的日子，故又被称为“佛成道节”。

振兴村有腊八节吃煎饼的传统习俗，这种煎饼是用糯米、小米、玉米粉混合发酵后，打成糊状，摊在铁鏊上烙制而成的，形状与白面烙饼相似，味甜，独具特色。这种习俗延续至今。

这天，百姓还有腌制“腊八蒜”的习惯，把剥了皮的蒜瓣放在合适的容器里，加少许食盐、香油、白糖，然后倒醋（淹没蒜瓣为止）盖上盖，密封起来，供整个春节期间食用。这种腌蒜人们常用来配饺子、包子吃，味道鲜美独特。经过腌制的蒜，色泽青绿，吃到嘴里，完全没有辣味，香脆而微甜。

第三节　纪庆节日

一、元旦

元旦，即世界多数国家通称的“新年”，是公历新年的第一天。元谓“首”，旦谓“日”，“元旦”意即“首日”。元旦一词最早出现于《晋书》，“颛帝以孟夏正月为元，其实正朔元旦之春”。我国古代曾以十月、腊月等的月首为元旦，汉武帝起为农历一月初一，中华民国起为公历 1 月 1 日。中华人民共和国成立后以公历 1 月 1 日为元旦，因此元旦在我国也被称为“阳历年”。

中华民国前，我国农村多沿用农历(阴历)，正月初一为新年第一天，阳历最初推行时，百姓感到陌生至极，也并无任何庆贺活动。1949年中国人民政治协商会议第一届全体会议决定“中华人民共和国纪年采用公元纪年法”即采用我们所说的阳历，因阴历正月初一的新年恰在二十四节气“立春”的前后，为了区别阳历和阴历，就把农历正月初一的新年称为“春节”，阳历1月1日这一天称为“元旦”。

振兴村自开展新农村建设以来，对元旦庆祝活动非常重视，节日气氛越来越浓。这天，人们载歌载舞，欢声笑语，晚上安排专场文艺晚会，村委给村民赠送挂历、发放食物。

二、国际妇女节

每年3月8日是国际妇女节。

1949年12月，中央人民政府规定每年的3月8日为妇女节，1977年联合国大会通过决议把3月8日定为联合国妇女权利和世界和平日，又称国际妇女节。每年这天，振兴村妇女联合会都要举办各种纪念活动，召开妇女大会评选“三八红旗手”并开展维护妇女合法权益的法律咨询活动。

三、植树节

1979年2月，第五届全国人民代表大会常务委员会第六次会议决定，每年3月12日为植树节。1984年9月，第六届全国人民代表大会常务委员会第七次会议通过的《中华人民共和国森林法》规定“植树造林、保护森林是公民应尽的义务”。改革开放以来，振兴村对植树造林工作非常重视，几乎年年当春，都不忘植树节，积极开展植树造林活动。

四、国际劳动节

五一劳动节，又称国际劳动节、劳动节。

中央人民政府政务院于1949年12月作出决定，将5月1日确定为劳动节。全国休假一天。

1999年9月，国务院修订休假制度，五一法定假日加上调休，全国放假7天，人称五一“黄金周”。自2020年，五一小长假调整为5天，假期里人们外出旅游、休闲、观光，自在逍遥，也有很多年轻人乐意把婚礼、喜宴、蜜月都安排在这个假期里。

五、中国青年节

五四青年节源于我国1919年五四运动。五四运动是一次彻底的反对帝国主义和封建主义的爱国运动，标志着中国新民主主义革命的开端。1939年，陕甘宁边区西北青年救国联合会规定5月4日为中国青年节。

五四青年节期间，我国各地会举行丰富多彩的纪念活动，青年们会集中参加各种社会志愿和社会实践活动，以及举行成人仪式。

近年来，关家村青年以各种形式开展五四纪念活动。举办歌颂比赛，并开展篮球比赛、拔河比赛、乒乓球比赛、赛跑等体育活动。

六、国际儿童节

国际儿童节，又称儿童节，是为了保障世界各国儿童的生存权、保健权和受教育权，为了改善儿童的生活，为了反对虐杀儿童和毒害儿童而设立的节日。1925 年在瑞士日内瓦召开的关于儿童福利的国际会议上，国际儿童幸福促进会首次提出了“儿童节”的概念，号召各国设立自己的儿童纪念日。该倡议得到世界许多国家的赞同，将每年的 6 月 1 日定为儿童节。

进入 21 世纪，振兴村村委每年都为学生们捐款捐物，增添教学设备，改善教学环境，鼓励孩子们好好学习、天天向上，使孩子们在欢快、舒适的环境下健康成长。

七、建党节

建党节，即为庆祝中国共产党成立的节日。中国共产党于 1921 年 7 月 23 日成立后，在反动军阀政府的残暴统治之下，只能处于秘密活动状态，没有公开进行活动的环境。在大革命时期，由于忙于国共合作、开展工农运动和支援北伐战争，没有条件对党的诞生进行纪念。1938 年 5 月 26 日至 6 月 3 日，毛泽东在延安抗日战争研究会作《论持久战》的演讲时说：“今年七月一日，是中国共产党建立的十七周年纪念日，这个日子又正当抗战一周年。”这是第一次正式公开提出把七一（即 7 月 1 日）作为中国共产党的生日来纪念。

1941 年，中共中央确定将 1921 年 7 月 1 日作为中国共产党成立之日。此后每年的 7 月 1 日，全党都要热烈庆祝党的诞生纪念日。

多年来，振兴村党支部都要在这一天举行庆祝活动，召开党员大会，表彰先进党小组和模范共产党员，专访慰问老党员，并以座谈会的方式开展送温暖活动，组织党员观看党的光辉历程教育片，为增强党员的信念，巩固基层党组织的战斗堡垒作用，全体党员齐集于红色文化广场毛主席塑像前重温入党誓词，庄严宣誓，不忘初心，发挥共产党员的先锋模范作用，做一名合格的共产党员。

八、建军节

每年的 8 月 1 日是中国人民解放军成立纪念日，是中华人民共和国成立以来振兴村非常重视的一个纪念日。

每年的建军节，振兴村村民委员会都要组织慰问军烈属，特别是在抗日战争、解放战争时期做出过突出贡献的老革命军人，登门拜访，嘘寒问暖，对家庭生活困难的老革命军人给予补贴照顾。

九、教师节

尊师重教是中华民族的优良传统，早在公元前 11 世纪的西周时期，就提出了“弟子事师，敬同于父”。教师节，旨在肯定教师为教育事业所做的贡献。1985 年，第六届全国人大常委会第九次会议通过了国务院关于建立教师节的议案，会议决定将每年的 9 月 10 日定为教师节。1985 年 9 月 10 日，是中国第一个教师节。

每年9月10日，村领导干部都要到学校召开座谈会，给老师送去节日问候和纪念品。

十、国庆节

“国庆”一词，本指国家喜庆之事，最早见于西晋。西晋的文学家陆机在《五等诸侯论》一文中就有“国庆独飨其利，主忧莫与其害”的记载。1949年10月1日，是中华人民共和国成立的纪念日。

1949年9月21日，中国人民政治协商会议筹备会主任、中国共产党中央委员会主席毛泽东在中国人民政治协商会议第一届全体会议上所致的开幕词中宣告了中华人民共和国的诞生。1949年的10月1日，在北京天安门广场举行了有数十万军民参加的中华人民共和国开国大典。

国庆日的确立是1949年12月2日，中央人民政府委员会第四次会议通过《关于中华人民共和国国庆日的决议》，宣告：自1950年起，以每年的10月1日为国庆节，即中华人民共和国宣告成立的日子，为中华人民共和国的国庆日。

国庆节这一天，家家门前悬挂国旗，振兴村村委会、学校等单位一大早举行升国旗仪式，并将办公楼、广场、公园、住宅小区装点一新，以活跃节日气氛，许多村民嫁娶会选择在这一天，取国事家事同乐、吉祥如意、双喜临门之意。

第四节　文化节活动

一、根祖文化节

国槐是山西省“省树”、长治市“市树”，“槐荫”文化是三晋之地和振兴村的重要信俗文化，山西老槐树文化是自古以来中华民族包括海外华人华侨共同崇仰的根祖文化。为此，2011年3月19日，由中国村社发展促进会、中国国土经济学会主办，振兴村承办的首届百姓根祖文化节及槐荫寺落成典礼在振兴村开幕。举办第二届百姓根祖文化节后，中国国土经济学会、国土经济发展研究中心、国土气候旅游经济发展课题组联合有关学术机构，以振兴村优良的夏季康养气候舒适度环境为样本地、基准地，公益启动了相关评价指标的数据采集与评价指标研发工作；自第三届百姓根祖文化节，振兴村全国村志收藏馆会同天下口碑数据库、中国国土经济学会、国土经济发展研究中心组成的“诗林墨海”记忆遗产保护研究课题组，与上党诗词、书法界人士，开展了槐荫文化诗典、上党乡土诗典、田园文化诗典、大国百家姓诗典、神话传说诗典、十二生肖诗典、二十四节气诗典、百花文化诗典、禅文化诗典等采集整理工作，拟以“诗林墨海”为主题陆续在振兴村全国村志收藏馆和振兴村“乡愁公园”收藏展示，历经多年已取得大量采集成果，部分经典诗词逐步形成书法作品。

2017年3月31日，以“创新文化传承、打造乡村振兴”为主题的第七届山西振兴根祖文化旅游节暨振兴村首届风筝节开幕式，在振兴村隆重举行。中国村社发展促进会副会长沈泽江，国土经济发展研究中心主任、全国村志收藏馆馆长乔惠民，中国村社发展促进会副会长、陕西省西安市和平村党委书记白世峰，中国村社发展促进会秘书长杨秋生，长治县委副书记、统战部部长段尧刚，长治市旅游局副局长王新军，长治县委常委、宣传部部长张延节等领导及嘉宾出席。同日，中原五村合作会议在振兴村召开，会议就有关村庄如何组织建设、人才交流、生态发展、高质发展、文化传承、项目合作、村社治理、发展短板等工作进行了深入交流和探讨。2018 年 3 月 21 日，长治·振兴第八届根祖文化旅游节在振兴村开幕，举办了“槐荫根祖文化国土地标”揭牌仪式，《上党古槐颂》和《中华槐荫文化诗经》收录的 5000 首诗歌亮相，长江支队南下干部代表赵福龙等 20 余名同志受邀参加活动。

2021 年 4 月 18 日，在第二届“黄土地杯”山西休闲农业和乡村旅游推介宣传活动颁奖典礼上，长治市上党区振兴村根祖文化旅游节成功入选山西休闲农业和乡村旅游十佳农事节庆名单。

二、旅游文化节

鉴于振兴村及大雄山一带盛夏时节“夏不摇扇、午不流汗”“白天不用空调、晚上不离被条”，最热月均温度仅 23 摄氏度的优良气候条件，根据山西省政府提出的“康养山西”“夏养山西”旅游口号，并利用相关评价标准以振兴村为样本地、基准地进行研发，振兴村连续八年获评“避暑小镇”“夏养之乡”“避暑康养金地标”。2021 年，进一步谋划了结合夜间经济发展康养避暑经济的发展路径，将持续办好康养避暑旅游文化节。

第五节 婚礼婚庆

一、旧式婚姻

（一）旧式婚姻程序

1. 定亲

封建时期的旧式婚姻都依父母之命，媒妁之言。首先是媒妁说合通言（俗称提亲），双方父母斟酌考虑后，如不为对方所拒，男方即备求婚礼。求婚时双方都要把自己的“四柱”（即生辰八字）报清楚，请先生看两人的八字是否相生相克，如互不影响，乃为吉兆，即可配婚。这在旧社会非常讲究，关系着一生的兴、衰、祸、福、前途命运。双方没有异议后，就要互下“龙凤帖”，龙凤帖是一种印有龙、凤的大红纸帖，男方的“龙帖”上印有龙的图案，并书有“求婚”字样，女方的“凤帖”上印有凤的图案，并书有“允婚”字样，中间是男女双方的生辰八字，折成对叠，双方互换，这就相当于现在的结婚登记。

2. 纳彩

纳彩即男方向女方送聘礼。聘礼由男女双方与媒婆三方商定，汇总成礼单，交与媒婆。男方的聘礼主要是彩礼、衣物，女方的陪嫁主要是首饰、被褥、箱柜等（俗称陪送）。所有聘礼在迎亲前选一吉日由媒婆操持交与女方，女方的陪嫁之物在迎亲当天送至男方家中。

3. 请期

请期，俗称“定日子”。即由男方家请人择定结婚佳期，征得女方家同意后为迎娶日期，然后在红笺上书写男女生辰（请期礼书），由媒婆携往女方家。迎娶日期选定之后，男女双方都要在迎亲前两三天宴请亲朋好友、左邻右舍。

4. 迎亲

按所定日期，男方家到女方家迎娶新人，也就是娶媳妇，婆家接亲时在人数上应该单数去，双数回，即婚礼习俗上的“成双成对”。一大早，男方门庭张贴喜联，高挂彩灯，并有鼓乐相伴新郎祭祀先祖。早饭后迎亲队伍准备启程，鼓乐相奏，鞭炮齐鸣，一顶红轿和数顶蓝轿，格外注目，红轿专供新娘子乘坐，蓝轿为女方送亲的女眷所用。女眷选择也非常讲究，封建传统习俗是“姑不娶，姨不送”，其意为男方的姑姑不能迎亲，女方的姨姨不能送亲（姑姑有“孤”孤独的读音，姨有“疑”猜疑的读音，孤独和猜疑是婚礼当天忌讳的）。还有就是迎送亲眷的属相必须和新郎、新娘的相合，一定不能相冲相克，所以一般是先确定年龄后再选择已婚的同龄女子。迎亲时红轿内坐一个未成年的男孩，俗称“压马孩”（不能空轿）。女方门庭亦张灯结彩，红毯铺地，鞭炮齐鸣。迎亲队伍进女方客房后女方以烟、酒、茶、席盛情款待。女儿出嫁前夕，女方家要给女儿“上头”和“开脸”，上头即改女儿头上发型，将大辫子盘成发髻，开脸就是用红线绞除新娘脸上的汗毛，表示从此以后不再是“黄毛丫头”。女婿启程之前要叩拜女方的先祖，然后到天地神位前叩拜天地和岳父岳母大人。一路上若遇见井台、石狮、石碾要用红纸遮盖，以防“白虎”冲喜，对生儿育女不利。若与别的迎亲队伍相遇，双方要互相换红线针，意在驱邪、避怪。新娘到达婆家门庭，也是鼓乐鞭炮相迎，男方家要盛宴招待女方送亲宾客。一对新人要叩拜天地，叩拜高堂（即父母），再向亲戚朋友，四双八拜，给谁叩头，谁给出磕头礼，拜毕，新郎用红绸同心结牵着新娘，跨过火盆入洞房，寓意“日子越过越红火”。傍晚，新郎、新娘要圆房，举行嗑瓜子、喝交杯酒的仪式，圆房时不论辈分都可逗新郎、新娘取乐，因此有“新圆房间没大小”之说。从掌灯时分到次日清晨，新房内要点长明灯，献“白虎小糕”。新婚之夜婆婆要给新娘铺被褥，还有夜半三更听房的习俗。次日一早，婆婆要把放有红枣、花生的糯米粥送入洞房，让新郎、新娘吃，早晨新娘要梳洗打扮，把发髻改为盘头，随夫拜见本家长辈，俗称“认门头”，以确定新娘在婆家的地位。

（二）买卖婚

买卖婚是第三者（包括父母）违反婚姻自主原则，以索取财物为目的，包办强迫他人的婚姻方式。换亲、童养媳等都是包办买卖婚姻的不同表现形式。买卖婚是数千年封建社会遗留下来的封建婚姻的毒瘤。这种婚姻在中华人民共和国成立前是公开的，中华人民共和国成立后，村里男女基本上是自由相爱、自主结婚。买卖婚已不复存在。

1. 换亲

换亲，又称“交换婚”，是男子让自己的姐妹给女方的兄弟做妻，以换取女方作为自己妻子的婚姻方式，俗称“姑嫂换”。这种婚姻多系家庭困难或因本人有生理缺陷很难娶媳妇者，为了传宗接代、生儿育女而不得已为之的方式。由于互换成亲，大多违背当事人的意愿，带有严重的包办、强迫性质，婚后夫妻感情多不融洽。一般为“两换亲”，还有“三换亲”，三家转圈(转亲)交换。中华人民共和国成立初期，关家村还有极少部分这种现象，集体化以后，这种婚姻方式已不复存在。

2. 童养媳

童养媳是封建社会时期的一种婚俗，它是有儿家庭包养贫困家的童女为养女，等到儿子和养女达到结婚年龄，给他们完婚的一种婚姻形式。贫家女孩从小被父母出卖和包办定亲，到婆家做童养媳，多受到社会的歧视和压迫，无论从社会、家庭还是世俗观念都低人一等。童养媳的婚礼也比明媒正娶要简单得多。中华人民共和国成立后，这种婚俗已不复存在。

(三)纳妾

纳妾即娶妾，就是已有妻室，因不能生育或感情不和等另娶的婚姻行为。纳妾多属官宦人家的大老爷、纨绔子弟所为，有纳妾一房及多房者。在中华人民共和国成立前，事实上存在的是一夫一妻多妾制或纳妾制，而普通百姓大多数是一夫一妻制。妾没有财产权和继承权，没有人身自由，没有平等的地位，可以被当作商品买卖交换与赠送。中华人民共和国成立后，这种婚俗已被取缔。

(四)娃娃婚

娃娃婚一般指互为亲朋好友的父母为了巩固其密切关系，为自己幼小的子女订立口头协议缔结的婚姻。至于提亲的年龄，男孩一般在十岁左右，女孩为七八岁。也有孩子刚出生就经双方父母同意订婚的，还有在怀孕期间双方父母便议好的，这就是平常人们所说的“指腹为婚”。

(五)表亲婚

表亲婚是指表兄妹和表姐弟之间的婚姻结合，如男方父亲与女方母亲是“姐弟”，其双方子女结合为“姑表亲”，男方的母亲与女方的母亲为“姊妹”，其双方子女结合为“姨表亲”。中华人民共和国成立后，这种婚姻结合方式已被法律禁止。

(六)招门婚

招门婚俗称“招赘婿”，也叫“上门女婿”和“倒插门”，指有女无男的家庭，给女儿招上门女婿。旧社会上门女婿要改名换姓，要立字据。常受本家族人歧视。20 世纪 70 年代国家实行计划生育政策，提倡男到女家落户，与女到男家落户的婚姻关系一视同仁，招赘婿不仅从法律上得到保护，也得到社会舆论尊重。

(七)冥婚

冥婚俗称“结阴亲”，是指少男少女夭折，由双方家长作主，行冥婚礼合葬，结为鬼夫妻。还有一种情况是因有生理缺陷或残疾，生前没有娶妻的，或是丈夫死后妻已改嫁，无女性与其合葬的，其家人给他们配个女尸骨合葬。

二、现代婚姻

(一)定亲

现代婚姻早已不是“父母之命，媒妁之言”，而是双方在现实生活中经过频繁接触相互沟通，相知、相爱，步入婚姻殿堂。

20 世纪 70 年代，生活集体化，大家一起劳动，给彼此加深了解创造了机会，大多数人是自由恋爱，结成了终身伴侣。进入 21 世纪，恋爱方式也随着社会的发展与时俱进，有通过报纸刊登征婚广告的，直接通过互联网聊天成为网友后发展成婚姻关系结为终身伴侣的也很普遍。

在双方确定结婚意向后将进入订婚阶段，双方参与以肯定的态度把婚事确定下来，这涉及钱物交易和礼仪方面的很多问题。一切谈妥后，要选择吉日，男方要设宴款待亲朋好友和女方的所有宾客，并给女方送上一份价值颇丰的礼品，示为“订婚”(俗语叫接定)。

对于彩礼，20 世纪 50—70 年代，彩礼一般为 300～350 元。那段时期，一般家庭经济条件极差，粮食紧缺，女方女儿出嫁那天接待客人也犯愁，除彩礼外女方还会要一些小米、白面、大豆等，到 70 年代后外加大米一项，数量由双方商定，但不能缺项。衣物、家具等要分清哪些由男方准备，哪些由女方陪嫁，双方各自置办。80 年代，最为时尚的是“四大件”，即自行车、缝纫机、收音机、手表(简称“三转一响”)。进入 21 世纪，实行大包干，包括彩礼、衣物、“三金”(即金项链、金戒指、金耳环)、家具等，总价确定后将钱交与女方置办。

(二)完婚

旧时的婚礼，只要是某户人家抬红轿、挂纱灯，张灯结彩，鞭炮齐鸣，路人皆知有新娘子过门，新人结为夫妻。现时，除必要的婚礼礼俗外，男女双方还须进行结婚登记。《中华人民共和国民法典》第一千零四十九条“要求结婚的男女双方应亲自到婚姻登记机关申请结婚登记。符合本法规定的，予以登记，发给结婚证。完成结婚登记，即确立婚姻关系。未办理结婚登记的，应当补办登记。”

中华人民共和国成立初期，迎娶前，男方家要搭喜棚、贴喜联、备酒席、请亲朋，张灯结彩，一派喜庆气氛。女方家更是忙得不可开交，也要宴请亲朋好友、左邻右舍。亲戚本家还要赠送被褥、衣料和现金，俗称“添箱”。出嫁前一天晚上，女方家的姑姑、姨姨、嫂嫂、姐姐要带上被褥、绣花枕头等去男方家并放在男方的衣柜里，叫作“装箱”。同时男方要付给女方眷属一笔喜钱，盛宴款待后，女方眷属连夜返回。

婚礼当天，一早，新郎家要先敬先祖。搬张桌子，放在村内最繁华地方，并奏鼓乐。新郎西装革履，身披彩带，把准备好的十碗菜肴配同酒、茶一碗一碗端到神位前敬献先祖，意在敬告先祖家中要添新人了。早饭后，新郎、女客、媒人、压马男童和乐队等，随马匹出行迎亲。家中帮忙的左邻右舍、厨师一干人等准备午饭，乡亲四邻、亲朋好友赠送贺礼。娶亲队伍一行吹吹打打到了女方门首，女方鞭炮齐鸣将娶亲队伍迎进客庭，并用丰盛的酒席进行招待。其间新娘要经请来的专业人士梳妆打扮，酒席罢，梳妆毕，新郎、新娘开始跪拜新娘家的天地先祖，然后起程。这时，新娘要由平辈或至亲搀扶上马，鞭炮鼓乐齐鸣，新娘的兄弟姐妹和亲属多人送行，俗称送亲，随行的还有抬嫁妆者、媒婆等。到达婆家门前，接新娘的女眷要搀新娘下马，从马前到屋内要铺红地毯，因为新娘子脚不能沾白地(即未铺有红地毯的地)。酒席罢，新郎、新娘拜天地，拜毕，新娘、新郎面对天地神位，向新郎家亲戚朋友、本家户族行磕头礼(主持磕头礼的一般是同龄炮手)，从长辈到晚辈，由内亲到外戚，叫到谁的尊称（如父母、叔叔、姑姑、姨姨等）谁就要给出磕头礼。傍晚，女方所有送亲人员返回。新郎、新娘步入洞房，晚上要闹洞房，参与闹洞房的多为同龄人，尽乐尽欢。这一夜洞房内要点一盏长明油灯，俗称白虎灯。献十二块小枣糕（白虎小糕），长明灯要由人通宵添油，不准熄灭。白虎小糕不准偷吃，以表示夫妻昼夜相伴，早生贵子。

"文化大革命"时期，一切从简，婚礼办得也很特别。办婚事不请亲朋、不响鼓乐、不骑马、不穿红挂绿、不磕头烧香、不拜天地，近距离步行，远距离备一辆马车或骑自行车，把新娘接至家中即可。礼仪形式一切都是以"突出政治"为中心，院中挂一张毛主席像，新郎、新娘手捧"红宝书"唱革命歌曲，背毛主席语录，亲属本家的贺礼多为一条毛巾、一块手帕，送毛主席的书最受欢迎，亲朋好友合伙送一块镜框或一个红布喜帐成了普遍现象。新郎穿黄军服最为时尚。

改革开放后，骑马迎亲又开始盛行，李有和是振兴村骑马迎亲第一人。21 世纪，小轿车迎亲也极为普遍。

女方陪嫁品也随着时代发生变化。20 世纪 60 年代，女方一般只陪送一个箱子，内装衣料、被子、镜子、梳子等，在出嫁当天送往男方家。70 年代陪送圆桌、叠椅、挂钟。80 年代陪送沙发、缝纫机、录音机、小衣柜。90 年代陪送组合音响、电冰箱、洗衣机、摩托车等。2008 年后振兴村开展新农村建设，家家喜迁新居，男方购房，女方一般要陪送小轿车。

（三）回门

振兴村称回门为"请女婿"，娶亲第二天一早，女方的姐姐、嫂嫂就来男方家接新娘，这天新郎和所有迎亲的人员都要到女方家去吃席，那场面要比出嫁时更为隆重。这天新郎由女方家长辈带领着，登门拜访女方本家户族（俗称"认门头"），女方本家户族要向新郎赠送礼品或礼金，新郎也要给女方本家户族的小辈们分发礼钱。

第六节　生　俗

人生在世，有生有死，人生之路难免遭遇坎坷。旧社会，由于人们生活极端贫困，加之医疗水平和医学技术落后，人们通过不同的方式找寻寄托，并传达美好愿望。

一、出生

旧社会分娩时多为接生婆接生，接生婆通常为老年妇女。孩子一出生，即焚香叩拜，保佑孩子平安。中华人民共和国成立前，因为家庭生活困难和医学技术落后，更由于没有婴幼儿卫生保健方面的常识和措施，所以生得多、死得多，"只见娘怀胎，不见儿上街"的现象很常见。

二、报喜

孩子出生后，要在产妇房门上系红布条，意为"禁门"，告诉人们产妇房间外人不能随便进出。孩子出生当日，要给邻居送喜面，女婿要到岳父岳母家报喜，俗称"布生"，去时要带"布生钱"，手提一个小铁壶，内装清水，红布条系在壶嘴上，表示男孩，红布条系在壶把上，表示女孩，一路上不准和别人说话。孩子出生第三天（也有第五天的），要进行第一次烧香敬奶奶，叫作“第三日”，男女双方的亲属都要来贺喜，男方家亲属携带的礼品是小米和花布，女方娘家的贺礼是被褥和小孩衣物，并擀上十二张面片（俗称“喜汤”），还有鸡蛋、挂面、红枣等，中午的烧香仪式由接生婆主持。

三、坐月子

产妇分娩后一个月不能出门，称为“坐月子”。坐月子期间还有忌风、忌水、忌口的习俗，以免伤风受凉。

四、满月

孩子分娩后不足一个月（也有个别 40 天、3 个月和不超百天的），要举行一次隆重的酬谢送子奶奶活动，俗称“过满月”，过满月既是添人进口的庆贺仪式，也是为了祈求孩子平安健康成长的祈福仪式。满月时，要在当院摆一张大桌并把亲属好友赠送的礼品都摆在神位两侧，产妇身裹大衣，围脖遮脸，手拿火柱到厕所转三圈然后往地上捅三下，然后跪在神位前，由接生婆怀抱婴儿并为婴儿戴锁，这时要焚香叩拜，放鞭炮，把一个栓有红丝线的小银锁戴在孩子脖颈上，祈求孩子平平安安、健健康康成长。

五、移窝

分娩第 40 天，要给孩子用剪刀剪头发（不能用刀剃），把剪下来的头发用水揉成团，压在孩子枕头下面，百天以后碰见小商贩，悄悄把发团扔进他的货篓里，以示婴儿祛病消灾。产妇要抱婴儿去娘家住一段时间，俗称“移窝”。由娘家人备马车来接，到娘家后，一切饮食起居，都按在婆家坐月子的规矩进行。

六、认干亲

为了孩子健康成长，古时人们便想出了很多办法，这些办法世代相传，逐渐演变成种种习俗，比如认干亲。如两家是朋友，交往甚密，为把这种交往关系固定，就采用让下一辈认干亲的办法使感情加深。有些是因为一方对另一方有大恩大德， 方为回报对方的恩情，就以认干亲的办法，以相对固定的程式形成长期交往关系。

振兴村习俗，富裕人家认干亲那天，孩子的亲生父母要准备酒席，还要替自己的孩子预备好孝敬干爹、干妈的礼物（干爹的帽子、干妈的鞋子，还要配上衣料之类）。干爹、干妈也要送给干儿子、干女儿一些礼物。其中一定要有饭碗、筷子和长命锁，且碗一定不用瓷碗，免得被小孩失手打碎。长命锁多为银制，做成古式锁样式，正面镌有“长命百岁，富贵平安”等字样，背面刻有龙、虎等图案，把长命锁戴在孩子脖子上，寓意长命吉祥、前程似锦。普通人家由于经济不宽裕，仪式就简单多了。只要孩子正式向干爹、干妈磕三个头，改口称呼干爹、干妈，同时互相象征性地赠送些礼物即可。一旦认了干亲，凡事都要遵循成规礼俗，不可逾越。

七、开锁

开锁也叫“圆十五”，传统的开锁日期都是在阴历四月十五，因为那天是传统的老奶奶节日，现在大部分是在正月十五元宵节前举行，也有在孩子十五岁生日那天开锁的。

有的孩子一出生就认下了干亲，开锁这天，干爹、干妈要给孩子送衣服、鞋子等，孩子的家长也要做一身衣服并备一份丰厚的礼金向干爹、干妈致谢。

开锁时，姥姥家仍是主要宾客，礼品特别丰盛，蒸“面羊”，置衣服、被褥和礼金，中午把“面羊”和礼物摆在院中桌子上，孩子的脖子上戴一个五色纸做的花环和用红丝线编串的含十五枚铜钱的锁链，面对天地爷叩拜，并给长辈一一叩头。开锁后，再到先祖神位前焚香、点蜡烛，全家老小聚集一起，向先祖敬拜。现在的礼仪很简单，仅仅是把套在孩子脖子上的锁链摘下来，表示孩子已长大，即将成人，迈向人生的新阶段，让孩子感到已经告别童年，正式加入成年人的行列，从而摆脱依赖心理，自强自立。

第七节 生日习俗

一、过生日

振兴村历代习俗，初生婴儿“满月”“圆十五（开锁）”也视为庆贺生日。十五岁以前一般没有过生日的习惯。人到60岁花甲之年，过生日名正言顺，儿女小辈们，聚集一起给长辈敬茶敬酒。每一年的生日其实都是一次家庭聚会，传统的过生日就是吃顿长寿面和鸡蛋。进入21世纪，一般中青年过生日的很是少见，给儿童过生日悄然兴起，主要原因是经济条件好了，生活水平高了，想方设法丰富生活。过生日的方式也很新潮，青年人用生日蛋糕和蜡烛庆祝。邀请自己的好伙伴参加生日宴会，唱生日快乐歌，跳快乐舞蹈，欢声笑语，其乐无穷。

二、寿诞

为老人祝寿是振兴村传统的敬老习俗。过去由于人们寿命相对短些，对60岁以上老人的寿诞就非常重视，祝寿这天，儿女们带着蛋糕、肉类、酒、茶及其他礼品为老人祝寿。家中置办丰盛的酒宴，老人穿戴一新居于首座，全家一一敬酒，祝老人健康长寿。如今随着人们平均寿命的增长，70岁以下老人的寿诞一般从简或干脆取消，到70岁及以上才祝寿，80岁称“庆八十”，“庆八十”比较隆重，亲朋好友欢聚一堂，除准备生日蛋糕和寿桃外，儿女们还要送礼金，有的家庭还到酒店包桌，到电视台、广播电台点歌为老人贺寿。儿女齐聚，大多要照全家福。

关于“寿诞”还有一个传统说法，老人到老只要开始祝寿了，就必须年年做，不能间断。

第八节 称谓习俗

振兴村的称谓重秩序、重亲情、重礼仪、分亲疏、别内外，具有鲜明的中华民族传统文化特征。

一、亲属称谓

亲属称谓又以父、母系称谓为中心，长幼有序、老少分明。

在宗族称谓中，由亲到疏的排列次序为亲兄弟姐妹、亲爹亲娘、亲爷爷奶奶、亲大爷叔姑、亲叔伯兄弟姐妹（同一祖父）、亲叔伯大爷叔姑（与父亲同一祖父）、亲叔伯爷爷（与爷爷同一祖父）。这就是五代宗亲，俗称“五服”。“五服”也可以称为“九族”，也就是俗话说的“八竿子能打得着”的亲戚。“五服”是怎么确定的呢？最简单的办法是，两个同族人，从其中一个人的先辈往上数，一直数到两个人共同的先祖，然后再沿另一分支往下数，一直数到另一个人为止。最后得出的这个“辈数”小于或等于“九”的，就在“五服”之内，也就是在“九族”范围之内。“五服”之外的亲戚，也叫作远房亲戚，俗称“八竿子打不着”的亲戚。

附：五服（九族）图

				高祖 父母				
			曾祖姑	曾祖 父母	曾叔伯 祖父母			
		族祖姑	祖姑	祖父母	叔伯 祖父母	族叔伯 祖父母		
	族姑	堂姑	姑	父母	叔伯 父母	堂叔 伯父母	族叔伯 父母	
族姐妹	再从 姐妹	堂姐妹	姐妹	己、妻	兄弟 兄弟妻	堂兄弟 堂兄弟妻	再从兄弟 再从 兄弟妻	族兄弟 族兄弟妻
	再从 侄女	堂侄女	侄女	子媳	侄 侄媳	堂侄 堂侄媳	再从侄 再从侄媳	
		堂侄 孙女	侄孙女	孙子 孙媳	侄孙 侄孙媳	堂侄孙 堂侄孙媳		
			侄曾 孙媳	曾孙 曾孙媳	侄曾孙 侄曾孙媳			
				玄孙 玄孙媳				

对于以上这些宗亲，在称谓语中往往在前面加“亲”字，如“亲爹”“亲娘”“亲大爷”“亲叔伯哥”等，对于远亲，即亲戚的亲戚、先祖的亲戚可通称为“老亲戚”，一般不再来往。所以在称谓中也经常用加前缀的办法加以强调，如“姥娘门上的、岳父门上的、老亲戚”等。

对嫡系亲属，长辈可以直呼儿孙辈的小名，儿女虽已到半百年龄，父母仍以小名面称，其他人不得面称。对于嫡亲兄弟姐妹来讲，哥姐也可直呼弟妹的小名，但仅限于弟妹的儿童时代。

在称谓中还有一些特定的称呼方式。在嫡亲中，长辈的名字属于家讳，不得直称，但是对于三代以外的宗亲，可以在亲属称谓前加上被称呼人的名字，如“小刚叔”“富顺大爷”“丽丽姑姑”等。

另外，他称、直称也非常讲究。所谓他称，即降一辈称呼对方，站在下一辈人的角度上称呼，如称呼父母为“你爸爸、你妈妈”，称呼哥嫂为“你大哥、你大嫂”等。

对晚辈的他称亦非常简单，称所有的晚辈男性为“他哥、他弟、他侄儿”，其配偶为“他嫂子”，女性为“他姐”，其配偶为“他姐夫”，也可前加晚辈子女的小名，如称他妻为“欢欢他妈”“兰兰她妈”，公婆为“刚刚他爷爷”“刚刚他奶奶”等。

二、社会称谓

邻里之间是按照世代约定俗成的辈分关系，按照家族和亲戚的称谓称呼的，新处的邻居则按照对方的年龄性别，与自己的父母相比较分别称“爷爷”“奶奶”“大爹”“姨姨”“哥哥”“姐姐”等。有的还在称呼前加其名字。

社会上，对年龄大的多称“老先生”“老同志”“老大爷”“老师傅”“老掌柜”，对中年男士称“先生”“同志”“师傅”，青年人之间互称“老兄”“老哥”“老弟”或“哥们”，青年妇女之间互称“大姐”“小妹”等。

学界旧时称“师傅”“先生”“徒弟”“弟子”，称师的配偶为“师娘”“师母”，现统称“老师”“学生”“同学”“校友”等。

医界旧时称“先生”“大夫”，现统称“医生”。

商界旧时称“东家”“掌柜”“账房先生”“伙计”，现在统一按职务称“董事长”“总经理”“老板”“会计”等。

第九节　封建陋习

一、男尊女卑

在漫长的封建社会里，男尊女卑思想一直是压在妇女头上的精神枷锁。妇女被人瞧不起，既无政治、经济地位，更无继承权，社会交往和外事活动全是男人的事，妇女不能参与，只被视为男子的附属品，男子丧偶可再娶，感情不和可休妻，妇女终身一夫，不能改嫁，丧夫须守节，如若改嫁会受到歧视和非议。

中华人民共和国成立后，党和政府提倡男女平等，妇女的社会地位不断提高，在政治、经济、社会活动中都享有与男人同等的权利。在家庭中更是独当一面，起到了“半边天”的作用。

二、缠足

缠足是古代的一种陋习，是女性用布将双脚紧紧缠裹，使其脚畸形变小，以为美观。一般女性从四五岁起便开始缠足，直到成年骨骼定型后方将布带解开，也有终身缠裹的。

明代的缠足之风进入了兴盛时期，出现了“三寸金莲”之说，要求脚不但要小至三寸，而且还要弓弯。清代缠足之风蔓延至社会各阶层的女子，不论贫富贵贱，都要缠足。缠足给妇女带来了巨大的痛苦，即使这样，妇女还得忍痛缠足。辛亥革命后，国民政府提倡放足；中华人民共和国成立后，禁止缠足，此千年恶习彻底被根除。

进入 21 世纪，振兴村仍有十多名小脚妇女。

三、占卜、算卦

占卜、算卦也叫算命，这是封建社会一种由来已久的封建迷信活动。男女择婚、外出办事、灾难病痛、丢物失盗、创业升学都要占卜、算卦。

中华人民共和国成立前，这种迷信活动在农村比较盛行。中华人民共和国成立后，党和政府进行了长期的反对封建迷信的宣传教育活动，村民们对占卜、算卦有了较清醒的认识，逐渐不再迷信。进入 21 世纪，这种陈规陋俗在振兴村已不复存在。

四、看风水

旧社会，人们修房盖屋、选择坟地都要请风水先生看凶吉、定方位；婚丧嫁娶、婴儿满月、戴锁也都要请风水先生选择日子。中华人民共和国成立后，这一陋习已消失。

五、赌博

中华人民共和国成立前，每逢集日、庙会、冬闲时期和春节前后，赌头公开设赌局，从中牟利。一般赌具有纸牌、骨牌、押宝、骰子等。嗜赌者日不暇食、夜不完寝。赌注小者，只当消遣，费时误工；赌注大者，倾家荡产，甚至流为盗寇。

中华人民共和国成立初期，国家明令禁止赌博。近年来赌博基本绝迹。

六、卖淫嫖娼

这是长期的封建社会剥削阶级遗留下的在男女性关系上的一种不正当行为。进入 21 世纪，这种情况已基本绝迹。

第十节 葬 礼

一、穿寿衣

寿衣，即装殓死者的衣服，老年人生前就会做好死后要穿的衣服。

穿寿衣前嘴里要放一点银器，没有银器放一颗珍珠或茶叶也可。寿衣包括衬衣、单衣、夹衣、棉衣和罩袍，贴身单衣必须是白绸，最外边的罩袍是棉式马褂，女外罩衣是大褂绣裙，男头戴衬帽，女头系乌陵，穿好寿衣后，要决定安葬日期，尸前要点“长命灯”，敬献“鬼饼”(一种用白面烤制成的小圆饼)，基于死者年龄数量增加两个(天一个、地一个)。入殓时，将敬献的“鬼饼”分别装进死者的袖筒里，两手各握一文铜钱。之后，用麻皮将两手捆在一起，身上竖放一根高粱秆，长度与尸身相当，叫“等身棍”，脸上盖一块白布(俗称

“蒙脸布”)。穿寿衣的整个过程中,谁也不能哭,这个时候需要安静,穿罢安放停当后,全家大小才能大放悲声。整个过程相当于传统丧礼中的“小殓”。

“小殓”后大门要贴白纸,贴白纸也很有讲究,若双亲中有一位离世,另一位健在,是上下对角斜贴(呈菱形),二老双亡则平贴(呈方形),晚辈先亡父母健在的不贴。接着就是报丧,报丧时本家户族娘舅亲属必须由孝子亲自去报,到娘舅家先下跪磕头,然后开口言明,一般好友派一人传话捎信即可。停尸期一般为两天,在这期间,尸前的“长命灯”不能熄灭,还要不断烧纸钱,子女晚辈都要在尸前守护,俗称“守灵”,一方面是确保“长命灯”不灭,另一方面是亲戚朋友来祭祀时陪祭。

二、入殓

入殓俗称“装棺”,棺木以柏木为佳,榆木次之,杨木为最下等,即便不选柏木棺也要用柏木做挡头,厚度最低是二寸五,也有三寸、五寸的。一般棺木上下前后各两块板,称为八片棺,很少有独帮独底的,富贵大户才用得起。棺木形状为长方形,前高后低、前宽后窄,两帮大头雕刻草兽头并圈边“卐”(万字)图案,大头挡头为“五蝠捧寿”,小头挡头为死者名讳灵位。棺木油漆多为紫、红两色,外绘彩色图案,图案一般是面寿图、四季图、二十四孝图和八仙图,棺盖是“七星捧月”,大家富户有的棺木内还涂有黄蜡、松香,用黄纸裱糊取“黄金入柜”之意。

入殓时,棺底铺炉灰,炉灰上面垫七张黄纸或金箔纸,意为“落地而生”,大头垫三块土墼,土墼上面放鸡鸣枕头,枕头两头绣月亮、雄鸡图案,铺上被褥,放上七枚铜钱或硬币,名为垫背钱。一切准备就绪后,开始安放遗体,遗体安放后,四周放一些死者生前喜欢的食品和物品,如烟、酒、糕点、水杯、烟袋等,最后在遗体上面洒金银(用黄纸叠成的“元宝”),有的子女还会放些人民币,然后揭去白布,露出脸面,晚辈按照亲疏依次排列用棉花在洗脸盆里蘸上水在死者脸上擦三下,叫作“净面”,如果死者为女性则由娘家晚辈来检验棺内一切物品,无异议后,方可盖棺、钉棺,并在棺木边上钉上“阴阳钉”,系上五色丝线。钉“阴阳钉”时,所有孝子齐跪棺前,同声呼叫“××躲钉”,意在不让钉子钉住遗体,棺前摆供桌,两旁铺谷草,烧纸、磕头、祭祀,孝女则坐在谷草上放声哭祭。

三、设灵棚

一般是在出殡前一天的下午,把灵柩从室内移到室外的灵棚下,灵棚分前场、后场,后场安放灵柩,前场中央摆放往死者牌位、遗像,四周摆放各种纸扎和供品。纸扎有灵位、金山银山、亭台楼阁、白马白鹤、摇钱树、聚宝盆、小轿车、电视机等,空中悬挂香伞。供品有干果供、菜供、面供等。旧社会,名门大户还要在灵棚前插牌坊,雇请和尚念经,请鼓乐吹奏。

四、随葬

饪食锅、五谷罐、镇物锅是必备的随葬品。从入殓那天起,准备一个砂锅,放在棺木大头处,每天早、午、晚三顿饭献祭后都要倒入锅内,出殡时用黄纸封口送到墓地,埋在墓堆里。五谷罐是用五个小罐(与水杯大小相同,俗称葬缸)装入谷、黍、麻、豆等五谷,下葬时随棺木放在墓穴的两边，其意是希望死者来生仓满粮足，不受饥饿之苦。镇物锅则内装一些生丝乱麻、铜、铁、铅等。

五、出殡

入殓以后，还要选坟地、择吉日定出殡时间，出殡时间为两天。一般选在死者去世后五至七天，最多不超“二七”（十四天），超过“二七”的很少，而且得有说法。振兴村通行“土葬”，即“墓葬”，墓穴也有死后临时开穴打墓的。打墓要将穴定点，然后“开土”或“破土”。“开土”之后，便可开始打墓挖土了。夫妻一般合葬。死者如入祖坟，其墓穴在先辈“脚”下。依次类排，若坟地无法排列，则选新地另建新坟。

出殡这天，亲友邻里聚集丧家，忙里忙外，祭送奠仪以示哀悼，奠仪包括祭席、馒首（一种上笼蒸熟的含各种花样的面食）、挽幛、纸扎、花圈等，孝男孝女身穿孝服，腰系麻绳，男戴孝帽，女扎孝巾。

出殡仪式很有讲究，礼仪繁多，规格严整。葬礼前，祭祀活动的总指挥名为“茶坊先生”，在行祭祀礼时，必须身穿长衫、头戴礼帽，庄严肃穆，不卑不亢。前一天下午，茶坊先生领孝子必须办五件事。

一祭风，祈求风和日丽。

二祭棚，祈求祭祀平安顺利。

三祭门，祈求门神尽职为已故先祖光临门庭做准备。

四接祖，到坟墓将已故先祖接到自家的神位前，以示家门有丧事，请先祖到祭场保佑和指教。接祖这一礼仪环节极为烦琐，孝子孝女严格按茶坊先生的辞令献酒、献馔，反复跪起，反复叩首，奏乐、降灵、参灵、执香、焚香、上香、三叩首等，礼毕，还要读告祭文，祭文内容一般为祖宗功德、庇佑后裔等。

五移灵，将灵柩从家中移至灵棚，此时奏鼓乐，众人扶灵柩到灵棚，孝男孝女同时哭祭举哀。

晚饭后，正式开祭，主祭者为直系孝男孝女，开祭伊始，孝子孝孙虔诚肃穆手扶哀杖，茶坊先生喊“降灵”，孝子们一跪三叩首；喊“上香”，一跪四叩拜；喊“参灵”，一跪五叩拜；最后喊“起驾”，俗称“三跪九拜”，至此开祭结束，正式开始祭奠。

三酒三馔，主祭者为死者敬三巡酒、敬三次饭，分三个层次进行，每个层次献一酒献一馔，俗称“三酒三馔”。

第一酒馔叫“初献礼”，搬一张桌子到村中主要路口，桌上放三盅酒、三杯茶，馔不是饭，而是十碗菜肴，鼓乐陪同，长子端盘，孝子按服依次排列，每次一碗，端到灵堂前，随着茶坊先生的辞令跪执香、上香、举哀、叩拜等，孝子退位守灵，乐队“献初献戏”。

第二酒馔叫“亚献礼”，与第一酒馔形式相同，只是把“初”字换成“亚”字呼喊。第五碗端来时，乐队“献亚献戏”。

第三酒馔叫“终献礼”，与前两个步骤相同，最后一碗端来时，乐队“献终献戏”。

三酒三馔后，就是子孙及其亲属按亲疏依次排列给死者献戏，献戏时，同样执香燃香，上香叩拜，献戏要行吹戏礼。

夜宿之祭，上述程序结束后，要以礼俗安顿死者休睡，称为“宿典”。这意味着死者在家的最后一夜，“宿典”时，由茶坊先生带领孝女孝妇，到灵柩大头前支一块木板，上面铺上被褥，分三次向灵柩点灯烛，献茶水，行进枕礼（放枕头时行的叩拜礼），然后下跪，把准备好的梳子、镜子端到木板床前，三叩三拜，当夜祭祀完毕，孝男孝女通宵守灵。

晨曦之祭，第二天一早，按礼俗为死者进行的相关活动，称为“晨典”，由乐队陪曲，孝女孝妇分三次敬献梳妆、敬献茶果、敬献早粥，意指新的一天开始。

换馔祭祀的规格礼仪与三酒三馔相同，有所不同的是，主祭者是女儿女婿，家中妇辈儿孙排在最后，俗称“回馔”。

四大值日，是指由雇请的乐队向死者行的四项礼节。

第一节“禀鼓鸣金”，辞令是“禀老太爷（太娘）”，此时乐队中一人单膝跪地，向入殓灵柩所安放的房间鸣锣三声，在移灵柩时进行。

第二节“迎门吹曲”，唢呐手朝灵棚吹奏一曲，以告死者，在准备开祭时进行。

第三节“乐器游室”，一把唢呐两盘笙，边吹边在停放灵柩的后场游走一圈，在“三酒三馔”前进行。其意是让死者听听音乐，吃得开心。

第四节叫打“哀”字鼓，大鼓、小鼓有节奏地交换打击，在“晨典”后举行，四节四次主家都要给乐队赏钱。

孝子送祖。所有孝男孝女将接来的先祖敬送回坟墓，意指即将安葬死者，先祖应当先行，在起灵前进行。

起灵送灵。起灵前，孝子抱起牌位，由乐队陪奏，从灵棚前送到屋内神橱里安放好，拿一块瓦，由抬灵柩的人在灵柩盖上扳碎，叫“镇魂瓦”，然后众人扶起灵柩，移至棺罩内，棺罩为长方形轿体，俗称“舆”，男性四角用龙头龙尾的“舆”，女性用凤头凤尾的“舆”，周围饰以红、蓝、黄三色布帷幔，上绘各种含吉祥如意和二十四孝之意的图案。送殡队伍到人多处或大路口，还要停灵进行路祭，鼓乐也要停下来演奏。路祭一般由亲友、邻里设祭，后来大多为丧家自行设祭。来到村外后，送葬的亲朋止步，停下仪仗，由孝子“谢孝”。再将灵柩移出“舆”外，用大绳捆绑好，由八个人抬到墓地，俗称“八人杠”，一定要一路不歇气（路祭除外）送到。

送灵队伍的最前面是花圈纸扎，其次是乐队吹奏，再次是孝子孝孙（男性）拄哀杖拉着系在灵柩大头上的灵带，哭着伏首拉灵，孝子之后是灵柩，灵柩后跟着的是坐着车辆的女眷和步行的亲友，最后是街坊邻居跟随送灵。

下葬时辰由茶坊先生提前定好。下葬前要进行扫墓仪式，先由长子往墓内扔“富贵钱”，即十二枚钱币，铜钱也可，儿媳和女儿下墓用事先准备好的新笤帚和小簸箕每人扫三下，儿媳是向里扫，女儿是向外扫。时辰一到，即刻下葬。棺木入墓后，大头朝里，小头朝外，大体上方位为东南—西北向（乾—巽位）。振兴村有“头顶山，足蹬关”的说法，即头与脚的朝向都要有一座山。棺木放妥后，孝男孝女要进行“擦棺”，每人在棺盖上擦三下，子孙儿媳往里擦，女儿往外擦，然后点燃棺盖上的“引魂灯”（小油灯），把圆被铺在棺盖上，再把“镇魂瓦”放在棺盖上，把五谷罐放在灵柩两侧，一切妥当后，孝子再祭奠一番，痛哭尽哀，烧纸叩头，同时将花圈纸扎焚烧掉，祭拜结束，垒葬门填墓穴，将饪食锅埋在坟头，把“引魂幡”及“哭丧棒”插在坟上，然后所有人员返回。

除凶化吉。出殡启程后，要将灵棚内两侧的铺草堆集起来，等送葬的所有人员返回后，点燃焚烧，所有人都得迈过火堆，以图吉利。

祭奠。60 岁以上的老人安葬后的第三天要“服三”。这天本家户族所有亲属孝子服三饼，孝女哭到坟墓去“服三”。到坟地后，上香、叩拜毕，把“服三饼”排成三行摆在墓堆上（服三饼的数量和死者的年龄相同），男往上翻，女往下翻，孝男孝女脱掉孝服，捆成一团，在坟头两侧扔三个来回，“服三饼”按坟墓的头、两手、两脚五个方位，每处埋一块，所有人回来时都要装上一块饼，不准空手回。现在人们为了简化流程，第三天不再兴师动众，填埋墓坑后接着就进行“服三”了。

禁忌。死者入土为安后，家中要严守三年禁忌，特别是孝男孝女，三年内不参加娱乐活动，不充当娶送宾客，不戴首饰，不穿红挂绿。丧后第一年春节同族本家一律不准贴对联，第二年贴蓝对联，第三年恢复正常贴红对联，第一年春节正月初五以前一律不能走亲访友。

祭祀。前三年大祭祀要为死者做纸衣、纸裤，送冥币，名为“换衣裳”，死者逝世三十年祭是最后一次专祭活动。以后只在每年的清明节和七月十五祭祀就可以了。死者安葬三个月以后要烧百日纸，意在除孝服。

旧社会，子女给亲人行孝，孝服要穿三年，三年以后才可脱去孝服，改穿常装。

不到三十岁的青年离世，一切程序从简，前三年烧三次生日纸和终日纸。

第十一节　其他风俗习惯

一、栽树习俗

自古以来，振兴村人对栽树很有讲究，家家户户门边院后喜植槐树，认为槐树在古代是三公宰辅之位、科第吉兆、泰康祥和的象征，是迁民怀祖、天人感应、祈福求安的寄托。植树也有禁忌，住宅前不栽桑，后不栽柳，左、右不栽鬼拍手（指大叶子树）。另外，在自家的院内，不栽独木（院里或周边必须有两棵以上树木）。较大的树木不能随意砍伐，要选吉日，也是振兴村的一种风俗。

村民修房盖屋，所用木料中必须配一根柏木和椿木，以求平安，因为这两种树木被称为山林之王和树木之王。椿树虽是树王，但房前屋后栽种的椿树不宜太粗。“椿树粗如斗，赶着主家走”的习惯说法由来已久。

清明节前后在家中空地栽树已成了村民的一种习惯。

二、牲畜饲养

自古以来，振兴村人在饲养牲畜的过程中所形成的择吉习俗和禁忌可谓十分讲究，既表现了饲养人担心牲畜生病夭亡的恐惧心理，也体现了饲养人对牲畜的保护。

农历七月十五为骡、马日，这一天，大型牲畜都要休息，并且饲养人要做一大锅和子饭（用粮食和菜做成的混合饭）来饲喂它们，有“打一千，骂一万，七月十五吃饱饭”的说法。死去的牲畜只能埋掉，不能斩杀，有“为人服务一生不能挨千刀”的说法。饲养牲畜的农户家中都要供奉马王爷神位，逢年过节要烧香祭祀。

七月十五这天要为羊群提供好草好料，并加餐喂盐。羊在产羔时外人不得观看。

改革开放前养猪是关家村人唯一的收入来源。过年时都要用红纸在猪栏上贴对联敬“圈神”，据说这样瘟神就不敢进栏或很快离去，可以避免生猪瘟，村民们深信不疑。买猪仔忌买嘴太长、太尖，耳朵太细的，据说这种猪不好养。猪在宰杀时，要一刀杀死，忌两刀杀。刺穿猪喉后，扔刀在地，刀尖忌朝主人家的大门。开膛时，不能把猪挂在正对神位的地方。准备售卖猪肉时要先割一块一二斤重的方肉，以敬献“圈神”，然后才能出售。

三、行业习俗

振兴村祖传规矩很多，各行各业都有祖师爷神位，瓦匠、木匠、石匠、绳匠、棚匠敬的是鲁班，从事五金行业和采矿打铁者敬的是太上老君（打铁敬红老君，采矿敬黑老君），经商的人敬的是关圣帝君，教育行业者敬的是孔子，屠宰行业者敬的是张飞，旅游业者敬的是徐霞客，厨师敬的是詹王，等等。逢年过节都要给祖师爷烧香。种种风俗习惯寄托了人们的美好愿望。

四、祭祖习俗

敬祖祭祖、敬老尊老是中华民族的传统美德，家家都有“神橱”（安放先祖牌位的木柜）。旧社会，富裕人家的神橱很气派，造型与古庙十分相似，橱内有数层神台，按先祖辈分先后排列，家有娶妻生子的喜事要给神橱系红布条，橱门平时关闭，腊月二十三橱门要打开，直到正月二十四添仓节送祖后橱门方可关闭。在这期间，每天要献饭烧香。清明节、七月十五也要把神橱门打开。

家中丧亲，当年年节不扫灰尘，正月初五前不走亲访友，本家户族门上不贴春联。清明节是一年中唯一可以在坟墓动土的日子，其他时间是不可以随意修补的。

村民对特定时期烧纸非常重视，亲戚、本家都要来祭祀，直系亲属还要制作各种纸扎，如位牌、纸马、金山、银山、摇钱树、聚宝盆等，有的还送纸衣、纸裤。20 世纪 80 年代后，有的家庭还放映电影，请民间说唱队说潞安鼓书。

五、交往礼俗

古往今来，左邻右舍，交往处事，以和为贵，俗话说“能惹远亲，不惹近邻，能惹近邻，不惹对门”。倘若发生紧急大事，远亲就是再亲也可能来不及，近邻就算再疏也完全能帮上忙。长期以来，谁家有修房盖屋、婚丧大事，邻里纷纷帮忙，经济上遇到困难，邻里之间慷慨解囊，生病住院，互相看望，逢年过节，互拜互访，借东西及时归还，“借八升，还一斗”。见了同父辈年龄相似的长辈要称大爹、大伯、大妈等，再往上要称爷爷、奶奶，同自己年龄相近的要称哥、嫂、姐、弟。“出门三辈小”，若出了门遇事需要问，年龄再小也要称“师傅、掌柜”之类。总之，生活中的处事礼仪无处不在，如举止仪容、往来信函、拜谒晋见、节日往来、喜事庆贺、吊唁宴客、尊师敬老及乡里互敬种种，人人都不可回避。

六、交易习俗

振兴村人讲究诚信交易，和气生财，公平买卖，遵守契约。中华人民共和国成立前及初期，村民购买生活日用品，主要通过走乡串村的货郎；购买农具和衣物，都是出村赶集或逛庙会。逢大买卖交易，如牲畜、房产，一般双方不当面讨价还价，而是由中间人协商，中间人也不当面明讲，双方的中间人把手伸到衣物下或用一块布片盖住双手，用手指以示数额，双方事主无异议后，再请左右四邻和村中主事人到场，共立契约、签名按手印或画押。

七、敬奉习俗

（一）天地爷

振兴村家家供奉天地爷，天地爷没有专门庙宇。20 世纪 60 年代人们修房盖屋，大多在主房前墙外壁上设一神龛，在黄纸上书写天地神位贴于龛中，前设香炉，两侧贴的天地对联有“天高悬日月，地厚载山川”“天地三界主，十方万灵神”“喜天地不老，孝父母百岁”等，一年内所有烧香日都要供奉天地爷。子女“圆十五”、新郎新娘举行婚礼都要在天地爷神位前叩拜。

（二）财神

财神一般分为文财神、武财神，道教所奉的“赵公明之师”为文财神，关羽为武财神，一般农家多敬奉文财神，经商者多敬奉关公财神。进入 21 世纪，人们会在新房顶层安设神位，设专门神龛，安放专门神像，摆放丰盛的供品，祈求财神爷保佑财源滚滚。

（三）门神

门神是家中的保护神。相传唐太宗李世民把秦琼、尉迟恭像绘于宫廷门上，后来渐渐演绎为民俗。现如今每年春节家家在大门上张贴秦琼、尉迟恭像。

（四）姜太公

姜太公即商纣时的姜子牙。相传民间诸神都由他所封，最后自己却无神位，只好爬上屋顶，后被人们当成镇宅辟邪的神。百姓在修房盖屋时会设立姜太公神位，在上梁时要在神贴上写“姜太公在此，诸神退位”字样。

（五）关帝

中华人民共和国成立前，关家村曾有一座关帝庙，1955 年因修建学校拆除，农历五月十三是关帝的诞辰日，这一天人们会去庙内拜谒烧香。

（六）土地爷

关家村村西曾有一座土地庙，“文化大革命”初期被拆毁。相传土地爷掌管一村平安，神权虽小，但却与百姓息息相关，故民间敬奉特别虔勤，供品通常是肉羹，每年的二月二祭祀日，村民会祭土地爷祈求一年内平平安安。

（七）龙王

据传说，龙王专管打雷、闪电、刮风、下雨，事关大自然的万物生长和人的生存，人们多专门建庙以祭祀。

(八)祭星

相传农历正月初八为众星下界之日,村民制小灯燃而祭之,称为“顺星”,也称“祭星”“接星”。

在日常生活中,振兴村村民至今仍然保留着祭星的习惯。一般人到本命年都要祭星,期盼一年内能祛病消灾,逢凶化吉。有的老人,在正月初八、十八、二十八都要祭星,祭星大多在晚饭后进行,星星出现后到院中挂一张“九星照命图”,立星君牌位,用糯米制成 36 盏灯,添油栽捻,摆在中央,另外按金、木、水、火、土五行方位(即东西南北中)各放 3 盏,桌前用 7 盏灯摆成北斗星形状,用红线连起来,然后全家都来点灯,面向星座方向叩拜,然后用桌上的红纸或红布在全家人的身上擦一遍,最后烧掉,意在消灾免祸,保佑全家身体康健,延年益寿。祭星一直持续到零时。

八、其他

(一)送灯糕

每年正月初五以后,娘家人都要给出嫁未满三年的女儿送灯糕。

振兴村传统制作的灯糕,呈圆形,底座大、顶小,与宝塔相似,分为大、中、小三个类型,大灯糕有六层,需要白面 2.5～3 千克,最底层外围是面塑十二生肖,往上是盘龙、卧虎造型,顶端是花鸟之类,所有面塑造型都用红枣来固定,还要用红色来点缀,蒸熟后再加上彩色,十分精致。第一年送 12 个,三个类型各 4 个,第二年、第三年相应减少。每到送灯糕时节,特别是女儿出嫁未满三年的父母,有观赏灯糕的习惯,看谁家灯糕做得好。这种活必须请行家里手。结婚未满三年的夫妻去岳父家拜年时,必须带上拜年钱(其实是送灯糕钱)。

(二)暖房

每逢村民修盖完新房入住的时候,都要庆贺,俗称“暖房”。旧的习俗是新房建成后入住那天,如果是在旧址上建房,老邻居都带点白面,主家安大锅做饭,让人们饱餐一顿,要是移位建房的,原来的邻居和新处的四邻都要来庆贺,原来的邻居称为“送房”,新处的邻居称为“接房”。另外,亲属也送来礼品庆贺一番。进入 21 世纪,朋友、单位同事之间也开始相互暖房、送贺礼。

(三)聚会

聚会是人们相聚一起嬉耍取乐的常见方式。朋友、同学、战友、同事相聚吃顿饭、喝场酒,还有跳舞、唱歌,形式多种多样。

人民公社时期,文化活动单调,温饱问题很难解决。人们在一起劳动,时常有人兴致上来,一哄而起自筹米、面大家一起吃顿饭,此种现象叫作“打吃拼伙”。

20 世纪 80—90 年代,村里聚会成了常事,大家一起上班,下班、休假期间一起吃饭、喝酒。进入 21 世纪,聚会的场所渐渐从家里移到了酒店,频率越来越高,规模也越来越大。

(四)贺工程

新房竣工后要庆贺,选择吉日,放场电影、说场书,在 20 世纪 80—90 年代这是普遍的做法。进入21世纪，这种做法已很少见。现在集体工程也要庆贺，如盖办公室、修路、建桥、盖庙宇等，开工时领导致辞，悬挂标语，剪彩等。竣工后鸣放礼炮，燃放烟花，举行文艺表演或请戏班唱戏等。

第十二节　禁忌习俗

一、婚姻

忌甲子年成婚。

属相禁婚——子未、丑午、寅巳、卯午、申亥、酉戌不能结缘，民间叫“六不配”。

洞房的白虎灯要通宵长明，不能熄灭。

新娘进洞房，孕妇要远离。

二、建造

主房正门忌对直路。

主房要建三、五、七间，忌建四、六、八间——宜单不宜双。

庙前、庙后忌建房——能住庙左右、不住庙前后。

建房方位忌占正。

配房不能高出主房。

房前忌栽桑、房后忌栽柳——前不栽桑，后不栽柳。

建房忌使用桃木、柳木。

三、生活

借人家的煎药锅忌送还，要等人家用时来取。

嫁出去的闺女不能到娘家过年。

嫁出去的闺女立春不能到娘家住。

嫁出去的闺女清明节、正月初一、正月十五、立冬、腊八、数儿等都不能在娘家住。

生孩子满月前忌外人到自家串门（门上系红布提示）。

婴儿种牛痘、生麻疹，忌外人串门七至十五天。

家中安财神要禁门七天。

小孩正月不剃头。

正月、五月、九月不成亲。

家中忌养头上有白毛的驴、马。

孝子穿孝服不能到别人家串门。

人活到百岁以上，别人问时，最多只说99岁，忌说百岁。

人死了忌讳说“死”，老人应该说“老了”或“去世了”，年轻人说“不在了”。

在外死去的人，不得进村，只能在村外搭个灵棚祭奠安葬。

出殡起灵或下葬时，与死者属相犯冲的人要远离不得近前。

每天下午和每月的初一、十五不能探视病人。

出阁闺女忌在娘家分娩，更不能死于娘家。

煤窑、打铁炉女人忌去。

秋收打粮场上女人不能骑坐杈、石磙等。

闺女出阁时，怀孕妇女不能陪客、送客。

修房盖屋时“土家老爷”不在不能动土，竣工后更不能“谢土”。

敬财神爷的“供品”只能自家人食用，忌给外人。

大年初一一天不能动用笤帚。

老人串门或探亲，忌久住。有“七十不留宿、八十不留坐”之说。

喝酒行令时，忌伸小指，有污蔑对方小人之说。

小孩起名字，不能带长辈名字中已经有的字。

第十三章　村籍人物

第一节　历任村干部

牛扎根，1955 年 3 月生，山西省长治市上党区人，中共党员，大专学历，高级经济师。现任振兴新区党委书记、振兴集团董事长。先后获得“山西省特级劳动模范”“第十届全国农村基层干部十大新闻人物”“全国五一劳动奖章”“全国优秀党务工作者”“中国农村十大新闻人物”“全国乡村振兴风云人物”“中国改革开放四十年功勋人物”等荣誉。2019 年 10 月 1 日，牛扎根同志通过区、市、省组织部门的推荐，受中共中央组织部邀请，在北京参加了国庆 70 周年全部活动，乘坐“从严治党”方阵彩车，接受了党和人民群众的检阅，并获得了中共中央、国务院和中央军委颁发的国庆 70 周年纪念奖章。

牛扎根 1973 年从西火镇中学毕业后，便积极参加社会各项活动，先后在西火镇西掌大队任财务出纳、保管员等职。1979 年任关家村电工。1984 年 7 月，关家村进行第一届村民委员会选举，他当选第一届村委会主任。

任职后，为彻底改变农村落后面貌，牛扎根认真贯彻执行党在农村的经济政策，大力发展村办企业，并出台各项优惠措施，支持并帮助村民开办个体企业和开展家庭副业。任党支部书记后，他积极开展党员教育活动。以《关于党内政治生活的若干准则》为主要内容，对党员进行新时期党的基本路线教育，使党员明确了在改革开放的新形势下农村社会主义现代化建设的根本目标和任务，党员思想素质不断提高，促进了全村各项工作的开展。

发展现代农业，是在新形势下以农业为主导的基本方针，为了加快转变农业发展方式，推动农业科技进步和创新，牛扎根聘请各级农业部门的专家进行现场指导，并对土壤进行检测，科学配方，优化种植技术。1987 年，关家村玉米亩产量达到 1000 斤，谷子模式化种植和旱地玉米秸秆覆盖技术曾获省科技进步二等奖，被市、县农业局认定为“科技示范村”和“农业技术推广示范单位”，牛扎根本人也受到了上级的表彰及奖励，并光荣地出席了长治市、县的劳模大会。

与此同时，关家村的经济建设日新月异，以煤矿开采为主导的支柱产业，经过三年的艰苦努力，战胜了资金、设备、人才的种种困难，于 1987 年下半年贯通主、副二井，实现了标准化生产。

煤矿投产以后，集体经济收益接连翻番，牛扎根首先想到的是村民的利益问题。

1987年,关家村实现了村民日常生活的“五免费”(即农业税、种子、化肥、电费、粮食加工免费),年终和重要节假日还为每位村民发放500元的福利费。

1991年3月,因工作调动,牛扎根任西火镇土地管理办公室主任。

关家村地处偏僻,村民饮用水主要依靠村西后河沟的一眼水井,一遇旱天,村民用水便成问题。为了解决这一问题,1988年,牛扎根亲自到山西省和顺县水利局聘请全国著名的水利专家常海明,对关家村的地表水进行测量,最终在村南西十亩的地段打了一口30余米深的机井,使自来水通到每家每户。当年,全村用上了健康、安全、纯净的自来水。

改革发展带来的巨大变化,使农民群众精神文化生活的需求越来越强烈,落后的文化设施、传统的文化建设无法适应经济社会的发展。为满足广大农民群众日益增长的精神文化需求,加大重大文化工程建设力度,实施文化惠民工程,1995年全村安装了有线电视网络,解决了群众收听广播和收看电视难的问题。

1996年,牛扎根任西火镇振兴煤矿党总支书记兼矿长。当时煤矿行业萧条,市场极度疲软,关家村煤矿面临停产倒闭。他不忍心看着辛辛苦苦创办起来的企业就此轻易破产停业,便与关家村签订了五年的承包合同。承包期间,他对煤矿坑上坑下所有设施进行了升级改造,扩大了生产规模,使关家村煤矿“起死回生”,走出了困境。

2007年,中国共产党第十七次全国代表大会在北京召开。大会对在新形势下推进农村改革发展的指导思想、目标任务、重大原则都做了明确要求,指出“新形势下推进农村改革发展,……把建设社会主义新农村作为战略任务,把走中国特色农业现代化道路作为基本方向,把加快形成城乡经济社会发展一体化新格局作为根本要求,坚持工业反哺农业、城市支持农村和多予少取的放活方针,创新体制机制,加强农业基础,增加农民收入,保障农民权益,促进农村和谐”,并着重强调“必须统筹城乡经济社会发展,始终把着力构建新型工农、城乡关系作为加快推进现代化的重大战略。统筹工业化、城镇化、农业现代化建设,加快建立健全以工促农、以城带乡长效机制,调整国民收入分配格局,……推进城乡基本公共服务均等化,实现城乡、区域协调发展,使广大农民平等参与现代化进程、共享改革发展成果”。

党的十七大为深化农村改革,加快推进社会主义新农村建设,推动城乡经济社会发展一体化,全面建成小康社会制定了明确的目标。为抓住这个重要的战略机遇期,身为山西长治县振兴煤业有限公司董事长的牛扎根毅然决然、大胆提出了“村落移位、整体搬迁、改容换貌、建设新村”的设想,对整体建设方案做了详细规划。2007年3月,新农村建设拉开了序幕,第一期居民住宅、办公大楼、寄宿制学校三大工程同时开工。2008年一期工程顺利竣工,136套欧式花园别墅巍然屹立,室内水、电、暖全配套。同年10月,村民全部喜迁新居。占地面积22654.8平方米的寄宿制学校,特色鲜明,质量一流,硬件设施齐全,共有24个教学班,教职员工120名,可供1500名学子就读,一切费用全免。第二期基础设施建设工程以繁荣农村文化事业为主,具体项目有振兴会堂、红色文化广场、文体中心、休闲山庄、孝廉公园、红色收藏室、艺术展览馆。第三期工程为商务中心、餐饮、超市、客栈、卫生所等社区服务项目。

为大力提升农业科技水平，推进农业产业结构战略性调整，发展观光农业，2011 年，成立长治县振兴鑫源有机农产品专业合作社，四座智能温控大棚全部采用现代高新技术，名贵花卉、无土栽培、立体蔬菜、生态酒店在振兴村一展风采。6300 亩土地，建有 5 个千亩专业种植基地，分别种植小杂粮、干果林、中药材、名贵花卉、绿色蔬菜，增强了农业可持续发展和环境保护能力。

近年来，振兴村瞄准打造北方最具特色乡村旅游度假胜地目标，极力打造乡村旅游品牌，现已初步形成三大板块，分别为雄山欢乐谷、科技生态园、民俗文化村。

【学习工作简历】

1965—1969 年就读于关家村小学。

1969—1972 年就读于西火镇中学。

1973—1984 年任西火镇西掌大队财务出纳。

1984 年 7 月当选为关家村村委会主任。

1985—1990 年、1992—1996 年任西火镇关家村党支部书记。

1988 年 9 月—1990 年 9 月就读于山西省农业广播电视学校。

1995 年 3 月—1997 年 3 月就读于中共山西省委党校。

1996 年当选为县煤炭企业协会常务副会长。

2001—2006 年任山西长治县振兴煤业有限公司董事长。

2001 年当选为山西省乡镇企业协会副会长。

2002 年、2007 年当选为县工商联合会理事长（常委），2007 年当选为长治市光彩事业促进会理事和长治市决策咨询委员会委员。

2005 年 12 月 18 日被山西省人事厅评为高级经济师。

2005—2010 年 7 月任长治县振兴新区振兴村党总支书记、振兴集团党委书记。

2007—2022 年底任振兴集团董事长。

2010 年 6 月当选为山西省企业联合会、山西省企业家协会第五届理事会理事。

2010 年 7 月—2018 年 12 月任长治县振兴新区党委书记。

2010 年 7 月至今兼任振兴“中心村”示范建设领导小组组长。

2013 年当选为山西省十二届人大代表。

2015 年 11 月当选为山西省公益事业促进会第一届副会长。

2016 年 8 月 8 日被三晋文化研究会乡镇文化专业委员会聘请为三晋文化研究会乡愁文化专业委员会副主任，同年 11 月 19 日当选为中国国土经济学会第五届理事会理事和中国国土经济学会旅游发展委员会副会长，12 月 11 日担任中国村社发展促进会第四届常务理事，12 月 23 日当选为全国农产品加工产业发展联盟副主席。

2017 年 1 月 7 日当选为中国小康村创新战略联盟副主席。

2019 年 1 月至今任上党区振兴乡村生态文化旅游区党委书记。

2019 年 3 月至今任国家 AAAA 级旅游景区振兴小镇管理委员会主任。

【人物成就】

由于政绩突出，1984 年被评为长治县劳动模范、长治县特级劳动模范、长治县优秀党员干部。1992 年被评为长治市劳动模范。1997 年被评为长治市明星矿长、山西省优秀青年企业家。1998年被评为山西省优秀乡镇企业矿长。2000年荣获山西省"五一劳动奖章"。2001年被中国煤炭人物史传编委会评为"一代煤海英杰"。2003年当选为长治市优秀民营企业家。2004年被评为长治市劳动模范、山西省劳动模范。2005年出席首届中国经济诚信人物年会并获得表彰和奖励,同年获得高级经济师职称。2006年被长治市总工会、长治市中小企业协会、长治市报社评为乡镇经济发展杰出贡献人物。2007年当选为县十四届人大常委会委员,同年12月当选为振兴煤业有限公司党委书记。2008年被授予"长治县特级功臣""长治市先进党务工作者"称号,同年7月被长治市经济委员会、企业联合会、企业家协会评为长治市优秀企业家。2009年被长治市经济委员会、长治市企业联合会、长治市企业家协会评为长治市优秀企业家。2010年2月被长治市委、市政府评为长治市特级劳动模范,同年被长治县委、县政府评为长治县特级劳动模范,同年4月被山西省委、省政府评为山西省特级劳动模范,6月被长治市经济和信息化委员会、长治市企业联合会、长治市企业家协会评为长治市优秀企业家,7月1日荣获"长治市委优秀共产党员""长治市创先争优十大先锋人物"称号。同年被山西省委、省政府评为山西省优秀党务工作者、山西省特级劳动模范,10月被中国改革与发展论坛组委会评为"第十届中国改革优秀人物",被中国时代新闻人物征评活动组委会特别授予"影响中国·第十一届中国时代十大创新人物"荣誉称号。2011年获评"第十届全国农村基层干部十大新闻人物"之一,被全国总工会授予"全国五一劳动奖章",被中共中央组织部授予"全国优秀党务工作者"称号。2012年被山西省农学会评为山西省十佳农村转型发展带头人,同年3月被全国中小城市生态环境建设实验区、全国低碳国土实验区、中国国土经济学会、国土经济发展研究中心评为第二届全国绿色国土先进工作者,5月被山西省企业联合会、山西省企业家协会评为山西省优秀企业家,6月荣获"关爱农民工工作优秀领导干部"称号。2013年12月被山西省科普惠农计划领导组、山西省科学技术协会评为农业兴村富民好干部,同年1月荣获人民网"2012年人民社会责任年度人物"奖,3月荣获全国中小城市生态环境建设实验区、全国低碳国土实验区、中国国土经济学会、国土经济发展研究中心"第三届全国绿色国土奖",11月被全国"村长"论坛组委会评为十大杰出村官。2015年10月荣获"村庄发展贡献奖",12月被授予"全国绿色基地建设领军人物"称号。2016年12月被授予"中国全面小康十大贡献人物"称号。2017年6月3日被中国村社发展促进会评为2017全国十大"孺子牛村官"之一,被评为山西省敬老标兵,同年12月被小康杂志社评为2017中国休闲杰出贡献人物。2018年1月被农民日报社评为中国农村新闻人物,被中国改革创新与诚信建设组委会评为改革开放十大功勋人物,同年12月16日被第十届晋商年会组委会评为2018百名优秀晋商人物。2019年1月22日被授予"全国乡村振兴风云人物"称号,同年10月1日获得由中共中央、国务院和中央军委颁发的国庆70周年纪念奖章,11月被文化和旅游部评为乡村文化和旅游能人,12月当选为中国合作经济学会明星合作社理事长。

【人物评价】

多年来,牛扎根弯腰弓背,苦心经营,富而不忘生他养他的家乡,扎根农村,把自己全部的热情和才能奉献给了他心爱的事业,用一个个平凡而感人的故事,搭起了一座党和人民之间的“连心桥”，用一颗赤诚的心，谱写了一首活跃在基层的共产党人之歌。

(1)牛扎根：坚守农村，壮大集体经济。

牛扎根，人如其名，在家乡的土地上扎根48年。振兴村也如同它的名字一样，在他这头“老黄牛”的耕作下，振翅奋飞，日渐兴盛。29岁加入中国共产党，他始终践行着他作为一个共产党员的承诺，坚守着共产党员的信念，始终奉献在基层，一心为民。

随着党中央、国务院一系列改革开放政策的落实，这里的人们“穷则思变”，在时任村党支部书记牛扎根同志的带领下，大伙儿“撸起了袖子”，开启了“敢叫日月换新天”“让乡亲们过上好日子”的创业征程。他带领村民们投工投劳、夜以继日，新修4条街、9条路，长度共计35.53万米，改河16.5万米，迁坟397座，挖山填沟156万立方米，新建别墅式住宅和单元楼569套。2007年，辖区内的部则掌村、关家村、向阳村家家户户都住上了新房。总体改善了群众生活环境，提高了群众幸福指数。

牛扎根始终有个信条，作为一个基层干部，就要为百姓谋事。为了让振兴村的百姓生活得更有质量、更有保障、更有尊严，振兴村建立了五大社会保障机制。

一是就业保障。保障区内青壮年劳动力全部就业。因病、因残不能就业的，全部纳入社保范围。

二是医疗保障。卫生院药品实行零利润销售，千元以下医疗费全免。健全大病医疗补助制度，成立“福村宝”村民医疗互助会，根据实际情况进行不同的救助。

三是教育保障。凡在振兴学校就读的学生免校服费、免住宿费、补伙食费，考上大学的学生凭入学通知书报销学费。

四是养老保障。60岁以上老人每人每年发放1200元养老金，并进行两次免费体检，医药费全额报销，无子女的孤寡老人全部住进乡村敬老院。

五是社会福利保障。群众全部变更为城镇居民户口，供暖、用水免费，每人每年发放1500元用气、用电补助。开通振兴村至县城、市区的免费公交车。

至此，原来的三个自然小山村已实现连片共建，区内百姓实现了“就地入城、就地就业、就地入学、就地就医、就地养老”的现代化农村生活。

(2)牛扎根：坚持奋斗，致力转型发展。

群众日子过好了，长远发展怎么办？牛扎根又率先开始在转型发展上动脑子、做文章。从2015年开始，下决心促转型，地下转地上；猛投入兴产业，黑色变绿色。依托振兴集团先后投资8.5亿元，实施了新农业改造、新农民教育和乡村旅游，建成了集民俗体验、农艺博览、旅游开发、农业观光、生态采摘、产品营销、会务策划、食品加工、餐饮客栈、精品民宿、健康养生、旅游地产于一体的乡村旅游度假胜地——振兴小镇。随着春节嘉年华活动的连续举办，以及拓展训练、夏令营、冬令营、冰雪世界等新项目的落地，振兴小镇游客量不断攀升，年接待游客人数超过100万人，年旅游综合收入达到8000万元。与此同时，为纵深发展、全盘推进，2018年10月18日，长治首个乡村振兴人才学院正式揭牌成立，同时成立了长治职业技术学院振兴分院，建成了拥有500张床位的振兴医养中心。2018年12月29日，振兴小镇正式被评为国家AAAA级旅游景区。

(3)牛扎根：坚定初心，蹚出共富新路。

牛扎根始终认为，党建强才能基层强，党建兴才能发展兴。近年来，振兴村坚持党建引领，创建美丽家园；坚持项目为王，推动经济发展；坚持转型为纲，促进乡村振兴。振兴党建生活馆为全省第一家引进5G技术的，建成了基层党建工作指挥中心，建设了基层党建云平台，打造了全国一流的智慧党建品牌。在党的建设、安全稳定、疫情防控、脱贫攻坚、森林防火、环境整治等重点领域，创新推行"党委委员包村包街道包企业、支部委员包班组、党小组长包党员、党员包户主、户主包家人"的五级联包新举措，形成了党委抓大事、支部办实事、党员做好事的新模式。以支部为单位，创新设立了老年党小组、青年党小组、妇女党小组，每月开展一次活动。通过带农户、聚智慧，挖特色、创路径，推样板、传经验，对接群团，联系家庭，发挥作用。

从建设新农村到实现农村就地城镇化，到转型发展乡村生态文化旅游，振兴村用10年的时间一步一个脚印，成功探索出了乡村振兴"五三"发展模式。以企带村、以工带农、以商带户，"三带"并举抓产业；融入生产、便利生活、注重生态，"三生"同步建新村；转民风、治家风、养村风，"三风"共育促文明；党委抓大事、支部办实事、党员做好事，"三级"齐抓固党建；旅农相融、旅工结合、旅商互促，"三产"融合共致富。这些成绩的取得，离不开牛扎根这个老党员"扎根"家乡的付出和无私奉献。

2008—2018年，振兴集团先后解决辖区内及周边村剩余劳动力3000余人的就业问题，村民人均年收入由2007年的6500元达到36900元，翻了近六倍；由原来的一个小山村，兼并了三个自然村；人口由2007年的573人，变为602人；职工由原来的300人到3000人；职工人均年收入达到56900元；村集体经济从无到有，年收入达到6900万元。

牛扎根这位老党员的一言一行都饱含对家乡满满的爱，他不忘初心、一心为民的信念始终没有改变，一生听党话、跟党走的信仰始终没有改变。他每天天不亮就起床，村里村外、工地田地、山上山下地转，寒来暑往，星移斗转，振兴村每一个角落、每一寸土地都留下了他的足迹。他像一粒种子，用尽一生的力气，在振兴这片土地生根、开花、结果；他像一头老黄牛，用尽一生的力气，在振兴这片土地耕种、流汗、奉献。

直到今天，他依然说："我的使命，已经从我的名字开始升华为更大的责任和义务，我宁可累死，也不退缩，继续扎根振兴，坚定地走下去，走共同富裕道路，我不能辜负党的重托和群众对我的期望，我更不能辜负生我养我的这片土地！"

李根有，1936年生，振兴村人，中共党员。

20世纪60年代起，曾任团支部书记、党支部委员、副书记等职。不论干什么工作，他都以对党和人民高度负责的精神，兢兢业业、勤勤恳恳工作，几十年如一日，在社会主义建设中做出了突出贡献。

人民公社时期，李根有一直主持青年团工作。多年来，他在党支部的直接领导下，配合党的各项工作，组织青年学科学、学技术，对青年进行集体主义和爱国主义教育，开展比、学、赶、帮的竞赛活动。在参军入伍、生产建设各项工作中发挥了主力军和突击队的作用。

改革开放后，李根有主要负责煤矿的管理工作。在关家村煤矿从无到有、从弱到强的过程中，他花费了大量的心血和精力，为关家村的改革发展做出了不可磨灭的贡献。

在长达10年的新农村建设中，尽管他已退职，但仍关心着村内的发展变化，表现出一位共产党员的高贵品质。

李和气，1947年生，振兴村人，中共党员。

1969年12月入伍，在河北省张家口市某部队服役，1975年3月转业回村。1976年在西掌大队担任保管员。1978年，关家村成为一个独立的生产大队，从此，他担任了关家村党支部副书记、书记、村委会主任、党支部委员等多项职务。

李和气光明磊落，对党无限忠诚，不论担任什么职务，他都兢兢业业办事，清清白白做人。工作中不怕苦，不怕累。遇事同群众商量，只要是群众提出的合理建议他都采纳；凡是有损群众利益的事，他都不会做。他始终保持着不脱离群众的民主工作作风。改革开放以来，从家庭联产承包责任制到煤矿企业的兴起，从发展现代农业到生态环境治理，处处都留下了他的足迹和身影。他为振兴村的改革发展废寝忘食，任劳任怨，在群众中享有很高威望，是一位深受群众爱戴的好干部。

2007年新农村建设以来，尽管他已离职，但作为一名为党工作多年的老干部，他仍时时关心振兴村的改革发展。2013年群众一致推选他为村民代表。

关炳臣，1951年生，振兴村人，中共党员。

1969年毕业于西掌初级中学。1970年踏入社会。

1979年，任关家村第九生产队会计。入职后胜任会计工作，成了第九生产队的好管家。因几年来在生产队任会计的出色表现，1986年被任命为关家村会计。1996年随牛扎根书记一起到振兴煤矿，任出纳会计。2007年离职。

牛龙富，1951年生，振兴村人，中共党员。

牛龙富从小就个性突出、敢做敢当、爱打抱不平。1967年中学毕业。1971年担任西掌大队关家村第九生产队队长。任职期间，他大搞优种种植，科学施肥，合理密植，并进行有机肥与无机肥的科学配制施用，加上管理有序，计划有方，连续三年第九生产队粮食增产幅度在全公社生产队中名列前茅。1973年亩产突破600斤，光荣地出席了长治县劳模表彰大会，并获得了“长治县劳动模范”和“农业生产优秀标兵”称号。1974年，他被调到西掌大队水利专业队任队长。其间，他参与了长治县王坊干渠的水利工程项目，亲自领导了建设西掌大队的水库溢洪干渠工程。

1979年，关家村成为西火人民公社关家生产大队，牛龙富加入大队的领导班子，并二次担任生产队队长职务。1981年，因工作需要，任关家村副业“五阳包工”队队长。1982年，关家村实行了家庭联产承包责任制，根据国家改革开放政策，发展农村经济，贯彻落实党的“以经济建设为中心”的方针政策，关家村启动了开办煤矿企业的准备工作，当时一无资金、二无物资、三无人才，起步工作异常艰难，身为煤矿矿长的牛龙富，受命于危难之际，困难重重，但是他凭着一股百折不挠的坚强毅力和永不屈服的精神，四处奔波筹借其他煤矿的废弃设备，变废为宝。他带领职工日夜苦战在第一线，经过一个秋冬的奋斗，1984 年，煤矿建设终于初见成效。1987 年，主、副二井贯通，煤矿经国家验收正式投产。煤矿投产后，关家村的剩余劳动力实现全部就业。由于集体经济的迅猛发展，村民在生产与生活中的消费全由集体承担，重要节假日还为村民发放福利金和物品，家庭收入大幅提高。

牛龙富在担任矿长的近 10 年里，工作兢兢业业，尽心尽职，勇于担当，敢于负责。1992 年，根据当时情况，牛龙富被向阳煤矿聘请为副矿长兼总技术员。

1996 年，牛龙富被调到西火镇振兴煤矿任副矿长，凭借他的工作能力和技术专长，继续为煤矿企业的建设与发展发挥积极作用。

张文虎，1953 年生，振兴村人，中共党员。

1972 年，张文虎加入中国人民解放军，在山西省大同市某部队服役，曾担任班长。1974 年加入中国共产党。入党后，他更加严格要求自己，圆满完成党交给自己的各项任务，多次受到部队的表彰奖励。1977 年转业回村，回村后任西掌大队民兵教导员职务。1979 年担任关家大队民兵连连长、生产队副队长等。1984 年关家村进行村“两委”第一届选举，张文虎被选为关家村党支部副书记，并分管煤矿和民兵组织工作。1993 年兼任煤矿会计。1997—2001 年任关家村党支部书记。张文虎同志在任何领导岗位上，都不怕苦、不怕累，任劳任怨，积极工作，始终保持不脱离群众的民主工作作风，保持一个退伍军人的精神品质，为关家村的改革发展做出了贡献。2001 年，他到振兴煤矿工作，任副矿长、坑口主任等职。

2007 年社会主义新农村建设以来，张文虎更加积极拥护振兴新村支部的各项决策，圆满完成各项任务。多年来，张文虎一直从事振兴村的园林绿化工作，并任振兴村园林绿化队队长。工作中，不论刮风下雨，严寒酷暑，他都身先士卒，率先垂范，一身土，一身泥，勤勤恳恳，扎实工作，被人们称为振兴村的护绿使者，多次获得“模范共产党员”和“先进工作者”称号，受到新区党委和振兴村党支部的表彰和奖励。

袁德平，1958 年生，振兴村人，中共党员。

20 世纪 70 年代，袁德平初中毕业后，就对果园技术管理产生了极大的兴趣。1973 年在屯留县国家果树场经过长期培训，回乡后一直在西掌大队从事林业果树管理工作，并担任技术员职务。改革开放后，任关家林业队队长。1982 年，关家村实行家庭联产承包责任制，袁德平开办了烟酒、日用杂货、粮油门市部，但主要经营粮食运销业务。数年后，已成为粮油营销专业大户。1991 年，关家村委会进行调整，袁德平正式进入领导班子，并担任村委会会计一职。工作中，他严格执行财务制度，办事公正，原则性强，业务精通，充分发挥自己的职能。1996 年，他出任西火镇振兴煤矿财务科出纳员，由于他擅长财务管理，有一定的专业素质和技术水平，曾多次获得“财务管理先进工作者"称号，受到矿委会的表彰和奖励。1998年加入中国共产党。入党后，他更加严格要求自己，认真执行党的章程，严格履行党员义务，处处都发挥了一个共产党员的先锋模范作用。2001年，袁德平当选为关家村党支部书记。到任后，他十分珍惜关家村改革开放的各项成果，满腹热忱地为关家村的深化改革发展和经济建设尽心尽责。在支部工作中，他立足本职，认真履行职责，在支部组织建设、作风建设、思想制度建设等方面发挥了积极的领导作用；在具体工作中，他在调整优化种植结构、发展现代化农业、巩固集体经济、完善基础设施建设、创建"两个文明"和改造生态环境等方面都倾注了大量心血。

2007年，规模盛大的新农村建设拉开了帷幕，袁德平虽然不在其职，但仍以一个共产党员的身份积极投入新农村建设的行列之中。他夜以继日，四处奔波，为工程建设和规划方案献计献策，从村民住宅到基础设施，每个角落都留下了他的足迹。

为调整优化产业结构，发展现代化农业，2011年，成立了长治县振兴鑫源有机农产品专业合作社。千亩干果核桃经济林和千亩葵花油基地分别在专业合作社落户，袁德平作为合作社的领导之一，重操旧业，不分春夏秋冬，严寒酷暑，为核桃林施肥、打药、剪枝。

袁德平还爱好文化艺术。十余年来，在繁荣农村文化事业的各项活动中，他都以自己悠扬的歌声和精彩的表演，博得了观众的阵阵掌声。

牛振国，1959年生，振兴村人，现任振兴村村委委员、副主任兼民事调解员职务。

青年时他经厨师培训，持有厨师资格证。

他性格开朗，任职以来管理的事务繁多，小到零星派工、园林绿化等，大到村中建设及各项政务。

新农村建设以来，关系着每家每户的事情很多，他腿勤嘴甜，琐碎小事都能亲自登门进行解说，为村委做了大量工作，在党支部的领导下为建设和谐美丽的新振兴而努力。

关忠孝，1960年生，振兴村人，中共党员。

20世纪80年代，关忠孝曾担任生产队队长、副队长。改革开放后，1982年实行了家庭联产承包责任制，他一直在西火镇振兴煤矿任销售科长职务。数年后，他购买了大汽车，跑起了长途运输，搞起了自主产业。由于他心思灵活，经营有方，不久就成了专业运输大户。

1991年，关忠孝任关家村村民委员会主任。他一上任，就抓住煤矿这个支柱产业，想方设法改变农村的落后面貌。首先从"两个文明"建设着手，大力整治村内所有道路及环境卫生。在村中重新修建了舞台，极大地丰富了农村的文化生活。

1993年因工作需要被调动。2002年，他再次当选为村民委员会主任。在村内外原有的道路基础上，进行了全面拓宽改造，并全部实现硬化、美化、亮化，使关家村的面貌焕然一新。依托煤矿产业这个主导产业优势，他鼓励并带动大家走向共同富裕的道路。

2004—2005 年，全村有 80 余户开办了煤场，做起了煤炭生意，实现了关家村的第二次经济腾飞，为关家村 2007 年的新农村建设奠定了基础。

袁贵堂，1960 年生，振兴村人，中共党员。

1979 年 10 月加入中国人民解放军，在北京空军某部队服役，1984 年 10 月退伍回乡。

在部队，袁贵堂认真学习军事及理论知识，带头执行部队各项纪律，不断提高自己的政治素质和思想修养。在工作上，兢兢业业，埋头苦干，团结同志，顾全大局，圆满地完成了部队交给自己的各项任务，获得了部队领导和战友们的一致好评。由于他表现积极，严于律己，于 1984 年 8 月光荣地加入了中国共产党。入党后，他更加严格要求自己，思想上、政治上始终和党中央保持高度一致，多次受到部队的表彰和奖励，被评为“模范共产党员”和“先进工作者”。

回村后，袁贵堂曾担任关家村党支部副书记一职。1991 年当选为关家村党支部书记。任职期间，他更加积极努力工作，带领党支部、村委会一班人，坚持以农为本的方针，首先在发展现代化农业上下功夫，改变传统耕作方式，实行科学种田，使粮食产量接连翻番，制定优惠措施发展个体企业，扩大劳动力就业，为关家村的农村改革和经济发展做了很多具体事情。1996 年，他被调到西火镇振兴煤矿工作，曾任副矿长、销售科长、坑口主任等职，为煤矿的改革发展提出了很多合理建议，为煤矿的安全生产做出了贡献。

袁文彬，1964 年生，振兴村人，中共党员。

1981 年加入中国人民解放军，在甘肃省兰州市某部队服役。1987 年退役回村后曾担任村委会副主任、村会计等职。2001—2007 年任党支部副书记，分管煤矿工作。工作中他努力学习业务技术和管理经验，加强安全生产教育，注重职工安全培训，特别是在矿井的升级改造中提出了很多合理化建议，为企业的改革发展做出了贡献。

2007 年到西火镇振兴煤矿负责工程项目工作。2013 年经过认证考核获得山西省工程项目监理师资格证书。2015 年离职后在山西省境内从事工程项目监理工作。

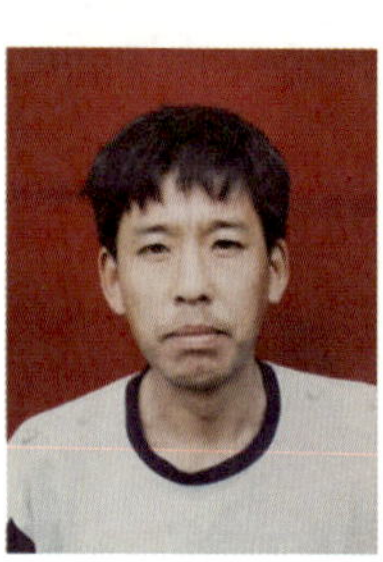

李忠堂，1966 年生，振兴村人，中共党员。

1984 年加入中国人民解放军，在湖南省二炮某部队服役。1987 年退伍回村后曾担任煤矿保管员、村委会委员、团支部书记等多项职务。新农村建设期间，他一直从事新村环境绿化管理工作，山上山下、村里村外都留下了他的足迹，为新村建设做出了贡献。

2016 年离职后，从事个体经营。

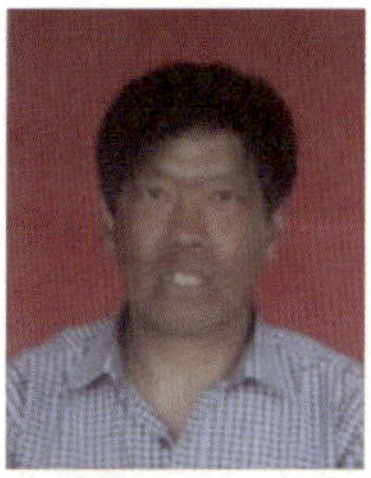

关国印，1967年生，振兴村人，中共党员，现任振兴村党支部委员、会计。

他从学校毕业后，在关家村学校任教。他兢兢业业、工作认真，取得了优异的教学成绩，多次受到教育部门的表彰。

1992年，他从事个体经营，做起了煤炭长途运销业务。2006年进入村委领导班子，任会计。

任职以来，他热爱自己的本职工作，任劳任怨、一丝不苟、办事公正、顾全大局，有着丰富的工作经验，对财会工作严格把关，特别是在新农村建设时期，无论多烦琐的业务，他都处理得清清楚楚、井井有条。

他凭借多年来的工作经验，能对财会中的业务精确预算、合理分析，并及时作出总结报告，能够为领导决策及时提供真实、可靠的参考资料，提出解决方案，为振兴村的改革发展做了大量的工作。

原河清，1970年生，振兴村人，中共党员。

入党以来他工作积极，思想进步，处处以共产党员标准要求自己。2008年第八届村民委员会换届选举时，当选为村民委员会主任。

任职后，他更加严格要求自己，各项工作都尽心尽责。只要工作需要，不计条件、不怕困难，坚决服从组织安排，从不计较个人得失，圆满完成了各项任务。

特别是在新农村建设时期，涉及群众利益的事情产生的一些错综复杂、无从下手的问题，他都能凭着自己的聪明才智给予解决。由于方法对头、措施得力，从未出现过大的偏差。

2017年因工作需要，他不再担任村委会主任职务。

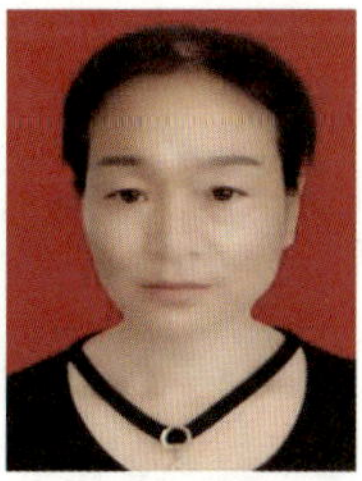

贾志林，1970年生，振兴村人，现任振兴村村委会委员、妇女主任。

贾志林自2009年任职以来，在支部、村委的领导下，顺应社会发展和新农村建设的需要，积极发动组织妇女参加各方面的劳动和技术培训，扩大就业门路，拓展市场经济。几年来使很多妇女成为劳动致富能手。

发展文化体育事业，推动“两个文明”建设，以她为首的振兴村广场舞队、体操队、舞蹈队、威风锣鼓队常年活跃在群众中，特别是重要节假日和举行重大节日活动时，可谓一道亮丽的风景。

在加强社会主义民主法制，维护妇女儿童合法权益方面，贾志林更是做了很多具体的工作。为促进家庭的和谐、社会的稳定做出了很大贡献。

袁鹏军，1977年生，振兴村人，中共党员。

2008—2017年任振兴村党支部书记。

2007年新农村建设拉开了帷幕，10余年来，他忠实执行振兴新区新农村建设的各项工作部署，充分发挥党支部的战斗堡垒作用。在日常的工作中，他始终保持密切联系群众的民主工作作风，遇到困难和挫折不回避、不挑拣、不畏难，认真履行党支部书记的职责，攻破了一个又一个难关，解决了一个又一个难题，使振兴村的新农村建设能够按部就班地顺利开展。

在党的建设方面，他采取了一系列行之有效的措施和办法，推行了"三级联包责任制"（即支书包支委、支委包党员、党员包群众），一插到底，责任到人，使各项工作都有布置、有安排、有检查、有验收，善始善终，有声有色。

他在发展现代化农业、产业转型升级、生态环境建设等方面都倾注了大量心血。

几年来，振兴村荣获了"全国文明村镇""中国特色村""中国幸福村"等各项荣誉，他功不可没。

2017年因工作调动，他不再担任振兴村党支部书记。

杨卉波，1977年生，振兴村人，中共党员。

1995年12月加入中国人民解放军，先后在北京某部队坦克二连、空军徐州汽车团学兵二连、空军第一通信总站汽车连、空军北京清河干休所服役。2012年转业，现任振兴村党支部委员、副书记，主管党建工作。

十几年的部队生活，使他对党的事业无限忠诚。工作中，他积极开展"三级联创"活动，始终坚持围绕中心、服务大局、拓宽领域、强化功能的党建理念，不断增强基层党组织的创造力、凝聚力和战斗力。他在新农村建设中围绕党组织决策开展工作，在远程教育、党风廉政、民主政治、设岗定责等党的建设方面都倾注了大量心血，使每个党员的素质都有了很大提高。除本职工作外，他还能在其他工作中起到先锋模范作用。

张剑红，1980年生，振兴村人，中共党员。

1998年加入中国人民解放军，2002年加入中国共产党，2003年退伍回村。

2008—2010年任振兴村党支部委员，2011—2017年任党支部委员、党支部副书记，2018年任振兴村党支部书记、村委会主任。

任职期间，他始终维护领导班子的团结，在几年的新农村建设中，他都忠实地执行上级指示和新区党委的决策部署，时刻保持紧密联系群众的民主工作作风。特别是涉及群众利益的事情，他到每家每户广泛征求群众意见，亲力亲为、妥善解决。

2018年任党支部书记、村委会主任以来，他深知责任重大，在日常工作中，他考虑得非常具体、慎重。遇到问题不推诿、不等靠，敢作敢为敢担当，对于难度大的问题能够处理得恰到好处。

振兴村历任村干部政绩表

姓名	职务	任职时间	包村干部	主要政绩
袁克义	村长	1945—1952 年	—	土地改革，支援解放战争，成立互助组
袁克义	党支部书记	1946—1952 年		
李更生	委员	1947—1953 年		
牛怀锁	委员	1948—1951 年		
李更生	党支部书记	1952—1957 年	—	成立初级社、高级社，建立乡政府，完成私有制到公有制的转变
牛怀锁	初级社社长	1953—1954 年		
李更生	高级社社长	1955—1957 年		
关仁库	委员	1953—1957 年		
贾黄女	妇女主任	1957—1962 年		
秦其枝	村会计	不详		
李更生	副书记兼 村委会主任	1962—1966 年、 1958—1968 年	—	“农业学大寨”，关家村改河垫地 50 余亩，开辟村南通往西火（西掌—西火）线大路，极大地方便了村民出行
李根有	委员兼村委会主任	1967—1969 年、 1958—1968 年		
贾黄女	委员	1958—1968 年		
袁保山	副书记兼 村委会主任	1970—1975 年、 1969—1976 年		
李根有	委员	1969—1976 年		
李更生	副书记	1977—1978 年		
李和气	村委会主任	1976—1983 年		
李和巧	妇女主任	1968—1978 年		
关富根	村会计	1958—1961 年		
李聚水	管理区会计	1961—1965 年		
关书文	生产小队会计	1966—1970 年		
袁来红	生产小队会计	1975—1978 年		
袁来保	副业队会计	1975—1978 年		
杨正国	生产小队、村会计	1975—1983 年		

续表

姓名	职务	任职时间	包村干部	主要政绩
李更生	党支部书记	1979—1983 年	民政管理员平文芳 1984—1988 年	成立关家村生产大队，实行家庭联产承包责任制，拓宽改造煤矿旧井筒
李和气	副书记	1979—1982 年		
	书记	1982—1984 年		
李根有	委员	1979—1983 年		
李保兰	妇女主任	1979—1985 年		
李顺堂	煤矿会计	1984—1992 年		
秦德魁	村会计	1984—1985 年		
牛扎根	村委会主任	1984—1985 年		
牛扎根	党支部书记	1985—1996 年	民政管理员平文芳 1984—1988 年	电力升级改造，硬化村内道路，煤矿建成投产，大搞农业科技
李和气	副书记兼村委会主任	1986—1990 年、1985—1995 年		
张文虎	委员	1985—1999 年		
陈保兰	妇女主任	1987—1999 年		
关炳臣	村会计	1986—1990 年		
袁贵堂	书记	1992—1993 年		
关忠孝	村委会主任	1991—1992 年	—	接入自来水，实现有线电视家家通，群众生活实现“五免费”
牛扎根	党支部书记	1993—1996 年		
李和气	副书记			
张文虎	委员			
张文虎	支部书记兼村委会主任	1997—1998 年、1997—2001 年	振兴集团党委书记牛扎根负责管理向阳村、部则掌村、振兴村	2003 年，部则掌新村动工，2005 年搬迁新村。主斜井煤场扩建，开通煤碳运输大道，与振兴煤矿签订承包关家村煤矿的五年合同。2007 年 3 月 27 日关家村新农村建设振兴“中心村”园区动工
关忠孝	村委会主任	1999—2002 年		
李和气	副书记	1985—1995 年		
袁有堂	委员	1996—2000 年		
袁小臭	村会计	1998—2005 年		
袁德平	党支部书记	2001—2007 年	振兴集团党委书记牛扎根负责管理三村	改造村内、外道路，修建教学楼，新农村建设启动
袁有堂	副书记兼村委会主任	2003—2009 年、2001—2008 年		
袁文彬	委员	2001—2008 年		

续表

姓名	职务	任职时间	包村干部	主要政绩
袁鹏军	党支部书记	2009—2011 年	振兴集团党委书记牛扎根	拆除旧村，组织村民整体搬迁；完善新农村建设一系列工程
原河清	副书记	2010—2017 年		
	村委会主任	2009—2011 年		
张剑红	委员	2009—2011 年		
秦淑静	妇女主任	2009—2011 年		
袁鹏军	党支部书记	2012—2014 年	振兴新区党委书记牛扎根	按照县委文件要求，负责上党振兴集团企业与党务管理，继续新农村建设及振兴"中心村"示范区、长治县振兴新区、城乡统筹振兴试验区职能管理
张剑红	副书记	2012—2014 年		
关国印	委员	2012—2014 年		
贾志林	妇女主任	2012—2014 年		
袁鹏军	党支部书记	2015—2017 年	振兴新区党委书记牛扎根	上党振兴集团企业与党务管理，国家 AAAA 级旅游景区振兴小镇业务与党务兼管，并负责承担上党区振兴新区、新农村建设"中心村"示范区、城乡统筹振兴试验区、振兴乡村生态文化旅游区职能管理
张剑红	副书记	2015—2017 年		
关国印	委员	2015—2017 年		
张剑红	党支部书记兼村委会主任	2018—2021 年	—	
杨卉波	党支部委员	2018—2021 年		
关国印	党支部委员	2018—2021 年		
牛振国	村委会委员	2018—2021 年		
贾志林	村委会委员兼妇女主任	2018—2021 年		

第二节　在外工作干部

关扎根，1944 年生，振兴村人，中共党员，高级农艺师，1968 年毕业于山西农学院。

1965 年 7 月—1966 年 6 月为山西省天镇县范牛坊四清工作队队员；1968 年 10 月—1969 年 12 月为天津杨柳青河北省军区五七干部学校学员；1970 年分配到长治县农业局工作，先后任农业技术员、技术站副站长、副局长、局长职务。2003 年退休。

2003 年退休后被返聘到山西振东中药材公司任经理、技术总监、技术顾问；2015 年 1 月被聘为长治市决策咨询委员会农村组成员。

在从事农业工作的 30 余年间，关扎根将主要精力倾注于农业，推广了旱地谷子高产技术;旱地玉米、谷子模式化栽培及旱地玉米秸秆覆盖技术的试验、示范和推广等多项技术。先后获省科技进步一等奖1项、二等奖1项、三等奖3项、四等奖1项。

1985年被山西省授予“农技推广先进工作者”称号,同时被推选为山西省第五次党代会候补代表。1991年获省旱地玉米、谷子模式化科技进步三等奖。1995年获省旱地玉米秸秆覆盖科技进步二等奖,并获得农、牧、渔业丰收一等奖2项,二、三等奖各3项。由于推广应用了农业综合科技成果,1989年、1990年长治县粮食产值突破2亿元大关;夏粮因产量突出,于1989年获国务院嘉奖。秸秆覆盖技术在1997年获国家科技进步三等奖,全县玉米亩产达到550千克,粮食产量突破了3亿斤大关。

关扎根1998年主持编写了“富民要术”丛书《旱地玉米秸秆覆盖栽培技术》(人民出版社出版)。

2003年被返聘到山西振东中药材公司后,他又担任“苦参规范化种植研究”课题组组长。2003年12月—2004年11月,先后4次对长治县、太行太岳山区及中国北方八省十四县的苦参野生资源进行调查,建立了全国苦参种植资源圃及良种繁殖田,为研究工作提供了第一手资料。该项目2005—2007年被列入省科技攻关计划,26项研究于2007年年底全部完成。2008年“苦参规范化种植研究”项目通过省科技成果鉴定,该研究居国内领先水平,填补了苦参人工种植的空白。该成果2009年获长治市科技进步奖一等奖,同年9月,苦参种植基地通过国家GAP认证检查,11月获科技部“中药现代化科技产业基地建设优秀单位”表彰。2010年6月,“10万亩苦参GAP种植基地及中药饮片加工”项目入选2010年度国家火炬计划。关扎根先后在有关刊物发表苦参研究论文6篇。

2007—2009年,关扎根先后5次前往贵州安顺地区、云贵高原周边省区进行白土苓野生资源调查,采集标本、鉴定物种(优势种为短柱肖菝葜)、制定标准。2008—2012年先后进行种子处理、茎秆扦插、土壤适应性及配方施肥等试验,发表有关白土苓论文3篇,并编写《白土苓生物特性及种植抚育技术》。2009年首批人工繁育的白土苓种子苗于2011年3月运抵贵州省安顺(塘上)白土苓抚育示范基地定植,开了白土苓人工种植抚育的先河。关扎根从事中药材种植12年,在苦参、白土苓研究方面进行了2项省级成果鉴定;一种苦参种子的处理方法、一种短菝葜的扦插繁殖方法等4项成果获国家发明专利;振苦1号、振苦2号两个品种通过山西省农作物品种审定,苦参优质高产栽培技术研究与应用获市政府应用研究及成果转化类二等奖。关扎根参与起草了山西省地方标准《苦参种子ITS2序列鉴定方法》(DB14/T 1153—2015),组织编写了专著《中国苦参》。

李水文,1945年生,振兴村人,1963年加入中国人民解放军,在黑龙江省哈尔滨市解放军某部队服役。

1967年退役后先后为经坊煤矿工人、经坊铁厂职工。

1971年被调至长治县“革命委员会”做事务工作。1980年党政分家后到长治县人民政府办公室做后勤总务工作。

1996年任长治县人民政府办公室行政科科长。2005年退休。

关文平，1949年生，振兴村人，中共党员。

1966年10月参加工作，任中国人民银行长治县支行通讯员。

1969年加入中国人民解放军，1974年退伍后回原单位工作。

1974—1997年的20多年，历任中国工商银行长治县支行办公室干事、办公室副主任、党支部副书记、副科级监察员，荫城办事处主任等职。

关文平长期从事银行金融工作，谙熟业务，原则性强，对工作一丝不苟、认真负责，获得领导和同事的一致好评，多次荣获"先进工作者"和"模范党员干部"称号，多次受到市、县各级政府的表彰和奖励。1998年退休。

杨正国，1958年生，振兴村人，中共党员，大专学历，小学高级教师。

1980年参加工作，在西火联校关家村小学任教。

1982—1999年任关家村小学和西蛮掌小学校长。

1999年被调至西火联校任办公室主任、会计、工会主席。

2017年12月退休。

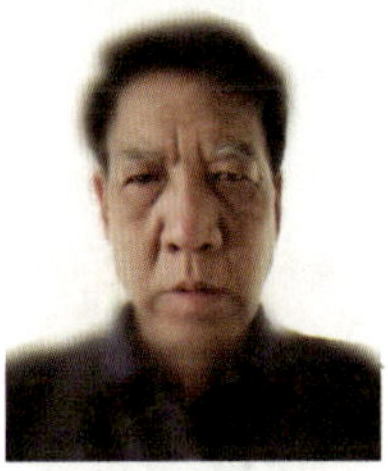

秦振奎，1958年生，振兴村人，中共党员，大专学历，中学一级教师。

1976年参加工作，任西火人民公社西掌小学教师，1982—1984年在晋东南师范专科学校学习，毕业后任长治县第二中学高中班教师，1987—1989年在长治市教育学院进修，1995—2003年任西火镇中学校长，2004年至今在长治县西火联校担任教研室主任职务。

秦振奎从事教育工作40余年来，忠于党的教育事业，几十年如一日，在工作中兢兢业业、任劳任怨，取得了优异的成绩，多次受到县委、县政府及县教育局的表彰和奖励。

改革开放以来，为适应时代教学的改革要求，秦振奎提倡要注重学生的智力开发和素质教育，多方面加强对学生的智力培养，促进了教学质量的全面提高，为教育事业做出了突出贡献。

杨振清，1962年生，振兴村人，中共党员。

1979年11月入伍，毕业于徐州空军学院，研究生学历，技术5级(副军级)，历任文书、学员、班长、会计员、会计师、股长、高级会计师、财务主管、主任等职，空军会(审)计系列第八届专业技术资格评审委员会委员，在部队主要从事军队财务管理工作，现任空军某部财务管理中心主任。党内任职空军某部党委委员和财务管理中心党支部书记。

工作中独立负责和参与了30余项财经制度的制定，为部队财经工作"建章立制"做出了突出贡献。在空军组织的部队财务正规化建设达标与考核活动中，负责管理的财务部门连续9年被空军评为财务正规化建设一级达标单位，3次被评为财务管理先进单位，2000年因工作成绩突出荣立三等功1次。在工作实践中重视理论学习研究，在《军事经济研究》《军队财务》《空军军事学术》《空军指挥学院学报》等军事学重点建设学术期刊发表学术论文 20 余篇，连续 6 年被评为财务理论研究先进个人。2005 年被评为空军财务管理先进个人，在部队多次获得嘉奖表彰，被评为优秀共产党员。

袁光明，1968 年生，振兴村人。

1986 年参加工作，为长治县农委农业技术推广技术员。1990 年 12 月在山西省农业广播电视学校农学专业学习，结业后在长治县八义镇农业技术推广站工作，2004 年 7 月毕业于中央广播电视大学园艺专业，现任长治县农委八义镇农业技术推广站站长。任职资格为助理农艺师。

作为长期奋斗在农业战线的一名工作者，袁光明对工作兢兢业业，认真负责，刻苦钻研农业科学技术，积极参加各项农业技术推广活动，不断提高自己的业务知识和服务水平，取得了优异的成绩，为农业技术推广打下了坚实的基础。

2010 年 3 月在山西科技报刊总社第 429 期《科学之友》上，发表了论文《长治县旱地玉米高产配套栽培技术》，2016 年 5 月在蔬菜编辑部第 305 期《蔬菜》上发表了论文《2016 年冬春季设施蔬菜生产管理意见》。

进入 21 世纪，为推动现代化农业的改革发展，他在实施绿色、无公害蔬菜栽培技术，日光大棚科学管理和农村实用种植技术等方面成绩显著，得到了社会各界和专家学者的充分肯定和认可，多次受到县委、县政府的表彰和奖励，并被长治市人民政府授予荣誉证书。

关国华，1970 年生，振兴村人。

1991 年加入中国共产党，本科学历，农艺师职称。1992 年从山西农业大学毕业后到长治县农业局从事农业技术推广工作，其间任农业局团支部书记、农业技术推广站副站长，2002 年到长治县政府办公室从事文秘工作，2006 年任长治县农机中心副主任，2007 年任长治县纪委宣传教育主任，2012 年 3 月任长治县纪委正科级检查员，2016 年任长治县农经管理中心党支部书记、主任。

从事农业工作期间，他积极参与农业技术试验示范，大力推广旱地玉米整秆半耕半覆盖，二元覆盖统测统配等农业综合技术。在国家级、省级刊物上发表《玉米就地起苗移栽技术》《旱地玉米半耕半覆盖不同条件下保水效果研究》等专业论文 10 余篇，先后 5 次荣获国家、省、市农牧渔业丰收奖、科技进步奖、农业技术承包奖等奖项，1999 年 4 月入选长治市“111 人才工程”。

从事文秘工作期间，参与起草了政府工作报告、三干会议讲话等材料，办理了人大代表意见和政协委员提案，出色完成了各项工作任务。

从事纪检工作期间，扎实推进廉政文化活动，打好了预防腐败的主动仗，唱响了反腐倡廉的主旋律，探索建立了廉政风险防控长效机制，在全县初步建立了“权力阳光运行、监管全程跟踪、风险动态防控、腐败有效预防”的长效机制。“三个公开”工作全省领先，全县上下形成了党委统一领导、纪委协调监督、相关部门齐抓共管、党员群众积极参与的党务公开新局面，持之以恒落实中央八项规定精神，紧盯重要时间节点，密切注意“四风”

新动向、新表现，提高纠察“四风”的针对性和实效性，驰而不息抓出成效，抓出习惯。他多次荣获全市纪检监察工作先进个人、全市纪检监察先进工作者等荣誉称号。

从事农经工作期间，按照省、市“两年基本完成，三年扫尾完善”目标要求倒排工期挂图作战，扎实推进土地确权登记颁证工作，继续深入开展农民合作社示范社建设，全县农民专业合作社继续保持良好发展势头，探索开展农村产权制度改革，基本建成县、乡两级农村产权流转交易中心，加大审计工作力度，查处发生在群众身边的腐败问题，结合进行“双印签”监管，确保农村集体资金规范使用，深入开展农民负担监督管理工作，严格规范“一事一议”筹资筹劳，完善村议、乡审、县批联合实地勘察程序，不断拓宽农民负担监管领域，切实加强农民负担检查监督，取得较好效果。

牛志川，1978 年生，振兴村人，硕士研究生学历，2000 年 9 月加入中国共产党。

1994 年 1 月参加工作后，先后在长治县东火乡、长治县东和乡工作。2002 年 6 月任长治县贾掌镇副镇长，2005 年 8 月任共青团长治县委副书记，2006 年 4 月任共青团长治县委书记，2007 年 8 月任长治县北呈乡党委书记、乡长，2009 年 4 月任长治县西池乡党委书记、乡长，2011 年 5 月当选平顺县人民政府副县长。

第三节 革命烈士

中华人民共和国成立前夕，为了中华民族的彻底解放，关家村有 4 位热血青年为革命事业献出了宝贵的生命。他们有的长眠于异国他乡，有的被抛尸荒野，魂无归宿，但他们的英名永存，万古流芳。

袁魁则，男，关家村人，1922 年生，1947 年参军，中国人民解放军战士。1948 年随军南下，1949 年 10 月在解放大西南战役中牺牲，遗体葬于广西。1981 年晋东南行署民政局批准编入烈士英名录。

关仁发，男，关家村人，1920 年生，1945 年 8 月根据“上党战役后勤指挥部”的指示，参加支前民工。1945 年 9 月，在解放长治的战役中，因敌机轰炸，长治县土桥村防空洞被炸塌而光荣牺牲。

牛根绪，男，关家村人，1921 年生，1945 年 8 月根据“上党战役后勤指挥部”的指示，参加支前民工。1945 年 9 月，在解放长治的战役中，因敌机轰炸，长治县土桥村防空洞被炸塌而光荣牺牲。

袁聚则，男，关家村人，1939 年生，1945 年 8 月根据“上党战役后勤指挥部”的指示，参加支前民工。1945 年 9 月，在解放长治的战役中，因敌机轰炸，长治县土桥村防空洞被炸塌而光荣牺牲。

第四节 已故村干部

袁克义(1914—1968),男,1937年加入中国共产党,成为关家村的第一名中国共产党党员。抗日战争爆发后,在西火村牺盟会成员焦福水的引导下,加入“牺牲救国同盟会武装自卫队”,成为该组织的一员。1938年11月他参加了在西火村召开的声讨国民党顽固派长治县县长聂士庆亲日反共罪行大会。1939年,长治县抗日民主政府迁址西火后,袁克义筹集军粮,运送物资,积极发动群众进行抗日游击斗争,为敌后抗战做出了卓越贡献。1946年,光荣出席了太行区在长治英雄台召开的第二届“群英大会”。在土地改革运动中,他兼任关家村农会主席,并忠实执行党的土地改革政策,领导了轰轰烈烈的土地革命运动。按照党的政策,对在运动中出现的各种纠纷问题都妥善处理。1946—1952年曾任关家村第一届党支部书记。1956年整党整风,袁克义蒙受了不白之冤,并于1968年在“文化大革命”中去世,终年56岁。1979年得到改正。

李更生(1917—1986),男,1946年加入中国共产党,入党后对党的事业无限忠诚。解放战争中,他积极发动群众参军参战,并积极筹集军粮支援前线。为12位参军家属代耕土地,并照顾他们的日常生活。1953—1957年担任党支部副书记、村委会主任等职务。为了适应社会发展需要,从互助组到高级社对群众做了大量的思想工作,解决了许多群众最困难、最直接、最关心的切身利益问题。在任期间,帮助振兴村顺利地完成了生产资料从私有制到公有制的社会变革。

1979—1983年,他再次担任关家村党支部书记,虽已年过花甲,身体欠佳,但他凭着对党和革命事业的一贯忠诚,认真贯彻执行了党的改革开放政策。坚持以经济建设为中心,扶持私营企业、开办集体煤矿,为关家村的经济发展做出了不可替代的贡献。1982年,振兴村顺利实行了家庭联产承包责任制。1986年9月李更生因病逝世,终年69岁。

李天富(1914—1986),男,1946年加入中国共产党。抗日战争爆发后,根据上级指示,于1937年在关家村成立了自卫队,李天富任自卫队队长。同年11月到长治中心政训队第二期培训班学习地下保卫工作专业技术。抗战时期,曾多次挫败反动顽匪“拨浪队”的反共破坏活动,受到了抗日民主政府的表彰。

解放战争时期,他积极动员青壮年参军参战,带领民兵为军烈属代耕土地,并做一些家务,拥军优属工作做得有声有色。多年来在维持地方治安、担负战争后勤工作中做出了很大贡献。

中华人民共和国成立后,1950—1965年,他一直担任民兵领导职务,兼任民事调解员,在解决邻里纠纷、化解家庭矛盾上做了大量工作,在群众中享有很高的威望。1986年李天富因病逝世,终年72岁。

牛怀锁(1919—1969),男,1946年加入中国共产党。土地改革运动中,他主要负责财产清算和分配工作。工作中他一丝不苟,公平公正,从未出过差错。中华人民共和国成立后,在合作社运动中,他认真贯彻国家的农业合作社政策,积极发动群众加入农业生产合作社，为合作社的顺利发展做出了贡献，充分发挥了一个共产党员的先锋模范作用。1961 年西火人民公社成立，他担任第九生产队队长。1965 年因身体状况不再担任任何职务。1969 年病逝，终年 50 岁。

关仁库（1921—1983），男，1948 年加入中国共产党。关仁库一生勤奋好学，文化知识丰富，中华人民共和国成立前后他一直从事财会、统计工作，作风正派，办事公道。1954—1956 年他担任潞安县关家乡政府秘书，并组织和参与了发放社员证和信用社的股份工作。1953 年，在扫盲运动中，他作为扫盲运动的主要骨干，实行"亲帮亲""邻教邻""上学学生教父亲"的专教专帮的专人负责制。关家村的扫盲成绩显著，非文盲率在 95% 以上，顺利完成了扫盲任务。人民公社初期，任生产队保管员。1983 年因病逝世，终年 62 岁。

贾黄女（1932—2011），女，振兴村人，1952 年加入中国共产党。1947 年关家村成立民主妇女联合会，她担任妇女联合会主任。这一时期，妇联积极动员青年参军参战，并组织妇女做军鞋，搞生产，照顾军烈属困难户，拥军优属工作取得显著成效。中华人民共和国成立后，国家颁布了第一部《中华人民共和国婚姻法》。她积极响应并宣传发动，提倡自由恋爱，反对买卖婚姻和一切压迫妇女的封建陋习。人民公社时期，她一直主管计划生育工作，历任支部委员、妇女主任职务。对关家村的计生工作做出了贡献。长期以来，无论在什么时期和条件下，她始终对党保持忠诚，努力工作，充分体现了一个共产党员的高贵品质。1983 年退职，2011 年因病逝世，终年 79 岁。

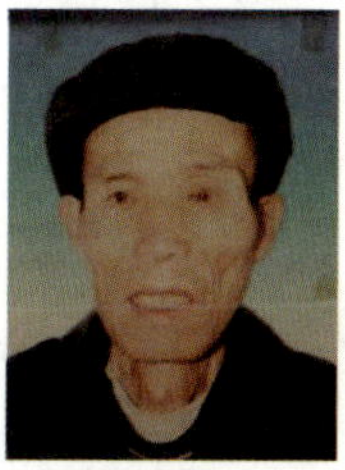

袁保山（1941—2007），男，振兴村人，中共党员。袁保山童年家境贫寒，3 岁时父亲就被日本侵略者杀害。生活迫使他过早地挑起了家庭重担。从小就在苦难中摸爬滚打，他养成了自尊、自爱、自强、自立的品格。人民公社初期担任生产队副队长、队长等职务。1964 年"农业学大寨"运动中，他任民兵连长，带领一支由男青年组成的学大寨突击队，冒严寒、顶风雪，昼夜奋战在第一线。几年下来，劈山填沟改河造地 150 余亩。1965 年光荣地加入了中国共产党。入党后，他进入大队领导班子任副书记，分管共青团和民兵工作。"文化大革命"时期曾任大队管理委员会副主任、"革命委员会"主任等职。1976 年退职。1983 年 2 月，关家村实行家庭联产承包责任制，他自告奋勇作出表率，承包土地 20 余亩，三年内共交售"爱国粮"4.5 万斤，成了当时的"种地专业户"，曾荣获长治县劳动模范、长治县售粮专业大户称号。1985 年秋罢，县委、县政府奖励他电视机一台。2007 年因病逝世，终年 66 岁。

袁有堂（1955—2017），男，振兴村人，1990 年加入中国共产党。

袁有堂从小家境贫寒，初中毕业后在西掌大队保健站当"赤脚医生"，后跟随师傅学木匠手艺。20 世纪 70 年代任生产队副队长、保管员等职。改革开放后，曾为关家村煤矿建设花费大量心血。1984 年，关家村进行第一届村民委员会选举，袁有堂任村委会副主任，兼任煤矿保管员。1996 年任关家村党支部副书记。1997—2002 年任关家村村委会主任。

在振兴村新农村建设的十余年间，袁有堂一直从事工程质量管理监督工作，并任振兴村的甲方代表。工作中勤勤恳恳，埋头苦干，认真负责，一丝不苟，为工程质量和专业技术提出了很多合理建议，节省了很多人力、物力。袁有堂不计较个人利益，工作认真负责，深受群众的赞赏，在群众中有很高的威望，是一位大公无私、乐于奉献的好干部。

袁小臭(1953—2008)，曾用名袁军，男，振兴村人，中共党员。

1974 年加入中国人民解放军，在山东省青岛市海军部队服役。

1975 年退伍回村，回村后先后担任民办教师、村会计、民兵营营长等职务。他始终保持军人本色，办事公正，作风正派，干一行，爱一行，为振兴村的改革发展做出了很大贡献。2008 年因病逝世，终年 55 岁。

第五节　已故其他人士

关聚仁(1916—1967)，男，关家村人。1936 年加入中国工农红军西北部队，后为八路军战士。1939 年因身体状况退伍，1967 年病逝。

袁憨则(1922—1998)，男，关家村人。1947 年加入中国人民解放军，为解放军战士。1949 年 9 月，在进军大西南的某次战役中立团特等功 1 次、甲等功 1 次。1950 年 12 月，立军功 1 次、团大功 1 次，地方政府因此为他唱戏庆功，在当地引起轰动，赢得了人们的赞誉。1953 年因健康状况复员。袁憨则参军后，热爱祖国、热爱人民，对党和人民怀着赤诚之心，为解放全中国而英勇作战，屡立战功，充分体现了一名中华儿女为中华民族的解放不怕牺牲的大无畏精神。复员回村后仍不忘军人本色，在社会主义建设的不同历史时期都发挥了先锋模范作用。

牛根锁(1925—2007)，男，关家村人，中共党员。1947 年加入中国人民解放军，曾参加淮海战役、渡江战役、解放两广及大西南的战斗，曾任班长、排长。1951 年随秦基伟率领的中国人民志愿军奔赴朝鲜战场，任副连长、连长。次年 10 月，参加上甘岭战役，荣立二等功 1 次、三等功 2 次，并荣获中华人民共和国解放勋章、朝鲜民主主义人民共和国二级勋章。1953 年 10 月转业到潞安矿务局工作，任矿务局建筑工程队队长等职。1988 年退休。

关树根(1926—2004)，男，关家村人，中共党员。1947 年加入中国人民解放军，1948 年 11 月参加淮海战役。1949 年参加渡江战役，以及解放南京、上海的多次战斗。1951 年，随中国人民志愿军奔赴朝鲜战场，在上甘岭战役中坚守 40 多天，战斗中被敌人枪弹打掉左手食指。军旅生涯中荣立三等功 2 次，先后荣获淮海战役纪念章、渡江战役胜利纪念章和朝鲜民主主义人民共和国勋章。1953 年退伍转业到长治县二轻局工作，并享受三等乙级伤残军人待遇。1989 年退休。

袁土龙(1925—1991)，男，关家村人，中共党员。1947 年加入中国人民解放军，曾参加解放洛阳、解放郑州和渡江战役。历任班长、副排长、排长。荣获中华人民共和国八一勋章。1954 年从部队转业到河南省鹤壁市纺织机械厂工作。1986 年退休。

袁贵宝(1943—1986),男,关家村人,中共党员。1962年中学毕业后,任西掌大队副业会计。1965年参加长治县“四清”工作团,后在长治县生产资料公司任采购员。1984年被派往长治县南宋供销社担任主任。1986年因病逝世。

第十四章 新农村建设与乡村振兴

第一节 共同的梦

2009 年 6 月 18 日，关家村更名为振兴村。2010 年 7 月，振兴村从西火镇剥离出来，设立振兴新区，振兴村成为振兴新区辖内的一个行政村，并按县委文件要求承担新农村建设“中心村”示范区、城乡统筹振兴试验区职能，总面积 6.6 平方千米，现有人口 1246 人。

振兴村地处雄山半腰，受自然地势的制约，古来交通不便，出行困难。中华人民共和国成立后，村民将修整道路作为生活中的大事来办。拓宽河道，铺石垫路，以利出行。1974 年，在村南岭上开辟了一条宽 5 米、长约 300 米的道路，相对高度差 50 米，坡陡难行，一遇雨天，道路泥泞，无法行走，1983 年，铺了一层柏油。直到 2007 年新农村建设，整村搬迁，此路随之被新村所占。

斗转星移，时过境迁，振兴村人勤劳朴实、勤俭持家的精神不断发扬光大，民情和顺、乡里仁义的美德更是相传不衰。振兴村不大，从关帝庙、古戏台、民居四合院等古建中可清晰地了解其历史文化，也可大致了解振兴村人在不同时代的生存环境和社会活动。

古老与现代交融，古朴与时尚交汇，这里的两汉文化与明清文化，佛教文化和传统文化的有机结合，已成为振兴村乡村旅游资源优势的整体框架，美妙传奇马刨泉“王莽赶刘秀”的故事，更是誉满三晋，家喻户晓。

为挖掘历史文化资源，新村建设以来，依托振兴集团先后投资建成了槐荫寺、老子庙和孔夫子庙。其中槐荫寺整体建筑坐北朝南，大殿气势雄浑，结构精巧，建筑构思与造型艺术达到了高度的和谐统一。布局严谨而不呆板，开阔而不违和，既整齐划一又富于变化，既不拥挤也不分散，体现了中国古代建筑的高超技艺，属方圆百里高级别建筑。该寺庙在 2012 年举行了规模盛大的开光仪式，几年来，方圆百里的佛家弟子常来庙里诵经、朝拜，使佛教文化得以在振兴村传承和延续。

位于村北中心的红色文化广场，高大雄伟的毛主席铜像立于中央，东西两边是主题为抗日战争和解放战争的石雕群，广场内高大雄伟的石雕生动地再现了中华民族在世界反法西斯战争中不屈不挠的精神，展示了英勇不屈的中国人民为争取民族解放和建设新中国的坚强信念和必胜信心，是教育青少年热爱祖国、热爱社会主义的主要基地。2021 年该广场升格为省级国防教育基地——“振兴国防园”。

栩栩如生的二十四孝石雕，掩映在孝廉公园的园林绿海中。“孝廉”就是孝道与廉政。早在汉武帝元光元年（前 134 年）选拔官员，就以孝为先，《汉书·武帝纪》古注云，

“孝谓善事父母者，廉谓清洁有廉隅者”。被举为孝廉的叫“郎”，也就是入仕为官，第一个条件是必须“孝”，第二个条件是必须“廉洁”，具备这两个条件，才有做官的资格。园内的廉政文化宣传栏，13 大块橱窗从开篇到结束全方位地论述了“成由勤俭败由奢”的道理以及中央历届领导的廉政语录，100 多幅廉政漫画形象生动地展示了廉政与贪腐两种截然不同的结局。近年来，振兴村利用一年一度的重阳节，把孝文化与社会层面和家庭层面紧密结合起来。这一天，为弘扬源远流长的中国孝文化，开展关于传承与弘扬社会公德、职业道德、家庭美德的多种社会活动，评选表彰孝敬老人的好儿女、好媳妇。为 60 岁以上老人发放养老金、御寒衣，大家欢聚一堂，共进午餐，使孝文化更具全面性和互动性，把孝纳入公民的道德范围，变成人们的自觉行动。孝与廉，是振兴村的根本传统文化，在中华民族传统文化中也有着重要地位，在此基础上，2021 年，振兴村扩建廉政文化教育基地，启动室内场景“廉园”建设。

进入 21 世纪，振兴村“两委”认真学习党的十七大、十八大精神，在农村改革发展的新形势下，立足振兴村实际，围绕社会主义新农村建设、“中心村”示范区建设、城乡统筹振兴试验区发展方向，紧盯打造“太行生态宜居地，上党文明小康村”的目标，聘请、邀请多方面专家进行整体规划布局，明确区分功能定位，优化村域空间发展格局，对居民生活区、工业区、商贸区、社会服务区、农田保护区、文化教育区、休闲区、生态涵养区等进行统筹规划，在基础设施建设、统筹利用土地、调整产业结构、公共服务一体化等方面不懈努力，使经济发展能够互相衔接，互相促进，加快形成城乡社会经济统筹发展的新格局，使广大农民积极参与现代化进程，共享改革发展成果。

振兴村特别重视生态文明建设，2010 年与中国国土经济学会合作共建了第一个建在村域的全国低碳国土实验区，坚持以生态经济、低碳经济、环境保护、节能减排、资源节约集约利用为主旨，尊重自然、保护自然，以提高农民生活质量和思想素质为出发点，推动城乡发展规划、产业布局、基础设施、公共服务、劳动就业、社会管理等方面的一体化，形成了天蓝、地绿、水清、人和的整体面貌，村在林中，人在画中，浑然一体，推动了农村经济社会的全面进步。

振兴村近年来一直把产业转型、调整产业结构放在突出位置，持续不断在努力。经过多年努力，农业产业结构虽然有了较大改善，合理化程度也得到了相应提高，但是这种改善和提高还只是阶段性的、较低水平的。农业产业结构调整必须从实际情况出发，重点在提高产品质量上下功夫，以优质产品占领、巩固和拓展市场，才能更加适应全面建立社会主义市场经济体制的要求。

为加快农业科技进步和创新，拓宽农业发展领域，推动农业增长方式转变，提升农业竞争能力，实现农业又好又快的可持续发展，村带头人牛扎根，立足村情，大胆探索，敢于担当，突破种种自然条件的束缚，根据市场经济的发展方向，2011 年经国家级专家及知名人士现场考察指导，建起了占地面积 20000 多平方米的 4 座现代化高科技智能温室大棚，集名贵花卉种植、无土栽培、生态口福体验于一体，取得了一定经济效益。

2006 年 10 月，全国人大常委会审议通过了《中华人民共和国农民专业合作社法》，并于 2007 年 7 月 1 日实施，这是我国农民专业合作组织建设与发展史上的又一个里程碑。为进一步推进农业规模化、产业化经营，促进农业走向规模化、市场化及现代化，形成小农户、大群体、大基地的经营格局，振兴村依据党的十六届三中全会、五中全会、六中全会和十七大对发展农民专业合作组织提出的明确要求，出台了一系列具体措施，构成了农业经营体制的基本框架，夯实了新农村建设的基础。2011年11月11日，长治县振兴鑫源有机农产品专业合作社成立，在稳定农村土地承包关系的前提下，大力宣传鼓励将承包期内的土地使用权进行流转，《中华人民共和国农村土地承包法》明确规定，家庭承包土地经营权可以依法采取转包、出租、互换、转让或其他方式流转。振兴村按照《中共中央关于做好农民承包土地使用权流转工作的通知》要求，本着依法、自愿、有偿的原则，努力做好农民土地承包经营权流转工作，这就为土地流转、如何流转提供了法律依据。振兴村“两委”根据政策规定，广泛宣传，发动群众将承包经营的土地流转到合作社，合作社以每亩每年1000元的土地流转费与各农户签订了为期17年的流转合同书。大力创新发展现代化农业种植模式，实行种植的区域化布局、规模化生产，创建了药材、油葵、干果核桃园基地，形成了生产、加工、营销一条龙服务体系，大大提高了土地的有效利用和综合生产能力。现在长治县振兴鑫源有机农产品专业合作社的发展呈现出领域拓宽、链条延长、规模扩大的良好态势。

百年大计，教育为本。2003年国务院召开农村教育工作会议，要求把农村教育摆在教育工作重中之重的战略地位，2005年国务院做出深化农村义务教育保障机制改革的重大决策。振兴村历来有尊师重教的优良传统，村“两委”充分体会到，推进农村改革发展和建设城乡社会经济一体化最基础的是发展教育，大力加强农村教育是促进改革发展的根本出路，是推进实现农业现代化的根本途径，是城乡经济社会发展一体化的根本保障。2007年和新村建设同步进行的寄宿制学校开工建设，2009年竣工，同年9月举行了开学典礼，下设幼儿园，是一座九年一贯制的封闭式寄宿学校，现有教学班24个(中学6个、小学18个)，幼儿园4个班，学生1200人，教职工120名，学校以“品正、笃学、励志、创新”为校训，以“仁爱、敬业、进取、求真”为校风，努力创建“平安校园、绿色低碳、特色鲜明、质量一流”的标准化学校。

校园占地面积22654.8平方米，由教学楼、公寓楼、餐厅、文体活动中心及操场组成，校园内绿树成荫，绿化覆盖率为40%，具有“春有花，夏有荫，秋有果，冬有青”的人文教育学习环境，学校硬件设施完备，拥有微机室、多媒体室、语音室、图书室、实验室以及标准的塑胶田径运动场。优良的环境和一流的教学设施为培养学生的全面素质，提高学生的综合技能提供了优越的条件，有力推动了城乡义务教育的均衡发展。

为充分激发教师的教学热情并调动教师提高自身教学水平的积极性，针对在教学方面成绩突出的教师制定了一系列奖励措施，并对优秀学生进行奖学金奖励，几年来已形成了一种长效机制，对升入各类高校的学生、在读研究生按学制通年发放奖学金，对其家庭成员优先安排工作。到2015年年底，学校已普及了初中教育，振兴村现已有1名博士生，3名硕士生，20余名本科生。

振兴村党支部、村委会十分重视思想文化宣传工作，每周出版一份《新振兴》村报，并积极开展各种健康向上的文化体育活动，春节期间热闹红火，夏秋举办消夏晚会，全年体育文化活动从不间断，歌舞表演、健身操、广场舞常年开展，节日赛事丰富多彩，群众性文体活动蔚然成风。

经过三年的新农村建设，振兴村人居环境和基础设施建设已基本达到城乡一体化的水平，人民生活提前达到小康水平，物华天宝，人杰地灵，盛名远扬，齐声赞美振兴村新农村建设的伟大成就。各级领导曾多次来振兴村视察指导工作，外省市有关单位也纷至沓来取经学习。2010 年 7 月，中央歌剧舞剧院来振兴村采风，并出版了诗集与歌曲集《放歌振兴》；省内外的书法家、画家、作家多次走进振兴村举办的“诗画文笔”活动，热情赞美振兴村翻天覆地的变化和村民的幸福生活。2013 年 10 月，时任山西省委书记、人大常委会主任的袁纯清前来振兴村视察新农村建设情况，对振兴村给予高度评价和充分肯定。

“欲穷千里目，更上一层楼”，勤劳勇敢的振兴村人民“立德尚文，和谐共富”，在社会主义新农村建设中，创造了骄人的成绩，他们继往开来，再接再厉，高举中国特色社会主义旗帜，为实现中国梦不断谱写新的篇章。

2007 年，中国共产党第十七次全国代表大会在北京召开，会议全面分析了全国的形势，系统回顾总结了国家农村改革发展的光辉历程和宝贵经验，对加快推进社会主义新农村建设，实现城乡统筹发展，夺取全面建成小康社会新胜利，开创中国特色社会主义事业具有重大而深远的意义。

会议明确了在新形势下推进农村改革，全党必须深刻认识到，农业是安天下、稳民心的战略产业，没有农业现代化就没有国家现代化；没有农村繁荣稳定就没有国家繁荣稳定；没有农民全面小康就没有国家全面小康。我国总体上已进入“以工促农，以城带乡”的发展阶段，进入加快改造传统农业，走中国特色农业现代化道路的关键时刻。把走中国特色农业现代化道路作为基本方向；把加快形成城乡经济社会发展一体化新格局作为根本要求；坚持工业反哺农业，城市支持农村，统筹工业化、城镇化、农业现代化建设；推进城乡基本公共服务均等化，实现城乡、区域协调发展，使广大农民平等参与现代化进程，共享改革发展成果。

根据党中央的部署要求，振兴村结合自身实际，充分认识到，改革开放以来，虽说村民在依靠自己的力量改善人居环境方面起到了一定的作用，但与党对新农村建设的要求仍相去甚远，与城市相比仍然十分落后，这主要是因为大多数农民建房没有打破传统模式，又缺乏统一规划指导，居民住宅分布零乱，建新房不拆旧宅，形成“空心村”，建设用地浪费极其严重等。随着人口增长和生产、生活强度的增加，村内环境设施严重缺位，村民住宅与畜禽圈舍混杂，污水及废弃物大量增加，处理措施欠缺，污染加重，环境恶化程度超出农村生态环境的自我调节能力等，诸多问题急需解决。

针对多种历史因素，2007 年，根据社会主义新农村建设的发展方向，振兴集团董事长、总经理牛扎根以勇于担当、敢为人先的无私奉献精神，回报养育他的这一方热土，提出了一个建设“文明新村，和谐新村，富裕新村，幸福新村”的构想。说干就干，毫不懈怠，随之组织相关人员参观了外地一些新农村建设典型，吸取了宝贵经验，并立足关家村的实际，制定了“因地制宜、总体规划、分期实施、稳步推进、发挥优势、创新驱动、惠及民生、全面发展”的总体目标，拟定了“资源置换，脱胎换骨，村落移位，整体搬迁”的发展方案。

几年来，振兴集团按照“以企带村，以工促农”的改革模式，抢抓机遇，先行先试。积极探索新型农村城镇化的发展路径，有效促进了资源的均衡配置，生产要素的自由流动，人居环境的改造和农民身份的转变。建成集住宅改造、公共服务、基础设施、现代企业、科学管理于一体的综合型城镇乡村，实现了环境生态化、居住城市化、服务功能化、就业均等化的发展新格局，走出了一条“兴企建村、兴业富民”的农村城镇化特色发展之路。

登高远眺，整个村庄如诗如画。一幢幢别墅式的二层小楼，红顶灰墙居于建筑群的中心；水、电、暖、气管网纵横，井井有条、安排合理；一条条笔直的大街小巷，草坪、花池镶嵌两旁，翠柏及各种名贵花木排列有序；黑夜里一排排路灯把村庄照得如同白昼；公建区、科教文化区、商贸服务区、休闲娱乐区、高新工业区、现代农业区、观光旅游区，向村庄四周辐射，极具特色。

为强化生态环境和绿色低碳发展理念，家家户户室内“养绿”，室外“增绿”，村庄“植绿”，人人“护绿”，整个村落打造得如同一座“村在林中，人在画中”的绿野之城。

繁荣农村文化事业，是建设社会主义新农村，满足广大农民群众多层次、多方面精神文化需求的有效途径。几年来，振兴村着力打造重点文化建设工程，积极培育农村文化市场，挖掘传统文化和优秀民间文化资源，利用各种节假日和传统节日，开展形式多样的群众文化活动。老年舞蹈队、威风锣鼓队、民间音乐队，在元旦、春节、元宵节期间一展风采，为乡村增添了无尽的欢乐。从 2012 年开始，一年一度的“根祖文化旅游节”“中华祈福文化旅游节”“九九重阳文化旅游节”以活动促宣传，充分体现了中华民族传统美德和时代精神的完美结合，使人们对新生活有了更加全面的认识。

为大力提高农村教育水平，推进城乡义务教育均衡发展，“教育先行、孩子先富”的理念一直是村“两委”所坚持的，2009 年建起一座现代化寄宿制学校，达到国家义务教育基本的办学标准和质量要求，运用现代化的教学模式，引入远程教育、网络教育和卫星教学接收播放系统，使 1200 名寄宿生享受到了优质的教育资源，办学条件和教育质量基本能与城区学校媲美。

推进农业产业结构调整是改革开放 40 多年来农村经济发展中的一个重要问题。多年来，振兴村在科学种植和产业结构调整方面尽管有了很大改进，合理程度得到明显提高，但是这种改进和提高只适应现阶段的发展需求，与发展现代化农业的要求还有很长的距离。随着农村居民生活逐步向全面小康过渡，农业产业结构的缺陷日渐突显，小规模分散零乱布局仍然是现代化农业发展的主要障碍。

针对诸多不利因素，振兴村“两委”一致认为，必须深入探索和运用新的思路，坚定不移地推进新型农业产业结构战略性调整。知道了制约发展的瓶颈，找准了对症下药的方子，不等靠，不拿要，撸起袖子自己干。2011 年长治县振兴鑫源有机农产品专业合作社成立，5600 亩土地得到流转，这种新型经济合作组织的建立，大力提升了农业科技水平，加强了植物新品种的自主创新。近年来，总投资 8170 万元，发展推进了一系列高新农业开发项目，其中“油葵种植项目”“药材繁育基地”“干果经济林”“植物滴灌工程”“百亩智能温室大棚”“花卉及立体无土栽培高新技术研发”“五百亩日光蔬菜大棚主产区项目”等有力地推动了农产品加工和流通服务业的发展，形成了科技创新、功能完善、运转高效、支撑有力的可持续发展应用体系，为社会主义新农村建设打下坚实的经济基础。

党的十八大以来，振兴村在自然资源和人文景观的基础上，积极推动文化旅游以带动新村转型。紧紧围绕乡村旅游发展思路，挖掘乡村旅游文化和历史资源。在打造雄山生态旅游观光区的基础上，不断增添新的元素。将农业文化、民事活动、红色文化、民俗文化作为主要内容，形成了农、旅、文三大产业优势互补、互推互进的新格局。先后成功举办了“全省市域经济城镇化建设推介会”“全省党务公开工作现场会”等多项活动和各种论坛，一年一度的根祖文化旅游节、中华祈福文化旅游节、九九重阳文化旅游节、花卉文化艺术节已成品牌，省内外广大游客通过这些品牌活动走进振兴、了解振兴、认识振兴。

目前，振兴村围绕乡村文化旅游及“康养山西、夏养山西”课题大做文章。旅游业已初具雏形，先后建成了红色文化广场、抗战主题广场、上党印象步行街、初心园、村史馆、全国村志收藏馆、雄山景观台、振兴鹊仙桥、蝶恋花海、槐荫寺、孝廉公园、牡丹园、花间堂、格桑寨、红色收藏室、民俗文化馆、一里长客栈、振兴人家夏养小院民宿群、山药蛋口福生态园、南山北山农耕田园景观区、人才学院实训基地、游客接待中心等特色景观与功能节点，通过集散为聚、功能梳理，基本形成“一谷两山”生态空间、生产空间、生活空间的优化布局，自然风光与人文景观相结合，现代建筑与古典楼阁相映衬，文化内涵与经济产业相共生的国家AAAA级旅游景区，并力争保持全国“避暑小镇”排名当先优势，把握山西省、长治市、上党区在我国避暑气候资源区域的禀赋位置。同时坚持强强联手、共建共享的发展理念，与周边景区友好合作，共同打造旅游精品，并与晋城的皇城相府、焦作云台山、壶关大峡谷、平顺通天峡、武乡八路军文化园、黎城黄崖洞等景点互联互通，形成了一条太行山精美旅游链，成为枢纽，让振兴的旅游业走出上党，誉满三晋。

一份付出就有一份回报，在这片逐梦的土地上，仅短短十三年的时间，振兴村由一个贫穷落后的小山村突飞猛进，奇迹般地转变成了一个现代化的集新兴产业于一身的富饶的新农村。以“三农”为课题的华丽篇章，在振兴村被书写得美丽又多姿。

这就是“中国特色村”“中国幸福村”“中国避暑小镇”“全国文明村镇”，在加快城乡统筹发展的进程中展现的现代化社会主义新农村的卓越风姿，成为一座享多种美誉的太行山上新型农民之城——长治县振兴新村。

第二节　逐梦规划

一、建设始源

振兴村，原是一个以姓氏命名的自然小山村，全村百十户人家，坐落于两沟一岭之上，地势坑坑洼洼，村民居住分散零乱，自古以来，土地贫瘠，道路崎岖，交通不便，信息闭塞。千百年来，村民只能依靠几分薄田，勉强维持生计。土墙残壁，简陋低矮的茅草小屋，满是污泥浊水的大街小巷，村内污水粪坑异味扑鼻，臭气熏天，整座村庄破旧不堪。

中华人民共和国成立初期，社会稳定，生产发展、人口增长较快。随着人口的增长，居住困难的问题日益突显，急需改变的住宅环境和居住条件严重困扰着每个村民。当时，国家正处在社会主义改造时期，村民的生活和经济条件有限，各自又有祖传的固守利益，只能依据自己的所属范围和经济条件在自家院内廊下搭个小棚，垒个小屋，结果七扭八歪，乱七八糟，越修越乱，越盖越窄，始终改变不了原始面貌，在一定程度上影响了村庄的建设和发展。

20世纪70年代，虽说实行了新建住宅宅基地审批制度，但因正处在“农业学大寨”运动时期，国家对耕地占用控制得很严格，原则上要求村民建房一般不能占用耕地，只能在村内不能耕种的荒坡、沟壑等空闲地段补空缺。当时村民普遍生活不宽裕，经济条件又很有限，大部分农户新建住宅低劣，不少住宅建成三五年就开始变形，甚至成了危房，结果钱、粮花费不少，仍然无法根治问题。

改革开放后，村民生活条件得到极大改善，对人居环境开始有了追求。但是，由于村庄规划和管理上的严重缺失，大多数村民在建房方面缺乏具体的规划指导，住宅建设分散零乱，建新房却不拆旧宅，形成“空心村”，建筑风格缺乏当地乡村特色，建设用地浪费极其严重。随着人口增长和生产、生活强度的增加，集体基础设施不配套且严重欠缺，导致污水和废弃物大量增加，超出农村生态环境自我调节能力，新老问题不断堆积叠加。

为解决这些问题，扎实推进农村社会经济的协调发展势在必行。党的十七大提出将改善农村人居环境作为社会主义新农村建设的一项重要内容与检验标准，这对于促进城乡统筹发展，全面建成小康社会具有重要的现实意义。

2008年10月12日，第十七届中央委员会第三次全体会议通过了《中共中央关于推进农村改革发展若干重大问题的决定》(以下简称《决定》)，为加快推进农村改革发展和社会主义新农村建设吹响了冲锋号。《决定》对农村改革发展的指导思想、目标任务、重大原则问题都作出了明确规定，一针见血地指出推进农村改革发展要贯彻落实党的十七大精神，高举中国特色社会主义伟大旗帜，以邓小平理论和“三个代表”重要思想为指导，深入贯彻落实科学发展观，把建设社会主义新农村作为战略任务，把走中国特色农业现代化道路作为基本方向，把加快形成城乡经济社会发展一体化新格局作为根本要求，坚持以工业反哺农业，以城市支持乡村和多予少补放活的方针，创新体制机制，加强农村和谐，充分调动广大农民的积极性、主动性、创造性，推动农村经济又快又好发展。从此，建设城乡经济社会发展一体化的社会主义新农村，成了全国农村改革的必然趋势。

时任关家村党支部书记、振兴煤矿总支书记兼总矿长的牛扎根，着眼振兴，审时度势，以超前的战略眼光和敢为人先的大无畏精神，抓住这个千载难逢的战略机遇期。根据社会主义新农村发展方向，为实现村民及自己多年来的心愿，及时组织有关人员外出考察，并吸取其他新农村建设的宝贵经验，立足振兴村实际，勇于担当，发奋进取，决心走出一条“以工补农，以企带乡，开放相通，互补互促，平等和谐，共同进步”的城乡经济社会发展一体化的新型农村改革之路。为努力开创社会主义新农村建设的崭新局面，创造实实在在的业绩，明确提出建设“富裕关家，文明关家，和谐关家，幸福关家”的目标，将建设一个全新关家村的目标提上议程。关家村“两委”经过多次磋商，在“因地制宜，发挥优势，整体规划，分步实施，稳步推进，全面发展”的思想指导下，提出了“村落移位，拆旧建新，脱胎换骨，整体搬迁，资源置换，建设新村，适应现代特色，全面协调统一”的构想，得到了大多数村民的赞同和拥护。但还有一部分村民思想守旧，有这样那样的思想顾虑，特别是一些老年人念旧，故土难离，面对“破天荒”的重大举措，唯恐生活不习惯。一些院落大的农户和居住地理条件好的农户，又怕以后院落小，居住地理条件差，永久吃亏。最主要的是新建房的农户和破房旧屋的农户的差别，这个矛盾尤为突出。针对出现的种种问题，广大党员、干部以大局为重，多次深入细致地做群众的思想工作，最后达成共识。

对新旧房产差别的主要问题，村“两委”决定对所有房产一律评估作价，并确定每栋新建房房价12万元，在旧房作价抵销后多退少补（新房12万元－旧房价＝退补）。最后经村民大会表决，一致通过了关家村新农村建设整体规划方案。

2007年3月27日，晴空万里，艳阳高照，关家村新农村建设开工典礼仪式在狼岭湾举行，这天人们手持鲜花，身披彩带，载歌载舞，气球腾空，礼炮齐鸣，大幅标语耀眼注目，市、县主要领导到场祝贺。就这样，新农村建设的帷幕在一片欢乐声中被徐徐拉开。

二、蓝图绘就

2006年，关家村“两委”聘请专家对关家村新农村建设进行现场指导，同时特邀山西中方森特建筑工程设计研究院有限公司做了整体规划，设定建设周期为10年（2007—2017年）。规划着重于关家村地理状况和现有基础，以构建城乡经济社会发展一体化为总体目标，对人居环境绿化、道路设施、电力通信、管网布局、环境卫生、污水处理都进行了科学考察论证，达到了协调统一，力争在5年内实行新型农业社会服务一体化体系，形成以公共服务为依托，合作经济组织为基础，龙头企业为骨干，社会力量为补充，公益性服务相结合，专项服务与综合服务相协调的新型农业社会化服务体系。

力争用5年（2007—2012年）时间按照城乡经济社会发展一体化的要求，基本实现让农民共享工业化、城镇化、现代化带来的好处，真正建立起地位平等、开放互通、村企互动、互补互促、平安和谐、共同进步的城乡经济社会发展一体化新格局，为全面建成小康社会的宏伟目标而不懈努力。

（一）地理位置与区位优势

关家村有着优越的地下煤炭储备优势和以大雄山植被为主的自然资源优势，为全村的可持续发展打下了坚实的基础。

在这次规划的建设活动中，注重对自然资源特别是土地资源的保护，对确需占用的耕地采取旧宅基地复垦土地置换的形式。促进土地集约化利用，提高基础设施和社会服务的共享程度，以求真正实现文明、和谐和节约型社会目标。

（二）经济发展状况

关家村充分利用地下煤炭自然资源和大力发展以商贸运输业为主的第三产业，2005年农村经济总收入300万元，农民人均收入5370元。

2005年全村136户531人，其中劳动力189人，从事第一产业121人，占总人口的22.8%。

关家村有煤矿、砖厂、建筑队、运输队，个体从事种植业、养殖业、编造业等。

（三）村庄建设与人居环境

由于关家村村落建在雄山半腰，全是沿沟依山而建，布局较为分散零乱，住宅建筑材料较差，约50%的住宅存在不同程度的安全隐患。进入21世纪，只有极少数建筑质量较好，仅占20%左右，而且单体建筑面积较大，以独立的院落式住宅为主，建筑密度小，容积小，造成了土地资源极大浪费。

（四）规划编制依据

《长治县总体规划》、《山西省村庄治理技术细则》、《山西省村庄建设规划编制导则》、《长治县农村经济和社会发展“十一五”规划（草案）》以及关家村“两委”《关于村庄发展的设想和建议》。

（五）规划指导思想

（1）建设社会主义新农村，改善人居环境，提高村民生活水平和生活质量。

（2）大力提高农业科技水平。

（3）推进农村基础设施建设。

（4）推进农业产业结构战略性调整。

（5）健全农村社会服务化体系。

（6）增强农业可持续发展和环境保护能力。

（7）繁荣农村文化生活。

（8）大力提高农村教育水平。

（9）积极发展农村卫生医疗事业。

（10）建立健全农村社会保障体系。

（11）改变农村基础设施和人居环境建设。

（12）加强和改造农村社会管理。

（13）注重村庄与生态环境的共生和村庄历史文脉的延续，创造良好自然生态环境，弘扬悠久的历史文化。

（14）开创乡村旅游事业，增强可持续发展和环境保护能力。

（15）从城市设计的角度出发，构建良好的现代化村庄景观，建设具有鲜明特色的村庄新面貌。

（16）建立城乡经济社会发展一体化制度，坚定不移走中国特色农业现代化道路，努力开创农村改革发展新局面。

（六）规划基本原则

（1）充分利用地理区位优势，创造和谐安逸的人居环境。

（2）保护自然生态环境，打造现代化的绿色生态，实现生态园林化。

（3）准确定位，按照城乡经济社会发展一体化的要求，建立平等的经济社会发展新体制。促进城市基础设施向农村延伸、向农村覆盖，城市现代文明向农村辐射。真正建立起地位平等、开放、互通、互补、互促、共同进步、平等和谐的城乡经济社会发展新格局。

（七）规划发展目标

1.农村经济与产业发展目标

（1）农业发展方向。积极调整产业结构，加快发展现代化农业，建设高科技的农产品种植基地，用现代科学技术改造传统农业，以农村合作经济组织为基础，推进现代化农业产业化管理。建立科、工、贸一体化的农业产业化体系，推进农业可持续发展和提高环境自我保护能力。

农业产业化经营，推进农业经营向规模化、产业化方向发展，大力建设农村产品种植、加工、销售等各种形式的环保型企业，拉动特色农村产品规模化发展，稳定和巩固集体经济，增加农民收入，建立健全农村社会化服务体系，为农业科技进步产业化发展提供服务。

(2)工业发展方向。依据现有的煤炭企业和建材业的发展优势，大力引进高科技人才和财力、物力。着力发展高新技术和无污染、环保型、技术含量高的新兴产业链条，推动农村经济快速发展。

(3)第三产业发展方向。认真落实政策，盘活农村经济，充分调动农民自主创业积极性。打破一切妨碍农民增收的思想观念，革除一切束缚农民增收的体制弊端。营造鼓励能人干事业，支持能人干成事业的社会氛围。为农村能人施展才干、创业致富提供必要支持。实现农民收入快速增长，促进农村经济社会全面发展，不断形成新的产业增长点。

2.新村建设发展目标

按照社会主义新农村建设的要求和着力推进城乡公共服务一体化标准，促进城乡协调发展，逐步实现基本公共服务均等化。从新村建设初始考虑具体，做好规划，留好接口，逐步靠拢，逐步完善，谨慎运作。建设村“两委”(村级组织)活动场所、学校、文体中心、敬老院、老年活动室、卫生防疫站等社会事业服务设施。

3.新村基础设施建设目标

在基础设施建设方面，要根据城乡基础设施建设一体化，全盘考虑、不断强化、不断完善、统一布局、统一推进。坚持把城市和农村作为一个有机整体，着眼于强化城乡设施衔接，合理布局村内道路，管网配套，道路两旁树木、花草的栽种和养护，主干路和次干路两侧规划路灯等照明设施，室内“四供”(统一供电、统一供水、统一供热、统一供沼气)、“三通”(通网络、通电视、通电话)配套设施，污水、垃圾的集中排放和处理。实现城乡共建，城乡共享。

村庄建筑特色及一切基础设施必须整体协调统一，建筑结构别致，充分体现出社会主义新农村和城乡经济社会发展一体化新格局的时代特征。

第三节　美梦成真

一、优雅民居小别墅

20 世纪 70 年代以前，农民建房缺乏统一规划指导，居住点分布零乱，住宅与畜禽圈舍混杂，垃圾露天堆放，污染严重，生态环境极差。改革开放后，随着农民生活水平的快速提高，广大农民迫切要求改善农村生活环境和提高生活质量。党的十七大为扎实推进农村社会经济协调发展，将改善人居环境作为社会主义新农村建设的一项重要内容，并对建设标准做出明确规定，这对于促进城乡统筹发展，全面建成小康社会具有重要的现实意义。

关家村的新农村建设，从改善人居环境，完善基础设施，发展公共服务，保护生态环境等方面入手，有效促进了农村“两个文明”建设和提高了农民素质，为农村经济协调发展打下了坚实的基础。

2007 年 3 月，关家村第一期新农村建设工程破土动工。挖土岭填沟壑，整个村庄 6 万多平方米的地基需要挖掉数以万计的土方来打造。数台挖掘机昼夜作业，历经两个多月，地基工程初见雏形，按照规划统一设计，统一施工建设，将第一期工程建设成样板工程，用现实环境打动对故土难舍难离的村民，让其感受新村新居的优势，同时请专家勘测水源，确定井位，以便在建设中保持充足水源。

第一期工程为 90 栋三层别墅楼(其中顶层小阁楼可放杂物)。户型格局为每层三室一厅，一厨一卫，室内统一“四供三通”，居住面积 240 平方米，并配置 120 平方米的小院，有栅栏、围墙和铁艺大门。第一期工程于 2008 年 8 月竣工，10 月 18 日，第一批搬迁户在

振兴煤矿会议厅召开分房大会，90 家搬迁户领到钥匙，喜迁新居，同时燃气站、供热站配套设施相继运行。

第二期工程于 2009 年 3 月开工，规格质量与第一期工程相同，这期工程在当年开工，亦于当年竣工，数量是 30 栋，村民于 2010 年春节前全部入住。

2009 年春，振兴村“两委”召开全体党员和村民代表会议，讨论通过关于基础设施的若干项目，同年 4 月开工建设村“两委”办公楼、学校、文化活动中心、休闲山庄、振兴会堂及商贸一条街等基础设施，年产 6000 万块砖的瀚立建材厂也相继动工建设。

2011 年 4 月，4 座高科技智能温控大棚破土动工，这是大力提升农业科技水平，推进农业产业结构战略性调整的创新示范工程。红色文化广场、孝廉公园、槐荫寺、文昌阁、振兴坛等配套设施也做了规划并开始动工，这些建筑物分布在居民区的四周，承前启后，自成一体，与居民区的小别墅相映成趣，街道两旁的整体景观植物配置为常绿乔木侧椿、白皮松，落叶乔木国槐、白毛杨、法国梧桐，灌木大叶黄杨、小叶黄杨、丁香、碧桃、珍珠梅、红叶小檗，草坪花卉牡丹、芍药、月季、金鱼草、结缕草、常夏石竹等。园林绿化占总面积 62%以上，竭力打造出一个低密度、舒适、品位与格调兼顾的生态健康空间。清晨，当第一缕阳光出现，园林中的空气透着清凉，整个村民居住区弥漫着清新的气息，阳光、花草相依为伴，人们或运动攀谈，或邂逅知己，尽情享受淡泊与闲情，村在林中，人在画中，浑然一体，如入仙境。

二、一流的公共设施

（一）游客中心

振兴村的游客中心坐落于村东的和谐大道北侧，一进村踏上这片热土，映入眼帘的首先就是漂亮的中心大楼，楼顶“振兴小镇”四个 3 米见方的红色大字分外夺目，它是振兴村开发乡村文化旅游的标志性建筑。

大楼上下共分五层，占地面积 1920 平方米，整体建筑面积 9600 平方米。观其外形，新颖别致、气势恢宏。一楼大厅的服务区设有游客咨询、售票窗口、大型超市，并配有警务室、医务室等。大厅整体装饰现代化，错落有致、富丽堂皇，全程网络服务，方便快捷。二至四层为客栈，每间套房配有洗浴室、卫生间等，可供 500 多名游客入住，由专职服务人员全程服务。顶层的人才培训中心，共有大小会议室 6 个，1500 多个座位，有公共食堂、就餐大厅等。

大楼前的停车场，占地面积 13000 平方米，有大型客车、货车、小轿车车位 300 余个。

（二）上党印象步行街

进入振兴村一定会经过上党印象步行街，此街是 2018 年又进行改造的项目，东西总长 580 米。街道南面是上下两层古色古香的仿古建筑楼，楼前从西往东小桥流水，清澈见底的溪流不断，整条街道在树影的映衬下颇具江南风光。服务设施主要有医院、超市、饭庄、桑拿洗浴中心、美容理发店、银行、健身房等。上层东侧的培训大厅内设 300 多个席位，80 多间标准公寓套房，可供 300 多人入住，生活设施应有尽有。整条街道配置有衣食住行一条龙服务，地理条件优越，服务质量上乘，成为市、县主要培训基地，市、县乃至省内外多家单位、媒体，常年在此培训，人员络绎不绝，年平均培训人次在18000以上。

街道北面是错落有致，兼具绿色生态、低碳环保功能的松香小木屋，主要基材为美国花旗松。木屋从东到西排列近600米，大小不一、高低有别、玲珑有致。每座小木屋左前方帘旌挑出，点头招手地同主人一起招揽着生意；木屋门前间隔有序，不时有古今人物和吉祥物的雕塑站立，给人以一种整体的美感。游客走在街上，人景一体，快意徜徉，置身其中的人们有回归大自然之感。

现在的上党印象步行街已成为振兴村的一个地标。

（三）照壁

振兴村的照壁位于距永泰门80米处，是永泰门外用作屏障的一道隐墙，建于2017年，是振兴村的附属建筑物。照壁总长38米，基座高1.5米，壁身高16.5米。壁顶双层出檐，琉璃瓦覆盖，飞檐翘角、古朴浑厚、典雅端庄。壁面为习近平总书记屹立于青山绿水之间的大幅画像。

（四）永泰门

永泰门建于2011年春，与照壁相对，是村民出入的主要通道，由钢筋混凝土砌成。

永泰门长18米，其中拱门门洞宽10米，高15米，大门顶为盝顶结构，为现代式建筑，横跨新区行政大楼与村委会综合大楼之间，门洞两边各有一间耳房作为支撑，以提高门楼的整体稳定性，门楣上镶嵌着“振兴村”三个金色大字。两边悬挂楹联“太行生态宜居地，上党文明小康村”，大门两侧雄踞着两尊雕工精细、气势雄伟的晚霞红石貔貅，名为“吉祥如意”。拱门以上第三层是阁楼，阁楼与新区、村委会两座大楼相衔接，顶端耸立8米高的霓虹灯塔光柱，一到傍晚自由旋转，光彩四溢，整体造型气势宏伟，气派大方。该门楼由河南省林州市建筑工程有限公司建造，于2011年8月竣工。

（五）办公大楼

村级组织活动场所是振兴村党支部、村委会的综合办公场所，2009年竣工入驻时称为“综合办公楼”，2011年根据上级指示精神，统一称呼，改称“村级组织活动场所”。

办公大楼坐落于住宅区的前面，坐北朝南，长70米，宽10米，砖混结构，上下共三层，建筑面积700平方米，内设村“两委”办公室，大、中、小会议室，财务室，文印室，档案室，图书室，监控室，网络室，党员活动室等。形式为单面楼，背面设走廊，每层走廊的墙上都挂有名人名言，廉政警示用权、执法的牌匾，门前设两根盘龙中华柱。前院面积3000平方米，其中绿化面积500平方米，院内中央是一个直径15米的音乐喷泉池，每到晚上，灯火辉煌，霓虹闪耀，水柱冲天而起。院南设有古式凉亭，与新区院内的凉亭相对，靠大门的一座亭子造型为双层六角攒尖顶。院内正中南边为国旗台，安装有不锈钢旗杆和自动升降装置，每逢重大节日或举行重大活动，都要举行隆重的升旗仪式，院内四块大型牌匾，常年展示村“两委”工作制度和财务公开等廉政内容。村委会办公楼的西边是新区办公楼，以村口永泰门为对称轴，建筑规模与之相对称，所不同的是新区院内喷泉中央有一座假山。

（六）振兴会堂

振兴会堂（亦名振兴乡村文化馆，现名振兴剧院），位于村委会办公大楼东侧，长70

米，宽34米，高15米，占地面积2380平方米，2009年3月动工，2010年10月竣工。整体建筑为钢梁框架结构，外表全部用玻璃钢装饰，内设1350个座位，各式吊灯星罗棋布，舞台设计大气美观，背景装饰一块与台面一样宽大的荧光屏，召开会议或举行活动的时候，声、光、电完美组合，给人以美的享受。内部上下两层，有30个单间套房，家具、卧具、厨具、洁具样样俱全。舞台对面的摄影厅，设备齐全，县、市乃至省内外的记者、摄影爱好者曾在这里留下美好的回忆。每逢节庆或重要活动，振兴会堂里，传统上党戏曲、各地戏曲、地域性民俗表演轮番登台，韵味正，音色纯，耐人寻味，清脆高昂的嘹亮歌声，轻纱曼舞的歌舞表演，牵动人心。

十三年来，在振兴村振兴会堂举办了上百场节庆文艺晚会和演出活动，振兴会堂已经成为上党区乡村规格最高、功能最全、举办文艺晚会和接演地方戏曲最多的太行乡村演出场所。村民认为其中最精彩的当数2020年春节联欢晚会。时值“十三五”收官，迎接“十四五”再出发之年，1月20日，上党区振兴村2020年春节联欢晚会在振兴会堂精彩上演，为近千名观众献上一场精美绝伦的文化盛宴。

（七）学校

振兴学校坐落于居民区的西侧，前身为关家村小学，位于新村科教文化区内，2010年被县政府确立为县直学校，是一所九年一贯制、封闭式寄宿制学校。学校设小学部、中学部，共有学生1200人，教职工120人，其中专任教师90人。

教学楼东侧是学生公寓，上下共三层，寓舍整洁，环境优雅，后勤保障服务到位；西侧是学生餐厅。为美化教学环境，校园内道路蜿蜒，绿树成荫，草坪、绿地面积占总面积的40%，校园中央国旗台上的不锈钢旗杆巍然屹立在鲜花草丛中，师生每日早晚都要举行升降旗仪式。

教学楼后面是占地面积5600平方米的高标准塑胶田径运动场，学校、村里各种庆典和学生体育活动都会在这里举行。

学校以“品正、笃学、励志、创新”为校训，以“仁爱、敬业、进取、求真”为校风，以“尚德、严谨、启智、奉献”为教风，以“自主、合作、求索、善思”为学风，坚持让每个学生都能专心致志学习，学会共处，为学生的未来奠定基础，努力创建“绿色低碳、平安校园、质量一流、特色鲜明”的标准化学校。

学校以现代科学的管理模式，强大的师资队伍，一流的教学设施，独特的教学环境，优质的后勤保障服务，为培养学生的兴趣特长，提高学生的综合素质提供了优越的条件，这里是莘莘学子孕育梦想的摇篮。

（八）文体中心

“文化体育活动中心”简称“文体中心”，2009年竣工。坐落于学校塑胶田径运动场的北面，整体结构属古建式庑顶单层出檐，灰色筒瓦盖顶，前有歇廊，立柱顶檐，装饰精美，气势恢宏，与古庙建筑风格极其相似，东西长80米，南北宽40米，占地面积约3200平方米，院内中央大厅规模宏大，高贵典雅，墙上挂着多幅名人书法、名画。2012年山西省农业厅农村改革研讨会在这里召开，市、县各级政府也多次在这里举行会议。东厢房是多功能室，健身器材、体育设施等一应俱全；西厢房是农家书房和图书室，拥有各类图书

10000 余册，摆放着数百张旧村旧貌图片和新村建设现状图。

（九）休闲山庄

休闲山庄坐落于文体中心后方，2010 年建造完工，占地面积 565 平方米，走出山庄大门便是和谐广场的东大街，从竹苑长廊向北，即可到景色迷人的“振兴坛”。山庄院内凉亭、植物棚架、石山、喷泉池应有尽有，3000 平方米的绿地、草坪如绿油油的地毯，景色别致、造型独特，主体建筑构思巧妙、雄伟壮观，上下共分两层，中央一层为会议大厅，厅内宽敞明亮，装饰精美，可用来召开会议，举办各种庆祝活动和宴会。二层为多功能室，内有各种娱乐设施，面积共 400 平方米，两边是 36 间套房，居室清净雅致，设施时尚高档，电视、家具、床铺、洁具一应俱全。山庄实行现代宾馆化管理服务，可满足 70 位老人同时居住，凡年满 60 岁以上老人皆可申请入住，长寿老人、特困老人有专人陪护。所有管理服务人员的薪水由村委会承担。

院内晚霞红石刻壁画“百佛图”别具一格，背面为“松鹤延年”彩画，寓意老年人延年益寿，身康体健，精神焕发，安度晚年。

为落实“不忘初心、牢记使命”主题教育工作，为纪念党的十九大报告发布实施乡村振兴战略一周年，为纪念振兴村自主从老村易地安置到美丽新村，为纪念村“两委”作出“太行生态宜居地，上党文明小康村”振兴发展定位十周年，村自主组织“振兴日”主题学习活动，让“乡村振兴”重大理念更加深入人心，将原休闲山庄改造为“初心园”，邀请了经常来调研的三农专家沈泽江、商宏（北京夏奥会“水立方”主创建筑师、冬奥会“冰立方”冰壶赛场改造专业负责人）指导该园主创设计，包括振兴党群生活馆（新党建云平台）、振兴展览馆、家风家训馆、振兴村史馆、百家姓文化墙、全国村志收藏馆新馆等。开馆后，以书法长卷展示《初心赋》，刻石展示了《振兴宣言》，专廊展示了全国百佳美丽村庄风采、长治市百个美丽村庄图片。

（十）和谐广场

和谐广场位于居民区中心位置，此为振兴村村民开展文化娱乐、强身健体活动的场所，与民居同时建设。广场呈长方形，占地面积 3000 平方米，中心十字大道贯穿其中。

广场内安置着各种健身器材，四周栽植有银杏、红豆杉等花木。东面墙上装有大屏幕电视，播放文艺节目和村政要务有关内容。中心大道两侧设置了凉亭，两条长廊与凉亭相接，炎热的夏季老人们在长廊下聊天、散步、下棋，怡然自得。天真烂漫的孩童在长廊边嬉戏玩耍，追逐打闹，给村庄增添了无尽的欢乐。广场四周草坪色彩各异，韵味独特，花池内的汉白玉雕塑栩栩如生，形象逼真。大道两旁枝繁叶茂的法国梧桐像威武的哨兵守卫着村庄，花卉、草坪散发着清香，沁人心脾。广场内的高杆华灯与大街两旁的霓虹流光灯遥相呼应，每到晚上，华灯齐明，霓虹闪烁，如梦似幻。春节和其他重大节日的活动、富有魅力的文艺表演都在这里举行。平日里村民们晨练、跳广场舞，各种健身活动从不间断，展现了振兴村人热爱生活、自信自强的精神风貌。

（十一）红色文化广场（振兴国防园广场）

红色文化广场位于村民住宅区的正北方，占地面积 4116.34 平方米，2011 年动工，2012 年完工。

广场呈长方形，坐落于村北的十岭上，53 级台阶铺成红色文化广场的正面通道，台阶总宽 24 米，正中镶一块长 23 米、宽 6 米的晚霞红大理石，上有“六合同春”石刻图案。此图案由日、山、水、松、鹤、祥云和亭台楼阁组成。“六合”指东、南、西、北、天、地六个方位，引用六只仙鹤以示其意；“日”表示海阔天空、一往无前的气势和境界；“山”取寿比南山之意；“松”代表傲霜斗雪，经冬不凋；“亭”“台”“楼”“阁”镶于奇山秀水之间，共同形成一幅富有诗情画意的美景。石刻图案两边设有晚霞红大理石围栏，围栏两边是各宽 8 米的台阶，台阶下是一幅直径为 6 米的圆形晚霞红龙凤图案，玉龙腾云摆尾，金凤绕日直上，寓意清雅高洁，事业蒸蒸日上，前途无限光明，并表达人们对长寿、幸福的美好祝愿。

红色文化广场为青少年教育基地，教育青少年要继承革命传统，时刻铭记我们的幸福生活来之不易。广场正中的毛主席铜像引人注目，铜像第一底座长 5 米、宽 6 米，象征着 1949 年 56 岁的毛泽东登上天安门向全国人民宣告中华人民共和国的成立。第二底座高 2.1 米，毛主席铜像高 4.9 米，分别象征 1921 年中国共产党成立和 1949 年中华人民共和国成立，铜像从底座始总高度为 8.3 米，象征毛主席享年 83 岁。主席像背景墙镶嵌着毛主席所作的气势磅礴的《沁园春·雪》巨幅诗篇，墙上"毛泽东思想万岁"七个大字金光闪耀，大字背面是冉冉升起的一轮红日，15 米高的半圆形霓虹彩灯流光溢彩，好似太阳光芒四射。广场两侧是植物棚架、大理石凉亭以及八块大型玻璃栏板。玻璃栏板上主要介绍了中国共产党诞生以来的重大历史事件和毛主席的革命生涯，广场场地开阔，布局别致，是党群庆祝重大节日和举办重要革命纪念活动的场所，每年"毛主席诞辰"和"毛主席忌日"都在这里举行纪念活动，充分表达了振兴村人对毛主席的无限敬仰和缅怀之情。

广场东、西两侧是革命历史教育基地，规模更加宏大。东边刻画了解放战争主战场，十大元帅的擎天华表巍然屹立。正面墙上的石刻图案描绘的是解放战争中"百万雄师过大江"的雄壮场面，展示了中国人民解放军"宜将剩勇追穷寇"和"要扫除一切害人虫，全无敌"的雄心壮志和坚定信心。刻画辽沈、平津、淮海三大战役场面的石雕群，主题鲜明，故事感强烈，承上启下，自成一体。

西边刻画的是抗日战争的主战场，石刻版图和三组大型的石雕群刻画了平型关战役、百团大战和神头岭伏击战的战斗场景，展示了中华民族在世界反法西斯战争中前赴后继、不屈不挠的革命精神和必胜信心。经山西省国防教育办公室认定，该红色文化广场整体纳入省级国防教育基地——"振兴国防园"，供全民研学之用。

（十二）孝廉公园

孝廉公园位于槐荫寺南端，与红色文化广场衔接，2009 年开工，2010 年建成，占地面积 4500 平方米。

中国的"孝"文化源远流长，"孝"字最早见于殷墟出土的甲骨文字，由上面一个"老"字和下面一个"子"字组成，即"善事父母者，从老、从子、承老也"，"孝"的字体结构形象描绘出老人呵护子孙，子孙承奉老人，父慈子孝、亲和融洽的场景。"百善孝为先"是中华民族的千年古训，这句话告诉人们，孝作为家庭的基本伦理和行为规范，是对父母和子女的双向约束，孝在人们心目中有着至高无上的地位，孝道永远闪耀着不灭的光辉。

早在汉武帝元光元年（前 134 年），推举选官就以孝为重，《汉书·武帝纪》载"初令郡，国举孝、廉各一人"，颜师古注云，"孝谓善事父母者，廉谓清洁有廉隅者"。到了东汉，

孝廉成为求仕得官的必需条件。汉以后隋以前，孝廉合为一称，郡举孝廉。明清时对举人的称呼为孝廉。儒家文化把《孝经》列为进学之要，科举求官又把孝作为“政审”条件，所以孝就由家庭伦理转变为官方规范了，成为东方文明的代表。

孝廉公园意在传递“新孝文化”，为古孝文化赋予全新的含义，去浊扬清，与时俱进，玉树新枝，把个人的孝行、家庭的孝德和社会的孝风纳入公民的道德范围，变成人们的自觉行动，大力提倡尊老爱幼的社会新风尚，确保国家有关“孝”的法律、政策和措施得到落实。

孝廉公园开阔而浑厚，园内色彩斑斓，秀气灵动，松柏葱绿，青竹摇曳，芳草萋萋，曲径通幽，颇有江南园林特色，园内的二十四孝石雕像造型逼真，栩栩如生，花丛、草坪蜿蜒曲折，绿地面积占 50%。

廉政文化宣传栏长 60 米、高 6 米，66 斗拱角三兽，琉璃瓦盖顶，13 块玻璃展示栏内开篇为中央历届领导人的廉政语录，100 多幅漫画构思巧妙，形象生动地展示了廉洁与贪腐两种截然不同的结局。

东边为 40 米长的廉政文化长廊，上书“一身正气”“廉洁奉公”“关注民生”“勤政爱民”等警句，廊内张挂着历朝历代清官廉史的经典传奇故事。

孝廉公园的建立意在告诫我们，在建设中国特色社会主义的今天，孝道与廉洁两者是密不可分的。一个孝敬父母、品德高尚的人，必定能弘扬社会公德，做一个廉洁和无私奉献的人。

近年来，振兴村把重阳节的传统与现代相结合，将其打造为尊老、敬老、爱老、助老的节日。这一天，村委会召开 60 岁以上老人重阳茶话会，共进午餐，为老人发放养老金和御寒衣；卫生院为老人免费体检；表彰一批“感恩父母，孝亲敬亲”的敬老模范，这一系列活动，充分体现了中华民族的传统美德在振兴村发扬光大。

（十三）文昌阁（上党战役展览室）

文昌阁修建于 2012 年，占地面积 1000 平方米，位于槐荫寺、孝廉公园的东边，振兴生态园的西侧，与振兴坛遥遥相望，是振兴村的地标性建筑。钢筋混凝土三层仿古式阁楼，基座为正方形，三层三檐十字歇山顶，一层一飞檐，每层每角有 3 个平缓外翘的翼角，每个面为板式小眼窗格装饰，可通过窗口远眺。

内部梁架结构，两层、三层立柱均不穿楼板，其下无立柱对齐，底下两层各减少一圈网柱，以扩大阁内的使用空间。

现布展陈列作为上党战役展览室，被纳入“振兴国防园”统一对外展示。

（十四）振兴坛（红色收藏室）

振兴坛建于2012年，坐落在蝶恋花海入口处的西边，与文昌阁遥遥相对，其整体造型似北京天坛的祈年殿。振兴坛的基座最为庞大，最底层周长有500余米。原是关家村西边一条土岭，依势削岭、岭上筑坛，高大宏伟。坛为三级钢筋混凝土结构，12根浑圆红漆立柱支撑着整个坛顶，坛高22.5米，上部是穹顶造型，三层重檐向上逐层收缩作伞状，攒尖后以一宝瓶收顶。坛环周皆窗，全部由板式小眼格立装，振兴坛与文昌阁的建筑最为奇妙，又分别在村北的东西两边，都给美丽的村庄增添了不少的色彩。

现布展陈列村民多年自发收集的各类红色史籍、红色文物，形成红色收藏室，被纳入“振兴国防园”研学体系统一对外展示。

（十五）山药蛋口福生态园及山药蛋饭庄

因电视连续剧《赵树理和他的乡亲们》70％的外景取自老关家村，“山药蛋”派领衔作家赵树理与上党和大雄山村民结下深厚情谊，村主要口福膳食接待系统冠名“山药蛋”，并努力研制太行“山药蛋”菜系，丰富“中国乡愁公园”展示内容，研学“赵树理精神”，发扬“山药蛋”文化。

（十六）“山药蛋”一里长客栈

2017年，经有关专家机构对振兴村上党印象步行街一排长约一里的两层楼长条型乡村经济型酒店进行调研评价，确认其是目前各地村庄中唯一整体连廊、首尾贯通、跨度最长的一里长乡村康养客栈。

三、产业一体化的服务设施

（一）集观光环保功能于一身的振兴生态园

振兴生态园建于2011年，隶属长治县振兴鑫源有机农产品专业合作社。它是推进农业产业结构调整，建立城乡经济社会发展一体化制度的标志性产物，也是强化农业基础设施建设，大力提高农业科技水平和推进转型跨越发展的一个新的里程碑。

步入生态园，映入眼帘的是一片绿色，环保、高雅，高科技设备让人耳目一新。迎面一眼“荷花喷泉”四溢，碧绿的荷叶上珍珠般的水珠在阳光的照射下晶莹剔透，熠熠生辉；两棵千年古树盘根错节，枝繁叶茂，新枝上的花蕾含苞待放，焕发出勃勃生机；古树后山峰突兀，怪石嶙峋，岩洞幽深蜿蜒，溪水潺潺，鱼儿戏游；高大茁壮的热带椰林和名贵花卉舒枝展叶，亭亭玉立，悬空垂挂的鸟笼中黄鹂、画眉鸣声婉转，悦耳动听，园中的“牡丹阁”“芙蓉阁”布局独特，各有千秋，园中之园——官园，更让人耳目一新，红木餐桌、座椅雕刻精美，古朴大气，超大屏彩电图像清晰，游客们欢快愉悦的就餐场面在绚丽璀璨的霓虹灯下更显热闹温馨。形态各异、镂空雕绘的紫檀木屏风落地而立，餐桌锃光瓦亮，餐具洁净典雅，惬意无比，如入天然园林一般。

东侧是备餐后厨，厨师们忙得不可开交，厨间秩序井然，洁净明亮。

西侧是供宾客欣赏的观光园林和供儿童戏耍的游乐园，园内藤树、黄灌木丛、亚热带植物及各种奇花异草应有尽有，花团锦簇，琳琅满目，连绵起伏，伴随着潺潺流水，浑然天成，又是一番舒适美景。

从南门拾阶而下，便进入综合农业示范的立式、无土栽培区。外形与生态园大棚均为一式，采用智能温控和高科技管理模式，大棚内的葡萄、西红柿、黄瓜、西芹、青椒等为无公害有机绿色食品，有偎地的、有攀枝的、有爬架的，青葱翠绿，硕果累累，长势喜人。大棚内没有严寒酷暑，只有春华秋实。

再往下走，便到了生态恐龙馆，分为“白垩纪元”“侏罗纪元”两大展厅，占地面积3300平方米。

白垩纪元主要展出的是白垩纪时期生长在非洲大陆的20多种恐龙。有体型巨大、靠食肉生存的霸王龙；有体型较大、背面有像扇面一样高高竖起的背帆的棘龙；有全身被坚硬的骨板覆盖，仿佛披着厚厚的盔甲，头和尾部及两侧肋部都有突出的骨刺的楯甲龙；有喙状嘴，嘴部两侧露出大排牙齿，靠嚼食植物为生的无畏龙；有体型较大，于6800万年—6500万年前白垩纪晚期在非洲出现的三角龙；等等。

侏罗纪元主要展出的是生活在侏罗纪晚期的中国最著名的恐龙群。其中有马门溪龙，它是靠食肉为生，这种巨型恐龙的脖子是所有恐龙中最长的，约占整个躯体的二分之一；有剑龙，体型巨大，背上有一排尖尖的骨板，像宝剑一样，尾巴顶端有长刺，是最知名的恐龙之一；蛮龙也叫蛮王龙，是侏罗纪时期最凶猛的食肉恐龙，它有强壮的后肢，奔跑迅速，以捕食其他动物为生；橡树龙体型较小，前肢较短，后肢长而有力，有锋利的颊牙，用后肢奔跑，用长长的尾巴保持平衡；翼手龙，它是一种食肉恐龙，两翅宽大，有很强的飞行能力，可以在飞行中捕食，也可捕捉鱼类。另外还有戟龙、肿头龙等十几种恐龙。

恐龙馆内设有逼真的山峦、古木丛林、嶙峋怪石、潺潺流水，各种恐龙摇头摆尾、肢体挪动，发出吼叫声，人仿佛被带进了远古的非洲大陆，领略那神奇的自然景观。

最下端的门面为通间长廊，廊柱上“鑫源有机农产品专业合作社”的匾牌引人注目，随之农业观光的主体项目“名贵花卉区”映入眼帘。随着人们物质生活水平的提高，日趋追求精神上的愉悦和健康快乐的生活方式，养花、赏花、品花已成为陶冶情操的一种有效方式，花床上的红掌、凤梨、梅、菊、芙蓉、蝴蝶兰等百余种名贵花卉，繁花似锦，争奇斗艳，迷人的景致使人们目不暇接，流连忘返。

置身于这花团锦簇的大花园里，人们会感受到超凡的魅力，别样的风情。近年来，花卉博览活动已成为这个小山庄集农业观光和乡村旅游于一体的一大亮点。一年一度的重阳花卉文化旅游节，人潮涌动，规模大、范围广，通过文艺演出、旅游观光、商贸洽谈、论坛研讨、宣传推介、展示博览等，达到了以文促旅、以旅促友、以友招商的目的，不少来自全国各地的摄影爱好者齐聚这里，共同记录下这一个个美好时刻。

（二）花间堂

花间堂美食馆建于2012年，地处槐荫寺西侧，明末清初时为宁家古院落，砖木结构。没有拆毁而保留全貌修葺的正房已有300余年的历史。东、南、西三厢在大体还真复原的基础上于2012年经过重新修建围成一四合院。四周竹林围绕，院内小桥流水，水中鱼儿穿梭。室内装饰优雅别致，每个房间各有千秋。这里的美食风味独特，研发和推出的具有上党特色的“山药蛋”口福菜系，让人记忆深刻。

（三）格桑寨

格桑寨窑炕部落位于花间堂西北约 30 米处，始建于 2014 年，是一处极具山村乡土气息的客栈，四周格桑花围合，因而得名“格桑寨”。寨门由木柱支撑、茅草盖顶。客栈外墙全用茅草、泥巴包裹。客房命名也极具乡村特色，如风涛、曲岸、东篱等。屋内的土炕、土灶台等生活设施弥漫着“土”的清香，让人体会到农村人的生活。游客站在寨顶西侧的小古塔旁可观赏格桑花海美景，夜间出游更是别具一番风味，彩灯齐明时，在如梦如幻的灯光照耀下仿佛置身于人间仙境、世外桃源，实为佳景。

（四）污水处理厂

为了净化污水，保护生态环境，保证从污染源排出的污（废）水达到可排放标准，振兴村于 2010 年投资 450 万元，建起了一座日强化处理污水 500 立方米的污水处理厂（又称污水处理站）。该厂建在振兴煤矿出口处的东侧，占地面积 2500 平方米，内设沉淀池、清水池、污泥池、调节池、过滤池、脱水池以及河道截流井等。室外有围墙和排水沟等土建工程，各种各样的机械配套设备每日 24 小时连续作业，可对全村产生的全部污水进行净化处理，处理后的水可用于洒街降尘、浇灌绿树花草、建筑施工和冲洗公厕等，循环利用，起到了节约水源的作用。

（五）供热站

供热站初建于 2007 年，地址选在居民区的东南方向，当时设计主要服务于全村百十户人家和村集体的一些集体设施。当时的供热规划是将村民住宅以每个热力站覆盖 5 万～10 万平方米的原则划分成一个供热分区。热源为 4 吨级的锅炉，管网布置采用二级。一级管网与二级管网采用换热站连接，用户直接与二级管网接通，二级管网水温为 95/80℃，一级管网水温为 130/90℃，居民用户室内可使用铸铁散热包。

随着新农村建设的深入，建筑规模不断扩大，基础设施不断完善，9 个区域（村民居住区、行政管理区、高新工业区、高效农业区、科教文化区、商贸服务区、休闲娱乐区、生态涵养区、旅游观光区）基本形成，初期的供热站已远远不能满足需求，很快就要淘汰，供热站扩建改造势在必行。

2011 年，供热站扩建改造工程启动，经专家及技术人员考察，地址选在振兴煤矿东北侧，设计能力以未来的 15 年（2026 年）规划预测，热源设施和管网布局都有了提升，科学技术含量提高。

现在的供热站（振兴居民区 1 个，向阳居民区 1 个，智能温室大棚 1 个，行政管理区、科教文化区、商贸服务区 1 个，高新工业区、农业区 1 个）所有的热网管（供水管、回水管）全部采用普遍型硬质聚氨酯发泡保温降低热网损耗，管道防腐采用耐高温防腐漆，一道底漆两道面漆。一级管网采用有补偿直埋敷设，补偿方式为每 80 米设一个波纹补偿节。二级管网采用无补偿直埋敷设，管道均敷设在人行道或绿化带下，与道路中线平行，埋深不少于 0.8 米，一、二级管网管道自然弯曲控制在 0°～10°与 60°～90°之间。

（六）秸秆气化站

秸秆气化站位于生态园的东北侧，北楼和西楼依山靠岸而建，分上下两院，上面是管理人员、工作人员的办公、住宿区，下面是燃气站一应设施设备，总占地面积2000多平方米。全村烧水、做饭所用燃气都来自这里。能源材料以秸秆、玉米芯及植物的枝条为主，气化站能减少对不可再生资源的消耗，是利国利民的大好事。

管网布置系统采用中、低压二级管网系统，中压管网由主干气管网引至调压站，调压站将中压降为低压，低压管网接至各用户家中。调压站根据振兴村特点，选择中、低压箱式调压站，RTZ-214-ZH型，且为地上调压站，便于操作、检修和维护管理，同时也比较安全。

四、槐荫寺

槐荫寺在孝廉公园的上方，坐北朝南，依山而建儒、佛、道三大院，整组建筑琉璃脊饰，飞檐斗拱，对称紧凑，主次有序，造型别致，布局合理，主建筑中央的大雄宝殿外观呈两层而内为一室，红墙碧瓦，在绿树蓝天的映衬下，宛如雄山脚下绿树丛中的一颗明珠。

槐荫寺因门前那棵千年古槐而得名，在千百年的传说中，华夏的槐都与洪洞大槐树有着深远的根脉联系，被视为洪洞大槐树的“连理枝”。

从明嘉靖年间开始，槐树文化在中原大地广为流传，“问我祖先在何处，山西洪洞大槐树”。几个世纪以来，洪洞大槐树的移民遗址，被海内外中华儿女“视为家”“称作祖”“喻为根”。

历史上，关家村人曾在槐树旁建一佛堂庙，几百年来佛家、道家、儒家弟子和邻村百姓前来庙里拜佛祈福，也少不了到古树下焚香叩拜，久而久之，它已不单纯是一棵古树，而成了一个传奇，一种精神寄托。因此，它总是被村人守着、护着、想着、念着。沧海桑田，世事变迁，当年的小庙早已不复存在，唯有这棵古槐独领风骚，顽强屹立，香火不断，很受人们欢迎。一年四季，烟火缥缈，树上的红布条和各种神帖新旧交替，层层叠加，使古槐更加神秘，成为人民祈祷庇佑、福泽后世的精神支柱。

一辈又一辈，村里人喜欢端着碗在树荫下吃饭，喜欢在树下摇扇乘凉，大姑娘、小媳妇喜欢喜笑颜开地在树下纳鞋底、补衣裳，老爷爷、老奶奶喜欢聚到树跟前絮絮叨叨。老一辈说，“敬槐”“爱槐”“思槐”，是老关家村约定俗成的传统礼仪。

郁郁大槐树，悠悠故乡情，红色岁月里的革命前辈也曾与古槐结下根祖情结。革命战争年代，关家村人关聚仁 1936 年告别老槐树，成为一名红军战士。关家村第一名共产党员袁克义，1937 年告别老槐树，走出大雄山，成为一名英勇的“牺牲救国同盟会武装自卫队”队员。乡亲们曾经在老槐树下为 36 位参军参战青年、50 多位支援前线民兵送行。1947 年 3 月 17 日，根据党中央的指示，由太行、太岳两个老解放区组成的南下干部队伍，番号为“中国人民解放军长江支队”，告别上党一棵棵老槐树，也包括关家村老槐树，汇成铁流，奔赴南方。关家村袁魁则、关仁发、牛根绪、袁聚则四位革命烈士，就是在这里惜别家乡古槐，随军南下，后来血洒疆场，战死于异乡；关家村袁憨则、牛根锁、关树根、袁二魁等热血青年，也是从老槐树下走出大山，而后在淮海战役、渡江战役及进军大西南等重大战役中立下战功。

槐树是长治市市树，也是山西省省树，更是振兴村百姓心中的根祖树、聚福树。如今，振兴村的新农村建设已历经十余载，雄伟壮观的槐荫寺与古槐互为映衬，成了振兴村槐荫纳凉、寻根祈福的主要地点之一。每一年，高高的老槐树下，各种根祖文化节庆、乡愁文化活动如期开展。每逢初一、十五及节假日，当地百姓和远道而来的游客在树下求子求学求姻缘、求福求财求太平。多少游客在此停留，感受那浓浓的乡村气息，又有多少游客在此踟蹰回望，祈求那美好的人生祝愿。

20 世纪 70 年代前，关家村现存的古庙有村南的圣母庙（奶奶庙）、关帝庙、老君庙、土地庙、山神庙、龙王庙等，有的庙由于年代久远而倒塌。新农村建设以来，村落移位，整体搬迁，破旧庙宇已不复存在。为了传承和弘扬历史文化，形成文化兴村的氛围，振兴新区党委书记牛扎根念昔日所有，聚百姓所愿，决定在佛堂庙旧址，古槐树前建一座综合型的大寺庙。借古槐荫庇之意，取名“槐荫寺”，并把“儒、佛、道”集于一体，三圣同在。工程由湖北省中柱古建园林有限公司承建，于 2010 年 10 月开工，2011 年 3 月竣工。

振兴村的《华夏槐荫文化诗典》共收录 5000 首诗词，是目前全国收集最完整的历代专属主题文化诗词总典，正在进一步整理修编，拟在适当时建造诗廊、碑林等进行活态展示，形成壮观的槐荫诗品与文化博览系统。

（一）天王殿

槐荫寺的天王殿与山门合二为一，因殿内设四大天王而得名，面阔五间，单进院落，面门由 6 根 12 米高的石柱立托单檐歇山顶，设有歇台、斗拱，殿脊殿顶均为琉璃瓦镶装。东面两侧各有一个偏门，歇台正中门柱上有楹联一副。

上联：门右古槐郁郁葱葱峥嵘岁月千年事，

下联：台前新村蓬蓬勃勃兴旺气象万户歌。

山门背面设有二层戏台。

天王殿中四大天王的塑像却是偏居一隅，安放在四角，居中主像乃弥勒佛，慈眉善目，敞胸露怀，半结跏而坐。其原型为五代梁浙江奉化怪和尚契此。他经常以竹杖高挑大口袋在闹市出入，用语狂癫，随处坐卧，人们称他为“布袋和尚”。临圆寂时留下偈语，说自己是弥勒转世，所以称之为弥勒佛。分列两边的四大天王，分别为东方持国天王，名“多罗吒”，其形象为手执琵琶的白面武士，以琵琶的乐调取意“调”字；南方增长天王，名“毗琉璃”，能令众生增长善眼，护持佛法，形象为手握宝剑的青肤武将，以宝剑的锋利取意“风”字；西方广目天王，名“毗留博叉”，能以净天眼观察世界，护持人民，其形象为手中缠绕一龙之红脸武将，取意“顺”字；北方多闻天王，名“毗沙门”，古印度传说中的财富之神，其形象为持伞、执鼠之绿皮武将，取意“雨”字。四字相合乃“风调雨顺”。弥勒佛身后站立的是“韦驮佛”，也称韦驮将军、韦驮菩萨等。他是南方增长天王八大神将之一，位居四大天王所部三十二将之首，被佛教列为护法伽蓝神，作古代中国武将打扮，金盔金甲，手执金钢杵，被安置在天王殿弥勒佛像背后倒坐处，面对大雄宝殿的释迦牟尼像。韦驮将军像一般有两种姿势，一种是双手合十，横杵于腕上，垂直站立；另一种是一手握杵拄地，一手插腰间。横杵者为十方寺，可接纳云游僧，竖杵者为子孙寺，属帅传徒性质。通常百姓是以祈福子孙者甚多，所以寺庙多采用握杵拄地之造型。

（二）大雄宝殿

大雄宝殿是供奉“大雄”释迦牟尼的殿堂，坐北朝南，与天王殿相对。宝殿基台高 5 米，长 20 米，进深 14 米，中设 25 级台阶，基台边沿与台阶两边围设汉白玉栏杆。

大殿采用高规格的重檐歇山结构，面阔五间，外观两层而内为一室，斗拱出檐，翼角高翘，线条流畅庄重，结构严谨协调，彩绘图案寓意深刻，形象生动，整体造型端庄大气，别具特色。

拾级而上，歇台正中映入眼帘的是 6 根浑圆的红漆大柱和古式壁板，正门两侧门联为“知足烦恼少，感恩喜事多”。

柱联：

东土西天真修炼参透原无二义，黄卷青史大境界贯通在乎一心。

度天下有缘人他来你至皆欢喜，解世间危难事古圣今贤只慈悲。

殿内的三尊主佛像，居中为释迦牟尼佛。东侧为药师佛，西侧为阿弥陀佛，合称“横三世佛”。佛像通高4米，结跏趺坐在莲花坛上，释迦牟尼佛像前有迦叶、阿南二尊者胁侍。“横三世佛”所表达的是东方、中间、西方之空间概念，居中的释迦牟尼佛为娑婆世界教主，东侧的药师佛则是东方净琉璃世界教主，西侧的阿弥陀佛乃西方极乐世界教主。阿弥陀佛左右两侧有观世音、大势至二菩萨胁侍，一佛二菩萨合称为“西方三圣”，东西两侧的佛台上分别列有十八罗汉雕塑，约与真人等高，呈“一”字形端坐，其形象或相对交流，或慷慨陈词，或深思熟虑，或微笑侧听，或惊讶惶恐，或瞋目怒视，彼此呼应，神采飞扬，目光炯炯，态度认真，发型衣饰各异，情趣盎然，展示了罗汉们潇洒飘逸、不拘小节的鲜明个性。

殿内东西壁画分别是“永乐大典”和“十六诸天朝拜佛全图”，仰首上望，人面飞天，舞姿徜徉在琼楼玉宇、高天阔海之间。但见仙风吹拂，祥云环绕，羽人悠然起舞，华盖宝顶悬空飘扬，上书《大悲咒》《心经》等经文。神像前供桌、香案、跪垫布局严谨，一气呵成。

大殿整体造型气势雄伟，结构精巧，艺术风格达到了高度的和谐统一。

1.大雄宝殿东、西配殿

东配殿匾额为“忠义千秋”，敬奉“关帝圣君”与“赵公明”。

关帝圣君，姓关名羽，字云长，东汉末年三国时期刘备麾下一员大将，因忠义、诚信而威名大震，妇孺皆知，并受历代帝王的加冕与追封，一举成为“忠义仁勇”的化身，受到上至皇室，下至平民各个阶层的广泛尊崇。可命禄、助科举、驱邪避恶、祛病消灾、护佑商贾，被尊为武财神。

赵公明，也叫赵公元帅，周文王麾下大将，也叫赌神爷，多为百姓家中尊奉为发家致富的神。

西配殿与东配殿对称，建筑结构相同。匾额为“古槐荫庇”，供奉槐荫神，它是古槐树神的化身。

2.菩萨殿

菩萨殿是大雄宝殿院内的东配殿，因供奉菩萨而得名，殿内的三尊菩萨像分别是大悲观世音菩萨、大智文殊菩萨、大行普贤菩萨，合称为“三大士”。

中央的观世音菩萨端庄慈祥，面额丰满，高雅俊秀，目光平视，双腿盘踞，结跏趺坐于莲台上，正襟危坐显其慈悲心肠；左边的文殊菩萨面部刻画尤见功力，右腿盘踞，左腿下垂，足踏莲花，结跏趺坐于绿狮背上，坐骑外貌凶猛，昂首竖耳，四蹄蹬地，生动活泼；右边的普贤菩萨，坐姿与文殊菩萨相同，虔诚礼佛，目光传神，流露出特有的善良与温柔，给人普度众生的感觉，坐骑白象，双目微闭，两耳垂落，鼻头稍翘，四足坐落。

3.碧霞宫

碧霞宫是大雄宝殿院内的西配殿，因殿内的碧霞天仙圣母而得名，碧霞天仙圣母也称送子观音，是育龄妇女和中老年妇女的必敬神灵。村民儿女满月那天，要奉以丰盛的香火、供品。每年的元宵节和农历四月十五，村民都要去焚香叩拜，祈求送子观音保佑子孙健健康康、平平安安。

（三）老子庙

老子庙也称老君庙，于 2012 年建成，在大雄宝殿的东侧院。大殿长 10 米，高 9 米，进深 8 米，大殿为前廊悬山单檐建筑，面阔三间，呈“凸”字形，大殿中央老子雕像端庄气派。老子庙由正殿耳房、东厢房及山门构成，造型精美，构思巧妙，给人典雅庄重、浑然天成的感觉。大殿楹联：“至圣无欲泽天下，道观古今集大成”。匾额：“与天合德”。山门门匾：“道冠今古”。左右门壁彩画是哼哈二天神将军。

（四）孔圣人庙

孔圣人庙在大雄宝殿西侧院，大殿的规模、建筑造型和东侧院老子庙相似，不同的是它设有东西配殿，东配殿为龙王庙，西配殿为山神庙。

孔子历来受文人学子敬仰。中华人民共和国成立前，有的家庭摆个木刻孔子小像，有的写个神位贴在墙上，一天三次，上学的孩子要到孔子神位前磕头祭拜，随着时代的变化，这种习俗已渐渐消失了。现在，学子们只有在升学或是步入社会的时候才会专门去朝奉孔圣人，此外就是在过春节时家家户户会到孔圣人庙进香，表达对子孙后代长大成才的美好祝愿。

（五）钟鼓二楼

钟鼓二楼在山门（天王殿）的两侧，东侧钟楼，西侧鼓楼，四座角拱，十字歇山顶，整体建筑呈正方形，造型别致，小巧玲珑，内挂直径 1.5 米、高 1.9 米的铜钟。西侧鼓楼，直径 1.5 米的牛皮鼓镶在鼓架上，按佛教的说法是为了让晨钟暮鼓的苍凉激越之声惊醒名利客和梦迷人，使之不再沉迷于功名富贵、酒色财气，劝诫好勇斗狠、为非作歹之人诚心向善。悬挂之钟虽是佛教法器，但在佛教传入中国之前，早已在中原问世。《说文解字》载：“钟，乐钟也。秋分之音，万物种成故谓之钟。”《敕修百丈清规・法器章》曰：“大钟，丛林号令资始也。晓击之破长夜，警睡眠；暮击之觉昏衢，疏冥昧。”佛寺之钟又称为“幽冥钟”，按人生在世有 108 种烦恼而一昼夜鸣响 108 声，意在消除芸芸众生的无穷烦恼，故其又有“常鸣钟”之称谓。寺僧敲钟的节奏有严格规定。《敕修百丈清规》说“引杵宜缓，扬声欲长。凡三通，各三十六下，总一百八下，起止三下稍紧”，整个敲钟过程缓急有致，抑扬顿挫，节奏感极强，钟声浑厚悠长，在深山中回荡，振聋发聩，扣人心弦。关于钟声在佛门信徒心目中的神圣地位，诚如铣钟铭文所载“闻钟声，烦恼轻，离地狱，出火坑，菩提长，智慧增，愿成佛，度众生”。

振兴村发生了翻天覆地的变化，提前步入了小康行列，但振兴村人并没有止步于此。多年来，振兴村始终以保护环境和生态经济理论为基础，以尊重自然、顺应自然、保护自然为己任。大力挖掘历史文化资源，开发创意性产业，结合现代农业观光项目，开发以新农村建设为主线，以休闲度假、观光、餐饮为目标的乡村旅游项目，这是在农村改革发展和建设社会主义新农村的大背景下的一种必然选择。

长风破浪会有时，直挂云帆济沧海。勤劳、勇敢、发奋、进取的振兴村人民，在社会主义新农村建设的征程中，创造了骄人的成绩，他们承前启后，继往开来，高举建设中国特色社会主义伟大旗帜，为实现“中国梦”谱写新的绪章，为把振兴村建设得更加美丽、更加富强而努力奋斗。

第四节　新村掠影

繁荣农村文化事业，是全面建设小康社会和构建社会主义和谐社会的重要内容，是建设社会主义新农村，满足广大农民群众多层次、多方面精神文化需求的有效途径，对促进农村经济发展和社会进步，实现农村政治文明及“两个文明”协调发展具有重大意义。近年来，振兴村在社会主义新农村建设的进程中，高度重视农村文化建设。采取一系列决策措施，着力推进重点文化工程建设，积极培育农村文化市场，组织开展形式多样的农村文化活动，农村文化建设呈现一派欣欣向荣的发展态势。村民精神文化生活水平得到很大提升，改变了长期以来文化基础设施落后、文化体制不顺、机制不活、文化服务供给不足、文化活动相对贫乏、文化资源得不到有效利用、发展水平差距较大的局面。

近年来，在社会主义新农村建设的引导下，振兴村不断加强精神文明建设，以社会主义核心价值观引领改造农村社会风尚，集中体现了爱国主义、集体主义、社会主义思想对现代社会基本道德规范的本质要求，体现了以法治村和以德治村的相互统一方略，是社会主义新农村的传统美德和时代精神的完美结合，是社会主义世界观、人生观和价值观的生动体现。总结社会主义新农村建设的宝贵经验，我们深深体会到，在全面推进农村改革发展的社会大潮中，必须要有强大的思想动力作为精神支撑。其一，必须把树立社会主义荣辱观作为社会主义新农村建设的一项重大内容，并且要切实抓紧抓好，以此为法宝，不断提高农民的文明程度，提升农民的道德水平，使农村社会更加稳定、更加和谐，使农村经济发展得更快更好。其二，把社会主义核心价值观教育同各方面工作紧密联系起来，统筹安排，相互促进。农民群众是建设社会主义新农村的主体，思想素质、文化素质、技术能力和思想道德水平，直接关系着新农村建设。通过形式多样的群众性文化活动的深入开展，促进形成勤俭持家、艰苦创业、孝敬父母、助人为乐等一系列健康向上的良好风气。

振兴村从新农村建设开始，就十分注重重大文化工程建设。为了使文化工程群众共享，在工程建设中，以基层服务建设为重点，以多种传播方式为手段，以共建共享为理念，加快进度，加快速度。在硬件设施配备中坚持高起点、高标准、高投入。振兴寄宿制学校、振兴会堂、休闲山庄及文体中心，经过几年的不断更新改造、完善，基本实现了教育设施现代化、服务标准化、网络功能化。

近年来，振兴村在省委、省政府全面推进县城城镇化精神指引号召下，依托自身优势抢抓机遇、先行先试，积极探索城乡统筹发展之路。在城镇规划、产业布局、基础设施建设、公共服务体系构建等方面进行了深入、全面、系统的探索，走出了一条农村城镇化建设的新路子，有效促进了公共资源的均衡配置、生产要素的自由流动，转变了农业发展方式，改造了农村人居环境，取得了农村城镇化建设的卓越成效，成功地走出了一条“以企带村，兴企富民”的农村城镇化建设的特色之路。

为建立健全农村文化基础设施，文化广播站、有线直播台、图书室、网络室、监控录像室、科技文化室等文化基础设施相继建设配备，公共文化服务切实加强。从琴棋书画到体育健身，从科技文化到休闲娱乐，各类文化场馆设施现代化功能齐全，文化普及氛围极其浓厚，创造了优越的生活环境，极大地丰富了村民的文化生活。

在深入挖掘和利用民间优秀文化资源方面，振兴村着力发展农村特色文化。以发挥个人专长和兴趣爱好为引领，先后成立了文工团、体操队、威风锣鼓队和健身秧歌队，并购置了服装、道具、器乐等。利用各种节假日和传统节日，开展形式多样的群众文化娱乐活动。充分发挥了优秀传统文化在公共文化服务体系中的重要作用。正是这一支支文艺团体队伍，提升了振兴村的文化品位，托起了振兴村的文化品牌。

振兴村文工团是隶属该村的一个文化团体，组建于 2010 年 12 月，现有演职人员 50 余名，是集声乐、器乐、舞蹈、戏剧、曲艺于一体的专职文艺队伍。配有先进的音响设备、舞台灯光设备以及时尚的道具服装。阵容强大、实力雄厚、人才辈出，曾多次参与市、县的赛事活动。这是一支活跃在黎都大地的生机焕发、富有活力的专业演艺团体。

在深入挖掘和利用优秀传统民间文化资源，着力发展农村特色文化的同时，还大力创作了农民生产与生活中喜闻乐见的优秀文化作品，更加贴近实际、贴近百姓生活，以满足农民精神文化需求，在促进农村生产发展、乡风文明、村容整洁、管理民主等方面发挥了重要作用，热情讴歌了社会主义新农村农民群众的精神风貌。

村北的红色文化广场，规模宏大，别具一格，是振兴村的标志性建筑，广场依地造势，中央设有毛主席塑像，背面展示毛主席的壮丽诗篇《沁园春·雪》，并配有一轮红日，在五光十色的霓虹灯的映射下，犹如一轮永远不落的红太阳。广场两边亭台、长廊错落有致，绿草茵茵，花团锦簇。每年的毛主席诞辰和逝世纪念活动都在这里举行，参加纪念活动的有全体党员干部、群众，活动隆重、场面壮观。这里也是青少年接受革命传统教育的最佳场所。它提醒着人们要时刻牢记今天的幸福生活来之不易，是革命前辈和无数先烈用生命和鲜血换来的，是教育广大青少年的红色教育基地，也是振兴村一处最为亮丽的红色文化景观。

红色文化广场两侧为中国革命历史教育基地。西侧为抗日战争主战场，三组大型的石雕群栩栩如生，形象逼真，生动地刻画了平型关大战、百团大战和神头岭伏击战的战斗场面。东侧为解放战争主战场，辽沈战役、平津战役、淮海战役的大型石雕群雄伟壮观，十根擎天元帅柱上分别介绍了十大元帅的生平及其革命生涯中立下的丰功伟绩。

以活动促宣传，以宣传促发展。振兴村一年一度的“迎新春、庆元宵”大型灯会，立足振兴村历史传统文化，进一步宣传加深了振兴村的文化底蕴。把文化资源优势转化为产业发展优势。从 2012 年至今，振兴村已成功举办了 10 届“百姓根祖文化旅游节”，10 届“九九重阳文化旅游节”“中华祈福传统文化旅游节”“花卉文化艺术节”等多项活动。大力发展多元文化旅游项目，充分利用大雄山马刨泉与光武帝刘秀的典故，依托独特的生态资源和地貌环境，实施大雄山国家生态文化旅游度假区项目，以期实现历史文化与现代文化相传承、经济建设与生态环境相协调、人与自然相融合的，集休闲、娱乐、观光、文化、旅游于一体的综合型发展。形成企、农、旅、文四大产业优势互补，打造振兴村旅游文化品牌。

目前，振兴村的改革发展正处在新的历史起点。振兴村的历史文化、传统文化、红色文化、民俗文化、孝廉文化、现代文化集于一体，凭借底蕴深厚的历史源脉、秀丽怡人的雄山风光、秀美整洁的乡村环境、古老淳朴的民俗风气、芬芳艳丽的花卉展览、丰富多彩的文艺表演，巧妙地构成了富有振兴特色的乡村文化旅游模式。今后，振兴村将在文化旅游上继续下功夫、做文章。按照高位规划、分配实施、滚动发展的思维方式，开辟精品旅游景点，增添新的旅游项目，努力构建振兴乡村文化旅游新格局。

第五节　不懈转型振兴　矢志富强康美

2008 年 10 月 18 日，关家村整村搬出大山，喜迁新居，村名更名为“振兴”。2010 年 7 月以来，长治县委、县政府经深入调研，下达一系列文件，振兴村依托兴企并村成立了“振兴新区管理委员会”，在“十二五”“十三五”及跨入“十四五”的十余年时间里，承担了建设“新农村建设‘中心村’示范区”“城乡统筹振兴试验区”“长治县振兴乡村生态文化旅游区”的职能，自主创建了全国低碳国土实验区、国家 AAAA 级旅游景区振兴小镇。十余年来，以五个“振兴”为定位，以区域“中心村”示范区、城乡统筹试验区为中轴，以“统筹”“融合”为抓手，以“富强康美”为目标，优化村域空间发展格局，着力产业转型和土地经营机制改革，努力打破机制壁垒，在新农村建设“中心村”示范区与城乡统筹振兴试验区规划、基础设施投资建设、产业转型发展、创新公共服务、确保百姓脱贫奔小康、创造宜居宜业宜学宜康养环境等方面，进行了全面系统、富有实效的改革实践，为上党、为太行、为山西做出了示范。

2010—2020 年间，振兴村振兴发展基本可分为两大阶段。

第一阶段:“十二五”致力“两改”“五就地”,推进城乡统筹发展

“两改”即以农村土地经营机制和户籍管理机制为内容的两项改革，按照新型城镇规划体系、农民集中居住区优化布点规划，组织农村居民对村庄及农村住房进行集中改建，对农村新兴社区的村民户籍制度进行集中改革；“五就地”就是努力建设宜居宜业宜游宜学环境，集中解决村民就地入城、就地就业、就地入学、就地就医、就地养老问题。实施“两改”“五就地”的目的是改变落后的农村传统建房方式，改善村容村貌和农村居住条件，改善农村人居环境，打造健康文明和谐的新家园。为承担“两改”先行先试工作，振兴试验区从 2010 年起按照“兴企并村，兴业富民”的原则，努力打破体制机制壁垒，在新家园谋城镇化规划、兴基础设施建设、创公共服务体系等方面，进行了一系列的改革实践，走出一条振兴发展之路。

老关家村过去是一个有名的贫困村。以前这里山高石头多，出门就爬坡，祖祖辈辈面临上学难、吃水难、走路难问题。1984 年在村带头人牛扎根的带领下，按照以企带村建设新农村、以工带农壮大集体经济、以商带户发展乡村旅游的发展思路，经过 20 多年的艰苦创业，煤矿改制为煤业公司，公司壮大为集团。2007 年 3 月 27 日，关家村举行了振兴“中心村”新园区开工奠基仪式。全村人心想“振兴”，以愚公移山的精神投工投劳，夜以继日，新修 4 条街、9 条路共 35.53 万米，改河 16.5 万米，迁坟 397 座，挖山填沟 156 万立方米，新建别墅式住宅和单元楼 569 套(栋)。2008 年 10 月 18 日，全体村民正式乔迁“振兴村”新居。2011 年 11 月，成立了长治县振兴鑫源有机农产品专业合作社，共流转土地 6331 亩，带动农户 1249 户，村集体经济产值 2000 多万元，解决了村内及周边剩余劳动

力1000余人的就业问题，村民人均年收入近万元，昔日的贫困村一跃成为上党区经济发展的区域中心示范村。

2010年9月25日，经村里创造条件努力争取，长治县委、县政府深入调研，经长治市委、市政府批准，依托振兴村城镇化改造基础，长治县振兴新区、城乡统筹振兴试验区由振兴村和振兴集团正式设立，并明确为行政正科级事业单位，以此为创新平台，承担一定的行政事业管理职能，管理新区经济社会发展事务，从而开始了农村城乡统筹发展的探索之路，不断加快农业工业化、农民市民化的前进步伐，借此推进以"两改""五就地"为内容的多项改革。

第一个动作：实行土地经营机制改革，实现农民集约生产方式大变革，以置换促流转、以流转扩规模、以规模创效益。

为了让村民手中的土地成为市场经济发展中流动的生产要素，赢得未来大增收，改变了一家一户单打独斗的传统生产模式。2011年成立了长治县振兴鑫源有机农产品专业合作社，2012年5月注册成立振兴集团，以每亩每年1000元的价格，从农民手中租赁土地，统一规划经营。而农民则加入专业合作社，成为现代农业产业工人。土地流转后，既为发展特色农业和文旅康养融合发展提供了生产要素，又提高了农民的收入和就业率。如今，振兴试验区兼并了关家村、部则掌村、向阳村三个行政村，流转四个村（包括西火镇西火村）土地共22435亩，其中耕地6331亩，林地1096亩，荒山荒沟15008亩。

第二个动作：改革户籍管理，走出"五就地"新路。

2011年，《全国主体功能区规划》出台，要求"改革户籍管理制度，逐步统一城乡户口登记管理制度。加快推进基本公共服务均等化，逐步将公共服务领域各项法律法规和政策与现行户口性质相剥离。按照'属地化管理、市民化服务'的原则，鼓励城市化地区将流动人口纳入居住地教育、就业、医疗、社会保障、住房保障等体系，切实保障流动人口与本地人口享有均等的基本公共服务和同等的权益。"从2011年起，长治县委、县政府及时布局，在振兴试验区开展户籍、治安等服务，将当地户籍从原西火镇迁出，并增加了非农户籍指标。新区作出规定：凡在新区购房或在新区企业就业的外来人员，均可迁入振兴新区户籍，享受和当地居民一样的社会保障和福利待遇。振兴集团不断加快"太行生态宜居地，上党文明小康村"建设步伐。2010—2015年，是振兴村振兴发展的可喜开局阶段，社会建设不断完善、经济建设不断发展、生态建设不断优化、文化建设不断提高，这些进步吸引了本村人留下、异地人涌入。

第三个动作：由"掘黑"变"掘绿"，致力转型发展。

紧扣山西省作为国家资源型经济转型综合配套改革试验区，乘着党的十八大的东风，振兴村以"太行生态宜居地，上党文明小康村"为目标定位，进行先行先试，以工促农，以城带乡，致力转型发展，城乡经济社会一体化发展，着重解决城乡发展的政策均等、机会均等、要素配置均等问题，从三个转变（农村变城乡，农民变工人，土地变产业）入手，坚持就业均等化、环境生态化、居住城镇化、服务功能化、生活保障化"五化"统筹，努力让群众增产增收，改善生活条件，实现共同富裕，较快实现了农村城市化、由"掘黑"变"掘绿"、从传统农业向文旅康养产业融合发展的重要变革。

第二阶段:"十三五"致力"一转""五振兴",推进富强康美发展

"一转"就是全面贯彻党的十九大和实施乡村振兴战略的精神,认真落实省市区决策部署,把振兴试验区与上党"示范区""排头兵""新高地"三大目标结合起来,锲而不舍探索转型发展新路,突出经济转型升级,产业结构进一步优化调整,统筹推进促转型、促改革、调结构、稳增长、惠民生、保小康、防风险各项工作,保持村域社会稳定和经济健康发展。"五振兴"就是通过转型之谋、转型之路、转型之实,加快实现产业振兴、人才振兴、文化振兴、生态振兴、组织振兴"五个振兴",进一步通过"五个振兴"组合优势带动村民富起来,村子强起来,村容村貌田间地头美起来,本地老百姓和外来游客健康、平安、乐活起来。

截至2021年中国共产党百年华诞日,振兴村用11年时间不懈探索和试验,按照区(县)委、区(县)政府要求和"振兴"定位,通过不懈转型发展,追求"五个振兴",成功推动了以企业优势带动新农村建设,以"中心村"示范区推动新农村建设、城乡一体化进程、全村脱贫奔小康、深化产业转型提升、深化乡村振兴发展,初步完成富强康美的阶段性任务。

在党和国家实施美丽乡村建设、乡村振兴战略的重大部署鼓舞下,振兴村进一步认真领办振兴乡村生态文化旅游区,进一步依托振兴集团以企带村、兴企并村、村企共建,"三带"并举兴产业,充分依托资源优势,不仅将振兴村打造成山西省现代农业产业园之一,还把振兴村打造成初具富强康美特色的"全国文明村镇"、国家AAAA级旅游景区、"国家五星级企业园区"、"全国乡村旅游重点村"、"全国乡村治理示范村"、"全国农村创新创业孵化实训基地"。振兴村通过"一转""五振兴"奔向富强康美,硕果累累,主要体现在以下五个方面。

(一)在产业振兴上,以企带村、以工带农、以商带户,"三带"并举促转型

在"十二五"初步完成城乡统筹振兴试验区阶段性任务基础上,进入"十三五",长治县委、县政府持续充分释放振兴新区改革探索试验潜力,将原"长治县城乡统筹振兴试验区"更名为"长治县振兴乡村生态文化旅游区",鼓励振兴村和振兴集团大力进行产业转型,高端发展乡村旅游休闲康养产业。振兴乡村生态文化旅游区规划面积12.6平方千米,下辖3个行政村(振兴村、郜则掌村、向阳村),集聚人口8500。拥有1个集团公司(振兴集团),6个子公司(振兴煤业、振兴农业、振兴文旅、振兴人才学院、振兴鑫源商贸、长治县振兴鑫源有机农产品专业合作社),总资产30亿元,流转耕地6331亩。

旅游区按照企业投资、农民入股的形式发展商贸物流,鼓励农民投身第三产业。2015年以来,依托振兴集团先后投资8.5亿元,深化实施乡村旅游、新农村建设、新农业改造、新农民教育。为了让农业能更好地服务旅游发展,参照农业观光、农事体验、蔬果采摘、农艺博览等功能,采用"公司+农业+农户"的模式,统一规划、分片承包、自主经营。目前,已建设特色农庄6个,规模化种植基地3个,农艺博览园3个,推出了马刨泉矿泉水、上党振兴酒、振兴老陈醋、振兴五谷杂粮、振兴葵花油、核桃等产品,农产品涵盖三大门类十余个品种,年产值2000余万元。为确保乡村旅游具备乡村特色,丰富吃住游购娱的旅游产品体验,近年来,推出了吃农家菜、住农家屋、购农产品、体验农事活动等旅游

项目，建成有160余家商户的上党印象步行街。鼓励村民建设农家乐170余户，民俗酒店6个，民俗养生馆9个，以及生态酒店、山药蛋饭庄、一里长客栈、振兴会堂、人才公寓、学院公寓、康养中心，规模庞大，能容纳3000人同时住宿，2000人同时就餐，3000人同时培训。建起了物流中心和快递服务站，成立了村镇银行，建起了游客中心，除近年旅游区受到新冠肺炎疫情影响外，正常年接待游客100余万人次，旅游综合年收入5000余万元。2018年12月29日，振兴小镇被评为全国AAAA级旅游景区。截至2020年底，全面完成决胜小康社会任务，振兴村村民人均年收入30000元，职工人均年收入56900元。

（二）在人才振兴上，义务教育、素质教育、职业教育，“三育”融合强基础

村办振兴学校是一所九年一贯制寄宿学校，学校占地面积22654.8平方米，建筑面积13496.76平方米，由教学楼、公寓楼、餐厅、文体活动中心及操场组成，振兴集团投资5100余万元。中、小学共有24个教学班（其中，初中6个教学班，小学18个教学班），下设幼儿园4个教学班，共有学生1200人；教职工120人，其中教师90人，学历达标率为100％，本科率达60％，后勤职工30人，均取得健康体检合格证。

振兴旅游区党委在高水平实施义务教育的基础上，创新人才教育平台，成立了太行乡村振兴人才学院，2019年6月5日，经长治市委批准，成立中共长治市委党校振兴分校。其后，先后成立了太行振兴数智学校、长治职业技术学院振兴分院、长治市中小学研学基地，并成功创建全国农村创新创业孵化实训基地，“田园才子”研学园（孵化总部基地）成功落地。太行乡村振兴人才学院承担着为乡村振兴输入专业人才的重任，常年开设培养农业技术人才、新型职业农民、乡村工匠等不同类型的乡村人才培训班，集课堂理论讲授、实践现场教学以及专题调研职能于一体，服务乡村人才振兴。由中共中央党校、农业农村部、生态环境部、中国科学院、国土经济学会、清华大学、浙江大学、中国农业大学著名专家以及省市县农村带头人100人组成国内一流的学院教师团队。今后，太行乡村振兴人才学院将紧紧围绕两方面开展工作。一是依靠党组织，以培养农村干部和乡村振兴实用人才为主；二是走市场化道路，以培训农村商务、电商、家教、康养、酒店、服务等新型职业技术为主。

振兴小镇既是上党区的城乡统筹试验区、振兴乡村生态文化旅游区，也是引领“黑色”向“绿色”转化，煤炭向旅游转型的先行先试区。围绕办一流乡村教育目标，抢占产教融合高地，力争在三年内，实现职业高中招收6个班300名学生，长治职业技术学院振兴分院招收6个班300名学生的办学目标。未来五年，把振兴小镇办成“基础教育与职业教育相匹配，初等教育与高等教育相衔接，课堂教学与户外实践相融合，学生毕业与学生就业相同步”的富有振兴特色、彰显人才优势的全市一流、全省领先、全国知名的教育特色小镇。

（三）在文化振兴上，转民风、治家风、美村风，“三风”共育促文明

一是积极建设传统文化教育阵地，先后建起了以二十四孝故事为主题的孝廉公园、梅兰竹菊四大民俗文化长廊，同时对村内的四条街、九条路分别以仁、义、礼、智、信、贤、德、文、明等传统文化核心加“崇”字打头进行命名。二是每年定期开展各类传承民俗文化和传统文化的特色活动，邀请各类专家学者举办国学讲座，开展“好媳妇”“好公婆”评

选活动等。特别是每年的重阳节，将邻近村里的近千名老人请来，进行免费体检，发放慰问品，照全家福，举办长街宴，让中华民族爱老敬老的美德扎根在每位村民心中。三是以“三色”文化影响教育村民，推出了以体验农耕文明、民俗特色为主的“金”色文化；以传承革命精神、先烈遗志为主的“红”色文化；以牢记传统美德、历史根脉为主的“古”色文化。通过这些文化的熏陶与传播，村民始终牢记先辈勤劳俭朴、敬业持家的光荣传统，使之成为振兴村人永远向前的精神基因。

（四）在生态振兴上，融入生产、便利生活、注重生态，“三生”同步建新村

护绿与植绿并重，突出山水相依的生态美。实施三大绿化工程，一是山坡植绿工程。规划建设了“五个千亩种植基地”——千亩干果经济林种植基地、千亩道地药材种植基地、千亩小杂粮生产基地、千亩花卉培育基地和千亩有机蔬果种植基地，既实现了山坡绿化，也催生了绿色经济。二是身边增绿工程。对村内主干道路、大街小巷全面绿化，并建起牡丹园、芍药园、月季园三座花卉园，村里及周边绿化总面积 2000 余亩。三是庭院披绿工程。大力倡导庭院绿化，为村民提供葡萄及藤蔓植物幼苗，并免费指导种植。目前，全村绿化覆盖率在 62%以上，人均绿化面积 35 平方米，绿化总投资达 6500 万元。

规划与功能同步，突出中西合璧的建筑美。实现了学业医疗保障化、日常做饭燃气化、冬季取暖供热化、用电照明光伏化、垃圾处理无害化的“五化”目标，以及道路硬化、院内绿化、村中亮化、统一供热、统一供气、统一供水、统一供电、通网络宽带、通数字电视、通程控电话的目标。

保护与恢复并举，突出古今对话的和谐美。为确保农耕文明的记忆留存和传统文化的传承，坚持保护与恢复并举，对一些相对完整的古建院落进行保护，对重要历史遗迹进行恢复重建。目前，共保护恢复古建院落 9 座，旧址重建佛儒道三教合一的槐荫寺 1 座，新建具有北方民居特色的茅草屋 3 座，新建极具古典风格的振兴坛和振兴阁 2 处。并将古建院落和新建民居开发为民俗酒店，实现在保护中开发，在开发中传承，在传承中实现超越其价值的目的。

（五）在组织振兴上，党委抓大事、支部办实事、党员做好事，三级齐抓固党建

党委抓大事，就是在“决策”上出实招。认真贯彻中央及省市区委党建工作任务部署，着力提升组织力，增强政治功能和服务功能，在党的建设、安全稳定、脱贫攻坚、森林防火、环境整治等重点领域，创新推行“党委委员包村包街道包企业、支部委员包班组、党小组长包党员、党员包户主、户主包家人”的五级联包新举措。新建初心广场、初心园、党群生活馆、家风家训馆、百家姓馆、上党战役馆、南下干部纪念馆、全国村志收藏馆、展览馆、村史馆、综治中心、便民服务中心、新时代文明实践所和村级活动场所。打造“一中心一平台一品牌”：一中心即基层党建工作指挥中心，一平台即基层党建云平台，一品牌即建设全国一流智慧党建品牌。目前，投资 5136 万元新建 5G 智慧数字小镇，随着智慧双师教育、智慧广播、智慧医疗、智慧停车场、智慧路灯、智慧农业、智慧旅游、智慧党建项目的落地，广大人民群众的文化品质和幸福指数将获得极大提升。

十五年来，振兴集团先后解决辖内及周边村剩余劳动力3000余人的就业问题，村民人均年收入由2008年的6500元到现在的53600元；由原来的一个小山村，兼并了关家村、部则掌村、向阳村三个行政村，流转四个村（包括西火镇西火村）土地；人口由2008年的865人变为现在的8900人；职工人均年收入翻了15倍，达到68500元。村级集体经济翻了十倍，达到690万元。

支部办实事，就是在“民生”上下功夫。为了让振兴的百姓生活得更有质量、更有保障、更有尊严，在实现全村就地入城、就地就业、就地入学、就地就医、就地养老的基础上，建立了五大社会保障机制：

一是就业均等机制。社区内青壮年劳动力全部就业，因病、因残不能就业的全部纳入社保范围。

二是医疗保障机制。成立了村民医疗互助会，全区群众和在职员工全部参加了“福村宝”，累计为565人次报销，报销总额达336万元，解决了群众看病贵的难题。

三是教育免费机制。凡在振兴学校就读的学生免校服费、免住宿费、补伙食费，考上大学的凭入学通知书报销学费。

四是养老保障机制。60岁以上老人每人每年发放1200元养老金，每年进行两次免费体检，每年举办重阳节敬老活动。

五是社会福利机制。实行了供暖、供水免费，用气、用电补助，并发放每人每年福利费1500元，开通了振兴至上党区、长治市区的免费公交车。

党员做好事，就是在“本色”上不动摇。党的十九大召开之后，振兴村在第一时间编写了习近平总书记在十九大报告中的重要指示内容，让党员干部学习。并确立了每年的10月18日为乡村振兴日，每月18日为振兴学习日。一名党员就是一面旗帜，积极开展“三亮三做”活动：一是党委领导要亮身份，做示范；二是村“两委”干部要亮承诺，转作风；三是党员代表要亮行动，树形象。坚持上下同心，坚持共建共享，完成好各项工作的“大合唱”。

振兴村振兴集团固定资产投资明细表

序号	资产名称	建成年份	金额（元）
1	部则掌新村公共基础设施	2006	9003620.16
2	部则掌新村绿化设施	2006	854005.00
3	部则掌新村道路硬化及土方工程	2006	4930771.38
4	关家旧村村民房屋（评估作价）	2007	5333300.00
5	振兴村村民住宅房	2008	24539022.00
6	绿化一期工程	2008	1105540.00
7	村中心东西小广场	2008	1645923.00
8	供气站	2008	5054251.00
9	路灯	2008	902062.00

续表

序号	资产名称	建成年份	金额(元)
10	振兴村道路及土方工程	2008	6240458.00
11	振兴集团东西办公楼	2008	5980000.00
12	公共基础设施	2009	18162500.00
13	供热、供气、供水工程	2009	96500000.35
14	污水处理厂	2010	6100000.00
15	和谐街硬化工程	2010	13172580.00
16	振兴幼儿园	2010	15368000.00
17	振兴小学	2010	40150000.00
18	振兴医院	2010	18500000.00
19	振兴乡村文化馆	2010	16650000.00
20	孝廉公园	2010	4872248.79
21	休闲山庄	2010	13503200.00
22	幸福里客栈	2011	2917500.00
23	机耕道路	2011	12364764.85
24	槐荫寺	2011	15360000.00
25	上党战役展览室(文昌阁)	2012	9651670.00
26	红色收藏室(振兴坛)	2012	9872630.00
27	红色文化广场	2012	12989330.56
28	向阳旧村村民房屋(评估作价)	2013	2646300.00
29	职工文化广场	2013	16896318.75
30	振兴生态园	2013	42651246.34
31	振兴中学	2013	28950000.00
32	向阳村村民住宅房	2014	19680000.00
33	向阳村土方工程	2014	9200000.00
34	向阳村道路及河道工程	2014	9514300.00
35	向阳村绿化工程	2014	1356800.00
36	商务中心	2014	18450000.00

续表

序号	资产名称	建成年份	金额(元)
37	百家姓馆	2014	3800000.00
38	全国村志收藏馆	2014	3250000.00
39	百家名村馆	2014	2400000.00
40	山药蛋饭庄加层	2014	1763331.00
41	路灯景观灯	2014	1363480.00
42	其他景观灯	2014	1163680.55
43	秋千园	2015	750000.00
44	拓展训练基地	2015	710000.00
45	地面附属设施	2015	3288214.48
46	景区道路	2015	53001500.00
47	百家名村馆	2015	1602839.93
48	百家姓馆	2015	1085580.59
49	山药蛋饭庄装修	2016	1000000.00
50	花间堂装饰	2016	2549780.00
51	景区厕所工程	2016	680000.00
52	蝶恋花海建设	2016	39560.00
53	初心广场照壁	2017	4586148.22
54	太阳能路灯	2017	684150.00
55	3号棚改造(游乐园)	2017	2000000.00
56	马棚工程	2017	549800.00
57	商铺	2017	5603083.00
58	欢乐谷大门	2017	544579.37
59	振兴会堂舞台LED侧屏	2017	363108.00
60	景观石	2017	475000.00
61	检票通道及不锈钢大门	2017	70000.00
62	移动卫生间	2017	66000.00
63	吊桥观景台工程	2017	310000.00

续表

序号	资产名称	建成年份	金额(元)
64	电子设备	2017	1210581.00
65	恐龙馆改造工程	2017	2500000.00
66	游客中心	2017	79568400.00
67	太行乡村振兴人才学院	2018	60523600.00
68	音乐喷泉广场	2018	1180000.00
69	振兴超市	2018	13942700.00
70	和谐小区室外别墅工程	2018	7158000.00
71	和谐小区室外别墅道路工程	2018	3800000.00
72	别墅装修工程	2018	10312500.00
73	景观石	2018	794300.00
74	公寓楼	2018	21321300.00
75	零星工程	2018	2049600.00
76	绿化工程	2018	24619700.00
77	上党印象步行街	2018	14345100.00
78	上党名吃馆铺装	2018	1600000.00
79	LED 侧屏	2018	200000.00
80	火灾报警设备	2018	143500.00
81	CS 设备	2018	83400.00
82	绿化带	2018	680000.00
83	向阳村公共设施配套工程	2018	97580000.00
84	游客中心东西室外消防楼梯工程	2019	1219105.71
85	上党印象步行街东河道和路面工程	2019	6350000.00
86	上党印象步行街 AAAA 标准化公厕工程	2019	1282867.65
87	上党印象步行街小木屋工程	2019	3230000.00
88	游客中心对面停车场	2019	305055.70
89	游客中心卫生间	2019	470114.09
90	振兴村卫生间拆除重建	2019	68183.82

续表

序号	资产名称	建成年份	金额(元)
91	振兴村东边卫生间	2019	470114.09
92	振兴山药蛋饭庄修缮工程	2019	198000.00
93	振兴游客中心充电桩工程	2019	27874.54
94	绿化工程	2019	1037720.00
95	振兴村新时代文明实践站	2020	3800000.00
96	游客中心东西消防楼梯装饰工程	2020	464037.29
97	游客中心室内观光电梯	2020	1300000.00
98	上党印象步行街暖气管网及零星修缮	2020	471035.00
99	上党印象步行街音乐喷泉广场	2020	281923.00
100	游客中心东道路修缮工程	2020	131577.00
101	振兴乡村文化馆南公厕工程	2020	200000.00
102	后山翠岩寺景区路	2020	2300000.00
103	绿化工程	2020	2000000.00
104	景区新建卫生间工程	2020	1200000.00
105	景区零星修缮工程	2020	230000.00
106	35号别墅新建东西餐厅工程	2020	150000.00
107	5G智慧小镇项目工程	2020	6778561.00
108	游客中心东田园农耕园配套工程	2021	6350000.00
109	景区亮化工程	2021	4840000.00
110	煤改气集中供暖改造项目	2021	8250000.00
111	振兴村路面铺油工程	2021	1256850.00
112	振兴村路面画线工程	2021	200000.00
113	振兴农业科技体验园场馆布展搭建服务项目(改造)	2021	4950000.00
合计			1017693877.21

振兴新区振兴村争取省市县资金明细表

年份	项目	金额(万元)	单位
2007	地质灾害治理	499.60	长治县
2012	振兴寄宿制学校建设	1800	长治县
2012	文化产业专项扶持	987.20	长治县
2013	振兴新区和谐小区基础设施建设	3000	山西省
2013	文化旅游项目扶持	560	长治县
2018	美丽乡村建设补助	380	山西省
2020	美丽乡村绿化补助	200	山西省
2020	农业综合开发乡村振兴试点建设	274.98	上党区
2020	煤改气工程补助	369.10	上党区
合计		8070.88	

说明:截至2021年7月31日,振兴村振兴集团固定资产累计总投资为1017693877.21元。其中,争取上级补助资金80708800.00元,收振兴村村民自筹资金9066700.00元,收向阳村村民自筹资金7610000.00元,振兴集团累计出资920308377.21元。

大　事　记

20世纪上半叶

1913年1月，山西省变革行政区划，废府兴县，关家村属长治县。

1917年，山西总督阎锡山推行“六政三事”，关家村妇女开始放足。

1918年，全县划区编村，改都里制为编村制，关家村属荫城三区管辖。

1937年10月，关家村响应牺盟会号召，成立人民武装自卫队，关家村自卫队成为最早的民兵基层组织。李天富为自卫队队长。

1938年2月20日，日军攻破长治县城，关家村群众积极参加抗日斗争。

1940年，长治县委、县政府建立四个区政府，关家村属荫城三区管辖。

1942年，关家村遭遇大旱灾，部分村民外出逃荒。

8月，上党战役打响。关家村根据太行区委指示，积极支前，在民兵队队长李天富、牛根绪的带领下，共出动民兵13人，支援解放长治战斗。

10月，上党战役结束，关家村民兵根据太行专署命令，参加拆除长治城墙工作。

1946年8月，关家村遵照太行区委指示，开展土地改革运动；中共党组织发展土地改革积极分子，李更生、牛怀锁加入党组织。

1947年3月，袁憨则光荣参加中国人民解放军。

3月，土地改革运动结束，家家有了自己的土地，真正实现了耕者有其田。

5月，牛根锁、关树根、袁土龙、牛付山四人光荣参加中国人民解放军。

6月，关家村古戏台工程开工。

1948年4月，解放战争进入高潮。袁金柱、袁二魁光荣参军。

10月，为支援解放战争，关家村积极交售粮食120石。

1949年，解放战争胜利在望，国家发出全民参战的号召。关家村有8名民兵组成支前队，在战斗中，遭敌机轰炸，土窑坍塌，牛根绪、关仁发、袁魁则、袁聚则不幸牺牲，后被国家追认为革命烈士。

1949年4月，关家村成立“中国新民主主义青年团”组织，关本则担任团支部书记。

4月，关连则光荣参军。

10月2日，中华人民共和国成立第二天，袁克义到县城（今长治市城区）参加庆祝活动。

10月5日，为庆祝中华人民共和国成立，袁克义受区委指示，在庙院举行庆祝会。

20世纪50年代

1950年3月，关家村小学成立。

5月，关家村村民拿到了长治县人民政府颁发的“土地房产所有证”并积极开展爱国增产节约竞赛活动。

1951年2月，全国开展爱国卫生运动，家家除“四害”，人人讲卫生，街道墙壁都用白石灰涂刷，家家厕所铺撒石灰粉，村内填平污水坑。

5月，关家村部分群众到荫城镇桑梓河，参加国民党原长治县县长聂士庆死刑执行大会。

8月，关家村群众响应政府号召，积极捐款捐物，支持抗美援朝战争。

12月，关家村群众积极响应中共中央制定的《中共中央关于农业生产互助合作的决议（草案）》，先后成立了四个互助组，入组户达到36户。

1952年4月，关家村开办夜校（民校），对农民进行识字扫盲教育。

1953年5月，县境撤区设乡，关家村设乡政府，乡长李顺来，副乡长牛金胜，秘书关仁库，关家乡下辖关家、西掌、底西掌、北坡、部则掌五个自然村。

6月，国家进行第一次人口普查，关家村总人数为467人。其中男性244人，女性223人。

10月，响应政府号召，关家乡农村信用合作社成立，合作社主任张其盛，业务办理员李福娥，办社方针主要为发动群众参股，按章程规定，股民可享受股金分红和各种福利待遇，原则上，群众自愿参股，不能勉强，有钱出钱，没钱出粮，以粮折股。关家村70%的村民都参了股。

11月，关家村初级农业生产合作社成立，社长李更生，副社长牛怀锁，全村63户，其中50户入社，入社人口210人，土地425亩，羊58只。

1954年2月，关家村群众响应国家号召，积极认购国家经济建设公债。

3月，国家号召“植树造林，绿化山区”，关家村在村北老岭山栽桃树、杏树，在西岭山栽核桃树，在后河沟栽杨柳，在部分荒山栽油松。

7月，关家村袁克义、贾黄花当选为县人大代表，出席了潞安县第一届人民代表大会。

7月，长治县、潞城县合并为潞安县，关家村仍属关家乡管辖；国家对粮食、棉花实行统购统销，开始发放粮票、布票、棉花票，凭票供应。

1955年5月，初级农业生产合作社转为高级农业生产合作社，命名为“红星高级农业生产合作社”，长期居住在十亩沟的袁计则、袁根胜，东部坡上的杨里锁、王合则也迁居关家村入了社。为集体所有制，劳力、生产资料统一归公社所有，由公社统一调配使用。

1956年3月，潞安县调整区划，关家乡撤乡合并至西火镇，关家村属西火镇管辖。

1957年7月，关家村参与“反右派”斗争。

1958年3月，关家村安装有线广播喇叭。

4 月，关家村古戏台，被患精神疾病的关富昌焚烧，毁于一旦。

7 月，关家村成立了公共食堂。

8 月，关家村响应国家大炼钢号召，出动全村男女劳动力，参与大炼钢铁运动，在西十亩地里割掉了 5 亩庄稼，建起了 6 座土方炉，全村劳动力都投入大炼钢铁运动中。

9 月，潞安县并入长治市，长治县区设置两大人民公社（苏店卫星人民公社、荫城红旗人民公社），关家村属荫城红旗人民公社，村称为“西掌管理区”关家村。

10 月，因全村劳动力投入大炼钢铁运动，秋后粮食无人收，很多粮食烂在地里。

11 月，国家下发“一平二调”指示，关家村把部则掌沟的 20 亩土地平调给部则掌村，泉则河沟的 30 亩土地平调给北坡村。

1959 年 10 月，国家号召“治山治水，兴修水利”，关家村抽调 30 余名青壮劳动力，到陶清河、石子河和内王修水库。

20 世纪 60 年代

1960 年，由于自然灾害，粮食大幅度减产，公共食堂每天两顿饭半斤口粮（称为“五两上马”），很多社员生病，村民遭遇饥荒。

1961 年 3 月，贯彻中共中央“调整、巩固、充实、提高”八字方针，关家村公共食堂被撤销。

5 月，国家下发“三级所有，队为基础”政策，实行以生产队为基本核算单位的体制，生产大队实行“三包一奖”。

9 月，复置长治县，人民公社行政区划撤大划小。成立西火人民公社，关家村属西火人民公社管辖。

1962 年 8 月，西火人民公社下设生产大队，关家村为西掌生产大队的第八、第九、第十生产小队。

9 月，落实“三级所有，队为基础”政策，允许村民适当经营家庭副业，开垦小块荒地。

10 月，关家村每人被下拨了一分自留地。

冬季，关家村组织成立了八音会，邀请陵川县库头村王金锁、宋松斗二人为该组织老师。

1963 年 7 月，清理了老岭山的桃树、杏树，西岭山的核桃林，在十亩沟筑起了拦河坝，建成了梯田。

8 月，遭冰雹袭击，大秋作物严重歉收。

1964 年 2 月，党中央号召全国“农业学大寨”。

10 月，“四清”工作队进驻关家村，开展社会主义教育运动。

11 月，成立贫下中农协会，关土顺为贫协主任。

1965 年 8 月，“大四清”运动开始，“四清”工作队队长宋龙富，队员何光明、王荷英、王玉温等进驻关家村。

1966 年 5 月，“文化大革命”开始。

8月，“四清”工作队从关家村撤走；同月，中央下发《中国共产党中央委员会关于无产阶级“文化大革命”的决定》(即《十六条》)，“红卫兵”组织盛行。开展“破四旧、立四新”和“横扫一切牛鬼蛇神”活动，关家村圣母庙、老君庙、土地庙遭到破坏，百姓家中被砸，大姑娘被剪辫。

1967年4月，开展“夺权”斗争，成立“文革委员会”，同时批判斗争“地富反坏右”五类分子。

7月，西掌大队“革命委员会”成立，关家村袁保山任“革命委员会”副主任。

9月，关家村群众组织成立“真理战斗队”。

1968年7月，开展“清理阶级队伍”斗争，重点审查“钻进革命队伍的阶级异己分子”。

11月，国家号召“复课闹革命”，受过“斗、批、改”的教师，在接受贫下中农的再教育后，可返回原籍；关家村停课一年的小学复课。

1969年4月1日，中国共产党第九次全国代表大会在北京召开，关家村群众举行集会，庆祝“九大”召开。

8月，关家村全村正式通电。

9月，家家墙上挂“毛主席语录板”，人人手棒“红宝书”，背会“老三篇”。

20世纪70年代

1970年4月，关家村林业队成立，地址后沟凹，袁二魁任林业队队长，当年栽种了桃树、梨树。

10月，开展“一打三反”运动，错误打击处理了部分干部。

1971年，袁保山任西掌大队“革命委员会”主任。

7月，开展“斗私批修”斗争。

1972年，生产队实行“大寨评工法”。

8月，开展“批林整风”运动。

9月，关家村在狼岭湾、西十亩新修开通主要大道。

1973年5月2日，牛扎根任西掌大队会计、出纳，兼任部则掌水库、西掌水库司务长。

1973年5月至1978年6月，牛扎根任西掌大队会计、电工。

同年，关家村粮食增产，亩产首次达“纲要”(亩产400斤以上)标准。

冬季，开展社会主义阶段的基本路线教育。

1974年，落实中央政策，为在清理阶级队伍“一打三反”及“四清”运动中造成的冤假错案，纠正错误。

1975年3月，掀起“普及大寨县”运动，关家村再次掀起“农业学大寨”新高潮。

5月，关家村派出劳动力到东庄修建长治县东庄八一水库和王坊干渠。

5月，西掌大队水库工程开工，关家村出动劳动力十余人到水库工地参加劳动。

1976年4月，西掌大队领导干部进行了大调整。

9月9日，毛泽东主席逝世，关家村群众无比悲痛；18日，关家村群众参加在西掌大队举行的追悼大会，并观看追悼大会实况转播。

10月，中共中央粉碎“四人帮”，关家村群众认真学习中央文件，开展批判“四人帮”运动。

1977年3月，揭批“四人帮”运动进入高潮，以揭批“四人帮”为名，关家村的袁保山被当作西掌大队的“四人帮”由五个村轮流批判，同时受批判的还有西掌村的程其旺、郭锁则，北坡村的牛其文，关家村大小干部也遭到不同程度的牵连。

1978年10月，根据国家政策精神，经上级政府批准，关家村为西火人民公社关家大队，脱离西掌大队管辖范围。

秋罢，关家大队全体干部及部分群众代表在西掌大队分财产。

12月，中国共产党第十一届三中全会在北京召开。关家村紧跟形势，将工作重点转向了以经济建设为中心。

1979年1月，根据国家政策，原五个村(西掌、底西掌、北坡、部则掌、关家)分成四个大队，其中关家村成立了关家村大队。牛扎根任关家大队林业队队长并兼任关家村电工，负责关家大队全村电气化工作，经过一年的努力，实现全村电气化并成立了加工厂。牛扎根在任林业队队长期间，种植苹果树500余棵、桃树500余棵，种植了大量的土豆、南瓜、北瓜，并免费给村民发放苹果、南瓜、北瓜、土豆等。

4月，关家大队办起了编造副业队，由三个生产队抽出劳动力30余名，秋后按劳动力出勤转生产队统一核算，队长袁付兴，采购关本则，会计关其昌。

1980年5月，狼岭湾砖窑建成投产，仍由全村三个队联办，并按比例抽出劳动力。

10月，关家大队干部召开群众大会，策划筹备开办小煤矿的准备工作，并决定由牛龙富、牛扎根负责开办小煤矿的前期准备工作。

1981年3月，由牛龙富任关家村煤矿矿长。首先，对村内原有的一孔旧井筒进行扩宽、引深，项目由高平县曹家沟副业包工队承揽，总负责人为李和气，材料供应和电力装配负责人为牛扎根。其次，开展关家村电力改造工程。所有电力设备由县电业局无偿供应，木头杆、铣导线全部换成水泥杆、铝导线。在县电业局的大力帮助下，节省了大量资金。经过两个多月的努力工作，低压改造工程圆满完成。

7月，镇办技改矿选址关家村十亩沟，在镇办煤矿西掌五龙宫坑口西窑楼协商签订征用关家村48亩土地的合同。甲方：西火人民公社党委书记李文枝，主任宋反明，其他成员有李玉庆、李保龙等。乙方：李更生、李和气、李根有、关富根以及三个生产队队长、会计，共十余人参加。合同规定，每年每亩征地补偿款150元(以每亩600斤产量，每斤混合价0.25元计算)，每年12月底由大队集体结算。

1982年8月，关家大队旧井筒扩建工程竣工(扩建后井筒直径2.5米，深47米)，全体干部群众在东场院召开庆祝大会。

秋罢，关家大队实行家庭联产承包责任制，全村土地统一丈量，评定等级，按现有人口进行承包分配，生产队集体体制变为“家庭联产承包责任制”。

1983年3月，袁保山与村集体签订了承包土地的协议，成为唯一的关家大队粮食专业户。

5月，秦振恒在老东湾建起了一座机砖窑，并投入生产。这个砖窑是改革开放后关家村第一家私营企业。

6月，小煤矿主斜井工程经煤管局技术专家考察，定点后河沟。

7月，南掌村王新吉承包主斜井工程，包工队进驻关家大队。

8月，关本则、袁堂则、牛虎龙、牛振朝、李聚有开办了家庭个体编造作坊，袁文虎在关家口大路边开办了供销点。

秋罢，长治县红旗剧团在关家村演出3天。此为中华人民共和国成立后关家村第一次请专业剧团演出。

1983年，生产队生产资料和固定资产统一作价归为个人，饲养房归李根有，大牲畜和畜力车分别被关迎喜、原晚生、袁双喜、关冬喜、关春喜等买走。

1984年

2月，西火人民公社改称为"西火镇人民政府"，关家生产大队改称为"关家村村民委员会"，属西火镇政府管辖。

7月，关家村进行第一届村民委员会选举，李和气任支部书记，牛扎根高票当选为关家村第一届村民委员会主任。张文虎任支部副书记，妇女主任陈保兰，会计关炳臣。

9月，经村"两委"研究，由牛扎根负责建起关家村第一所小学，修建校舍11间，校舍选址在关家村旧舞台处。

9月，八一电影制片厂摄制组进驻关家村拍摄电视剧《赵树理和他的乡亲们》，该电视剧70%的外景为关家村实地实景拍摄。

10月，经村"两委"研究决定，在关家村狼岭湾至西掌河之间，修通一条6米宽、450米长的砂石路。

1985年

1月，经村"两委"研究决定，安排春节、元宵节的文化活动，从此举办元宵节曲艺演出和灯展活动成为惯例；春节每人发放50斤白面，20斤大米，村民生活用煤实行全免费。

3月，煤矿直井地面配套设施基本完善。

4月，陵川县刘成金、张忠成工程队进驻关家村开展斜井工程。主斜井砌圈工作开始，由西火镇西村村民魏仙水承包。

6月，煤矿直井坑下开拓巷道，为进入生产做准备。

7月，关家村班子进行调整，牛扎根当选为党支部书记，李和气任村委会主任。

8月，村内主要街道实现砖硬化。

9月10日，关家村村"两委"班子和关家村小学全体教师，举行第一个教师节庆祝活动。

1986 年

2 月，村“两委”安排春节、元宵节活动，春节每人发放白面 50 斤、大米 20 斤；元宵节每户两盏花灯，从村口到老槐树根全部挂满花灯，并邀请长治县盲宣队进行文艺演出，活动从正月十四持续至正月十六。

3 月，为改善生态环境，北山小圪倒和南山东部上坡栽植了山楂、刺槐，并在西岭山、老岭山、西寺路栽植油松 5 万株，绿化荒坡 120 亩，在狼岭湾、沿河两岸栽本地杨、白毛杨 8000 棵，这是关家村有史以来规模最大的一次荒山绿化、四旁绿化。

5 月，市、县农业局在关家村召开了农业科技现场会，大力推广农业先进技术创新和农作物良种示范“玉米采收免耕法”，专家论证认可，在周边市、县大力推广。关家村的农业技术创新影响力很大，为高效农业走出了一条成功之路，对现代农业的科技创新起到了积极的示范作用，被市、县农业部门认定为“科技示范村”。

6 月，随着农民生产、生活水平的提高，牛扎根提出了新农村统一规划的设想，并组织全体干部和部分群众到南宋乡永丰村参观新村建设情况，在关家村小学召开了全体村民大会，制定了三个五年计划，用十五年的时间把关家村从山沟搬到狼岭湾，再搬到西十亩，同时制定了一系列搬村前的工作计划。但因为村民意见未能统一，这些计划只能搁浅。

9 月 10 日，关家村村“两委”班子和关家村小学全体教师，举行第二个教师节庆祝活动。从 1984 年开始，截至 2020 年，每年都举办六一儿童节、教师节庆祝活动，给学生发放校服，给教师发放纪念品。从 1997 年开始到 2007 年，振兴集团每年与西掌小学、西村小学、西火镇中学的全体师生共同庆祝六一儿童节和教师节。从 2008 年开始截至 2020 年，每年与振兴学校全体师生共同庆祝六一儿童节和教师节。从 2008 年起至 2015 年，振兴集团与部则掌村、向阳村、振兴村 200 余位老人共度九九重阳节。从 2016 年开始截至 2020 年，每年与部则掌村、向阳村、振兴村、西火村的 1000 余位 60 岁以上老人共度重阳节，并发放礼品。同时，邀请了省、市、县部分老干部代表，共度重阳节。

10 月，按照长治县委要求，关家村掀起了农田基本建设高潮，得到县委、县政府的肯定和支持，并在关家村召开了全县农田基本建设现场会。

同年，利用煤矿的收入，关家村村民享受到了“五免费”，年终每人发放了 200 元的福利金。

1987 年

2 月，村“两委”安排春节、元宵节活动，春节每人发放白面 50 斤、大米 20 斤；元宵节每户两盏花灯，从村口到老槐树根全部挂满花灯，并邀请长治县盲宣队进行文艺演出，活动从正月十四持续至正月十六。

3 月，经村“两委”研究决定进行植树造林，对一路两边、一河两岸、荒山荒沟进行了大面积绿化，“一天两送饭，起早搭黑干”，共植树 35000 余株，绿化荒山荒沟 2000 余亩。

4 月，关家村被长治市政府和长治县政府评为“立体高效农业示范基地”，并荣获“农业科技先进单位”称号。

5 月，全县春播下种现场会在关家村召开，牛扎根书记做了“优种密集加化肥，科技种田为抓手”的经验介绍。

8 月，关家村开展登门上户的调查登记工作，为制发第一代居民身份证做准备。

10 月，为了煤矿主、副二井贯通，牛扎根不分昼夜吃住在矿上，不定时下坑检查。安全生产系统初步形成，为煤矿正式投产打下了坚实的基础。

1988 年

2 月，经村“两委”研究决定，每年坚持开展春节、元宵节相关活动，稳定群众福利待遇，坚持开展相关文化活动。

4 月，继续加大对农业的投入力度，为提高农业综合生产能力，全面实施产业结构调整和中低产田改造，实施“玉米丰产百亩方”工程，使农业基础地位得到进一步巩固。同时，持续开展植树造林和绿化荒山行动。

5 月，为解决群众吃水难的问题，村“两委”决定启动全村自来水安装配套工程。同时，决定由党员干部带头，家家户户齐上阵，挖通每家每户到新打水井的自来水管道线路。将机井位置选定在西十亩。掘井工程由长治县水利局钻井队承揽。

6 月，关家村煤矿第一期工程（竖井）投产。当年生产原煤 8000 吨，销售收入 25 万元。

8 月，机井配套安装工程完毕。输水管道通百家工程规划开始，工程由河北省玉田县自来水安装责任公司承包，村内街道管道挖沟工程由村集体统一完成，各家的院落屋内按设计路线自行挖掘。

10 月底，自来水安装配套工程顺利竣工，总投资 80 余万元，彻底解决了关家村村民吃水难的问题，从此关家村群众用上了自来水。

10 月，掀起农田基本建设高潮，全县农田基本建设现场会在关家村召开。从 1986 年至 1996 年，每年的春播夏种现场会和秋季的农田基本建设现场会都在关家村召开。

11 月，关家村村民领取了国家制发的第一代居民身份证，关家村 18 周岁以上村民共 303 人领取了第一代居民身份证。

1989 年

4 月，关家村在煤矿（斜井）办公室召开了第二次党员干部群众大会，制定了关家村搬迁计划。三个生产队的土地打乱，重新分地，企业占地补偿金统一分，建房所占的土地统一摊。但这一决定只有一半群众通过，搬迁计划又一次搁浅。

6 月，和长治县电视台签订了家家户户通闭路电视的协议。

6月，家家户户通闭路电视，关家村成为长治县第一个全部接通闭路电视的村庄。

11月，关家村加大了卫生保健措施的实施力度，对儿童实行接种、防疫、体检全免费制度，提高了儿童医疗卫生服务质量和服务水平。

1990年

4月，拓宽改造村内直通斜井的道路，村内所有道路实现钢砖硬化。

6月，加大教育投入力度，完善教育设施，为学校统一购买桌凳，并实行减免学费和发放奖学金制度。

1991年

3月，牛扎根正式调任西火镇土地办公室主任，关家村党支部书记由袁贵堂接任，村委会主任为关忠孝。

7月，袁孝文建起了机砖窑。

10月，牛龙富辞去了关家村煤矿矿长职务，李忠孝接任该职。

1992年

9月，应广大党员干部群众的邀请，牛扎根回村继续担任党支部书记。

10月，聘用振兴煤矿党总支副书记秦和林为关家村煤矿矿长兼技术员。煤矿电力得到二次提升，部分设备得到更新，生产能力大大提高。

1993年

2月，关家村八音会演奏活动又开始流行，不论是重大节日还是嫁娶活动，村民都会请人演奏，增添喜庆气氛。这年的元宵节灯会，热闹非凡，千姿百态的花灯流光溢彩，各种自动机械灯别具一格，特色各异，让人眼花缭乱。赛花灯评选活动也极为隆重，按评选等级由低到高分别设置了100元、300元、500元的奖金，并请长子县曲艺队的名家演出了5天。

1993年3月至2003年，牛扎根当选长治县第十一届、第十二届、第十三届人大代表。

4月，为提高干部的工作效率和服务水平，干部包片、党员联户，都有明确的工作职责和责任；干部、党员家中安装了程控电话，大大提高了工作效率。

5月，党支部书记牛扎根召开村“两委”会议，决定扩建关家村小学，由原来11间扩大到22间，由一层变为两层，校址由原来的旧舞台搬迁至老鳖干。

6月，在土地庙的旧址上新建了5间村“两委”办公室。

1994 年

3 月，关家村开展第二次退耕还林，北山小圪倒山坡地改栽优质苹果树苗、梨树苗 2000 余株，实现了生态林和经济林的有机结合和双重利益的统一。

1995 年

7 月，关家村煤矿为了扩大煤场、提高产量、方便运销，对关家村河道进行挖直疏通改造，扩宽 6 米道路，为煤矿的有利运输打好了基础，并对地面配套设施进行了重新配置。

8 月，主斜井基建工程全部完工，并投入生产，产量由原来的 20000 吨提高到 50000 吨。

1996 年

1 月，牛扎根任西火镇党委副书记，西火镇振兴煤矿党总支书记、煤矿矿长，同时兼任关家村党支部书记。

6 月，关家村煤矿由于煤炭市场疲软，面临倒闭。当月与振兴煤矿签订了承包五年的生产合同，关家村煤矿变为振兴煤矿第三坑口，生产恢复正常。

7 月，牛扎根辞去关家村党支部书记职务。关家村党支部书记由张文虎担任，支部委员为李和气、袁文彬。同时，由西火镇党委副书记牛扎根负责包联关家村。

1997 年

3 月，振兴煤矿对振兴煤矿第三坑口进行了提升改造，坑上更换了变压器，坑下由小平车运输改造为循环车、罐车运输。年产量提高到 70000 吨。

1998 年

3 月，关家村村委会与村民牛振朝签订承包林业 20 年的合同书。

1999 年

4 月，关家村村委会与村民袁文彬签订了承包南山荒坡 15 年的合同、袁三红承包北山果树林的合同。

2001 年

5 月，经西火镇党委、政府研究决定，振兴煤业有限公司改制为股份制企业，改名为山西长治县振兴煤业有限公司。69 名干部职工入股 269 万元，牛扎根出资 20 万元并当选振兴煤业有限公司董事长。企业改制为后来的新农村建设打下了坚实的基础。

7 月，张文虎辞去关家村党支部书记一职。袁德平接任党支部书记，村委会主任袁有堂，村委会委员、会计袁小臭，村委会委员袁玉祥。

10 月，振兴煤业有限公司承包关家村煤矿合同到期，关家村煤矿由关家村自行管理。

2002 年

4 月，关家村煤矿转包给浙江包工队，并签订了 5 年的转包合同。

2003 年

关家村村“两委”班子构架：党支部书记袁德平，村委会主任关忠孝，党支部副书记张剑红，支部委员李忠堂，村委会委员关振平、袁学兵。

2004 年

3 月，振兴煤业有限公司进行第二次改制，这次改制由长治县委、县政府决定。改制后牛扎根占股 40%，股金 1800 万元，县煤运公司占股 20%，股金 900 万元，浙江省温州市苍南县唐升场、唐益锋各占股 10%，股金共 900 万元，县国有资产公司保留 20%的股份。牛扎根当选为振兴煤业有限公司董事长兼总经理。

4 月，成立长治县振兴洗煤有限公司，投资 1600 万元，为村内劳动力 50 余人提供工作岗位。

5 月，成立振兴华宝运输公司，投资 2300 万元，有运输车辆 50 辆，为村内劳动力 80 余人提供工作岗位。

6 月，成立振兴瀚立建材有限公司，投资 1960 万元，为村内劳动力 120 余人提供工作岗位。至此，关家村劳动力实现全部就业。

2005 年

3 月，成立长治县振兴集团，注册资金 2000 万元，由牛扎根担任董事长。集团下设原煤、洗煤、建材、运输四个子公司。

5月16日，振兴集团董事会研究决定，由牛扎根主持部则掌村整体搬迁奠基仪式。仪式在九节湾举行，参加仪式的有振兴集团董事会成员、部则掌村村“两委”班子及全体村民。

10月，根据国家政策，关家村煤矿关闭停业。

2006年

关家村新一届村“两委”班子成立，党支部书记由袁德平担任，村委会主任为原河清，党支部副书记为张剑红，支部委员为李忠堂，村委会委员为袁学兵、关振平。

3月，西火镇党委副书记、关家村包村干部牛扎根组织召开了第三次党员干部会议，又重新制订了新村整体搬迁方案，在原有的三个村统一基础上，增加了不破坏原有的生态设施，保护原有的古村落，评估作价原有的旧房屋的要求。这次会议中，党员干部统一了思想。随后对新农村建设、原有的坟地、大小庙宇都实行了统一规划。

10月，西火镇党委副书记、关家村包村干部牛扎根组织村“两委”干部，并邀请了西火镇党委书记张宏山，在原关家村戏台上召开了第四次新农村建设搬迁群众大会。会议宣布了新农村建设方案，每户房子建筑面积360平方米，长12米、宽10米，第一层高3.5米，第二层高3.2米，第三层(小阁楼)高2米；院子宽10米、长12米。通过规划，总造价是35万元，包括院墙、街门、照壁和简装修，村民新房保底价12万元，除去旧房作价款，不足部分现金支付，剩余部分和村内公共设施和道路建设由振兴煤业有限公司负责投资。方案得到了党员干部群众的一致同意。

2007年

3月27日，关家村新农村建设开工典礼仪式在狼岭湾举行。出席这次仪式的有县委副书记、县长关小平，副县长王明德，西火镇党委书记张宏山，县农业局局长关扎根(关家村人)，西火镇党委副书记、振兴煤业有限公司董事长、关家村包村干部牛扎根，关家村党支部书记袁德平。牛扎根书记宣布了新农村建设整体方案，并保证在2008年10月让老百姓整体搬迁入住新房。党支部书记袁德平作了表态发言。关家村全体村民参加仪式。至此，关家村新农村建设拉开序幕，工程由河南林州市建筑工程有限公司冯春林带领承建，牛扎根在工地上进行质量监督、安全把关。

5月，县委、县政府主要领导莅临新农村建设现场指导工作。

5月，牛扎根当选长治县第十四届人大代表，并选举为县十四届人大常委会委员。

6月8日，山西省人大常委会常务副主任纪馨芳带领山西籍全国人大代表视察关家新村工地。

6月，村委综合大楼建设工程开工，建筑面积1577.73平方米，由振兴集团投资建设。河南林州市建筑工程有限公司冯春林带领承建。

8月10日，山西省副省长薛延忠一行视察关家新村工地。

8月，关家村集中供热改造工程、燃气站建设工程动工。占地面积3150平方米，建筑面积1530平方米，由河南工程队刘新太承建，由振兴集团投资。

9月，由长治市中汇财务咨询评估有限公司对旧村住宅进行评估。全村134处房产，评估价值为536.0105万元。

12月14日，振兴集团成立党委。县委组织部部长宣布县委常委会决定，由牛扎根担任集团党委书记，正式确定“以企带村、以工带农、以商带户”的发展方针。成立党委以后，加快兴企并村建区的发展步伐，广招贤人，善用能人，吸收了一批高学历、高素质人才，这些人才被安排到了重要工作岗位并在岗位上发挥了不可替代的作用，为后来振兴新区的成立奠定了人才基础。人才有张会军、王晓静、刘阳阳、韩鹏、荣石平、牛王刚、郝东锋、赵丹、王茹、白洛川、张旭彪、景虎昌等。

2008 年

3月，振兴幼儿园、振兴小学建设正式动工，占地面积4678平方米，建筑面积9194.87平方米，由河南林州市建筑工程有限公司冯春林承建，由振兴集团投资。

4月15日，长治市人大常委会副主任师义昌一行视察关家新村。

5月，振兴乡村文化馆正式动工，占地面积5610平方米，建筑面积3632.86平方米，由山西振东建筑工程公司和保则承建，由振兴集团投资。

5月，振兴集团向“5·12”四川汶川地震灾区捐款80万元，其中牛扎根个人捐款10万元。

6月，中共长治市委授予牛扎根同志“优秀党务工作者”荣誉称号。

7月，关家村党支部被长治县委评为“红旗党支部”。

8月23日，关家村小学教师招聘面试答辩会在振兴煤业礼堂举行。

9月10日，关家村小学教师节座谈会在振兴煤业会议室举行。

9月20日，关家村举办迎国庆大众广播体操比赛。

9月25日，关家村分房领房现场会在振兴煤业礼堂举行，由党委书记牛扎根主持，村“两委”班子和全村村民参加会议。

9月，供热站、供气站相继竣工，开始运行。

10月13日，长治县人大常委会主任任文琳带领全县人大代表视察关家新村。

10月18日，振兴村全体村民走出大山沟，喜迁新居。

11月10日，振兴村党支部换届，袁鹏军当选党支部书记，原河清、张剑红为党支部委员。

11月12日，振兴村在振兴煤业广场举行振兴之歌文艺演出。

11月23日，振兴煤业振兴新村统一供暖点火仪式在锅炉房举行，由党委书记牛扎根和村“两委”在现场点火。

12月，振兴村举行第八届村民委员会选举，原河清当选为村委会主任，张剑红当选为副主任，李鹏当选为村委会委员。

2009 年

1 月 12 日，振兴村 2009 年春节茶话会在新村办公楼召开。党委书记牛扎根主持会议并发表讲话。

2 月 9 日，振兴村举办第一届春节、元宵节大型灯展活动，并邀请山东省梆子剧团助演。

4 月 2 日，振兴村成立绿化队，开始对新村进行绿化建设。

4 月，振兴村休闲山庄建设开工，占地面积 565 平方米，建筑面积 1128.58 平方米，由振兴集团投资。

5 月，山西省企业联合会、山西省企业家协会，授予牛扎根“山西省优秀企业家”称号。

6 月 18 日，振兴村在村委会三楼会议室召开全体村民大会。为感谢振兴集团对投资建设关家新村的鼎力支持，经全体村民表决通过，将关家村更名为振兴村。

6 月 25 日，关家村 100 余名村民参加第一届长治县运动会。

6 月，长治市经济委员会、长治市企业联合会、长治市企业家协会，授予牛扎根“长治市优秀企业家”称号。

7 月，振兴村党支部被评为“红旗党支部”。

8 月 6 日，长治县农村党建工作会在振兴村召开，长治市委常委、组织部部长王维卿参加会议。

8 月 8 日，振兴村卫生院竣工并投入使用。

8 月，商贸一条街(和谐街)总体工程开工。占地面积 4465 平方米，建筑面积 8928 平方米，由振兴集团投资，河南工程队刘新太承建。

9 月 9 日，长治市人大常委会副主任李国峰视察振兴村。

9 月 30 日，振兴村举办庆祝中华人民共和国成立 60 周年文艺演出，并参加全县红色经典演唱会比赛。

9 月，振兴寄宿制学校举行开学典礼。市、县教育局有关领导到场祝贺。

10 月，振兴乡村文化馆主体工程竣工。

11 月 5 日，振兴村土地重新划分工作圆满结束。

11 月 22 日，振兴村最后 30 户分房大会在新村委会会议室召开。党委书记牛扎根参加会议。

11 月 25 日，振兴村举行毛泽东铜像揭幕仪式。党委书记牛扎根和振兴村村“两委”班子成员参加仪式。

12 月 5 日，省级生态文明村检查组莅临振兴村验收。

2010 年

1月18日，山西省委组织部副部长赵建华视察振兴村，市、县领导和党委书记牛扎根陪同。

1月，中国“三农”问题高峰论坛组委会授予牛扎根“全国‘三农’先锋”称号。

2月27日，党委书记牛扎根参加长治市劳动模范表彰大会。同日，牛扎根被长治市委、长治市人民政府授予“长治市特级劳模”称号。

2月，振兴村举办第二届春节、元宵节大型灯展活动。

3月，长治市总工会、长治市安全生产监督管理局授予牛扎根“全市安康杯先进个人”称号。

3月，牛扎根被中共长治县委、县政府评为“长治县特级劳模”。

4月13日，长治市人大常委会副主任师义昌视察振兴村。

6月2日，长治市政法委书记李年善视察振兴新村。长治县委书记裴少飞、振兴集团党委书记牛扎根陪同。

6月20日，振兴村参加长治县首届祈福节活动，振兴村为分会场。

6月，牛扎根当选为山西省企业联合会、山西省企业家协会第五届理事会理事。

7月6日，县委常委会议研究，同意成立“振兴新区管理委员会”，就有关问题批复如下：“一、同意成立振兴新区管理委员会。振兴新区管理委员会作为新农村建设‘中心村’的示范区，要充分发挥振兴集团的优势，把企业与农村的发展规划有机结合起来，全面推进新农村建设。二、新农办要组织相关部门根据《中华人民共和国村民委员会组织法》的有关规定，采取一定的形式，充分征求所涉村群众意见，坚持村民自愿的原则。三、根据征求意见情况，如所涉村群众同意，可按照请示要求，将振兴集团、振兴村、部则掌村、向阳村的行政区划纳入振兴新区管理委员会管理。振兴新区管理委员会管理本行政区域内的经济、教育、文化、卫生、体育、土地、劳动、民政、计生等行政工作，西火镇政府不再对上述村行使行政职能。行政职能移交事宜由新农办协调西火镇政府、振兴新区管理委员会办理。四、为便于振兴新区管理委员会开展工作，将中国共产党长治县振兴集团委员会更名为中国共产党长治县振兴新区委员会。五、振兴新区管理委员会的机构级别、人员编制可根据有关规定和程序，逐级申报。”

经长治县委常委会报长治市委批准，成立长治县城乡统筹振兴试验区，简称振兴新区。隶属长治县委、县政府，全额正科级事业单位，设一正两副，编制16人，下设四大办公室，即党政综合办公室、城乡统筹项目研究办公室、经济发展战略研究办公室、文化产业旅游开发办公室；两个中心，即农业服务中心、振兴接待中心，自收自支编制30名。牛扎根担任振兴新区党委书记兼管委会主任，管辖振兴村、向阳村、部则掌村。同时振兴学校、振兴卫生院、振兴派出所、振兴国土所、振兴劳保所、振兴财政所相继成立。

7月16日，中共长治县城乡统筹振兴试验区委员会、长治县振兴新区管理委员会挂牌成立，长治市委副书记席小军，副市长许霞，县委书记裴少飞，县委常委、县委办主任张宏山，振兴新区党委书记牛扎根参加揭牌剪彩仪式。同时，市、县各单位各部门以及各乡镇各企业领导前来祝贺。

7月，牛扎根被中共长治市委评为“优秀共产党员”。

7月，牛扎根被评为“山西省优秀党务工作者”。

8月1日，振兴村举办建军83周年退伍军人座谈会。

8月4日，长治市籍老干部参观振兴村。

8月8日，振兴村举办全民健身日活动。

8月25日，长治市人大常委会主任王进卯视察振兴村。

9月10日，第十届全国政协副主席张怀西视察振兴村。

9月25日，为庆祝振兴新区成立、振兴村更名，在槐荫寺广场举办大型文艺晚会，特邀北京歌剧舞剧院、潘长江、玖月奇迹、师胜杰等助演，省、市、县领导和周边群众一万余人观看了演出。晚会上，全国青联委员、北京歌剧舞剧院合唱团团长吴春燕演唱了《神话的故乡》。

9月，中国国土经济学会、全国低碳国土实验区办公室授予牛扎根“全国低碳国土与生态环境建设先进工作者”称号。

10月9日，长治县第三届“振兴杯”乡镇干部篮球赛在振兴村举办。

10月，牛扎根被中国改革与发展论坛组委会评选为“第十届中国改革优秀人物”。

10月，牛扎根被中国时代新闻人物征评活动组委会评为“影响中国·第十一届中国时代十大创新人物”。

10月，“槐荫寺”工程开工。占地面积3545平方米，建筑面积1707.19平方米，由振兴集团投资。

11月2日，长治市委常委、组织部部长王维卿在振兴村参加创先争优工作座谈会。

11月5日，长治市林业系统政风行风听证对话会在振兴村召开。

11月9日，振兴村举行新兵入伍欢送仪式。

12月10日，振兴村举办振兴杯“我的低碳生活”全国征文大赛。

12月11日，中国国土经济学会副理事长柳忠勤视察振兴村。

12月，牛扎根被中国低碳先锋企业推选活动组委会推选为“全国绿色低碳管理创新杰出人物”。

2011年

1月，牛扎根被中国农村杂志社、全国农村基层干部十大新闻人物组织委员会评选为“全国农村基层干部十大新闻人物”之一。

1月，中国“三农”问题高峰论坛组委会授予牛扎根“全国‘三农’先锋”称号。

2月，振兴村举办第三届春节、元宵节大型灯展活动。

3月19日，槐荫寺落成典礼暨首届根祖文化节开幕。由中国村社发展促进会和中国国土经济学会主办，振兴村承办。

3 月 22 日，长治市委书记田喜荣视察振兴村。

3 月 22 日，山西省农业厅领导贾明进视察振兴村。

4 月 28 日，中共中央政治局委员、十一届全国人大常委会副委员长、中华全国总工会主席王兆国与全国五一劳动奖章获得者牛扎根合影留念，并在人民大会堂观看文艺演出。

4 月 30 日，牛扎根荣获山西省五一劳动奖章，山西省省长王君为其颁奖。

4 月，现代农业生态智能温室大棚正式动工。挖山填沟 156 万立方米，占地面积 21865 平方米，建筑面积 16819.30 平方米。由振兴集团投资，中农金旺（北京）农业工程技术有限公司承建。

5 月 11 日，省发改委、省环保厅领导先后视察振兴村。

6 月，长治市企业联合会、长治市企业家协会授予牛扎根“长治市经济人物”称号。

7 月，中国 · 长治第三届“中华祈福文化旅游节传统文化旅游推介会”在振兴村隆重召开。牛扎根荣获山西省公益事业促进会授予的“中华祈福节赞助奉献奖”称号。

7 月，中共中央组织部授予牛扎根“全国优秀党务工作者”称号。

8 月，红色文化广场开工。占地面积 4116.34 平方米，建筑面积 4116.34 平方米，由振兴集团投资。

9 月，振兴商贸一条街（和谐街）竣工开业。各乡镇、县级各单位领导前来祝贺。

9 月，“振兴坛”开工，建筑面积 515.63 平方米，由振兴集团投资。

9 月，“文昌阁”开工，建筑面积 675.54 平方米，由振兴集团投资。

10 月 22 日，牛扎根参加第十一届全国“村长”论坛会开幕式（山东临沂罗庄区沈泉庄村）。

10 月，牛扎根被中国农村杂志社评选为“第十届全国农村基层干部十大新闻人物”。

10 月，振兴村荣获“山西转型跨越第一村”称号。

11 月 10 日，振兴村文化艺术节在振兴乡村文化馆举行，由牛扎根主持。

11 月 11 日，长治县振兴鑫源有机农产品专业合作社成立。注册资金 500 万元，社长由袁贵堂担任。

11 月 17 日，北京歌剧舞剧院党委书记赵丽华来振兴村调研。

11 月，长治县振兴鑫源有机农产品专业合作社被山西省农业厅评为“省级示范社”。

12 月 4 日，南开大学专家团视察振兴村，由新区党委书记牛扎根陪同。

12 月 7 日，长治市委宣传部部长王玉圣视察振兴村，长治县委书记裴少飞陪同，新区党委书记牛扎根参加。

12 月 26 日，在红色文化广场举行毛泽东 118 周年诞辰纪念活动，由新区党委书记牛扎根主持，振兴村全体村民参加。当天，还举行了 2011 年度 60 岁以上老人养老金、贫困户救助金发放仪式。

12 月，牛扎根被中国企业合作促进会授予“中国诚信企业家”称号。

12 月，牛扎根荣获中国国土经济学会授予的“开拓创新奖”。

12 月，牛扎根当选为山西省工商联第十一届代表大会常务委员会委员和长治总商会副会长。

12 月，长治县振兴鑫源有机农产品专业合作社被中共长治市委、市政府评为“十佳示范社”。

2012 年

1 月，中共长治市委书记田喜荣来振兴村调研。长治县委书记裴少飞等陪同。

2 月，振兴村举行第四届春节、元宵节大型灯展活动。

3 月 10 日，振兴村新农村建设中心村示范领导小组成立，组长由牛扎根担任，副组长由张剑红担任。

3 月 24 日，中央美术学院副院长陈沛到振兴村开展调研。

3 月 25 日，山西财经大学到振兴村开展调研。

3 月，振兴超市综合楼开工建设，占地面积 1560 平方米，建筑面积 4897.7 平方米。由振兴集团投资，长治县丰年建筑安装装饰有限责任公司承建。

3 月，山西省农业厅副厅长董希德来振兴村调研。县委书记裴少飞、县长李文兵，长治市农业委员会主任段爱民陪同，新区党委书记牛扎根参加。

3 月，山西省农学会授予牛扎根“山西省十佳农村转型发展带头人”荣誉称号。

3 月，牛扎根当选为中国国土经济学会第四届理事会理事。

3 月，中国国土经济学会、国土经济发展研究中心、全国低碳国土实验区研究中心、国土气候旅游经济发展研究课题组牵头，中国村社发展促进会特色村镇工作委员会参与，以振兴村为样本地、基准地启动“‘槐荫指数’——今日国土夏季康养之乡暨避暑特色小镇评价体系”课题研究。当年形成课题初步成果，利用该体系有关指标进行独立评价，初步确认振兴村为“中国避暑小镇”，并向友好合作的其他研究气候旅游的智库组织进行推荐。

3 月，山西省委、省政府授予牛扎根“山西省特级劳模”荣誉称号。

4 月 11 日，山西省政协原副主席吕日周一行视察振兴村。

4 月 19 日，工业和信息化部领导视察振兴村。

4 月 20 日，长治市委组织全市十大优秀党员先锋，成立党的路线先进事迹报告宣讲团。牛扎根是宣讲团成员之一，在屯留县、长子县、襄垣县、武乡县、沁源县、沁县作了宣讲。各县区副科级以上领导干部参加了先进事迹报告会。

5 月 4 日，振兴村举办庆五四运动会。

5 月 9 日，振兴村举办民兵军事训练成果汇报大会。

5 月 10 日，山西省政府研究室副主任梁敬华视察振兴村。

5 月，“中国画，画中国”全国大型书法活动采风团来振兴村观摩采风。

5 月，山西省企业联合会、山西省企业家协会授予牛扎根“山西省优秀企业家”荣誉称号。

6 月 3 日，全省城镇化建设推进工作会在振兴村召开，省委常委、常务副省长高建民带队。长治市委书记田喜荣、长治县委书记裴少飞等领导陪同。

7 月 3 日，长治市纪委书记高建国视察振兴村。长治县委书记裴少飞陪同，新区党委书记牛扎根参加。

7 月 16 日，长治市委组织部部长郭康锋莅临振兴村调研，由县委书记裴少飞、新区党委书记牛扎根陪同，共同参加了全市新农村建设培训班开班仪式。

7 月 26—28 日，中国国土经济学会、国土经济发展研究中心、全国低碳国土实验区研究中心、国土气候旅游经济发展研究课题组牵头，中国村社发展促进会特色村镇工作委员会、天下口碑数据库等机构参加，在北京分钟寺举办为期 3 天的“以山西振兴村、北大荒红兴隆、内蒙古恩格贝、廊坊燕郊镇为样本，看我国特色村、特色小镇、特色小城、特色产城新区创新发展模式”专题讨论会，认为振兴村、红兴隆、恩格贝、燕郊镇四地，打破体制机制樊笼，对城乡统筹及市场化背景下的非行政属性“企创特色新村”“村创特色小镇”“镇创特色小城”“众创特色新区”发展，率先进行了有益的探索。并宣布，以山西振兴村为样本地、基准地进行的“‘槐荫指数’——今日国土夏季康养之乡暨避暑特色小镇试行评价指标”，以下一年度基准数据为准启动研制，对原已建立的“中国避暑小镇评价体系”进行精细化补充。

9 月，振兴村被中国村社发展促进会特色村镇工作委员会评为“中国特色村”。

9 月，振兴村被中国村社发展促进会特色村镇工作委员会评选为 2012 年中国名村影响力排行榜 300 佳(第 257 位)。

10 月，长治县振兴鑫源有机农产品专业合作社被山西省农业厅评为“省级现代农业示范园”。

10 月 23 日，“我们的节日——重阳”振兴村首届花卉文化旅游节开幕。

12 月 12 日，中国国土经济学会副理事长兼秘书长、秘书处党支部书记柳忠勤与振兴新区党委书记牛扎根签署了党的基层组织共建协议书，自此共建工作持续开展八年。学会有关党员专家经常应邀为振兴村乡村振兴、产业转型出谋划策，受到中国科学技术协会“党建强会计划”多次表扬表彰。

12 月，振兴村被中国村社发展促进会特色村镇工作委员会授予“中国幸福村”荣誉称号。

12 月，红色文化广场、振兴坛、文昌阁工程相继竣工。

2013 年

1 月初，根据山西省省长李小鹏安排，省综改办、省住建厅、省科技厅、省农业厅、省政府办公厅等单位领导分别莅临振兴村调研农村城镇化建设，并由省综改办撰写了《振兴新区就地城镇化初探》调研报告。报告总结了就地城镇化“振兴模式”：一是顺应了农民市民化的主观意愿；二是为农民提供了稳定的就地就业机会；三是农民生活发生了较大的变化；四是提高了农民的综合素质；五是实现了土地资源的集约节约利用；六是提高了资金投入使用效率，降低了社会管理成本；七是增强了农村发展活力。报告先后刊登在《山西日报》《长治日报》等刊物上。

1 月，振兴村荣获“中国特色村”称号。

1 月，人民网授予牛扎根“2012 年人民社会责任年度人物”荣誉称号。

2 月，振兴村举办第五届春节、元宵节大型灯展活动。

3 月 21 日，山西省委办公厅领导景广学调研振兴村。县委书记裴少飞、新区党委书记牛扎根参加。

3 月，开工建设小别墅民宿康养中心 28 套，建筑面积 6720 平方米，总投资 2095.8 万元。同时，开工建设人才公寓楼 4 个单元 48 户，总面积 5760 平方米，总投资 2067.52 万元。均由振兴集团投资建设，河南工程队刘新太承建。

3 月，牛扎根荣获中国国土经济学会等授予的“第三届全国绿色国土奖”。

3 月，由中国村社发展促进会大力支持，中国国土经济学会、国土经济发展研究中心、国土乡村史志记忆遗产保护研究课题组及有关专家参与建设的全国村志收藏馆在振兴村开馆。振兴村特聘国土经济发展研究中心主任乔惠民兼任首任馆长。该馆作为“美丽中国国土乡土文化名片”被列入中国国土经济学会美丽中国国土名片名录库，并获世界文化地理研究院“世界乡村记忆遗产保护专项嘉奖”。

4 月 9 日，振兴新区第二期工程向阳小区、向阳村整体搬迁奠基仪式在向阳村泉则河沟举行。县委书记裴少飞、振兴新区党委书记牛扎根等主要领导参加。整体搬迁 81 户。由振兴集团投资。

5 月 25—26 日，在由中国国土经济学会主办的在山东临沂市罗庄区召开的全国实验区第四次现场考察暨经验交流会上，长治县振兴试验区被列为“全国低碳国土实验区”，也是此次会议中唯一获此殊荣的单位。

5 月，中共长治市委书记马天荣来振兴村调研，由长治县委书记裴少飞、县长李文兵，新区党委书记牛扎根等陪同。

6 月 20 日，山西省委书记、省人大常委会主任袁纯清就振兴村实现“村企共建，兴业富民”的农村就地城镇化建设进行调研，由长治市委书记马天荣，市委副书记、市长席小军，长治县委书记裴少飞，县长李文兵，新区党委书记牛扎根等陪同。

6 月，第四届中华祈福文化旅游节暨“鉴宝走进长治县”大型寻宝、鉴宝、赏宝活动在振兴村举行。这次活动由山西省收藏家协会、长治县文体广电新闻出版局及振兴村等共同主办。山西省人民政府参事、国家文物鉴定委员会委员、山西省收藏家协会会长刘建明宣布开幕。

7 月 8 日，山西省副省长张复明到振兴村就城乡一体化进行调研，由长治市副市长王贵平，县委书记裴少飞、县长李文兵，新区党委书记牛扎根陪同。

7 月 24 日，《山西新闻联播》报道了“振兴村农民就地进城”取得的成就。

9 月 10 日，山西省住建厅总规划师翟顺河一行调研振兴村，由县委书记裴少飞、县长李文兵，新区党委书记牛扎根陪同。

9 月 29 日，振兴村“卡拉 OK”厅、聚兴源大酒店、玉泉商务中心、办公用品商店、联通营业网点、移动营业网点正式开始营业。

9 月，山西省第十四届大众科技论坛组委会、山西科技富民万村行新闻采访团授予牛扎根“山西省五十佳科技领先绿色跨越优秀民营企业家”称号。

10月13日，振兴村第二届重阳文化旅游节开幕。长治市委宣传部常务副部长郝黎华、市文化广电新闻出版局局长陈秀英、长治县委宣传部部长魏俊英、新区党委书记牛扎根等参加开幕式。

11月，牛扎根荣获中国村社发展促进会颁发的“中国美丽乡村贡献奖。”

11月，第十三届全国“村长”论坛组委会授予牛扎根“中国十大杰出村官”称号。

11月，长治市农村党风廉政建设联席会议办公室授予振兴村“党风廉政示范村”荣誉称号。

12月2日，振兴村开始修建环山水泥道路，长5.6千米，宽5米。

12月，牛扎根荣获山西省科普惠农计划领导组、山西省科学技术协会授予的“农业兴村富民好干部”称号。

2013年，牛扎根当选为山西省第十二届人大代表。

2014年

1月13日，振兴村召开敬老济困大会，给全村60周岁以上老人每人发放1200元。会议由振兴新区党委书记牛扎根主持，振兴村“两委”班子成员参加。

1月25日，振兴村召开2014年新春茶话会，振兴新区党委书记牛扎根参加。晚上举办了振兴村春节联欢晚会。

2月18日，农业部副部长张桃林带队的美丽乡村调研组莅临振兴村调研。省农业厅厅长李平社，市县领导席小军、马四清、于川、裴少飞、李文兵等陪同，振兴新区党委书记牛扎根介绍了振兴做法。

2月24日，长治市委书记马天荣等领导调研振兴村，由长治县委书记裴少飞、新区党委书记牛扎根陪同。

3月15日，振兴村举办第四届百姓根祖文化节。振兴新区党委书记牛扎根主持。江苏省政府参事、中华农业科教基金会理事长刘立仁，国土经济发展研究中心主任乔惠民，中国村社发展促进会副会长白益华，中国村社发展促进会副会长兼执行秘书长沈泽江等领导参加活动。

3月26日，牛扎根作为长治市委组织的教育实践活动先进事迹宣讲团成员，在长治城区、长治郊区、潞城、壶关、黎城、高新区作了宣讲。各县区副科级以上领导干部参加先进事迹报告会。

4月16日，振兴村召开党的群众路线实践活动动员会，由振兴新区党委书记牛扎根在山药蛋口福生态园会议室给全村党员干部讲党课。

4月22日，振兴新区向全区群众免费发放生态有机肥料。

4月28日，振兴村举办第二届“迎五一、庆五四”农民趣味运动大赛，并举办文艺晚会。活动由振兴新区党委书记牛扎根主持，振兴村“两委”班子成员参加。

4月，中国村社发展促进会特色村镇工作委员会、中国国土经济学会、国土经济发展研究中心根据“‘望得见山水、记得住乡愁’——中国乡愁公园评价指标”，评定振兴村为全国首个“中国乡愁公园”。

5 月 5 日，山西省科学技术协会副主席崔忠视察振兴村，由市县科协领导史爱文、刘河生及振兴新区党委书记牛扎根陪同。

5 月 5 日，振兴新区召开三村新农村建设土地复垦工作会。党委书记牛扎根主持会议并讲话。

5 月，牛扎根荣获长治市民营企业家协会授予的“特别贡献奖”。

5 月，山西省旅游局、山西省农业厅、山西省广播电视台、山西日报社授予振兴村“山西最美旅游村”称号。

6 月，振兴村被中国科学技术协会、财政部评选为“全国科普惠农兴村先进单位”。

7 月 19 日，山西大学政治与公共管理学院院长、博士生导师董江爱一行调研振兴村，总结出了振兴村的“五三发展模式”（以企带村、以工带农、以商带户，“三带”并举抓产业；融入生产、便利生活、注重生态，“三生”同步建新村；转民风、治家风、养村风，“三风”共育促文明；党委抓大事、支部办实事、党员做好事，三级齐抓固党建；旅农相融、旅工结合、旅商互促，三产融合共致富）。

7 月 28 日，长治至振兴城乡公交正式开通。

8 月 1 日，振兴村举办八一建军节座谈会。全体退役军人及村“两委”干部参加了会议。振兴新区党委书记牛扎根主持会议并讲话。

8 月 2 日，第八届中国曲艺“牡丹奖”全国曲艺大赛在振兴乡村文化馆举办。

10 月 2 日，振兴村第三届重阳文化旅游节开幕，表彰了十佳模范老人和十佳敬老模范。活动由振兴新区党委书记牛扎根主持。村“两委”班子及全体村民参加活动。

11 月 11 日，振兴村召开党支部换届选举，袁鹏军当选党支部书记，关国印当选支部委员。

12 月 10 日，振兴村召开第十届村民委员会换届选举，原河清当选村委会主任，牛振国、贾志林当选村委会委员。

12 月 26 日，振兴村在红色文化广场举行毛泽东 121 周年诞辰纪念活动，全体党员干部及群众参加活动。新区党委书记牛扎根主持活动并讲话。

12 月，长治县振兴鑫源有机农产品专业合作社被农业部评为“国家级示范社”。

2015 年

2 月 16 日，在振兴乡村文化馆举办 2015 年春节联欢晚会，节目由村民自编自演。

2 月，振兴村被中央精神文明建设指导委员会评为“全国文明村镇”。

3 月 6 日，在振兴乡村文化馆举办 2015 年元宵文艺晚会，节目由村民自编自演。

4 月 13 日，振兴集团 15# 煤工程奠基仪式在振兴村十亩坪工地举行。市县主要领导、市县煤炭工业局局长、振兴集团董事长牛扎根参加奠基仪式。

6 月 11 日，长治市委党校领导班子调研振兴村。

6 月 15 日，振兴村召开土地承包经营权确权登记领证工作会议。

8 月 20 日，振兴村举办中国避暑小镇蝶恋花海开园庆典晚会，村“两委”干部及全体村民参加，振兴新区党委书记牛扎根主持晚会并讲话。

8月26日，中国美丽乡村检查组验收振兴村工作。

9月9日，振兴村在红色文化广场举行毛泽东逝世39周年悼念活动。振兴新区党委书记牛扎根及班子成员参加活动。

9月10日，振兴村举办第三十一个教师节表彰会。振兴新区党委书记牛扎根及班子成员参会。

9月25日，振兴新区召开向阳小区新房分房大会。党委书记牛扎根及班子成员参加活动。

9月26日，振兴村举办迎中秋庆国庆文艺晚会。振兴新区党委书记牛扎根及班子成员参加晚会。

9月28日，振兴村举办徒步穿越大雄山活动启动仪式。振兴新区党委书记牛扎根及班子成员参加仪式。

10月4日，振兴村在红色文化广场举办首届蝶恋花海群众广场舞大赛。振兴新区党委书记牛扎根及班子成员参加活动。

10月21日，振兴村举办第四届重阳文化旅游节开幕仪式。全村60周岁以上老人参加了健康徒步行活动。

10月，振兴村被中国生态文化协会评为“全国生态文化村”。

10月，牛扎根荣获全国“村长”论坛组委会授予的“村庄发展贡献奖”。

11月13日，山西省农业厅领导视察振兴村。

11月，牛扎根当选为山西省公益事业促进会副会长。

12月，全国绿色农业特产示范基地管理办公室授予牛扎根“全国绿色基地建设领军人物”荣誉称号。

12月25日，振兴村在红色文化广场举行毛泽东122周年诞辰纪念活动。振兴新区党委书记牛扎根及班子成员、全体党员等参加活动。

2016年

1月20日，振兴集团举行“敬老爱老”慰问金发放仪式，向全区165名60岁以上老人以及困难职工和困难家庭发放慰问金共36万元。党委书记牛扎根及班子成员参加了仪式。

2月1日，振兴村2016年春节联欢晚会在振兴乡村文化馆举行，振兴新区党委书记牛扎根及班子成员参加了晚会。

2月22日，“春韵满振兴·金猴闹元宵”2016年振兴集团元宵联欢晚会在振兴乡村文化馆举行，100余名振兴员工走上“百姓舞台”，传播中华传统文化，传递欢笑与幸福。

3月23日，振兴村隆重举办第五届根祖文化旅游节暨第二十一届安全文化节。这次活动以“弘扬、合作、交流”为主题，目的在于弘扬传统文化、加强区域合作、增进文化交流。

5月1日，由长治市体育总会主办，长治县体育总会、长治县振兴村承办，山西新闻网长治频道等新闻媒体协办的2016首届“振兴杯”长治市绿色生态定向越野公开赛在振兴村举办。

5月18—20日，在北京召开的中国计划生育协会第八次全国会员代表大会暨先进表彰会上，振兴村荣获“全国计划生育协会先进单位”称号，是长治市受表彰的3个村级计划生育单位之一。

6月1日，庆六一暨振兴学校表彰大会在振兴村召开。新区党委书记牛扎根及领导班子成员参加了会议。

6月9日，首届“粽情与你”文旅嘉年华活动和2016山西老乡民歌大赛“唱响振兴”晋级赛在振兴村正式拉开帷幕。

6月15日，“雄山千年古槐情 祈福天下都城隍”情系古槐文化展示活动在振兴村槐荫寺广场举办。

6月，“第十三届2016中外避暑旅游口碑金榜”发布，振兴村被亚太环境保护协会、世界文化地理研究院、中华口碑中心、中国国土气候旅游经济发展研究课题组、中国村社发展促进会避暑小镇研究课题组、云南国际华人联合会等共同评为“中国十佳避暑小镇”（位居榜首）。

7月1日，庆祝中国共产党成立95周年暨七一表彰大会在振兴村召开。振兴村全体党员干部、入党积极分子及群众代表共1000余人在红色文化广场重温入党誓词并参加表彰大会，振兴新区党委书记牛扎根作了讲话。

8月8日，鉴于振兴新区党委书记牛扎根在民间文化艺术领域的艺术造诣和影响力，三晋文化研究会乡愁文化专业委员会聘请其担任副主任一职。

8月13日，振兴新区根祖文化旅游节被国际休闲经济促进会、中国旅游媒体联盟、中国城市旅游杂志社授予“中国国际特色乡村文化旅游节庆奖”。

8月13日，山西上党振兴雄山欢乐谷景区荣获“中国最美宜居宜业宜游小城”“中国生态休闲乡村旅游胜地”等称号。

9月9日，振兴村举办纪念毛泽东逝世40周年活动。全体党员干部、振兴学校全体师生以及群众代表等1000余人共同参加了活动。

9月10日，振兴村和振兴学校共同举办庆祝第32个教师节暨表彰大会。

9月14日，振兴村举办2016年“喜迎中秋·情满振兴”文艺晚会，100余名振兴村村民及振兴集团员工走上“百姓舞台”，传播中华传统文化，传递欢笑与幸福。

9月24日，振兴新区党委书记牛扎根出席第十六届全国“村长”论坛。

9月，振兴村被农业部评为第六批“全国一村一品示范村镇”。

10月1日，振兴村在红色文化广场举办“庆国庆、贺重阳”广场舞大赛。来自市、县的各代表队参加了比赛。

10月9日，“我们的节日——重阳”长治振兴第五届重阳文化旅游节开幕。

10月9日，向阳村全体村民走出大山，喜迁新居。

10 月 13—14 日，国家发改委农经司副司长胡恒洋、农业部农村社会事业发展中心休闲农业处处长刘纪昌、农业部农村社会事业发展中心社会事业处处长曹广明等专家组一行对振兴村“全国休闲农业与乡村旅游五星级园区”示范创建成果进行了实地验收考评。

10 月 20—24 日，振兴新区党委书记牛扎根先后赴浙江莫干山、余村、花园村实地考察乡村旅游项目。

10 月 21 日，农业部在浙江省德清县召开 2016 中国美丽休闲乡村发布活动暨全国休闲农业和农村旅游现场会。振兴村被授予“中国美丽休闲乡村”称号。

10 月 29 日，振兴村闲庭小院以其独特的建筑风格、巧妙的布局构思、丰富的人文内涵和精致的雕刻艺术正式挂牌“山西小院”，成为振兴村乡愁文化的独特一景。

11 月 19 日，中国国土经济学会第五次会员代表大会暨第五届理事会第一次会议在北京梅地亚中心隆重举行。振兴集团董事长牛扎根当选为中国国土经济学会第五届理事会理事，并被聘为中国国土经济学会旅游发展委员会副会长(聘期三年)。

12 月 7 日，县委、县政府和振兴村在北京同中国青旅实业发展有限责任公司在投资、管理运营上就共同推进长治县旅游产业发展签订战略合作协议。

12 月 8 日，县委、县政府和振兴村在北京同中国网签订推介文化旅游战略合作协议，搭建政府、企业与互联网三方联动合作平台，重点宣传打造长治县域的旅游文化品牌和振兴村“民俗风情小镇”名片，以此推动革命老区旅游文化产业走出山西，走向全国。

12 月 10 日，以“文化创新 联动发展”为主题的第三届中国农村博物馆年会在东阳市花园村举行。会上，中国名村影响力课题组发布了“2016 中国名村影响力排行榜(300 佳)”，振兴村榜上有名，全省排名第四，全国排名第 128 名。

12 月 11 日，振兴新区党委书记牛扎根在江苏省华西村出席中国村社发展促进会第四届会员代表大会，并担任中国村社发展促进会第四届常务理事。

12 月 17 日，以“五大发展理念与全面小康”为主题的“2016 第十一届中国全面小康论坛”在北京举办。振兴村、华西村、茅台镇、乌镇等 10 个村镇入围“2016 中国全面小康十大示范村镇”；振兴集团董事长牛扎根、吴协恩、郎平、任正非等 10 人获评“2016 中国全面小康十大贡献人物”。

12 月 23 日，由农业部农村社会事业发展中心、中国乡镇企业协会等单位发起的全国农产品加工产业发展联盟成立大会在北京召开。振兴集团董事长牛扎根、朱明、赵泽琨等人当选为全国农产品加工产业发展联盟副主席。

12 月 26 日，振兴村在红色文化广场举行纪念毛泽东 123 周年诞辰活动。活动在庄严的国歌声中拉开帷幕。少先队员向毛主席塑像敬献花篮并宣誓，全体人员庄严、肃穆地向毛主席塑像三鞠躬。

2016 年，牛扎根担任长治县文化旅游领导组副组长兼山西黎都文化旅游产业发展有限公司董事长。

2016 年，西火变电站根据发展所需，将振兴村供电量由 35 千伏升压为 110 千伏，变电容量由 1 万千伏安增容为 10 万千伏安，村庄和旅游小镇内电缆全部入地，户均配变电容量达 3.5 千伏安。

2017 年

1 月 6 日，振兴村举行“送温暖 · 献爱心”敬老济困大会。振兴新区党委书记牛扎根主持活动并讲话。

1 月 8 日，在第三届中国农业投资对接大会上，振兴村被评为“中国十佳小康村”。

1 月 25 日，长治 · 振兴 2017 春节嘉年华开幕式暨迎新春联欢晚会在振兴乡村文化馆隆重举行。

2 月 11 日，长治市委书记席小军来到振兴村调研文化旅游工作，并与当地百姓共庆元宵佳节。

2 月 11 日，黑山社会主义者民主党青年干部考察团深入振兴村就新农村建设情况进行考察，与广大群众齐闹元宵。

2 月 12 日，振兴村在振兴乡村文化馆举办 2017 年元宵联欢晚会，村民自编自演的节目形式多样，精彩纷呈，为现场观众献上了一场元宵盛宴。

2 月 17 日，日本 KKS 国际公司考察组一行对振兴村进行实地考察，旨在进一步提升旅游发展水平，打响长治旅游品牌。

3 月 3 日，振兴村农业公司流转西火镇西村土地 2041.61 亩，流转协议有效期为 2017 年至 2028 年。

3 月 10 日，振兴村召开 2017 年经济工作会议，旨在认真贯彻落实省、市、县经济工作和县“两会”精神。

3 月 11 日，长治 · 振兴第六届根祖文化旅游节在槐荫寺广场隆重开幕，旨在进一步弘扬中华优秀传统文化，为振兴乡村旅游注入新的文化内涵。

3 月 14 日，由省住建厅、省农居办、省财政厅、省环保厅等有关专家组成的联合考察组深入振兴村就创建美丽宜居示范村工作进行实地考核。

3 月 19—20 日，振兴集团董事长牛扎根一行赴浙江绿尚建材有限公司对“绿色小屋”进行实地考察，旨在以绿色环保的形式，打造振兴村高标准、精细化、特色化的乡村旅游路线。

3 月 31 日，以“创新文化传承、打造乡村振兴”为主题的第七届山西振兴根祖文化旅游节开幕式在振兴乡村文化馆隆重举行。中国村社发展促进会副会长沈泽江，国土经济发展研究中心主任、全国村志收藏馆馆长乔惠民，中国村社发展促进会副会长、陕西省西安市和平村党委书记白世峰，中国村社发展促进会秘书长杨秋生，长治县委副书记、统战部部长段尧刚，长治市旅游局副局长王新军，长治县委常委、宣传部部长张延节，振兴新区党委书记牛扎根等领导及嘉宾出席了开幕式。

3 月 31 日，为了进一步挖掘振兴村乡村旅游文化内涵，丰富乡村文化生活，开拓乡村振兴旅游新局面，振兴村首届风筝节开幕仪式正式启动。

3 月 31 日，由山西振兴村、皇城村，陕西晨钟村、和平村，河南干河陈村组成的中原五村 2018 年合作会议在振兴村召开，会议就中原五村的村庄组织建设、人才交流、生态发展、高质发展、文化传承、项目合作、村社治理、发展短板等内容进行了深入交流和探讨。

振兴新区党委书记牛扎根介绍了振兴经验。

4 月 7 日，振兴集团董事长牛扎根受邀出席 2017 中国(山西)国际房车露营博览会。

4 月 12 日，由农业部、浙江省人民政府主办的 2017 全国休闲农业与乡村旅游大会推介对接活动在浙江省安吉县大年初一风景小镇国际会议中心隆重举行。会上，振兴村被评为全国休闲农业与乡村旅游五星级企业园区。

4 月 29 日，2017 第二届“振兴杯”共筑健康长治定向越野锦标赛在振兴村成功举办。

4 月 29 日至 5 月 2 日，振兴村联合举办了“唱响振兴 · 点亮未来”五一旅游活动，包括定向越野赛、七彩风车节、梦幻灯光秀、明星演唱会和游乐美食等五大板块。

5 月 10 日，第七届中华经典诵读展演在振兴村举办，旨在深入开展中华优秀传统文化教育，弘扬社会主义核心价值观，营造“人人能吟诵，班班读经典，校校有活动”的浓厚诵读氛围。

5 月 15 日，长治县城乡社会养老保障体系建设改革与创新座谈会在振兴村山药蛋口福生态园会议室召开，研究、探讨城乡社会养老保障体系建设，进一步推动全县老龄服务事业和产业全面协调可持续发展。振兴新区党委书记牛扎根参加会议。

5 月 17 日，屯留县农村领头雁培训现场报告会在振兴乡村文化馆成功举办。来自屯留县的 300 余名基层干部参加了会议。

5 月 19 日，长治市政协副主席杨江波带领扶贫点沁县各村村“两委”干部及群众等 60 余人参观振兴村并学习振兴村乡村旅游发展的成功经验，拓展思路，帮扶各村脱贫致富。振兴新区党委书记牛扎根作经验介绍。

5 月 20 日，长治市教育局、各县(市、区)教育局局长、分管局长及相关科室负责人、长治县有关学校校长等 80 余人参观了振兴村和振兴学校，学习农村寄宿制学校标准化建设和管理方面的经验和做法。

5 月 26 日，中国小康村创新战略联盟常务副主席兼秘书长、农民日报经济发展中心主任郭英，中国小康村创新战略联盟常务副主席、襄阳市檀溪社区党委书记李永生等领导莅临振兴村就联盟教育基地的建设情况进行了实地考察，并学习了振兴村乡村旅游的发展经验。振兴新区党委书记牛扎根陪同。

5 月 28 日，2017 长治 · 振兴第二届“粽情与你”端午嘉年华暨 2017 山西民星梦工场长治 13 县市区大海选在振兴乡村文化馆盛大开幕。振兴新区党委书记牛扎根参加了活动。

6 月 3 日，全国“村长”论坛第十三次执委会议在海南省儋州市召开。振兴新区党委书记牛扎根被评为 2017 年全国十大“孺子牛村官”。

6 月 9 日，振兴新区张会军副书记带领振兴村村“两委”班子成员深入结对友好单位——河南省林州市姚村镇，对文化旅游、企业转型、产业发展进行实地考察。

6 月 13 日，大同市大同县副县长宋晋利携各局、各乡镇负责人等 40 余人到振兴村对农村城镇化改造以及乡村旅游进行考察调研。长治县副县长王练兵、振兴新区党委书记牛扎根陪同。

6 月 27 日，省政协原副主席李雁红带领专家、教授在市政协原主席王云亭、县政协主席魏俊英、县农业委员会主任陈旭斌、振兴新区党委书记牛扎根的陪同下，深入振兴村开展特色农业专题调研，了解休闲农业发展的基本情况。

7月1日，振兴新区庆祝中国共产党成立96周年暨七一表彰大会在振兴乡村文化馆隆重举行。党委书记牛扎根主持会议并讲话。

7月6日，全国农产品加工产业发展联盟副主席、振兴新区党委书记牛扎根受邀出席全国农产品加工业品牌创建宣传周暨广西农产品加工业品牌推介会。

7月9日，由中国村社发展促进会特色村镇工作委员会、农业公园专业委员会、中国村庄杂志社参与合作的国土气候旅游经济发展课题“今日国土夏季康养之乡暨避暑特色小镇评价体系”主持研究评价的“2017百佳避暑小镇榜”在北京发布。振兴村连续四年被评为“中国避暑小镇”。

7月11日，长治县乡村旅游夏季推介会暨“古韵黎都夏日行”一票通启动仪式在振兴村举行，省内近百家旅行社出席大会进行对接，共同推动长治县全域旅游的大发展。

7月13日，2017年“一带一路”沿线国家现代农业管理研修班40余名专家学者来到振兴村参观考察美丽宜居示范村建设，推动振兴村与“一带一路”沿线国家及其他国家或地区在农业相关领域的经贸交流与合作。农业部对外经济合作中心处处长申硕、山西省农业国际合作交流工作站站长王栓福、长治市农业委员会主任秦志云、长治县副县长侯立峰、振兴新区党委书记牛扎根等领导陪同考察。

7月13日，省旅游发展委员会副主任李贵、省金融办副处长郭谦、省国资委调研员尚其武等一行人组成景区(景点)体制机制改革工作督查组莅临振兴村参观，对长治县景区(景点)机制体制改革工作进行督查指导。长治市旅游发展委员会主任张琼，长治市旅游发展委员会副主任王新军，长治县委副书记、统战部部长、县文化旅游领导组组长段尧刚，长治县副县长、县文化旅游领导组副组长史宇荣，县文化旅游领导组副组长、山西黎都文化旅游产业发展有限公司董事长牛扎根，县旅游发展中心主任牛忠强等陪同。

7月16日，央视CCTV-7大型相亲交友类户外访谈节目《乡约》走进振兴村录制乡村爱情节目，近2000名观众和节目嘉宾积极互动。

7月27日，住建部在各省(区、市)组织申报基础上，经专家审查，发布了改善农村人居环境示范村名单。振兴村榜上有名，入围全国美丽乡村示范村(山西仅此一个村)。

7月29—30日，由中国村社发展促进会、中国农业大学、中国农业出版社、农民日报社、共青团中央网络影视中心、长治市人民政府主办，中国村庄杂志社、大学生村官报社、江苏省大学生村官研究所、江苏南通三建集团和中国青年网协办，山西省长治县振兴村承办的第十届全国大学生村官论坛隆重举行。第十届全国人大常委会副委员长、中国关心下一代工作委员会主任顾秀莲出席论坛并讲话。农业部有关领导、省市县有关领导、“三农”领域专家学者、嘉宾及全国大学生村官代表等300余人参加了该届论坛。振兴新区党委书记牛扎根致欢迎词并介绍了振兴村“以企带村、村企共建、工农互补、三产融合”的发展之路。

8月8日，《唱响长治》第二季总决赛在振兴村举行。

8月24日，为提升农村干部基层治理能力，推进全省农村社区试点工作以及乡村服务的治理创新，由山西省民政厅组织开展的2017年农村社区干部培训班(第二期)在振兴村开班。省民政厅副厅长李太平等领导以及全省优秀农村社区干部出席开班仪式。

县政府主要领导、振兴新区党委书记牛扎根参加。

8 月 27 日，振兴新区党委书记牛扎根带领振兴村村民代表和 45 名党员干部前往水峪口古镇参观考察，通过“走出去”，解放思想，转变观念，学习先进的管理经验和做法。

9 月 9 日，在教师节来临之际，振兴集团、振兴学校在振兴乡村文化馆召开庆祝第 33 个教师节表彰大会。

9 月 9 日，振兴村在红色文化广场举办毛泽东逝世 41 周年纪念活动，1000 余名村民参加。

9 月 29 日，由人民日报社、国家旅游局指导，人民网主办的“一带一路”文旅产业发展论坛经由人民日报社新媒体大厦人民网 1 号演播厅举办。振兴村、江苏周庄镇、浙江乌镇等被评为“一带一路”精品文旅特色小镇。

9 月 30 日，振兴村举办以“喜迎十九大 共圆小康梦”为主题的“庆国庆・迎中秋”文艺晚会，旨在展示振兴村人健康向上的精神风貌、和谐幸福的美好生活。

10 月 1—7 日，国庆中秋“双节”黄金周期间，振兴村文化旅游活动丰富多彩，吸引了大量游客持续不断涌入。

10 月 12 日，长治市人大常委会副主任王耀带领人大立法调研组来到振兴村，就《长治市城市管理综合执法条例(草案)》开展立法调研。县委书记、县长等主要领导陪同，振兴新区党委书记牛扎根参加。

10 月 13 日，长治市地质灾害防治知识培训班在振兴村开班。全市国土资源部门分管领导、地环股和国土所工作人员、各乡镇分管领导及重要地质灾害隐患点的监测员等 200 余人参加培训。

10 月 19—21 日，振兴村召开经济分析工作会议，紧紧围绕习近平总书记提出的实施乡村振兴战略的重要讲话精神，冲刺 2017 年最后 70 天，形成改革一盘棋，凝聚上下一条心，加快振兴美丽乡村旅游的建设步伐。振兴新区党委书记牛扎根参加会议并讲话。

10 月 28 日，长治・振兴第六届重阳文化旅游节开幕式在振兴乡村文化馆隆重举行，旨在弘扬中华传统文化，传承敬老孝亲美德。参加会议的有中国国土经济学会、县委书记、县长、市县分管文化旅游工作的领导及振兴村、向阳村、部则掌村、西掌村、西村 1000 余名老人。振兴新区党委书记牛扎根介绍活动情况。

10 月 28 日，振兴村被中国国土经济学会、国土经济发展研究中心授予“新时代乡村振兴发展范例”称号。

同日，中国国土经济学会国土气候旅游经济发展研究课题组等利用 2013—2014 年以振兴村为样本地、基准地研制的《今日国土夏季康养之乡暨避暑特色小镇试行评价指标》(简称“槐荫指数”)、“美丽中国国土(乡愁文化)名片评价指标”，对振兴村“避暑小镇”优越的夏令避暑康养各项指数、乡愁文化保护利用状况进行第三方再度复合评价，确认既往有关评价客观、公允，指定中国国土书画研究院首席书法家王殿奎为振兴村题署“中国避暑小镇”“中国乡愁公园”，由学会理事长柳忠勤、学会专家(自然资源部办公厅副主任)夏俊、住建部村镇建设司原司长李兵弟等揭牌。

11 月 8 日，在全国上下认真贯彻学习党的十九大报告热潮中，振兴村农民讲习所正式开班。

11月12日，以“全域旅游、田园城市与休闲发展”为主题的2017中国(国际)休闲发展论坛在杭州盛大开幕。振兴村荣获“2017年度中国乡村休闲旅游示范奖”。

11月23日，以“新时代　新动能　新田园”为主题的第十七届“村长”论坛于广西壮族自治区玉林市开幕。论坛会上，“中国名村影响力300佳”发布，振兴村由上年的第128位晋升至第98位。

11月28日，在全省开展万名干部大调研之际，省财政厅和省旅游发展委员会联合开展“三大板块”品牌提升旅游规划调研工作。在长治市旅游发展委员会副主任王新军的陪同下，省旅游发展委员会规划财务处处长王霁鸿、省财政厅行政处副处长侯树萍等一行人组成的调研组走进振兴村，通过实地考察调研了乡村旅游发展。县旅游发展中心主任牛忠强、振兴新区党委书记牛扎根等陪同。

12月5—6日，为了加强农村综改工作，实施乡村振兴战略，省财政厅农村综合改革处副处长张军民一行在长治县副县长侯立峰、长治县财政局局长杨军伟、振兴新区党委书记牛扎根等领导的陪同下走进振兴村，对美丽乡村建设、土地流转、农村集体经济等展开了调研。西火镇、荫城镇及振兴村代表参加座谈会。

12月13日，山西省“福彩扶老，社会敬老”主题宣传采风活动走进振兴村，通过实地参观采访和召开座谈会的形式，传承与弘扬中华民族尊老敬老的传统美德，培育尊老敬老的社会风尚，营造尊老敬老的社会环境。省市县老年学会领导、振兴新区党委书记牛扎根以及省级媒体代表参加此次活动。

12月17日，以共建、共享“宜居、宜业、宜游美丽乡村”为主题的2017(第三届)中国美丽乡村建设发展论坛在北京西藏大厦隆重举行。振兴村被评为“中国美丽乡村建设示范村”。振兴新区党委书记牛扎根参加论坛。

12月21日，在长治县政协委员学习贯彻十九大精神、全面提升履职能力培训班开班之际，县政协副主席刘志安带领200余名政协委员走进振兴村参观美丽乡村建设。振兴新区党委书记牛扎根陪同参观。

12月23日，百余名摄影家和媒体记者走进振兴村进行采风，他们用镜头定格乡村乡韵与红色经典，用文字记录乡村旅游的崭新风貌，全面提升振兴村知名度、美誉度。振兴新区党委书记牛扎根接受采访。

12月23日，山西省旅游发展委员会副主任王琳在长治市旅游发展委员会副主任王新军、长治县副县长史宇荣、振兴新区党委书记牛扎根陪同下走进振兴村参观指导。

12月26日，振兴村在红色文化广场举行纪念毛泽东124周年诞辰活动，深切缅怀伟大领袖毛主席。振兴新区党委书记牛扎根主持活动并讲话。

12月27日，山西省旅游发展委员会副主任操学诚一行在长治市旅游发展委员会主任张琼、县委主要领导及振兴新区党委书记牛扎根等领导的陪同下走进振兴村开展调研指导工作，详细了解振兴村游客中心的建设情况以及创建国家AAAA级景区的筹备情况。

12月29日上午，2018全国新年登高健身大会——振兴·雄山长治县分会场活动在振兴村隆重举行。县四大班子主要领导，以及县直各单位、各乡镇(区)领导干部和群众代表近千人齐聚振兴村，用运动健身的方式迎接新年的到来。

12 月 31 日，振兴村旅游公司召开班子成员任命及新入职员工定岗定编大会，进一步加强企业管理，实现人力资源的合理配置。

2017 年，振兴集团投资 1020 万元的部则掌村集中供热工程竣工，实现了全区免费供热全覆盖。

2017 年，振兴村成立首个村民医疗互助会，全村群众和集团职工参加了福村宝。截至 2020 年底，村民大病累计报销人员 685 人，报销金额 336 万元，在一定程度上解决了群众看病贵的难题。

2018 年

1 月 18 日，省农业厅巡视员左义河带领全省实施乡村振兴战略暨美丽宜居乡村创建工作调研组走进振兴村，就美丽宜居乡村创建工作进行观摩调研。长治市农委副主任郜起珍、长治县副县长侯立峰、振兴新区党委书记牛扎根等陪同。

1 月 18—19 日，由国家发展改革委宏观经济管理编辑部、新华社半月谈杂志社和对外经济贸易大学中国国际品牌战略研究中心联合主办的 2018 中国改革创新与诚信建设高峰论坛在北京钓鱼台国宾馆顺利举行。振兴集团荣膺“2017 年中国改革创新年度贡献企业”。振兴新区党委书记牛扎根参加了此次论坛。

1 月 22 日，为加快长治县乡村生态旅游发展，根据长治县机构编制委员会《关于长治县城乡统筹振兴试验区更名的通知》(长编办发〔2018〕28 号)文件精神，经研究，同意长治县城乡统筹振兴试验区加挂“长治县振兴乡村生态旅游区”牌子，承担相应职责，并增加副主任职数(副科级)1 名。其他不变。

1 月 24 日，振兴村举行 2017 年“送温暖 · 献爱心”敬老济困大会，旨在大力弘扬尊老爱老的传统美德。村“两委”干部、困难家庭代表及全区 60 岁以上老人参加这次大会。振兴新区党委书记牛扎根主持活动并讲话。

1 月 26 日，长治市委常务副秘书长米燕平一行莅临振兴村调研指导工作。希望振兴村全面改善各旅游景点的环境并提升服务水平，促进乡村旅游产业繁荣发展，争做乡村振兴的排头兵。县委领导及振兴新区党委书记牛扎根陪同。

1 月 27—28 日，央视 CCTV-7《美丽中国乡村行》栏目组走进振兴村录制春节嘉年华系列节目。各大旅行社齐聚振兴村。

1 月 31 日，长治市人民政府新闻办公室在振兴村举行春节、元宵节文化活动新闻发布会，就长治县两节期间各项文化活动的筹备进展情况向社会各界进行公开发布。振兴新区党委书记牛扎根参加了发布会。

2 月 4 日，省委组织部人才办副主任、驻永和县阁底乡扶贫工作队队长、东征村第一书记慕建伟带领阁底乡、村两级干部莅临振兴村调研美丽乡村建设。

2 月 5—6 日，由长治新闻网牵头，长治日报全媒体中心、长治网、山西新闻网、黄河新闻网等媒体参与的“新时代、新梦想”网络媒体新村走基层活动走进振兴村。振兴新区党委书记牛扎根及村“两委”班子成员参加。

2 月 8 日，以“印象上党中国年，古韵黎都‘福’之旅”为主题的长治县第二届“上党新春会”年俗文化旅游节在振兴村游客中心盛大开幕。

2 月 9 日，振兴村以“走进新时代、迈向新征程、建设新振兴”为主题的 2018 年春节联欢晚会在振兴乡村文化馆成功举办。

2 月 16 日至 3 月 3 日，振兴村 2018 年第二届春节嘉年华盛大开幕，观汉唐演艺、赏民俗表演、看花灯社火、住乡村民宿、畅玩娱乐项目，吸引了省内外游客 30 余万人，旅游综合收入超过 1000 万元，创历史新高。

3 月 6 日，上党印象步行街（和谐街）开工建设，总长 650 米。由振兴集团投资，北京正虔诚文化科技有限公司承建。

3 月 9—10 日，由长治市旅游发展委员会主办，市导游管理中心、长治县旅游发展中心承办，山西黎都文化旅游产业发展有限公司、长治县振兴村等单位协办的长治市第六届“振兴杯”导游员大赛在振兴村成功举办。

3 月 12 日，中国中小商业企业协会民间资本分会天津工作办主任、专家顾问王志勇莅临振兴村考察调研，由振兴新区党委书记牛扎根陪同。

3 月 19 日，振兴村召开 2018 年经济工作暨劳模表彰大会，全面落实省、市、县经济工作会议部署，实事求是总结 2017 年的成绩和不足，科学谋划了 2018 年的发展方向。

3 月 21 日，长治 · 振兴第八届根祖文化旅游节在振兴村槐荫寺广场盛大开幕。举办了“槐荫根祖文化国土地标”揭牌仪式，展示了《上党古槐颂》和华夏历代槐荫文化诗词 5000 首。长江支队南下干部代表赵福龙等 20 余人受邀参加活动。

4 月 9 日，山东新泰市召开村和城市社区党组织书记培训班。振兴新区党委书记牛扎根受邀作报告，总结了自己 40 多年的工作经验并分享了振兴村的乡村振兴之路。

4 月 10 日，振兴新区党委书记、山西黎都文化旅游产业发展有限公司董事长牛扎根，长治县农委主任陈旭斌，长治县旅游发展中心主任、山西黎都文化旅游产业发展有限公司总经理牛忠强，西火镇西村党支部书记赵文忠一行赴“中国金银花之乡”山东省平邑县九间棚村考察金银花种植项目。

4 月 12 日，中国旅游协会休闲农业与乡村旅游分会第二届会员代表大会暨 2018 年全国休闲农业和乡村旅游管理人员培训班在山东兰陵县国家农业公园召开。振兴新区党委书记、山西黎都文化旅游产业发展有限公司董事长牛扎根当选为第二届中国旅游协会休闲农业与乡村旅游分会副会长。

4 月 16 日，长治县振兴学校举行以“共同点亮希望之灯，携手铸就未来之星”为主题的家庭教育工作暨家校共育研讨会。山西省教育学会家庭教育专业委员会副理事长杨竚、副秘书长曹飞，振兴新区党委书记牛扎根、振兴学校校长郭丘等专家学者及 800 余名学生家长参加研讨会。

4 月 27 日，长治县委党校十三期中青班学员乡村振兴战略研讨会在振兴村召开，积极探索长治县农村田园综合体农业发展新业态。振兴新区党委书记牛扎根受邀作报告。

4 月 29 日至 5 月 1 日，2018 第三届“振兴杯”定向越野锦标赛在振兴村举办。来自全国各省、市近 100 支代表队 400 余名定向越野爱好者参赛。市体育局副局长魏斌，县委常委、宣传部部长张延节，副县长侯立峰，振兴新区党委书记、山西黎都文化旅游产业发展有限公司董事长牛扎根等领导出席活动。

5 月 4 日，振兴村举办以“诵读经典，涵养生命”为主题的五四青年节经典诵读大赛，旨在纪念五四爱国运动 99 周年，凝聚青年力量，展现青年风采。振兴新区党委书记牛扎根参加活动并为获奖者颁奖。

5 月 5 日，长治市生态庄园经济专题讲座在振兴村召开。长治市委副书记、政法委书记唐立浩主持会议，山西省生态庄园经济协会名誉会长孙光堂应邀作关于“生态庄园经济是实施乡村振兴战略的一种创新模式”的讲座。市、县、区副书记、农委主任、旅游局局长、林业局局长，生态庄园经济负责人，振兴新区党委书记牛扎根参加此次讲座。

5 月 10 日，沁源县委副书记、县长连树斌带领四套班子主要领导走进振兴村参观考察，旨在学习借鉴振兴村乡村旅游发展成功经验，推进乡村全域旅游大发展。振兴新区党委书记牛扎根陪同。

5 月 11 日，浙江大学——山西生态庄园总裁高级研修班(第二期)学员走进振兴村参观学习，并听取振兴新区党委书记牛扎根分享的题为“振兴村的乡村振兴之路”的报告。山西省生态庄园经济协会名誉会长孙光堂等领导及来自全省生态庄园的 150 余名学员参加了此次报告会。

5 月 12—13 日，由中国小康村创新战略联盟主办的以“逐梦前行，协同共赢”为主题的 2018 乡村振兴高峰论坛在北京好苑建国酒店召开。振兴村被评为“中国小康村创新战略联盟优秀理事单位”。振兴新区党委书记牛扎根被聘任为中国小康村创新战略联盟副主席。

5 月 17 日上午，长治市委党校常务副校长李建平一行带领第四十六期中青班学员走进振兴村调研党建引领乡村振兴新模式。振兴新区党委书记牛扎根受邀向与会学员宣讲了振兴村的乡村振兴之路。

5 月 21 日，台湾高雄里长参访团一行 50 余人参访振兴村并交流乡村旅游的发展经验，领略振兴村深厚的文化底蕴和欣赏秀美的乡村景色。

5 月 24 日，《山西日报》“科学理论三晋行”大型主题活动走进振兴村，“晋理轩”专家团聚焦党建引领乡村振兴进行调研并召开专题研讨会，结合党的十九大精神为振兴村今后党的建设和乡村旅游发展积极建言献策，提供理论支撑和智力支持。长治市委常委、组织部部长姚逊，长治市委宣传部副部长张晓里，县政府主要领导、振兴新区党委书记牛扎根等领导参加会议。

6 月 1 日，振兴学校 2018 年庆六一文艺会演在振兴乡村文化馆隆重举行。

6 月 8 日，山西旅游品质榜颁奖仪式在太原丽华大酒店盛大举行。长治县振兴小镇入围 2017 年度山西十佳品质旅游休闲娱乐项目榜单。这是长治县全域旅游发展的又一可喜成果，进一步提升了长治县旅游品牌在全省的知名度和影响力。振兴新区党委书记牛扎根受邀参加仪式。

6 月 14 日，为庆祝改革开放 40 周年，中宣部“百城百县百企”调研组一行走进振兴村调研党建引领乡村振兴工作并召开专题座谈会。长治市委宣传部调研员范文科、县政府主要领导和新区党委书记牛扎根参加了会议。

6 月 18 日，在中华民族传统节日端午节到来之际，振兴村组织全体党员干部、职工群众代表等百余人举办 2018 年长治・振兴第三届“粽情与你”健步行主题登山活动。

6月24日，由长治县人民政府、长治县文化旅游领导组主办的长治县康养文化旅游节启动仪式在振兴村隆重举行。县四大班子主要领导及振兴新区党委书记牛扎根参加仪式。

7月1日上午，为庆祝中国共产党成立97周年，回顾党的光辉历程，讴歌党的丰功伟绩，全体党员和机关干部在振兴村红色文化广场开展百名党员迎七一宣誓活动，并在振兴乡村文化馆举行了七一表彰大会。新区党委书记牛扎根参加会议并作了讲话。

7月13日上午，以“传承康养避暑文化，打造乡村振兴品牌”为主题的首届上党·振兴村康养避暑文化旅游节盛大开幕，长治市文化局局长杨建平，县委副书记、统战部部长、县文化旅游领导组组长段尧刚，长治市农委副主任郜起珍，县委常委、宣传部部长张延节，副县长史宇荣，县文化局局长李保宏，县旅游发展中心主任牛忠强，县文化旅游领导组副组长、振兴新区党委书记、山西黎都文化旅游产业发展有限公司董事长牛扎根等领导参加了开幕式。

7月27日上午，为庆祝改革开放40周年，切实贯彻落实习近平新时代中国特色社会主义思想和党的十九大精神，全面展示长治市改革开放40年来的光辉历程和伟大成就，“振兴杯·美丽幸福长治”摄影大赛暨百名摄影家走基层活动启动仪式在振兴村隆重举行。振兴新区党委书记牛扎根参加仪式。

8月11—13日，山西省第十五届运动会群体项目职工组健身秧歌比赛在振兴村举行。来自全省各市区12支代表队共计200余人参加比赛。长治市体育局副局长魏斌、振兴新区党委书记牛扎根主持活动并发表讲话。

8月17日，振兴小镇举行肚兜文化秀暨花式接吻挑战赛。

8月21日，山西省文化旅游投资控股集团有限公司董事长王文保、总经理高建光、副总经理郭守俊，晋旅投资集团股份有限公司董事长韩荣根，云游山西股份有限公司总经理康洪勇等一行走进振兴村考察乡村旅游，共推旅游发展。县委、县政府主要领导和新区党委书记牛扎根陪同。

8月24日，全市新闻媒体“庆祝改革开放四十周年”大型系列采风活动在振兴村正式启动。来自全市及各县区的30多家主流媒体、专业媒体以及新媒体的80多名一线记者参加这次活动。市委宣传部副部长张晓里，长治日报社社长刘建林，长治广播电视台总编辑董启荣，长治市新闻中心副主任刘文刚，县委常委、宣传部部长张延节，振兴新区党委书记牛扎根等领导出席此次启动仪式。

8月28日，首届“劲旅大舞台，快乐你就来”才艺达人秀大赛在振兴村举办。长治市委宣传部原常务副部长郝黎华参加、振兴新区党委书记牛扎根致辞。

9月9日，振兴村举行毛泽东逝世42周年纪念活动。振兴村全体党员、群众代表等1000余人参加活动，振兴新区党委书记牛扎根主持活动并讲话。

9月15日上午，2018山西长治“振兴杯”全国花毽邀请赛在振兴村拉开帷幕。来自北京、天津、河南、山西等地的105支代表队500余名花毽运动员参加角逐，各展才艺，展现花毽爱好者的靓丽风采。振兴新区党委书记牛扎根主持活动并讲话。

9月19—21日，以“弘扬改革精神，助推乡村振兴”为主题的第十八届全国“村长”论坛暨首届中国农民丰收节在陕西省宝鸡市东岭村举行。振兴新区党委书记牛扎根受邀出席此次活动。

9 月 26 日上午，长治市委常委、宣传部部长孙刘琳走进振兴村调研社会主义核心价值观建设情况。县委、县政府主要领导和振兴新区党委书记牛扎根陪同调研。

10 月 1—7 日，振兴村举办精彩纷呈的文化旅游活动，世界经典童话剧、恐龙馆、游乐馆、采摘园、鹊仙桥、秋千林、跑马场……吸引各地游客前来观光，体验乡村旅游的独特魅力。

10 月 11 日，全省社会主义核心价值观示范点（公园广场）创建现场经验交流会在长治召开之际，省委宣传部副部长董晓林带领省直各单位和全省各地市宣传系统人员莅临振兴村进行观摩调研，旨在进一步交流总结工作经验，推动全省社会主义核心价值观建设向广度和深度拓展。市委常委、宣传部部长孙刘琳，县委、县政府主要领导和振兴新区党委书记牛扎根陪同调研。

10 月 16 日，长治市委副书记、市长杨勤荣，市政府秘书长于川以及市农委、市城建局、市科技局等市政府主管部门领导莅临振兴村调研乡村振兴工作。县委、县政府主要领导和振兴新区党委书记牛扎根陪同调研。

10 月 17 日，全市选派优秀年轻干部任村（社区）党组织书记任前培训班在太行乡村振兴人才学院正式开班。振兴新区党委书记牛扎根参加开班仪式。

10 月 17 日，振兴村第七届重阳文化旅游节盛大开幕，近千名 60 岁以上老人一起登高健身、品尝长街宴，享受孝心温情。牛扎根书记和村“两委”干部参加活动。

10 月 18 日，以“共谋乡村发展，共铸美丽中国”为主题的首届“振兴日”——全国百佳名村走进振兴主题系列活动在振兴村拉开帷幕。各级领导以及全国各地百佳名村代表，首批“田园才子”代表和专家学者走进振兴村，围绕活动主题，畅谈合作发展大计。同日，举办第二届百佳美丽村庄风采展。参加活动的有农业农村部乡村振兴专家咨询委员会委员、中国农业大学原校长柯炳生，中纪委驻农业部原纪检组组长宋树有，山西省改革创新研究会会长、山西省政协原副主席吕日周，农业农村部农村经济研究中心副主任王忠海，中共中央党校（国家行政学院）生态文明研究中心主任、博士生导师张孝德，中国村社发展促进会名誉会长佘展，中国农业大学教授、博士生导师卢凤君，国土经济发展研究中心主任乔惠民，山西文旅集团党委书记、董事长王文保，山西晋旅投资集团公司总经理高振亮，长治市委副书记、政法委书记唐立浩，市委组织部、市农委领导，长治县四套班子领导以及山西大寨村、江苏华西村等全国名村代表，首批“田园才子”代表，参加太行乡村振兴人才学院培训的全体学员等，共计 800 余人。牛扎根书记在活动中作了题为“振兴村的乡村振兴之路”的经验报告。

10 月 18 日，是党的十九大报告提出乡村振兴战略 1 周年的日子，也是振兴村搬迁新村 10 周年纪念日，太行乡村振兴人才学院、中共长治市委党校振兴分校同时挂牌成立。人才学院院长由县委副书记段尧刚担任，执行院长由牛扎根担任，名誉院长有长治市原市委书记、山西省政协原副主席吕日周，国家行政学院教授张孝德，第一届至第十三届全国人大代表申纪兰，“三农”专家温铁军。

10 月 18 日，上党印象步行街建成营业，新建农家乐、小木屋 98 家，改建商铺 19 家，建成上党文化景观 26 处，建有初心广场和音乐喷泉。

11 月 1 日，在振兴学校操场隆重举行第一届校园足球班级联赛开幕仪式，旨在进一步落实好校园足球特色活动，让更多的学生感受足球的魅力，推动校园足球的蓬勃发展。振兴新区党委书记牛扎根及班子成员参加了仪式。

11 月 3 日，长治市 2018 贫困村创业致富带头人第三期种植培训班在太行乡村振兴人才学院正式开班。来自壶关县、武乡县近 200 名贫困村创业致富带头人参加培训。振兴新区党委书记牛扎根参加了开班仪式。

11 月 2—4 日，山东省新泰市基层党组织游学团一行 40 余人在中国村社发展促进会秘书长杨秋生，新泰市委常委、组织部部长仇安源，新泰市委组织部副部长田军等领导的带领下走进振兴村参观调研，学习交流，看发展成果，学发展经验。振兴新区党委书记牛扎根陪同并作了题为“振兴村的乡村振兴之路”的经验报告。

11 月 6 日，追寻红色足迹——振兴村上党战役纪念馆正式对外开放，成为振兴村面向社会开展国防教育研学活动的重点场所。

11 月 8 日，振兴村旅游公司与平顺县戏曲艺术学校在西沟村举行签约仪式，旨在充分发挥各自的优势，实现双方资源优势互补、互惠互利、共赢发展。新区党委书记牛扎根参加了签约仪式。

11 月 10 日，以“新时代、新休闲、新产业”为主题的 2018 中国(国际)休闲发展论坛在杭州隆重举办。振兴村振兴集团被评为“2018 年度中国田园综合体示范单位”。

11 月 12 日，长治县 2018 年新型职业农民培育工程休闲农业和美丽乡村带头人培训班在振兴村太行乡村振兴人才学院正式开班。来自全市 11 个县区，共计 100 名学员参加。振兴新区党委书记牛扎根参加开班仪式并致辞。

11 月 15 日，国家发改委经济体制与管理研究所科研处处长、研究员姬鹏程一行莅临振兴村调研乡村振兴工作开展情况。县委、县政府主要领导和振兴新区党委书记牛扎根陪同调研。

11 月 20—23 日，农业农村部农村经济研究中心主任宋洪远一行 7 人莅临振兴村围绕城镇化过程中农业现代化、一二三产业融合发展、文化遗产与传统村落保护、资源与生态环境治理、土地和集体产权制度改革、投融资模式、乡村治理等问题进行调研。省市农业农村厅领导、振兴新区党委书记牛扎根陪同调研。

11 月 28 日，纪念改革开放 40 周年论坛暨《见证——中国改革开放 40 年 40 人》出版座谈会在北京人民大会堂成功举办。长治市上党区委副书记、统战部部长段尧刚，振兴新区党委书记牛扎根受邀出席此次座谈会。

12 月 10 日，江苏省徐州市贾汪区马庄村举行纪念改革开放 40 周年暨马庄农民乐团 30 周年活动，展现以马庄村为代表的农村改革开放 40 周年来取得的丰硕成果。振兴新区党委书记牛扎根受邀出席此次活动，通过学习“马庄经验”，聚力乡村文明，助推乡村振兴。

11 月 20 日，28 套康养中心装修项目竣工并投入使用。

12 月 29 日，长治振兴小镇景区被山西省旅游资源规划开发质量评定委员会评为“国家 AAAA 级旅游景区”。

2018 年，村“两委”换届，张剑红当选振兴村党支部书记、村委会主任，支部委员为关国印、杨卉波，村委会委员为牛振国、贾志林(妇女主任)。

2018 年，总投资 1600 万元，振兴至西村 1.5 千米河道治理工程竣工。

2018 年，振兴西火田园综合体项目被列为山西省重点项目。

2019 年

1 月 16 日，山西省委宣传部、省文明办遴选出 102 个单位作为山西省首批社会主义核心价值观建设示范点。振兴村入选。

1 月 16 日，太行乡村振兴人才学院与华北机电学校举行签约仪式，旨在充分发挥各自优势，全面推进校企合作、产教融合，实现双方资源共享、优势互补、互惠互利、共同发展。振兴新区党委书记牛扎根参加签约仪式。

1 月 17 日，振兴集团董事长牛扎根走进国研文化传媒集团股份有限公司(国研智库DRTT)参观考察，双方通过深入交流，初步达成合作意向，国研文化传媒集团表示将为振兴村今后的发展提供智力支持和政策指导，助力乡村振兴发展。

1 月 18—19 日，2019 国际中国公益事业大典在北京星光影视基地举办。振兴集团董事长牛扎根作为公益企业代表应邀出席，被授予“2018 年度国际中国十大公益践行奖”。

1 月 22 日，2018 年全国乡村振兴示范推介活动颁奖典礼暨乡村振兴发展论坛在人民日报社举行。振兴村、华西村、南街村、花园村、东岭村等全国名村荣获“全国乡村振兴示范村”称号，振兴村为山西省唯一获奖村。同时，振兴乡村生态文化旅游区党委书记牛扎根被评为“全国乡村振兴风云人物”。

1 月 28 日，上党区第三届“上党新春会”年俗文化旅游节暨振兴小镇国家 AAAA 级旅游景区揭牌仪式在振兴村成功举行。振兴乡村生态文化旅游区党委书记牛扎根及班子成员参加了揭牌仪式。自此，振兴小镇进一步强化市场化特色，既协同振兴新区继续承担上党区新农村建设“中心村”示范区、城乡统筹试验区、振兴乡村生态文化旅游区职能，也进一步担当引领“黑色”向“绿色”转化、煤炭向旅游转型的先行先试职能。

2 月 5—20 日，历时 16 天，以“梦回大汉过大年”为主题的 2019 振兴村第三届春节嘉年华在正月十六完美收官。据统计，从正月初一到十六，游客接待量 26 万余人次，旅游综合收入超 1800 万元。

2 月 24 日，2019 中国“三农”发展大会在北京会议中心召开。振兴乡村生态文化旅游区党委书记牛扎根受邀出席此次大会并作主题发言。

2 月 28 日上午，振兴村经济工作暨劳模表彰大会召开，表彰了 9 家模范集体、12 家先进集体、21 名特级劳模、48 名劳动模范、116 名先进工作者、8 家优秀农家乐、4 家模范工程队。同时，发放长治市上党区至振兴村公交卡和和平医院健康体检卡各 2000 张，累计金额达到 435 万元，其中发放奖金 66 万元。

3 月 6 日，省农业农村厅副厅长姚继广、市农业农村局副局长郭剑青、上党区农委主任陈旭斌一行走进振兴村针对“乡村振兴示范村”创建项目进行实地考察。振兴乡村生态文化旅游区党委书记牛扎根陪同考察。

3月8日，在第109个国际“三八”妇女节来临之际，振兴村以“展巾帼风采，做时代先锋”为主题的庆“三八”活动暨“八到农家”表彰大会在太行乡村振兴人才学院举行。振兴乡村生态文化旅游区党委书记牛扎根参加活动并讲话。

3月16日，根据国家部委关于“国家AAAA级旅游景区，指具有参观游览、休闲度假、康乐健身等功能，具备相应旅游服务设施并提供相应旅游服务的独立管理区。该管理区应有统一的经营管理机构和明确的地域范围”的考核标准，成立国家AAAA级景区振兴小镇管理委员会（振兴集团市场化编制），管委会主任由牛扎根担任，副主任由王晓静、郝东锋担任。

3月17日，长治医学院附属和平医院十多位专家赴振兴村开展送医下乡义诊活动，为广大村民进行义诊。

4月3日，为了增强学生体质，丰富校园文化生活，激发校园青春活力，振兴学校第二届春季运动会暨校园足球夏季班级联赛正式开幕。振兴乡村生态文化旅游区党委书记牛扎根参加开幕式并讲话。

4月10日，全国工商联专职副主席谢经荣带领全国工商联“万企帮万村”行动与乡村振兴战略调研组莅临振兴村，就乡村振兴工作进行调研指导。

4月12日，以“新生活·心享受”为主题的第五届2019中国（山西）国际房车露营博览会在太原煤炭交易中心举行。振兴乡村生态文化旅游区党委书记牛扎根受邀参加此次博览会。

4月28日，振兴村·2019长治上党红色国际马拉松新闻发布会在振兴村召开。会议通报了赛事规划、报名时间、比赛项目、比赛线路、筹备情况和亮点特色等情况。振兴乡村生态文化旅游区党委书记牛扎根出席发布会，来自全国各地60余家主流媒体记者参加发布会。

4月28日，CCTV我爱你中华网络电视频道长治上党区振兴摄制中心授牌仪式在振兴村举行。来自国家、省、市、区相关领导，全国40余家主流媒体记者及嘉宾出席这次活动。振兴乡村生态文化旅游区党委书记牛扎根参加授牌仪式。

4月28日，山西文旅集团控股长治上党·振兴小镇景区接管仪式正式举行，标志着景区混合经济改革迈出了实质性步伐，对进一步提升景区核心竞争力，加快文旅产业发展具有重要意义。

4月28日，由全国40余家主流媒体记者参与的“中央媒体走基层·乡村振兴看振兴”主题采访活动走进振兴村，通过实地参观、现场采访等形式，了解振兴村党建引领乡村振兴取得的巨大成就。振兴乡村生态文化旅游区党委书记牛扎根接受采访并讲话。

5月3—8日，振兴村“改革创新　奋发有为”党群考察学习团在振兴乡村生态文化旅游区党委书记牛扎根的带领下，走进陕西梁家河、延安革命纪念馆、杨家岭革命旧址、枣园革命旧址、宝塔山、袁家村、和平村、西北农林科技大学博览园，瞻仰革命旧址、追忆红色精神、品尝民宿小吃、学习党建引领、交流档案管理经验、探讨产权改革、参观农艺博览园。

5月18日，首届（2019）农村集体经济发展高层论坛暨中国合作经济学会农村集体经济专业委员会成立大会在北京召开。振兴乡村生态文化旅游区党委书记牛扎根受邀出席，并介绍了振兴村集体经济发展的做法和成果。

5 月 19 日，振兴乡村生态文化旅游区党委书记牛扎根赴北京市“天安门前第一村”果园村参观并学习农村集体经济改革的成功经验和做法。果园村书记、北京鑫福海工贸集团董事长陈重才等领导热情接待陪同。

5 月 26 日，全国“村长”论坛第十五次执委会暨中国村社发展促进会四届四次理事会议在浙江航民村召开。来自全国各地近 100 个著名村庄的近 300 名村干部代表参加，共话乡村振兴伟大事业。山西长治振兴村、大寨村、皇城村、龙门村等村的代表共同出席此次大会。

5 月 28—29 日，中国城镇化促进会考察团一行走进振兴村调研考察特色小镇建设，通过实地考察、座谈交流、听取汇报等形式全面了解小镇的发展规划、产业基础和项目优势。

5 月 31 日，在六一儿童节到来之际，振兴学校庆六一表彰大会暨文艺会演在振兴乡村文化馆举行。党委班子成员、振兴学校师生、家长共计 1500 余人参加。会上，振兴集团向振兴学校捐赠校服 1600 套，价值 20 余万元。振兴乡村生态文化旅游区党委书记牛扎根参加捐赠仪式并讲话。

6 月 5 日，太行乡村振兴人才学院与太行干部学院就共同建立“1＋N”战略合作关系，全面推进院院合作，签订战略合作框架协议，旨在互相合作、互利互惠、实现双赢、共同发展。振兴乡村生态文化旅游区党委书记牛扎根参加了签约合作仪式。

6 月 7 日，端午节来临之际，振兴村组织全体党员干部、职工群众代表等百余人开展 2019 年“粽情与你”乡村振兴健步行活动。振兴乡村生态文化旅游区党委书记牛扎根参加活动并讲话。

6 月 8 日，是全国第十四个“文化和自然遗产日”。为弘扬中华优秀传统文化，普及“非遗”知识，营造全民保护传承优秀传统文化的浓厚氛围，由长治市文化和旅游局、上党区人民政府主办，长治市非物质文化遗产保护中心、上党区文化和旅游局、振兴村承办的长治市 2019 年“文化和自然遗产日”成果展在振兴村举办。振兴乡村生态文化旅游区党委书记牛扎根参加并讲话。

6 月 9 日，2019 第四届“振兴杯”定向越野锦标赛在振兴村成功举办。来自市、区近 100 支代表队 400 余名定向越野爱好者参赛，感受健康生活，享受体育健身的魅力。振兴乡村生态文化旅游区党委书记牛扎根参加活动并讲话。

6 月 12 日，农业农村部政策与改革司处长余葵一行走进振兴村就农村集体产权制度改革等进行专题调研。省市县农业部门主要领导、振兴乡村生态文化旅游区党委书记牛扎根陪同调研。

6 月 13 日，以“大美雄山康养游，清凉上党仲夏行”为主题的长治市上党区第二届康养文化旅游节暨大雄山康养旅游度假季启动仪式在振兴村举行。市县分管领导、振兴新区党委书记牛扎根出席活动并讲话。

6 月 15 日，振兴村·2019 长治市上党红色国际马拉松赛鸣枪开赛。来自中国、埃塞俄比亚、肯尼亚等 22 个国家和地区的 1.3 万名选手在上党激情开跑。振兴乡村生态文化旅游区党委书记牛扎根为获奖选手颁奖并带领村“两委”、机关干部参加了比赛。

6月20日，智汇5G，云企未来——长治政企产品推介会如期召开。会上，振兴村与中国移动通信集团山西有限公司（山西移动）举行5G智慧小镇签约暨揭牌仪式，标志着振兴村将成为全省首个5G联合创新实验室——5G智慧乡村。振兴乡村生态文化旅游区党委书记牛扎根参加了揭牌仪式并讲话。

6月24日，全省乡村旅游示范村命名暨推进大会在太原举行。振兴村被确定为全省首批100个AAA级乡村旅游示范村。振兴乡村生态文化旅游区党委书记牛扎根受邀参加会议。

6月29日，为了庆祝中国共产党成立98周年，认真贯彻落实新时代党建总要求，总结村庄基层党建发展成果，深入探讨党建引领乡村振兴发展的经验模式，振兴村举办党建研讨会暨初心园揭幕仪式。同时振兴党群馆、振兴展览馆、家风家训馆、村史村志馆正式开馆。市县主要领导及振兴乡村生态文化旅游区党委书记牛扎根出席了揭幕仪式并讲话。

6月30日，振兴村庆祝中国共产党成立98周年暨七一表彰大会在太行乡村振兴人才学院举行。全体党员、领导班子参加了大会，振兴乡村生态文化旅游区党委书记牛扎根讲话。

7月18日，由中共长治市委、长治市人民政府主办，中共长治市委宣传部、长治高新区管委会、双创梦工厂承办的2019年长治文化产业周活动盛大开幕。振兴村被评为长治市文化产业示范基地。振兴乡村生态文化旅游区党委书记牛扎根参加了开幕仪式。

7月24日上午，由中央网信办移动网络管理局指导，新华社新媒体中心联合主要直播、短视频平台开展的“看美丽乡村　庆70华诞”大型直播活动走进振兴村，充分展示中华人民共和国成立70年来振兴村取得的辉煌成就，展现新时代农村百姓的新生活。振兴乡村生态文化旅游区党委书记牛扎根接受了直播采访。

7月28日，全国乡村旅游（民宿）工作现场会在四川成都战旗村召开，大会正式公布了由文化和旅游部、国家发展和改革委员会确定的第一批全国乡村旅游重点村名单并予以授牌，振兴村榜上有名。振兴乡村生态文化旅游区党委书记牛扎根参加了会议并接受奖牌。

7月31日，在八一建军节来临之际，为继承老一辈光荣革命传统，激发热爱祖国、热爱军人的热情，振兴村组织革命老兵、南下干部子女代表、退役军人、党员干部和青少年代表开展“庆八一　爱国情”主题活动，共同庆祝这一节日，致敬革命前辈，追忆红色岁月，传承革命精神。振兴乡村生态文化旅游区党委书记牛扎根及班子成员参加活动并讲话。

8月6日，“山西长治·壮美太行”长治文化旅游推介会走进振兴村，展示旅游新形象，拓展旅游新空间，推动旅游新合作，共同谱写长治旅游新篇章。振兴乡村生态文化旅游区党委书记牛扎根参加了旅游推介会。

8月18日，山西省休闲农业乡村旅游精品共享平台启用，振兴村等首批13家景区平台实现线上线下同步运行。

9月9日，为庆祝第35个教师节，由振兴学校师生带来的“振兴乡村教育，放飞教育梦想”文艺会演在振兴乡村文化馆精彩上演。振兴乡村生态文化旅游区党委书记牛扎根及班子成员参加观看会演。

9月9日，振兴村纪念毛泽东逝世43周年活动在红色文化广场举行，深切缅怀毛泽东。振兴乡村生态文化旅游区党委书记牛扎根主持活动并讲话。

9月13日，振兴村中秋团圆长街宴开宴，小镇内锣鼓喧天，游客齐聚于此共话团圆。

9月30日，央视《朝闻天下》和《新闻直播间》先后对上党区振兴村进行报道：国庆来临之际各地群众开展形式多样的活动表达对祖国的美好祝福。

10月1日，牛扎根作为全国优秀党务工作者代表受中共中央组织部邀请，在北京参加了庆祝中华人民共和国成立70周年全部活动，乘坐“从严治党”方阵彩车，接受党和人民群众的检阅，并获得中共中央、国务院、中央军委颁发的庆祝中华人民共和国成立70周年纪念章。

10月1—7日，振兴村国庆系列活动吸引万名游客前来游玩。

10月6日，在重阳节到来之际，为了弘扬中华民族敬老、爱老、助老的传统美德，丰富群众的文化娱乐生活，上党・振兴第八届重阳文化旅游节文艺晚会在振兴乡村文化馆举办。

10月7日，正值重阳佳节，上党・振兴第八届重阳文化旅游节表彰大会在振兴乡村文化馆举行，表彰了模范老人19名、敬老孝星19名，振兴集团为5个村865名60周岁以上老人免费发放被子，总价值190300元，让老人们感受到企业的温暖与关爱。振兴乡村生态文化旅游区党委书记牛扎根及班子成员参加活动并讲话。

10月18日，正值党的十九大报告提出乡村振兴战略2周年之际，也是振兴村全体村民喜迁新居11周年的日子，振兴村召开以“走进新时代，建设新振兴”为主题的第二届乡村振兴日活动，全体党员、村“两委”干部共计300余人参加。振兴乡村生态文化旅游区党委书记牛扎根主持活动并讲话。

10月20日，2019乡村振兴(太谷)论坛在晋中市太谷县阳邑小镇举行。振兴乡村生态文化旅游区党委书记牛扎根受邀参加，并分享企业助力乡村振兴的成功经验。

11月1日，振兴乡村生态文化旅游区党委书记牛扎根带领振兴村党员干部一行走进平顺县西沟村开展“不忘初心、牢记使命”主题教育，参观西沟展览馆，近距离学习劳模精神，接受党性教育。

11月10日，振兴集团与中农智慧(北京)农业规划有限公司签订《农业产业强镇创建方案》《现代农业产业园创建方案》合同，就振兴村的发展作出“十四五”规划。振兴乡村生态文化旅游区党委书记牛扎根及班子成员参加合同签订仪式。

11月19—20日，全国新农民新技术创业创新博览会在江苏南京举行。振兴村参加此次博览会，争当农村创业创新平台建设典型。振兴乡村生态文化旅游区党委书记牛扎根及班子成员参加。

11月21日，全国“扫黄打非”工作小组办公室公布了第三批全国“扫黄打非”进基层100个示范点名单，山西省有3家单位入围，长治市上党区振兴村为其中之一。

11月25日，为促进文化和旅游产业融合发展，充分发挥文旅产业融合示范区的典型引领、示范带动作用，山西省文化和旅游厅确定了首批6家文旅产业融合示范区创建单位，振兴村在列。

12月13日，在2019美丽乡村博鳌国际峰会召开期间，中国清凉旅游产业推广联盟(简称“清凉联盟”)在博鳌亚洲论坛国际会议中心正式成立。振兴村作为首批会员单位加入其中，为清凉主题度假旅游赋能，促进文旅康养一体发展。振兴乡村生态文化旅游区党委书记牛扎根及村“两委”班子参加。

12月14—15日，由中国合作经济学会主办的以“新典范　新思想　新举措”为主题的第二届(2019)农民合作社理事长大会在北京举行。长治县振兴鑫源有机农产品专业合作社理事长牛扎根被授予“2019年度明星合作社理事长”荣誉称号。

12月15日，以“新经济、新发展、新格局”为主题，由经济杂志社、环球时报社、中国亚洲经济发展协会联合举办的2019中国经济高峰论坛暨第十七届中国经济人物年会在北京举行。在颁奖盛典中，振兴集团被评为“2019中国经济年度贡献企业”。

12月20日，山西省农业产业化领导小组办公室公布了2020—2021年度农业产业化经营省级重点龙头企业，全省共有470家企业入选，长治市有48家企业入选，振兴集团在列。

12月25日，山西省文化和旅游厅召开“黄河人家、长城人家、太行人家”新闻发布会，2019年全省评定的“三个人家”有175家，振兴村花间堂民宿·农家小院，入选“太行人家”名单。

12月26日，振兴村在红色文化广场举行纪念毛泽东126周年诞辰活动。振兴乡村生态文化旅游区党委书记牛扎根及班子成员参加活动。

12月28日，农业农村部公布第二批全国农村创新创业典型县及国家农村创新创业园区、全国农村创新创业孵化实训基地名单。上党区振兴小镇创新创业孵化实训基地成功入选全国农村创新创业孵化实训基地名单。

12月24日，振兴村入选中央农办、农业农村部、中央宣传部、民政部、司法部共同研究认定的全国998个全国乡村治理示范村名单。

12月31日，振兴村2020年元旦联欢晚会在振兴乡村文化馆举办，为近千名观众献上了一场文娱盛宴。

2019年，总投资1365万元，完成红色纪念馆、上党战役纪念馆、南下干部纪念馆布展项目。

2019年，帮扶100万元，完成壶关县郊界底村新修舞台扶贫项目。

2020年

1月13日，振兴集团召开2019年度养老金发放大会，为振兴村211名60周岁以上老年人发放养老金近26万元。连续20多年来，累计发放养老金520余万元。

1月17日，长治市上党区2020年上党年俗文化旅游节暨振兴村第四届春节嘉年华开幕式在振兴村举行。振兴乡村生态文化旅游区党委书记牛扎根主持仪式并讲话。

1月20日，振兴村2020年春节联欢晚会在振兴乡村文化馆举办，为近千名村民和外来观众献上一场精彩的文娱盛宴。

3月12日，在第42个植树节来临之际，振兴村充分发挥党员干部的模范带头作用，组织青年党员干部、入党积极分子和新时代文明实践志愿者，积极开展2020年义务植树活动，构筑绿色屏障，建设美丽家园。振兴乡村生态文化旅游区党委书记牛扎根及班子成员参加了植树活动。

3月17日，上党区委书记张驰，区委副书记、区长段尧刚带领文旅部门负责人走进振兴小镇景区，就景区管委会疫情防控和恢复运营情况进行调研，以实际行动提振旅游行业市场信心。

3月20日，长治市委常委、宣传部部长孙刘琳走进振兴小镇景区调研文化旅游产业，详细了解景区管委会疫情防控、恢复开放、商户经营等基本情况，让景区重拾旅游行业信心。长治市文化和旅游局党组书记、局长张琼，上党区委常委、宣传部部长张延节，振兴乡村生态文化旅游区党委书记牛扎根等领导陪同。

3月，牛扎根当选上党区第一届人大代表，并选举为区人大常委会委员。

3月，振兴村新时代文明实践所建成。由振兴集团投资。

4月3日，在清明节期间，振兴村充分发挥党组织的战斗堡垒作用，组织党员干部、村"两委"干部、派出所民警、入党积极分子、新时代文明实践志愿者深入林区开展"护林防火"一线行动，坚决杜绝一切火种进山林。

4月，山西省文化和旅游厅与各市文化和旅游局共同推出"踏青知春暖，快乐乡村游"活动，以乡村旅游示范村和旅游扶贫示范村为主体，在全省11个设区的市设计22条乡村旅游线路。振兴村被标注为长治市西线重要节点。

5月1—3日，五一小长假期间，振兴小镇景区管委会严格落实疫情防控措施，采取限流、预约、出示行程码等形式优化服务，确保游客安心旅游。

5月23日19:30，由CCTV-发现之旅频道《美丽中华行》栏目推出的《揽太行山水，品古韵长治》在香港卫视播出，大力推介充满浓郁乡土气息、乡愁风情的振兴村。

5月，现代农业产业园第一期工程完工，新修田间水泥路5.5千米，形成了三纵三横田间道路。由振兴集团投资，林州市建筑工程有限公司承建。

6月11日，太行乡村振兴人才学院智慧党建学习系统正式上线，推出"智慧党建学习系统(党员云课堂)及党员学习e本通"，平台以互联网为媒介，通过数字终端的形式，彻底打通了党员学习培训"最后一公里"。

6月23—25日，以养身、养心、养性、养德、养老为主线，全面打造"夏养上党"旅游品牌，全力推动长治县全域旅游发展的第三届"雄山千年古槐情"生态文化旅游节在振兴村举行。

6月25日，正值端午佳节，振兴村组织百余名党员干部、职工群众，举红旗，唱红歌，拉开了第五届"粽情与你"健步行活动的序幕。

6月29日，振兴村在太行乡村振兴人才学院举行庆祝中国共产党成立99周年暨七一表彰大会。振兴乡村生态文化旅游区党委书记牛扎根及班子成员参加大会并讲话。

6月29日，振兴集团招才引智项目推进会在太行乡村振兴人才学院召开。会上，振兴集团与长治职业技术学院、杭州众森联数字科技有限公司举行签约仪式。会后，市区领导为长治职业技术学院振兴分院、长治职业技术学院振兴实习实训基地、长治市教育局中小学生振兴村研学基地揭牌。长治市政协副主席、长治职业技术学院党委书记闫路平，市政府副秘书长闫志强，市教育局副局长王文斌，长治职业技术学院党委委员、副院长张吉虎，区政府副区长李翔，区政协副主席宋志兵，中共云栖小镇企业联合党支部书记、杭州众森联数字科技有限公司副总裁丁树成，区教育局副局长宋小林，振兴乡村生态文化旅游区党委书记牛扎根等领导出席会议。

6 月 30 日，首届“黄土地杯”山西休闲农业和乡村旅游推荐宣传活动获奖名单公布，振兴村被评为“山西休闲农业和乡村旅游美丽乡村”，花间堂民宿被评为“山西休闲农业和乡村旅游最美民宿”。

七一前夕，在中国共产党成立 99 周年之际，来自省市县(区)33 家单位 2600 余名党员干部走进振兴村感受党建红色文化，开展七一主题党日活动。

7 月 26 日至 8 月 26 日，振兴小镇为期一个月的“上党不夜天，振兴不夜城”主题系列活动火热开展。上党婚礼秀、全民“K 歌”大赛、篝火狂欢夜等一系列活动吸引各地游客前来游玩。

8 月 6 日，《山西日报》以“打造一片文化晴空”为题，发表全国“扫黄打非”进基层示范点振兴村见闻。

9 月 9 日，在教师节来临之际，振兴集团举行庆祝第 36 个教师节表彰大会。连续 36 年来，振兴集团在儿童节、教师节给振兴学校广大教师捐资助教累计 635 万元。

9 月 12 日，在第二十届全国“村长”论坛闭幕式上，“2020 名村影响力三百佳排行榜”正式发布。振兴村榜上有名，排名第 35 位。

9 月 12—14 日，振兴村组织考察团赴杭州考察云栖小镇、金融小镇、特色民宿的建设和发展情况，对标一流，缩小差距，加快振兴村整体规划和数字乡村建设步伐。振兴乡村生态文化旅游区党委书记牛扎根及班子成员参加考察。

9 月 21 日，长治市开展第三届“中国农民丰收节”“十佳”系列评选活动，振兴村荣获“‘十佳’美丽乡村”称号。

10 月 1—8 日，振兴小镇景区庆国庆系列活动精彩纷呈，鼓上迎宾舞、上党八音会、抛绣球招亲、民间舞蹈大赛、少儿模特电视大赛、杂技表演、文艺晚会……处处洋溢着节日的喜庆氛围。“十一”黄金周，景区游客接待量 36950 余人次，旅游综合收入 960 余万元。

10 月 18 日，以“走进新时代 振兴再出发”为主题的第三届“振兴日”主题活动暨未来乡村发展研讨会在振兴村召开，旨在谋划振兴新蓝图，开创振兴新局面，为振兴未来乡村建言献策，再创太行未来乡村振兴新标杆。市农业农村局副局长部起珍主持会议、上党区副区长侯立峰致辞、振兴乡村生态文化旅游区党委书记牛扎根介绍基本情况，“三农”、互联网、数字科技、金融、康养旅游等领域专家提出了建设性意见。

10 月 24 日上午，为弘扬中华优秀传统文化，传承孝亲敬老美德，振兴村组织近 200 名 60 岁以上老年人开展乡村振兴健步行、茶话会、慰问系列活动，以积极健康的方式，喜迎重阳佳节。

10 月 25 日，为进一步弘扬中华优秀传统文化，传承敬老孝亲美德，上党·振兴第九届重阳文化旅游节表彰大会在振兴乡村文化馆举行。振兴乡村生态文化旅游区党委书记牛扎根讲话，班子成员参加会议。大会对西五村 50 位模范老人和 50 位“孝星”予以表彰，并由振兴集团为西五村 865 名 60 岁以上老年人免费发放总价值超 165000 元的电热锅，给老人们送上节日的问候。

11 月 7 日，2020 年第二届全国劳模九村合作会议在重庆海龙村举办，会议以“弘扬劳模精神，助推乡村振兴”为主题，每年按“九村＋九村”劳模代表互动交流与合作，深入探索各村在乡村振兴工作中的新经验，促进劳模九村经济与社会的全面发展。振兴乡村生态文化旅游区党委书记牛扎根参加“探索各村在乡村振兴工作中的新经验”座谈会。

11 月 9—10 日，农业农村部农村社会事业促进司组织主办的第一届全国美丽宜居村庄短视频擂台赛颁奖仪式在北京举行，振兴村拍摄的“团圆长街宴”视频入选乡风文明型优秀作品，成为山西省唯一一个获此奖项的村庄。

11 月 12 日，在第九届山西临猗果品文化节暨“运才兴运”临猗专场活动开幕之际，振兴乡村生态文化旅游区党委书记牛扎根受邀参加山西临猗农文旅发展论坛，介绍振兴村“党建引领乡村振兴，文化旅游强村富民”的典型做法。

11 月 17 日，由山西省侨联党组书记、主席王维卿带队的省侨界社团走进振兴村开展“以侨促转、服务基层”活动暨上党区招商推介会。长治市副市长部双庆，市委统战部副部长、市工商联党组书记程琦，长治市侨联主席刘莉，上党区委副书记、统战部部长张芬芬，上党区委常委、宣传部部长张延节等领导陪同，振兴乡村生态文化旅游区党委书记牛扎根介绍了振兴村的发展情况。

11 月 23 日，振兴村与中国移动公司合作的一期 5G 系统已初步完成，智慧安防、智慧停车、智慧云广播、智慧路灯、智慧考试、人脸识别等一系列应用纷纷落地，标志着振兴村开启智慧景区新模式。

12 月 1 日，根据乡村旅游示范村评定有关要求，山西省文化和旅游厅联合省住房和城乡建设厅、省农业农村厅、省扶贫开发办公室等单位，确定了首批 14 家 AAAA 级和第二批 133 家 AAA 级乡村旅游示范村入选名单。振兴村入选山西省首批 AAAA 级乡村旅游示范村。

12 月 25 日，在第八届中国民生发展论坛暨第十四届中国国际公益慈善论坛上，振兴集团荣获“中国企业社会责任百强企业”称号。

12 月 31 日，《国家林业和草原局关于公布第二批国家森林乡村名单的通知》(林生发〔2019〕127 号)发布，振兴村荣耀在列。

12 月，立足总结“十三五”、向“十四五”再出发，振兴村党组织、村委会一月内多次召开党员、村民、专家、智库座谈会，牛扎根连发“五问”，围绕如何通过 3～5 年时间，进一步补短板、强弱项、促发展、保民生，夯实和深化发展党建引领示范模式、实现经济发展转型升级、生态建设和低碳经济成为实践样板、发展乡村振兴旅游联合体，深化提升“振兴不夜村、上党后花园”、“康养山西、夏养山西”、乡村品牌、数字乡村成为引领示范、社会治理再创显著成效、民生福祉达到新水平等展开思想大讨论，启动“十四五”发展新擘画。

2021 年

1 月 7 日，山西省农业农村厅发展规划处副处长申宇飞一行走进振兴村调研省级农业“六新”储备项目建设情况。长治市农业农村局副局长部起珍、上党区农业农村局局长张建兵、振兴乡村生态文化旅游区党委书记牛扎根陪同。

1月20日，振兴集团为振兴村215名60周岁以上老年人送上冬日温暖和祝福，每人发放1200元养老金，累计发放258000元。

1月28日，上党区委副书记、统战部部长张芬芬走进振兴村，通过听取汇报、实地察看等方式，详细了解振兴村疫情防控工作的开展情况。振兴乡村生态文化旅游区党委书记牛扎根陪同。

2月1日，在新春佳节到来之际，振兴乡村生态文化旅游区党委书记牛扎根带领班子成员走访慰问退役军人，为他们送去诚挚的慰问和节日的祝福。

2月1日，在新春佳节到来之际，振兴集团为振兴村全体村民和员工等3000余人每人发放价值215元的米、面等春节福利，给他们送去节日的问候和关心。

2月7日，中国移动通信集团山西有限公司党委委员、副总经理、工会主席李宏一行走进振兴村参观调研党建引领乡村振兴和5G智慧小镇建设。振兴乡村生态文化旅游区党委书记牛扎根陪同。

2月12—27日，春节嘉年华期间，振兴村民俗活动精彩纷呈，景区内外人头攒动，迎来了2021牛年旅游开门红。据统计，从正月初一至十六，游客接待量达到30万人次，旅游综合收入3000余万元。

2月22日，山西省发展和改革委员会发布关于第三批山西省产教融合型试点企业建设培育的公告。全省遴选出27家，振兴集团在列。

3月17日，山西省国教办副主任张培荣一行走进振兴村对山西省第四批国防教育基地进行实地考察评估。振兴乡村生态文化旅游区党委书记牛扎根陪同。

4月18日，第二届“黄土地杯”山西休闲农业和乡村旅游推介宣传活动颁奖典礼成功举办。长治市上党区振兴小镇根祖文化旅游节成功入选“山西休闲农业和乡村旅游十佳农事节庆”名单。

4月20日，山西省农业农村厅农村合作经济指导处处长李固一行走进振兴村调研乡村治理工作。上党区政府副区长闫卫国、振兴乡村生态文化旅游区党委书记牛扎根陪同。

4月29日，振兴学校举办第三届春季运动会，旨在进一步增强学生体质，丰富校园文化生活，激发校园青春活力。党委领导、振兴学校校委会领导以及全体师生近1000人参加运动会。

5月1日，上党区委书记张驰带领文旅局、应急管理局负责人走进振兴小镇景区检查五一小长假期间文旅市场安全稳定工作。振兴乡村生态文化旅游区党委书记牛扎根陪同。

5月1—5日，五一小长假期间，景区共接待游客近5万人次，实现旅游综合收入近500万元。

5月4日，CCTV-13新闻频道《朝闻天下》报道了振兴村“丰富活动迎五一，多姿多彩乡村游”。五一小长假期间，在加强疫情防控措施的前提下，山西长治振兴村推出了“庆五一·迎五四”系列主题活动，吸引了很多游客前来参观游览。

5月17日，为适应人民群众日益增长的乡村旅游需求，进一步丰富乡村旅游产品供给，结合庆祝中国共产党成立 100 周年，深入开展“四史”宣传教育活动，文化和旅游部联合国家发改委推出“体验脱贫成就·助力乡村振兴”乡村旅游学习体验线路 300 条，其中就有上党区振兴村，成为“上党多彩乡村游”的一张靓丽名片。

5 月 18 日，省委党史学习教育第三巡回指导组在组长李体柱的带领下走进振兴村开展督导工作。市委常委、宣传部部长孙刘琳，市委党史学习教育第二巡回指导组组长田毅青，区委书记张驰，区委常委、宣传部部长赵宪民，区委常委、区委办主任侯立峰，振兴乡村生态文化旅游区党委书记牛扎根等领导陪同。

5 月 21 日，以“开放、合作、转型、创新”为主题的第十二届中国中部投资贸易博览会在山西太原开幕。长治市上党区振兴村作为参展单位之一，以康养、教育、旅游相结合的方式，展现了“上党印象，美丽振兴”的独特优势。

5 月 29 日，为深入开展党史学习教育，有效提升干部的政治素养和履职能力，山西机电职业技术学院党史学习教育干部培训班在太行乡村振兴人才学院开班，学院中层正职干部参加培训。

6 月 1 日，在六一儿童节到来之际，上党区振兴学校庆六一表彰大会暨文艺会演在振兴乡村文化馆举行。振兴乡村生态文化旅游区党委书记牛扎根及班子成员、振兴学校师生 1300 余人参加。振兴集团向振兴学校捐赠校服 1200 余套。

6 月 14 日，在端午节到来之际，振兴村组织党员干部、职工群众代表百余人，在振兴乡村生态文化旅游区党委书记牛扎根的带领下开展 2021 年第六届“粽情与你”端午健步行登山活动。

6 月 16 日，山西省发改委人口处处长陈建一行走进振兴村，就新型城镇化和特色小镇建设工作开展专题调研。振兴乡村生态文化旅游区党委书记牛扎根陪同。

6 月 17 日，为推动党史学习教育走深走实，长治市工会干部党史学习教育培训班在太行乡村振兴人才学院开班。来自长治市总工会机关、下属事业单位全体干部职工，各县（区）总工会分管党史学习教育的干部职工参加培训。

6 月 20 日，为切实加强安全风险防范，长治市文旅局副局长王红霞一行到振兴村检查文旅安全工作，确保文化和旅游行业安全、平稳、有序发展。振兴乡村生态文化旅游区党委书记牛扎根陪同。

6 月 21 日，中国扶贫开发协会会长袁文先一行走进上党区振兴村调研乡村振兴工作，详细了解振兴村在党建引领、人才振兴、职业教育等方面的情况。长治职业技术学院党委副书记、院长卫崇文，振兴乡村生态文化旅游区党委书记牛扎根陪同调研。

6 月 22 日，在全省“两优一先”表彰大会上，中共振兴乡村生态文化旅游区振兴村党支部委员会被授予“全省先进基层党组织”荣誉称号。

6 月 27 日，临汾市永和县人大常委会主任马连青带领相关部门成员走进振兴村参观调研乡村旅游。上党区文旅局局长王素娟、振兴乡村生态文化旅游区党委书记牛扎根等领导陪同。

6 月 30 日，在即将迎来中国共产党百年华诞之际，振兴村举行庆祝中国共产党成立 100 周年暨“两优一先”表彰大会，旨在激励广大党员和基层党支部守初心、担使命，从百年党史中汲取奋进力量，奋力谱写振兴高质量发展新篇章。会后，振兴村举办以“礼颂百年，光耀太行”为主题的庆祝中国共产党成立100周年文艺晚会。晚会以“黎明曙光”“烽火征程”“改革春风”“走向复兴”四个篇章，展现了中国共产党百年来带领中国人民进行革命、建设、改革的壮美画卷。振兴乡村生态文化旅游区党委书记牛扎根、党委班子成员、全体党员干部及群众代表参加大会。

7月1日，正值中国共产党成立100周年之际，山西省文明办副主任杨勇一行到上党区振兴村新时代文明实践站开展“五个上门”活动。市委宣传部副部长、市文明办主任申秀琴，区委书记张驰，区委常委、宣传部部长赵宪民，区委常委、副区长张勤，振兴乡村生态文化旅游区党委书记牛扎根等领导陪同。

7月1日，庆祝中国共产党成立100周年大会在北京天安门广场隆重举行。中共中央总书记、国家主席、中央军委主席习近平发表重要讲话。振兴村组织全体党员干部收听收看直播盛况。

7月1日，央视CCTV-13新闻频道报道振兴村：展现“非遗”技艺，传唱红色歌曲。在山西长治上党区振兴村，1000余人展现“非遗”技艺，传唱红色歌曲，唱出对党的感恩，对家乡的热爱，奋进的歌声在美丽的小山村此起彼伏。

7月6日，由山西省委统战部副部长、山西社会主义学院党委书记、常务副院长张晓光带队的调研组一行走进太行乡村振兴人才学院调研人才培训工作。市委常委、统战部部长吴小华，市政协副主席、工商联主席赵文栋，区委书记张驰，区委副书记、统战部部长张芬芬等领导陪同。

7月8日，振兴村组织全体党员干部学习贯彻习近平总书记在庆祝中国共产党成立100周年大会上的重要讲话精神。振兴乡村生态文化旅游区党委书记牛扎根传达学习了讲话精神。

8月6日，由山西日报社、山西广播电视台、山西云媒体、上党区融媒体中心联合联动开展的“全方位推进高质量发展·融媒直播进行时”走进上党区振兴村，围绕“乡村振兴”主题，深入一线，多平台直播，在媒体融合新格局中讲好乡村高质量转型发展山西故事。振兴乡村生态文化旅游区党委书记牛扎根接受直播采访。

10月18日，振兴新区“十四五”发展规划和三年行动计划编制完成。该规划确定，“十四五”（2021—2025年）期间，将进一步坚持党建引领，深化产业转型，创新体制机制，引进多元资本，按照“1＋5＋N”的思路推进各项工作，即用一个数字化平台做系统支撑，以振兴文旅康养综合体建设为载体，大力发展智慧农业、加工制造、康养服务、文化旅游、教育培训五大产业板块，落地实施N个特色项目，全面建设生态、富裕、文明的智慧康养旅居小镇，将振兴打造成产业转型升级的排头兵。当前的主要工作是加快建设夜游、夜赏、夜食、夜购、夜宿“五夜”产品体系和振兴农业科技体验园，以振兴小镇为地域几何中心，串联“凤隍神”——五凤楼、都城隍、神农炎帝陵等周边半小时关联重大景点，积极创建既有目的地功能又有集散地功能的省级乡村旅游度假区，全方位打响“上党凤隍神，振兴不夜村”旅游品牌，推进振兴文旅康养产业高质量融合发展。

10月18日，以“提升提质提效，共建共富共享”为主题的上党区第四届“振兴日”主题活动在振兴新区举办。上党区委副书记、统战部部长张芬芬，上党区委常委、人武部部长陈功，上党区人大常委会副主任杨军伟，上党区副区长闫卫国，上党区人武部政委贾志军等出席活动。当天,“振兴不夜村”项目开工启动。

10 月 21 日,《山西日报》头版头条报道了“振兴村的振兴之路”。

10 月 21 日,“美丽山西、全民行动”专家媒体行走进振兴村,采风绿色发展转型之路。

10 月 22 日,上党区社会心理服务指导中心开展的心理服务“六进”活动走进振兴村进行科普宣讲。

10 月 29—31 日,“凝聚力量、筑梦起航”2021 振兴精英锻造营第一期培训班结业,120 余名骨干成员开展了三天两夜的高质量培训,塑造了企业文化,提高了管理水平,达到了预期效果。

11 月 1 日,振兴村召开党支部大会,传达学习山西省第十二次党代会精神。

11 月 11 日,振兴村在长期实践中,创新推行了五级联包责任制,文明创建成效明显。

11 月 12 日,农业农村部办公厅公布 2010—2017 年中国美丽休闲乡村监测合格名单,振兴村在列。

11 月 20 日,振兴村召开第十二届村民委员会换届选举大会,张剑红当选村委会主任,王孝青当选村委会副主任,牛振国、袁坚强、牛静娇当选为村委会委员。

12 月 4 日,“2021 年村庄影响力 CPPC 指数”发布,振兴村位列全国百佳名村排行榜第 33 位,位列山西省第 4 位。

12 月 29 日,振兴村被评为“2021 年度中国乡村振兴十大示范村镇”。

2022 年

1 月 1 日,山西电视台报道振兴村新年活动和项目准备情况。

1 月 5 日,振兴集团为振兴村全体村民和员工发放白面、大米等春节福利。

1 月 13 日,“振兴不夜村”项目正式竣工。

1 月 18 日,振兴集团为振兴村 60 周岁以上老年人发放养老金共计 56.69 万元。

1 月 21 日,振兴小镇入选第一批山西省特色小镇创建清单。

1 月 29 日,振兴小镇举办第五届春节嘉年华暨振兴不夜村开放仪式。同日,振兴农业科技体验园正式营业,首届振兴村“村晚”亮相初心广场舞台。

2 月 1 日(农历大年初一),央视 CCTV-1 和 CCTV-13《新闻联播》报道了振兴小镇“龙腾虎跃庆新春、幸福美满中国年”。

2 月 6 日,CCTV-13《朝闻天下》报道了振兴小镇“点靓村庄助力乡村振兴”。

2 月 16 日,为期十六天的振兴小镇第五届春节嘉年华圆满落幕,接待游客 30 余万人次。

3 月 12 日,“振兴不夜村”入选 2022 年省级重点工程项目名单。

3 月 23 日,振兴新区召开 2022 年经济工作暨劳模表彰大会,向先进集体、劳动模范、文明家庭、嘉年华标兵 116 人发放奖品及奖金,共计 285 万元。

4 月 11 日,振兴小镇积极开展以“同植‘初心林’共担‘新使命’”为主题的 2022 年义务植树活动,以实际行动构筑绿色屏障,建设美丽振兴。

5 月 1 日,市委常委、宣传部部长孙刘琳深入振兴小镇督导检查节日疫情防控工作。

5 月 4 日，为了庆祝中国共青团成立 100 周年，振兴小镇举办以“青春点亮振兴”为主题的“十大杰出青年”颁奖盛典。

5 月 11 日，山西省行政审批服务管理局副局长连建林走进振兴村就优化营商环境、促进市场主体倍增进行专题调研。

5 月 27 日，省委抓党建促基层治理能力提升专项行动第八督导组走进振兴村调研抓党建促基层治理能力提升专项行动工作开展情况。

6 月 1 日，振兴学校举办庆六一表彰大会及文艺会演。振兴集团向全校学生捐赠校服。

6 月 3 日，振兴村开展 2022 年第七届端午健步行活动。

6 月 16 日，山西广播电视台大型融媒特别节目《走进老区看新貌》，报道振兴村“乡村振兴开新篇、共同富裕再出发”。

6 月 25—26 日，山西省休闲农业协会 2022 年会暨二届二次理事会议在振兴村召开。

7 月 1 日，振兴新区举行庆七一优秀共产党员表彰大会。振兴村举办“喜迎二十大、振兴再出发”七一专场文艺晚会。

7 月 7 日，由市纪委、市委宣传部主办的“清风廉韵润太行”戏曲文艺晚会（上党区专场）在振兴剧院演出。

7 月 26 日，振兴小镇原生态的丹霞地貌——牛背山景点正式对外开放。

9 月 7 日，振兴集团给振兴村全体村民和公司员工发放中秋福利。

9 月 10 日，振兴集团召开庆祝第 38 个教师节表彰大会，为广大教师发放奖金 35 万元和奖品。

9 月 16 日，北京市工商联光彩办主任车向宇莅临振兴村调研产业发展工作。

9 月 29 日，山西省文化和旅游厅公布 50 家文旅康养示范区创建单位，振兴小镇在列。

9 月 30 日，振兴村组织 200 人合唱团、百人民俗表演队参加山西省“喜迎二十大”群众歌咏大会，山西卫视进行现场直播。

10 月 3 日，央视 CCTV-13《朝闻天下》《新闻直播间》报道振兴村“载歌载舞庆国庆”新闻节目。

10 月 4 日，振兴村开展第十一届重阳节敬老爱老活动，振兴集团为振兴村、西火村、西掌村 869 名 60 岁以上老人发放毛毯。

10 月 16 日，振兴新区组织全体党员干部在太行乡村振兴人才学院五楼报告厅集中收听收看党的二十大开幕现场直播。

10 月 18 日，以“提升提质提效，共建共富共享”为主题的上党·振兴第五届“振兴日”主题活动如期举行，并特别推出《振兴十年展》，旨在进一步谋划振兴新蓝图，开创振兴新局面，书写振兴高质量转型发展新篇章。

10 月 25 日，振兴村召开党的二十大报告学习手册发放专题会议。

11 月 1 日，山西省文化和旅游厅、山西省发展和改革委员会公布第二批山西省省级旅游休闲街区名单。全省共 11 家旅游休闲街区入选，长治市上党区振兴小镇上党印象步行街为其中之一。

11 月 9 日，农业农村部办公厅、共青团中央办公厅、全国少工委办公室公布农耕文化实践营地推荐名单(第一批)。其中，山西省有 3 个单位进入推荐名单，长治市上党区振兴小镇农耕文化实践营地在列。

12 月 6 日，牛扎根当选中国村社发展促进会第五届理事会副会长。

12 月 15 日，第八届感动百姓·山西乡村爱心大使颁奖典礼在太原举行，振兴试验区党委书记牛扎根荣获“2022 感动百姓·山西乡村爱心大使”荣誉称号。

12 月 19 日，振兴试验区党委、振兴村党支部为 60 周岁以上老年人免费发放“爱心防疫药包”，为人民群众的身体健康筑起一道防护屏障。

受疫情影响，2022 年乡村振兴人才培训中心全年开展各类培训 58 期，培训人数 5950 人次。

2023 年

1 月 2 日，振兴集团为振兴村全体村民和集团所有员工 5500 余人，发放米、面、土炒花生等春节福利，价值 120 余万元。

1 月 3 日，山西上党振兴村发放养老补助、土地流转金、转型发展金，共计 178.53 万元。

1 月 7 日，振兴试验区党委、振兴村党支部将熏杀艾条防疫物资免费发放到全体村民和职工手中，以“我为群众办实事”的暖心举措，保障群众的身体健康和生命安全。

1 月 9 日，牛师傅饭庄正式对外营业。

1 月 19 日晚，振兴村“村晚”在初心广场精彩上演，为前来游玩的游客提前献上一场充满“年味”“乡土味”“时代味”的乡村文娱盛宴。

1 月 19 日，长治市文旅局党组书记、局长张琼，上党区委副书记、区长冯丽华参加长治·振兴小镇第六届春节嘉年华发布会。

1 月 21 日，上党区振兴村入选山西省 2022 年度村级集体经济发展“十佳村”名单。

2 月 7 日，从正月初一至正月十六，国家 AAAA 级旅游景区振兴小镇一系列国潮民俗活动精彩纷呈，景区内外人头攒动，迎来了 2023 兔年旅游开门红。

2 月 17 日，农业农村部农村经济研究中心领导走进振兴村就农村集体经济发展情况展开调研。

2 月 23 日，振兴小镇入选山西省第二批省级中小学研学实践教育示范基地。

3 月 6 日，长治·振兴第十二届根祖文化旅游节开幕式举行。

3 月 6 日，振兴新区召开上党·振兴 2023 年经济工作暨劳模表彰会议。

3 月 6 日，振兴新区召开上党·振兴高质量转型发展会议，上党区委书记张驰出席会议并讲话，区委副书记、区长冯丽华致辞，区人大常委会主任张芬芬主持会议，副区长闫卫国出席会议。

3 月 8 日，振兴新区为辖区广大妇女发放妇女节暖心福利。

3 月 14 日，上党区到村(社区)工作大学生能力提升培训班在太行乡村振兴人才培训中心开班。

3 月 17 日，振兴新区传达学习贯彻习近平总书记在全国两会期间重要讲话精神和全国两会精神、党的二十届二中全会精神，并对当前重点工作进行部署。

3 月 21 日，北京市支援合作办二级巡视员赵振业一行走进振兴小镇调研对接对口合作。长治市发改委党组书记、主任王灵恩，上党区委常委、常务副区长石玉等领导陪同。

后　　记

2015年10月，秋高气爽，风和日丽，神州大地一片金黄，时值振兴村新农村建设“中心村”示范第一期工程顺利竣工，村民入住花园式别墅7周年之际，受振兴新区党委、振兴村党支部、村委会的重托，《振兴村志》编纂工作正式开始。光阴似箭，岁月如梭，一眨眼7年过去，当我们把近60万字的《振兴村志》初稿修校完毕，向振兴村的乡亲父老交上这份答卷时，心情无比激动。这份答卷的分量如何，我们真诚地期待着，期待着《振兴村志》公开发行后读者给予的评判。

承前启后，编史修志，历来都是利国利民的大事，对于一个太行上党村庄来说，也算得上是一项浩大的文化工程。这项文化工程在振兴村牛扎根书记心中已构思了数年。在深化农村改革的新形势下，一个贫穷落后不起眼的行政村转眼间就消失了，呈现在人们眼前的是一个蒸蒸日上、欣欣向荣的社会主义新农村。这个想也不敢想的事情，却在21世纪决战决胜全面建成小康社会胜利收官、万众一心奔向“十四五”之际，神话般地变成现实，而且为大家捧出的，是一部可读、可视、可听、可电子翻书、可数字检索诸多视频与图文资料的全媒体村志，这不能不说是个奇迹！

流走的是岁月，留下的是历史。振兴村的发展是中国改革发展中的一个缩影，折射的是中华民族不屈不挠、永不言败的大无畏精神。

触之而后知，履之而后艰。我们在编纂村志的过程中，了解了许许多多闻所未闻的事物。觉得这个地处长治市上党区最南端的小村庄，实属不简单，除了她在社会主义新农村建设中展现出的骄人的业绩和卓越风姿外，她还有众多值得挖掘的古文化遗址和美妙的传奇故事。更令人想不到的是，这个村庄还和两千多年前的长平古战场文化、“骑在牛背上的开国皇帝”刘秀及马刨泉文化、厚重的槐荫文化、全国千村史志文化、赵树理“山药蛋”文化、康养山西品牌中的夏养文化、华夏诗林墨海记忆文化、社会主义新时代的乡村“振兴”文化有着千丝万缕的联系。

在收集资料的过程中，最要感激的是振兴村的全体村民，他们热爱这片土地，是这片土地变迁发展的亲历者和知情人。尽管他们做出了很大努力，对振兴村的历史有具体、系统的了解，但毕竟年代久远，许多知情老人相继作古，有些资料不全面、不具体，有的甚至有遗漏，挖掘考证难度较大，所以我们也只能知其大概。最为遗憾的是，振兴村的上溯起源于什么年代，直至脱稿之时也没有找到确凿可靠的事实依据，暂无准确的说法。

编纂期间，振兴村仍然一如既往地向前发展着，告别“十三五”，迈向“十四五”，许多乡村振兴新的工程还未完成，许多探索试验耀眼的亮点还未展现在世人面前。但志书总有记述下限，敬请谅解。

这部志书是在振兴新区党委、振兴村“两委”、振兴小镇国家AAAA级旅游景区管委会的全力支持下完成的。初稿完成后，牛扎根书记及村“两委”共同审阅，有的批阅在稿，有的登记在册，并提出了许多宝贵的修改意见。可以说，这部志书是集体智慧的结晶，是大家共同努力的结果。

几年时光里，我们怀着一颗敬畏的心记述着振兴村的人和事，并反复修改，希望能尽善尽美。但由于编者水平有限，在诸多方面恐不尽如人意，遗漏、差错在所难免，特别是在外来智者、手艺工匠、创业能人、惠心善举等方面分析得不够全面、精准。唯一希望的是，待这本志书出版后与大家见面时，对大家有所裨益，便心满意足，无限感激。

《振兴村志》编委会

2023年3月31日

太行生态宜居地　上党文明小康村

全国文明村镇——振兴村

党建引领

— 党建引领 —

共富共享

— 共富共享 —

教育培训

— 教育培训 —

节庆活动

— 节庆活动 —

媒体报道

— 媒体报道 —

文明实践

— 文明实践 —

数字振兴

— 数字振兴 —

文化旅游

— 文化旅游 —

乡村美景

— 乡村美景 —

振兴故事

— 振兴故事 —

振兴印象

— 振兴印象 —

振兴村主页

— 振兴村主页 —

振兴村志

— 振兴村志 —